Fürst Hermann von Pückler-Muskau

Der Vorläufer

CLASSIC PAGES

von Pückler-Muskau, Hermann

Der Vorläufer

Reihe: classic pages

1. Auflage 2009 | ISBN: 978-3-86741-187-5

Verbesserter Nachdruck der Originalausgabe von 1838
(Hallberger'sche Verlagshandlung, Stuttgart)

© Europäischer Hochschulverlag GmbH & Co KG

www.classic-pages.de

Der Vorläufer.

Der Vorläufer.

Vom Verfasser

der Briefe eines Verstorbenen.

Stuttgart,
Hallberger'sche Verlagshandlung.
1838.

„Ich bitte den Leser, nicht aus den Augen zu laſſen, daß wenn er in dem folgenden Bande, namentlich über die Morea und Attika nur noch flüchtige Bemerkungen findet, dies ſeinen natürlichen Grund darin hat, daß mein früheres Werk, das in einigen Monden erſcheint, dieſe Provinzen Griechenlands ſehr ausführlich behandelt, und ich alſo — künftige Wiederholungen vermeiden mußte."

„In meiner Kangſché auf dem Nil, ohnweit Crocodilopolis den 1. März 1837."

Inhaltsverzeichniß.

Etwas zur Nachricht aus Crocodilopolis.

Delphi bis Monembasia. S. 1.

Gleiches Schicksal mit Ulysses. — Englisches Trostlied. — Missolunghi. — Lord Byrons griechisches Denkmal, bis ihm die Nation ein englisches errichtet. — Seine Wohnung. — Seine Seligsprechung. — Zwei Kinder für 10,000 Piaster. — Allgemeine Armuth. — Wunderbare Vertheidigung. — Verunglückte Flucht. — Die schreckliche Batterie. — Pyramide von weißgebleichten Köpfen. — Bis auf die Kinnlade gespaltene Schädel. — Sammlungsraserei der englischen Insulaner. — Griechenlands musterhafte Geduld. — Bózari's Sohn. — Chirin. — Dreieckige Thüren aus dem Alterthum. — Bedeutende Salinen. — Marschland des Achelous. — Frischblühende Damen in Patras mit 103 Brunnen. — Der letzte Blick eines Blinden. — Pernicieuses Zuvielregieren. — Graf Veltheim. — Das deutsche „hohe Leben" mit Pferden. — Der Oesterreichische Consul Herr Zuccoli, Ibrahims Begleiter auf seinen Kriegszügen in Yemen. — Die Race von Nedschdi

VIII

Abu Calam, oder vom Vater des Wortes. — Es giebt doch Stammbäume adeliger Pferde. — Salona. — Die grünliche Schlange mit Hörnern. — Forcirte Landung der Pferde. — Die Avojati. — Schlohweiße griechische Sommertracht. — Die Akropolis. — Antikes Thor. — Recht: die Freiheit zu genießen. — Weg nach Delphi. — Antike Gräber und zerbrochne Sarkophage. — Delphi's majestätisches Felsenthal. — 800 Fuß hohe senkrechte Felsenwände des Parnaß. — Erhabenes von der Natur gemachtes Gemälde. — Feiner Takt der alten Griechen, ihre Bauwerke passend zu lociren. — Schönes antikes Grabzimmer als Truten- und Hühnerstall. — Stufenreihen das Stabiums. — Kirche des heiligen Elias an der Stelle des Apollotempels. — Die Quelle Kassotis mit ihrer alten Einfassung. — Kastalische Quelle. — Die Mädchen waschen Wäsche mit Keulen. — Der heilige Felsen. — Aesop's Hinabsturz. — Riesenhafte Oelbäume. — 15 Millionen Beute. — Livadia. — T. M. et S. Bear of Dublin. — Bemaler der Ruinen. — Abschied mit dem Pistolenschuß von der Höhle. — Ueberreste Lilaeas. — Lokris. — Das Gebürge Othris. — Der dunkelblaue Pelion. — Der blasse Ossa. — Tumulus der 300 Spartaner. — Die Ebene Anthela. — Der große Jahrmarkt von Patradschik. — Unbenutzte Heilquelle. — Fuß-Gensd'armes. — Der Oeta. — Oeftere Vorzüge unserer Beleuchtung, sogar vor der Griechischen. — Das zerstörte Kamara und Kastro. — Die erschreckten Mädchen. — Die Ebene von Elatea. — Velitra, das alte Thithorea. — Schöner Cippus. — Stoßseufzer vor dem Parnaß um die Dichterwürde. — Ruinen von Elatea. — Das alte Weib von Clephta. — Weg nach Turko-chori. — Modernes Haus daselbst. — Chäronea. — Das verstümmelte Siegeszeichen der Besiegten. — Thal von Livadia. — Höhle des Trophonios. — Trunk aus Lethe. — Herr Raum. — Dessen projektirter Neubau Livadias. — Wasser genug zu Mahl-, Papier- und andere Mühlen. — Thessalien und Epirus wird doch müssen mit Griechenland vereinigt werden. — Theben des Epaminondas. — Enormer Tumulus. — Der Steinhaufen von Alalkomenä. — Zierliche Manövrirebene von Platäa mit den hohen Häuptern des Helikon und Kithaeron als Zuschauer. — Seelen der Berge. — Rosenrothe griechische Weintrauben in Kokla. — Thal von Asopus und Leuktra. — Aeußerst gut erhaltene Ruinen von Eleutherä. — Die Weise, Pinienharz zu sammeln zum Weinverderbenden Radzin. — Verheerung der letzten Wälder. — Schweine mit Hunde-Appell. — Durch Einreißen geöffnetes Haus. — Wiedersehen von Athen. — Ein, seit Kodrus Zeit wieder Königliches Schloß von Athen. — Das neue Lazareth. — Der geniale Stuffo. — Der unersetzliche Dr. Roß. — Haus des Grafen Armansperg. — Vortheilhafte Attention für die Fremden. — Kabinetsrath Frey. — Meine Sekretaire aus allen Bekenntnissen, selbst aus dem der Atheisten. — Herr von Langrenée. — Chauffée nach dem Piräus. — Sumpf am Kephissus. — Nothwendige Anpflanzung desselben. — Aegina. — Kadettenhaus. — Panhellenion, Athen gegenüber. — Schlechter Stein desselben vom Wetter ausgefressen. — Epidauros. — Hieron des Asklepios. — Theatersitze zum Rückendrücken der Geliebten. — Reizendes Poros. — Citronenwald. — Tempel Poseidons, worin Demosthenes, ächt Katonisch, den Giftbecher trank, um nicht den Tyrann seines Vaterlandes zu sehen. — Kolossales Z. — Der schöne Fuß des

X

Grafen Moritz Putbus. — Prachtvoller, auf dem Meere liegender Regenbogen. — Ebene von Trözene. — Der Herr lauft wohlfeiler ein als der Koch. — Die Insel Hydra. — Die schwarz gekleidete Frau, die dreißig Verwandte im Kriege verlor. — Die Freiheit: Griechenland nicht zu Europa zu rechnen. — Spezia. — Monembasia. — Die größte Kirche in ganz Griechenland. — Kleine Thürme. — Bonbons à la Pausanias. — Geburtstagsfeier in Monembasia. — Die Ebene von Phinikí. — Stadt Katavóptra. — Der Kirche Segen im Hause eines griechischen Papa's. — Griechische Häuser. — Sitten griechischer Hunde im Zornaffekt. — Probe von Ibrahims Kriegslist. — Der Klephte Zacharias und seine Brüder. — Abenteurer am Eurotas. — Mistra. — Talente der Griechen zum Gartenbau. — Früchte des Regierens in der Studierstube. — Aprilscheu. — Der alte Jatrákos. — Herr Hofer. — Reiseart der Griechen zu Wagen. — Die gastfreundlichen Brüder. — Prussia (Borussiae) vermeintliches Zubehör von Russia. — Schreibtisch à la Grec. — Ungeheure Mastixsträucher. — Kostbarer Erilenflor. — Der Kurkula. — Der schöne Weg. — Demetrius der falsche Heilige. —

Milos. . . . . S. 189.

Die elendfliehende Stadt. — König Kapfi. — Herr Latris. — Schönste Weiber des Archipelagus. — Der große Schwamm! — Römisches Theater des Königs von Baiern. — Frevel von Engländern an griechischen Alterthümern. — Venus von Milos. — Elegante Grabkammern. —

Antiparos. . . . S. 201.

Besuch von Kemplos, der Biperninsel. — Curriculum vitae des heiligen Elias. — Die melancholische Trute und der majestätische Hammel mit Glorie. — Signalement des zum Geschenk erhaltenen Hundes Susannis. — Der Bart als Orden. — Die berühmte Höhle. — Unentbehrliche Besuchsutensilien in derselben. — Die verewigten Schächer. — Trost zur Reise in der Hölle. — Vortheile der Zwischenakte bei den Ombres chinoises. —

Paros. .... S. 217.
Unterschied zwischen den französischen Rittern des Mittelalters und den heutigen. — Stadt Parikia. — Die betrogene Sclavin. — Die kostbare Säule. — Taufstein des heil. Basilius. — Statistik von Paros. — Die Weiber auf der Flucht. — Blutbad auf Chios. — Der gerechtfertigte Sultan Mahmud, und der gerechtfertigte Kapudan Pascha. — Sieg der Theorie über die Praxis. — Berühmte Marmortafel. — Didaktische Erfahrungen. — Die Rutschpartie im Steinbruch. — Prinz von Joinville. — Jbola. — Der langgeöhrte Bacchus. —

Naros. .... S. 235.
Die halbtürkische, halbkatholische Kolonie. — Die verarmten Herzöge. — Das Diplom als Bettelbrief. — Empfehlung eines merkwürdigen Manuscriptes. — Unerhörte Grausamkeit des Cäsar Galerius. — Bad der Ariadne. — Die schöne Kirche. — Marc Sanuda, erster Herzog von Naros. — Etwas für Numismatiker. — Ein alter Unteroffizier, jetzt in Naros der einzige Kapuziner und Gastwirth, aber kein ruffiano. — Die originelle Bibliothek. — Der englische Kaffeeheld. — Der arme deutsche Poet in griechischer Einsamkeit en silhouette. — Toskanische Insurrektion im Jahr 1831. — Die wohlbewirtheten Rebellen. — Conjektur über Livius Reden. — Thal von Melanes. — Der Stein

XII

Smiriglio. — Herr Frangopulo und sein Garten. — Wein des Bacchus. — Die pflichtvergessenen Geistlichen. — Unterschied zwischen dem Festlande und den Inseln Griechenlands. — Herr Grimaldi. — Ariadne's erhörter Fluch. — Der Welt Ende im Jahr 763. — Das schwimmende Wunderbild der heil. Jungfrau. — Wüste Träume. — Ritt nach dem Monde. — Bewohner des Mondes. — Reminiscenz an Herrn Stzwlrstrzly durch die Nase. — Hausmittel gegen die Seekrankheit. —

Syra. . . . . S. 263.

Herr Oberst Rosner. — Englischer Handel. — Der Gastwirth comme il faut. — Herr Christibis. — Hoher Werth einer Nationaltracht. — Die Herren Prasakakis und Erlacher. — Hydraulischer Kalk. — Barfüßige Häuser. — Merkwürdige Instruktion zum Jammer für Archäologen. — Reduction der Mauthbeamten. — Schiffsbauende Empiriker. — Schlacht der Alt- und Neustädter. — Der Windmühlenberg. — Landesüblich abgesondertes Viertel der Bajaderen. — Eilf Weiber auf einen Mann. — Kaffeehaus der dunkelgelben Megäre. — Sonnengleiche Windmühlflügel. — Guirlande von Ochsenköpfen. — Bereicherung der Kochkunde. — Der pathetische capricieuse Küchenkünstler. — Der schöne Phalanxoberst. — Herr Boujou, Koletti's Schwiegersohn. — Der à tempo anlangende Käse. — Der Compaserfinder. — Nur Menschen und Eseln zugänglicher Weg. — Der geistliche Hundeführer. . . . . Herr Thiersch. . . . . Der neue Don Quixotte. — Credit der Geschichte. — Der überlistete Pfiffikus. — Rückkehr der Hellenenkinder aus Baiern. — Griechisches Stempelpapier, ein Gegenstand des Wuchers. — Reflexio-

XIII

nen über Baukunst. — Schauspiel in Syra. — Männliche Primadonnen. — Die, ganz Griechenland bezeichnende, lasterhafte Kanonensalve. — Die Herren Lindner, Sandersky und Fabricius. — Weiberaufstand gegen die Schule, wo die Kinder versiegelt werden sollen.

Tinos. .... S. 301.

Die schönste Frau. — Andeutung eines Recepts, schöne Lippen zu bekommen. — Der wohlbeleibte Gouverneur. — Herr v. Maurers Geschwisterkind. — Guter Rath für Müßiggänger. — Die malerische Kirche. — Träume bauen Kirchen. —

Delos. .... S. 311.

Quarantaine auf Rhénia. — Grandieuse Trümmer der Vorzeit. — Alte Inschriften. — Delos zur Römerzeit. — Die Quelle Inopus und der Nil. — Weihnachtsbuden für Tempel. — Das erhörte Gebet.

Santorin. ... S. 323.

Die pittoreske Insel. — Der Krater als Hafen. — Eigenthümlicher Weinbau. — Herr Nikolo Poniropulo. — Project zur Verbesserung des Weinhandels. — Königsgesundheiten in vino santo. — Schaumerregender Meerkrater. — Menschenfreundliche Frömmigkeit der Santoriner. — Städtegleiche Dörfer. — Segen der Humanität. — Philantropische Genüsse. — Das ächte juste milieu. — Unanimität des griechischen Volkes in drei Sachen. — Nackte Wahrheit. — Der Feuergeist im neusten Glauben. — Schachbrett in grüner Einfassung. — Ruinen von Oea. — Die eingeheizte Höhle. — Geträumtes heiliges Kreuz. — Antike Inschrift zu Ehren der schönen Erasiklea. — Bergrabenes Wunder für die Nase. — Die Fohlenritter. — Der König in der Luft. — Emporions gelehrige Schuljugend in Reih und Glied. — Systematische Weinstöcke. — Der heilige Nikolaus. — Eine Menge schöner Weiber! — Schlaf à conto. — Höllische Feuergeister, schwarz wie die Nacht. — Kohlenmeiler der Cyklopen. — Die drohende Leiche. — Wasser als Küchenmägde zum Kupferscheuern. —

Kandia. . . . . . S. 355.

Der silberschimmernde Ida. — Vergebliche Bitte um Erlaß der Quarantaine. — Gefälligkeit Herrn Fabreguettes. — „Omnia mea mecum porto" Wahlspruch der Philosophen und Soldaten. — Aegyptisches Militair-Costüm. — Bitte: ein neues Dekorationssystem des Civils ausarbeiten zu dürfen. — Die Form der Dekoration soll die Beschäftigung, und der Stoff derselben den Grad anzeigen. — Die schöne rothe Flagge der Türken mit weißem Halbmond und Stern. — Sehr brauchbare Sättel in bedenklichen Fällen. — Patriarchalische Einfachheit der griechischen Behörden. — Das gefundene glückselige Land, das keinen einzigen Advokaten besitzt. — Vollkommen gleiche Gerechtigkeit für Türken und Christen. — In Griechenland confiscirtes türkisches Eigenthum. — In Kandia unentgeltlich herausgegebenes griechisches Eigenthum. — Armuth: Quelle der Ungerechtigkeit. — Vergebliche Bemühungen beim Grafen Armansperg. — Fünfhundert in Griechenland aufgehobene Klöster. — Mehemed Ali schenkt den Christen eine Glocke. — Mustapha Pascha mit 100,000 Colonnaten jährlich salarirter Gouverneur der Insel. — Die hervorstechende Pariserin. — Herr Charpen, der liebenswürdigste Glaubensapostel St. Simons. — Die reichhaltigen Goldminen. — Mehe-

XV

med Ali ein Landsmann von Alexander dem Großen. — Mehemed Ali's Bibliothek. — Seine Wißbegierde. — Fassung des großen Mannes. — Bild der Einnahme von St. Jean d'Acre. — Der humane Mamelucken-Henker. — Definition des Charakterschlüssels. — Reiseregeln für Gelehrte. — Grüne Erbse im Dezember. — Der geschickte Architekt Herr Kantrick. — Die blos aus einer Quarantaine in die andere reisende unglückliche Dame. — Prächtiger Wein- und Platanenwald. — Weinstöcke mit Einem geraden Stamme von 20 bis 30 Fuß Höhe. — Schmetterlinge im Kretischen Winter. — Verwüstungen des Krieges. — „Arbeitet, Hunde!" — Gut, aber sag' uns auch einmal: eßt, Hunde! — „Nein! Arbeitet und hungert!" — Der englische Consul Herr Kapogrosso. — Todesgefahr für alle Nicht-Schwarzröcke. — Die merkwürdige Wasserleitung „Su terrasi" bei Pellakapina. — Die wunderschöne Aussätzige an den Fußsohlen, als lebendige Braut von Korinth. — Rhamaban. — Auch noch nachahmungswerthe Geschäftsverwaltung zur Nachtzeit bei den türkischen Gerichtsbarkeiten. — Beschreibung des Gerichtshofes des Arsochaldgi. — Die Bastonade ist abgeschafft. — Auch den Türken ist sogar die Freiheit das erste aller Güter. — Einige Gerichtsfälle beim Meschlisch (Conseil). — Sieben Sous Advokatenlohn für eine lange oder kurze Eingabe. Das Papier zu Prozessen liefert das Gouvernement unentgeltlich. Bis zum Gewinn oder Verlust eines Prozesses hat keine Partei mehr Auslage als sieben Sous. Die Justiz ist so gut als gratis für das Volk. Der Vicekönig, also das Land, bezahlt alle Gerichtsbeamten, und sehr gut, damit sie sich nicht bestechen lassen. — Destitution auf Bestechung. — Erbangelegenheiten sind Religionssachen. —Ver-

XVI

mischte Ehen mit Türken und Christen. — Der Eine Leisten des fabrikmäßigen Staatsmannes.—Ein Olivenbaum bringt jährlich 3 Francs ein. — Gekräuselte Hahnenfedern statt falscher Locken bei den Damen. — Die schöne Madame Henriette B... — Kreta, die Quelle der alten Götter, und der Gesetze. — Aufzeichnung der guten und bösen Tage. —Nur die bösen hat man gelebt, die guten verträumet. — Dauern und leben. — Wer wirkt, dauert. — Minos Gesetz: nur Verständige reiferen Alters sollen, aber sollen auch, mit ihres Gleichen über eingeschlichene Mißbräuche berathschlagen. „Man muß in der Küche der Gesetze nicht mit ansehen, wie sie gemacht werden."

Sendschreiben... S. 403.
an den K. K. Gesandten, Ritter Prokesch von Osten.

Jede Individualität ist ein eigener Spiegel der Dinge. — Der Bergzug Mabaxa.—Charakteristische Sprüchwörter der Türken. — Aptera. — Blutvergießen auf Erden durch Flöhe. — Stärke der Militairmacht des Verstorbenen. — 800 Dörfer in Kandia, statt der 100 Städte.—Die Salzquellen.—Geschnürte Taille, oder Wespenleib der Insel Kreta. — Der Unterwelt morsches Gebein. — Steinerner Seelöwe von einer und Widder von der andern Seite. — Warten zur Sicherung der Quarantaine. — Die drei und zwanzig Spitzen der weißen Berge. Der qualmende Besuch bei Tafel. Große Liberalität der Türken gegen Leute geringeren Standes. — Erfindung des Namens der Ma Caroni durch einen von der neuen Schüssel beseligten Cardinal. — Retimo. — Der Benezianische Löwe. — Der christliche Hund. — Der sehr verdienstvolle Herr Kantzul. — Der Hannoveraner Hähne.—Die von Gott gebaute Pyramide. — Der geschlängelte Fluß Pe-

XVII

rama. — Zufriedene Leute in Kreta. — Grosso-Verkauf ohne Abgabe. — Das schöne Thal und die Höhle von Meliboni. — Schreckliche Räucherung von 250 Griechen darin. — Le St Esprit et le Grand Seigneur. — Wahnsinn erregende Mabragon, als Mittagsmahlzeit einer ganzen Genuesischen Schiffsmannschaft. — Unzahl von Krammetsvögeln und Waldschnepfen. — Der Dandy der Vögel. — Der von einer christlich exorcirten Eidechse bezauberte Papas. — Keiner wage des Andern innere Welt zu beurtheilen! — Das allerschönste Thal von Phobales. — Stolz auf eine Kirche. — Der Berg Niba und Jda. — Mühlentreibender Salzstrom. — Der Gentleman Seraskier Mustapha Pascha. — Latakiatabak. — Gespräch türkischer Knaben. — Verdientes Auslachen. — Unterdrückung des Uebermuthes des Stärkern gegen den Schwächern. — Fallende Scheidewand zwischen Türken und Christen! — Bedarf eines bedeutenden Grades von Bildung, um sich nicht auszeichnen zu lassen. — Feuerung auf den Drachen bei kretischer Sonnenfinsterniß. — Erworbene Sommität. — Die mit Aufwand von 167 Millionen vertheidigte und doch verlorne Festung. — Kein Land bringt Kosten ein. — Elende Ställe der kostbaren Pferde. — Der heilige Minos. — Kanonenlöcher und Schießscharten als Augenmasken im Harem. — Altes Zeughaus der Venezianer. — Inspection eines Bataillons Aegyptischer Infanterie. — Die heilige Närrin im Quarrée. — Beiwohnung des Gottesdienstes. — Verschiedenheit des Glaubens begründet keinen gesellschaftlichen Unterschied. — Ehrgefühl Osman Pascha's. — Lebensgeschichte Mustapha Pascha's. — Seine rosenrothe Brille, unsere Narren für Professoren der gelehrtesten Türken anzusehen. — Der Meschlisch, ohne Handwerksgewissen. — Gesunder Menschenverstand besser als Corpora Juris. — Würde

XVIII

und Talent der Rede bei den Türken. — Beizufügende Gründe: warum ein Richter einem Urtheil nicht beistimmt. — Der Jukta. — Jupiters Grab. — Pferderecepte. — Excommunication des Wachskerzendiebes. — Grabkammern. — Das unerklärliche große Loch. — Die Akropolis von Gortyna. — Die Bogenglocke (das Simandron). — Spiralförmige antike Säule. — Besuch des Labyrinths. — Die Kirche am Lethe. — Kolossale Skakkoten. — Weintrinken als Winterzeitvertreib. — Temperirung des Weines dabei, durch darin abgekochten Spanischen Pfeffer. — Der Derwisch, und das Mittel seine Frau vor Wankelmuth zu sichern. — Die in Griechenland nie aussterbende Sappho, jetzt mit dem Namen Kumuru, „die schmachtende Turteltaube." — Lied ihres wahnsinnigen Mannes — Der gewaltig redende Torso. — Rosso giallo, und Verde antico. — Inspection der ägyptischen Caserne. — Feier des Sylvesterabendes. — Ball von sechszigjährigen tanzenden Damen mit fliegenden Roßschweifen. — Der lebendige Muff. — Glückliches Omen. —

Delphi bis Monembasia.

September 1836.

Ich befand mich auf dem Jonischen Meere. Die Hitze war drückend, und die Segel ruheten, wie zum Trocknen aufgehangene Tücher, in der unbewegten Luft; doch waren wir erst kurz vorher bei Gewitter, Sturm und Regen, eine lange Nacht, gar unsanft von den erzürnten Wellen geschaukelt, umhergetrieben worden — denn ich besitze leider die Aehnlichkeit mit dem Wandrer Ulysses, dessen Residenz ich eben verlassen hatte, daß Neptun mein Freund nicht ist. Wer kann indessen dem Unwillen großer Herren vernünftigerweise etwas Anderes entgegen setzen als — Geduld? Von Kindheit an folge ich dieser Lehre und tröstete mich jetzt mit Lalla Rookh, worin ich

eben auf folgende so gut zu meiner Lage passende
Zeilen gestoßen war.

How calm, how beautiful comes on
The stilly hour, when storms are gone;
When warring winds have died away
And clouds beneath the glancing ray
Melt off, and leave the land and sea
Sleeping in bright tranquillity —
Fresh as if day again were born,
Again upon the lap of morn.

All hush'd — there's not a breeze in motion;
The shore is silent as the ocean.
If zephyrs come so light they come,
Nor leaf is stirr'd nor wave is driven;
The wind-tower on the palace-dome
Can hardly win a breath from heaven.

Ich hatte aber das Andenken eines größern Dichters vor mir, und legte mißmuthig mein Buch nieder, bedenkend, wie lange es wohl noch dauern würde, bis ich andächtig meine Kniee auf dem Sterbeplatz des hohen Mannes beugen dürfe, den England vertrieb, während die übrige Welt ihn vergötterte. Ich war nur um dieser Pilgerfahrt willen von neuem nach dem griechischen Continent zurückgekehrt, und schwamm nun schon mehrere Stunden, Missolunghi und dem blauen Kranz seiner Berge gegenüber, auf den Wellen, ohne dem ersehnten Orte um einen Schritt näher kommen zu können.

Endlich erhob sich gegen Abend ein leiser Hauch, der uns langsam der seichten Lagune zuführte, die sich über anderthalb Stunden weit von der Stadt erstreckt, und nur kleinen Kähnen sie zu befahren erlaubt. Wir bestiegen einen solchen, und über Seegras und Sand, der oft kaum einen Fuß hoch mit Wasser bedeckt war, erreichten wir kurz vor Sonnenuntergang die zerstörte Stadt und ihre fiebrische Atmosphäre.

Lord Byrons Wohnung stand nur einige Schritte von unserem Landungsplatze entfernt, und ein griechischer Knabe führte mich auf die Trümmer, die noch davon übrig sind, denn die Türken verbrannten das Haus. Die Sonne ging eben in blutrother Glorie unter und warf auf das Opferlager des gleich ihr Untergegangenen ihre letzten, noch immer sengenden Strahlen. „Du warst doch ein Liebling des Schicksals bis an's Ende," sagte ich tiefbewegt zu mir, „aber wem die unsichtbaren Mächte die goldene Krone des Genius gewähren, dem versagen sie den duftenden Blüthenkranz der Freude. Er ist der Glückliche in den Augen der Menge, aber nie der Beglückte in seiner eigenen Brust. Doch vielleicht bewohnt der kühne Geist, der einst hier waltete, nun dieselbe Sonne, die ihre letzten Lichtfunken jetzt über die Stätte seines irdischen Todes ausgießt, und andere Gesetze, vollkommneres Glück herrschen dort. — Wo er denn auch sey, auf welche Weise in neuer Jugend gestaltet er fortwirke, Heil seinem Andenken auf dieser Erde, und Friede seiner Asche! —"

In solches Sinnen verloren, wanderte ich schweigend der für mich bereiteten Wohnung zu. Dort fand ich außer meinem Wirth, einem früheren Demogeronten Missolunghi's, und seiner Frau, auch drei liebliche, idealisch gekleidete Kinder vor, mit denen ich bald große Freundschaft stiftete. Im Verlauf der Zeit erfuhr ich, daß nur das eine Mädchen Tochter meines Hausherrn sey, das andere aber, so wie der Knabe, zwei Waisen, die Kinder seines Bruders wären. Ihr Vater blieb im Gefecht gegen die Türken, die Mutter ward ermordet und die armen Kleinen in das feindliche Lager geschleppt, wo der Onkel sie am andern Tage für 10,000 Piaster sich wieder einkaufte! Der größte Theil des ihm noch gebliebenen Vermögens ging damit verloren, und er theilt jetzt die fast allgemeine Armuth dieser unglücklichen Stadt, für die seit Capo d'Istria's Tode

Niemand mehr etwas thut, und deren jämmerliche Hütten und weit und breit verwüstetes Land, wo außer einer trauernden Palme, die jede Verheerung überlebte, kein einziger Baum mehr steht, einen herzergreifenden Anblick darbieten. — Dennoch war es Missolunghi, das durch den fast unglaublichen Heldenmuth seiner Bewohner Griechenland rettete, und sich die heiligsten Ansprüche auf dessen ungemessene Dankbarkeit erworben hat, sich aber wohl, wie es der Lauf der Welt mit sich bringt, mit dem Ruhme allein wird begnügen müssen.

Jedermann kennt bis in's Detail alle Umstände der Kriegsereignisse vor und in Missolunghi; aber ohne an Ort und Stelle gewesen zu seyn, kann man sich von dem Wunderbaren der Sache kaum einen genügenden Begriff machen. Die Stadt, in der Plaine gelegen, ist von zwei Seiten durch die See geschützt, von den andern beiden aber nur durch eine schwache, überall verfallene Mauer vertheidigt, von innen nicht mehr als acht, von außen zwölf Fuß hoch ist, wo längs derselben ein seichter Graben von 3 — 4 Fuß Tiefe und 10 Fuß Breite sich hinzieht. Hinter diesem ganz unzureichenden elenden Werk, dessen Defekte man nur in der Eil durch lose Steine auszufüllen vermochte, und mit Hülfe mehrerer, theils an der Mauer selbst, theils auf dem freien Platz zwischen ihr und der Stadt, dürftig aufgeworfenen Erdbatterieen, widerstanden die Griechen mit 5000 Soldaten und vielleicht eben so viel waffenfähigen Bürgern, einer 60,000 Mann starken, mit Geschütz reichlich versehenen Belagerungsarmee ein ganzes Jahr lang! Endlich, als der Hunger einen längeren Aufenthalt in der Stadt unmöglich machte, wo weder eine Ratte, noch selbst Wurzeln und Gras mehr zu finden waren, beschloßen sich die noch Lebenden durchzuschlagen. Eine fehlerhafte Disposition ward ihnen hier verderblich. Man schickte 1000 Mann voraus, ließ diesen später eine Colonne der Schwachen, Kranken und Verwundeten folgen, und die übrigen 3000 Mann sollten zuletzt den Beschluß machen. Wären alle zusammen herausgebrochen, so darf das Gelingen nicht bezweifelt werden, da die ersten 1000 Mann zwei ihnen entgegen stehende Batterien augenblicklich stürmten, alle Türken und Aegyptier darin niedermachten und mit geringem Verlust dann ihren Weg nach dem Isthmus fortsetzten.

Als aber die Colonne der Kampfunfähigen, deren Marsch sich verzögerte, ankam, ward sie leicht von den Türken in Unordnung gebracht, und auf die ihr folgende zurückgeworfen, während im Rücken die nun unvertheidigte Stadt schon vom Feinde besetzt worden war, und so die verspäteten Griechen von allen Seiten umzingelt, endlich sämmtlich niedergemacht wurden. Viele schloßen sich in einzelne Häuser ein, wo man Munition aufbewahrt hatte, und nachdem sie sich dort mehrere Stunden lang mit Verzweiflung vertheidigt, sprengten sie sich mit den eindringenden Türken zugleich in die Luft. So kam Missolunghi in der Ungläubigen Hände, nachdem diese mehr als 30,000 Mann davor verloren hatten. Wahrlich die Schlachten gegen die Perser und alle Thaten der alten Griechen sind nichts dagegen, wenn man nur die sichtbaren Fakta ins Auge faßt, aber freilich darf man annehmen, daß bei der bodenlos elenden Verfassung der türkischen Truppen viele verborgene Gründe solcher Art mitgewirkt haben, wie sie der Geschichte meistens unbekannt bleiben, und kämen sie an's klare Licht des Tages, der Welt manches Wunder vergangener und neuster Zeiten plausibler machen würden. Daß überhaupt nur mit Türken als Feinden die Sache möglich war, ist gewiß, aber auch gegen diese bleibt doch unter solchen Umständen der Ruhm der Griechen etwas den heroischen Zeitaltern nahe Verwandtes.

Ich besichtigte den ganzen Schauplatz dieser denkwürdigen Begebenheiten noch in derselben Nacht bei hellem Mondschein, und ward oft von Staunen gefesselt bei dieser oder jener Stelle zurückgehalten. Eine der

Hauptbatterien, wo die Mauer einen Vorsprung bildet, ward von den Türken während der Belagerung genommen und einige Tage lang behauptet, wobei sie die schnell errichteten Gegenwerke auf der erwähnten Esplanade zwischen Stadt und Mauer schwer beschädigten, bis sie durch eine glücklich geführte Mine, mit sammt ihrer mühsam über die Stadt erhöhten Batterie, in die Luft gesprengt wurden. Diese Batterie hat deshalb den Namen „der schrecklichen" erhalten, und ohnweit derselben liegt ein noch weit schauerlicheres Monument, eine Pyramide weißgebleichter Schädel aller auf diesem Punkte Gefallenen. In mehreren Todtenköpfen, die ich aufhob, sah ich deutlich die Schuß- und Hiebwunden, an denen ihre einstigen Besitzer verbluteten, und manche Hiebe mußten mit herkulischer Kraft geführt worden seyn, da sie den Schädel bis auf die Kinnlade gespalten hatten. Ich erfuhr nachher, daß die Pyramide kaum mehr ein Drittheil ihrer Höhe habe, weil, sagte man, jeder englische Milordo, der hierherkäme, wenigstens Einen davon mit sich nähme. Man muß gestehen, daß vor der Sammlungssucht dieser Insulaner nichts in der Welt mehr sicher bleibt, es sey unter oder über der Erde, es gehöre dem Leben oder dem Tode an — und ärgerlich zu denken ist es, daß ein Londner Schneider oder ein Birminghamer

Knopfmacher, mit dem heiligen Schädel eines griechischen Helden, der sich für sein Vaterland geopfert, in der Tasche, auf und davon segelt, um, im glücklichen old England angekommen, das Erstaunen der Krähwinklerischen natifs seiner Umgebung zu erregen. Man stahl dem armen Griechenland schon längst seine Kunstwerke, später sein Geld, jetzt aber sogar seine Schädel, und man muß gestehen — es leidet Alles mit musterhafter Geduld.

Missolunghi besitzt nur noch drei decente Häuser, von denen ich das eine bewohne. Es hat aber auch dies kein einziges Fenster, und ein kalter Golfwind, der von Patras herbläst, wird dadurch sehr empfindlich. Zugleich verhinderte mich dieser Wind weiter zu segeln; ich benutze also die gezwungene Muße zu einer Excursion nach den Ruinen von Chirin, wie man sie hier nennt, eine alte befestigte Stadt der Aetolier, deren Namen ich aber weder auf einer Charte der alten Welt, noch in irgend einem alten oder neueren Autor finden kann. Demohngeachtet ist der Ort, wie ich sogleich näher erörtern werde, vom allerhöchsten Interesse.

Der Stadt-Commandant und Befehlshaber der Garnison, Oberst d'Almeida, ein Portugiese und ruhmvoller Philhellene, der sich auch bei der letzten Insurrektion sehr auszeichnete, borgte mir sein Schlachtroß, und gab mir die nöthige Eskorte mit, bestehend aus sechs berittenen Gensd'armes und einem Offizier — denn ich bin ja wieder in dem Lande, wo sich die Räuber einer gleichen Popularität mit allen andern Handwerkern zu erfreuen haben. Der Offizier war kein ganz gewöhnlicher Begleiter — des großen Bózari Sohn, ein höchst einnehmender junger Mann, der seine völlig deutsche Erziehung von Kindheit an in München erhielt. Bózari's Schatten erwartet übrigens noch sein Ehrendenkmal in Griechenland.

Chirin liegt ohngefähr zwei Stunden von Missolunghi auf einem kahlen Steinberge, dessen Krone durch die alte Stadtmauer in einer Ausdehnung von einer guten Stunde umschlossen wird. Diese Mauer, welche ein unregelmäßiges Parallelogramm bildet, ist noch durchgängig in verschiedener Höhe über der Erde sichtbar, ihre Construktion aus der Zeit, wo die polygonische Bauart in die mit horizontal liegenden Massen überging, also gewiß älter als die Ruinen von Messene, und mit ohngefähr 60 — 70 viereckigen Thürmen versehen. Die Citadelle nimmt wie gewöhnlich die höchste Spitze des Berges ein, ist aber hier von unverhältnißmäßig großem Umfange, da sie wohl ein Viertel des Ganzen einschließt. Wir konnten, obgleich wir die ganze Stadtmauer rund umher mit großer Anstren=

gung durchkletterten, durchaus keine Spur eines Thores in derselben entdecken, nur eine schmale Pforte fanden wir von zwei Thüren flankirt, zu der ein antiker Weg vom Fuß des Berges aus noch theilweise zu traciren war. Unsere Gensd'armes lebten der festen Ueberzeugung, daß neben dieser Pforte ein großer Schatz vergraben läge, den ein Geist bewache — und wild und einsam genug hat sich in der That dieser seine Wohnung gewählt.

Der von den Mauern umfaßte Raum ist außerdem mit mehr als fünfzig Fundamenten verschiedener Gebäude angefüllt, worunter besonders zwei merkwürdig sind. Das eine war ohne Zweifel ein großer Palast von 200 Fuß Länge mit mehreren runden und viereckigen Vorsprüngen, so wie einigen Casernen, der zwei bis drei abfallende Terrassen eingenommen zu haben und aus noch größeren Blöcken, als die Befestigungsmauern enthalten, aufgeführt gewesen zu seyn scheint, wie die untern Reihen, welche noch vorhanden sind, hinlänglich anzeigen. Der zweite Bau befindet sich in einem tiefen Steinbruch, aus dem man, durch Aufführung von Quermauern, eine prachtvolle Cisterne gemacht hat, die wahrscheinlich immer oben offen blieb, und jetzt, von Gebüsch aller Art durch= und überwachsen, einen ungemein malerischen Anblick gewährt.

Die Thüren in diesen Mauern sind von einer Form, die mir, außer einer einzigen ähnlichen Pforte in den Befestigungsmauern von Phigalia, weder in alter noch neuer Bauart bisher vorkamen, nämlich so:

Von den äußersten westlichen Mauern der Citadelle hat man eine überraschende Aussicht auf das, wie ein kleines Venedig, sich mitten aus dem schmalen Meerarm erhebende Anatólico, und am diesseitigen Ufer auf bedeutende Salinen, einen wohlbestandnen Oelwald und eine schön angebaute Ebne; am jenseitigen Ufer dehnt sich das weite Marschland des Achelous aus, dessen Krümmungen man hier vom wolkenbedeckten Bunnisto an bis zu seinem Ausfluß zwischen den Echinaden verfolgen kann. Die jonischen Inseln bilden den Hintergrund.

Nach zwei Tagen schlug plötzlich der Wind um, und ich verlor daher keinen Augenblick, mich nach Patras einzuschiffen, von wo jede weitere Richtung sich am bequemsten vorbereiten läßt. Die Hälfte der Fahrt war angenehm, aber als wir uns dem Golf näherten, und die seichte Stelle bei der von Rumelien vorspringenden Landzunge, wo das Meer, rund von dunkelblauen Wogen umgeben, hier allein hellgrün erscheint, passirt hatten, kamen uns hohe und schäumende Wellen, die noch dem Impuls des Windes der letzten Tage folgten, entgegen. Dieser Conflikt des uns treibenden Windes und der ihm entgegenbringenden Wassermassen, verursachte ein Schwanken und Rollen der kleinen Barke, das im höchsten Grade unangenehm war, und meine beiden Diener schwer seekrank machte. Zugleich kamen wir nur wenig vorwärts und mußten uns viele Stunden umherkollern lassen, ehe wir gegen Abend auf der jetzt durch die englischen Corinthen-Schiffe sehr belebten Rhede von Patras zu landen vermochten.

Ich hatte diese Stadt im Extrem der Kälte zuletzt verlassen, und fand sie jetzt im Extrem der Hitze wieder, mit Zugabe der Fieber, welche bereits die Ablösung der hier garnisonirten baiernschen Compagnie nöthig gemacht hatten. Meinen Secretair, den ich mit zwei Pferden, einem Diener und zwei Hunden seit zwei Monaten hieher vorausgeschickt, fand ich ebenfalls fieberkrank, meine übrigen griechischen und Consular-Bekannten aber im besten Wohlseyn, und die holden Damen von Patras wo möglich noch lieblicher blühend im Sommer als im Winter.

Ich selbst konnte mich keiner so anmuthigen Frische rühmen, und war während vierzehn hier verbrachter Tage fast immer krank. Doch erfreute ich mich dabei noch sehr jugendlicher Anwandlungen, denn ich schwelgte in dem Genuß — ungestört Romane lesen zu können, von jeher eine Lieblingserholung für mich, wozu mir aber in der letzten Epoche wenig Zeit übrig blieb, da ich selbst welche machen mußte. Wie ein junges Mädchen in der Pension ergötzte ich mich jetzt an dieser Lektüre, auch an den ungeschickten Versuchen, deren Albernheiten selbst mich erheiterten — und zwar nicht blos auf satyrische Weise, nein, eben in ihrer Naivität lag das Anziehendste für mich, wie auch der unschuldigen Kinder oft ganz sinnloses Geschwätz doch des ernsten Mannes Stirn entfaltet und sogar sein Herz erwärmt — denn im Grunde solcher Dinge liegt tief etwas menschlich Wahres, ja Poetisches, mit einem eignen Reiz umwoben, der der weisesten Sentenz des Verstandes abgeht. Zuletzt kommt allerdings auch viel auf den Leser oder Hörer selbst an. Nicht Jeder hört und liest sich dasselbe aus demselben heraus!

So entzückte mich z. B. das Buch einer berühmten Engländerin, deren Heldin blindgeboren ist, eine jener so beliebten Entsagenden, welche die Verfasserin endlich, da es nichts mehr zu opfern giebt, sterben läßt. Eine Freundin erzählt hierauf ihren Tod, und schließt folgendermaßen: „Nie werde ich," sagte sie, „den letzten Blick vergessen, die die schon Verklärte auf mich warf. Jahre sprechen seinen Inhalt nicht aus. Sie erkannte Jeden von uns, und obgleich des Todes Schleier sie bereits umhüllte, las Jeder doch deutlich in ihrem brechenden Auge, mit welchen Gefühlen für ihn sie hinüberschlummerte. —" Hier ist offenbar die Verfasserin selbst so ungeheuer von dem Pathetischen der geschaffenen Scene ergriffen worden, daß sie eine durch vier Theile durchgeführte Blindheit im letzten Augenblicke darüber gänzlich vergißt! Eine solche Innigkeit des Gefühls aber, die hier in unbewußter Unschuld, gleich einer wahren Heiligen ein Wunder hervorbringt — rührte mich bis zu Thränen.

Ein Anderer — aber ich darf den Leser nicht länger mit solchen Abschweifungen langweilen. Er verlangt Aeußeres, nicht Inneres abgespiegelt, am wenigsten vielleicht meine eigenen Naivetäten, und ich kehre daher zu meiner Schuldigkeit zurück.

Patras ist wegen seiner ungemein günstigen Lage nothwendig im Steigen, und obgleich nur sechs Monate zwischen jetzt und meinem ersten Besuch dieser Stadt verflossen waren, fand ich doch bereits viele vollendete und mehrere neu begonnene Häuser hier vorhanden. Auffallend ist es jedoch, daß für eine so wichtige Stadt die Regierung nicht im Mindesten sorgt. An keiner Landstraße ist etwas gethan, und statt 303 Brunnen, welche Patras zu der Türkenzeit hatte, sind jetzt, wegen Verfalls aller Wasserleitungen, kaum drei oder vier davon noch brauchbar, so daß z. B. in meiner kleinen Haushaltung das Wasser theurer als der Wein ist. Man war sehr unzufrieden über das Gesetz, welches 7 Procent von der Hausmiethe Abgaben festsetzt, und noch mehr über das, welches 5 Procent von jeder Art des Erwerbs ohne Ausnahme fordert; allerdings eine hemmende Maßregel für den Handel und daher vielleicht jetzt unpassend, aber im Princip wohl gerecht. Zu den 5 Procent, die vom Corinthenbau gegeben werden, hatte die Municipalität mit Bewilligung der Bevölkerung ein Procent hinzugesetzt, dessen Ertrag zu Straßenbesserung und Pflanzungen verwendet werden sollte. Hier that sich ein Streben nach vorwärts kund, leider aber erklärte die Regierung, sie werde dieß Procent selbst in Empfang nehmen und dann zugleich für Erfüllung des damit intentionirten Zweckes sorgen, worauf die Corporation ihre Einwilligung zurücknahm. Hier sehen wir neben dem früher Gerügten zu wenig auf der einen Seite, ein eben so pernicieuses zu viel Regierenwollen auf der andern, was außer England so mancher europäischen Regierungen schwächste Seite geworden zu seyn scheint.

Ich hatte in Patras eine große Menge Briefe vorgefunden, und wie ich es kaum je erlebt, alle waren erfreulichen, zum Theil überraschenden Inhalts. Der Eine hat mich sogar zum Spartaner gestempelt, denn das griechische Gouvernement kündigt mir darin des Königs Genehmigung meiner Kaufsvorschläge für Kyparissia an, wo mir ein neuer origineller Wirkungskreis entgegentritt.

Ein andrer werther Brief kam mir vom berühmten Hippologen, Grafen Veltheim, und da das Sujet, von dem er handelt, für das Deutsche „hohe Leben — mit Pferden" Interesse hat, ich auch später noch mannigfaltig darauf werde zurückkommen müssen, so will ich gleich hier einen Auszug desselben, wie meine Antwort darauf einrücken.

Der Graf schreibt mir im Interesse seiner Lieblingswissenschaft Folgendes:

„...... Vor Allem herrscht noch Dunkelheit über die angeblichen zwei Hauptracen arabischer Pferde, 1) die Köheili, 2) die Nedjedi, welche um so sonderbarer ist, da alle eblen arabischen Pferde ursprünglich aus dem Nedjid, oder der innern Hochebene Arabiens stammen, und daher eigentlich sämmtlich Nedjedi heißen sollten — wogegen Andere behaupten, der Name Köheil begreife alle eblen arabischen Pferde in sich, und was nicht Köheil sey, wäre Hatik und Kadisch, d. h. mehr oder weniger gemein. Die dritte Ansicht ist die, daß nur was zur Khomse gehöre (nämlich von den fünf Stuten abstamme, worauf Muhammed und seine Gefährten die Hegira von Mekka nach Medina gemacht hätten), edel sey."

„Aber auch die davon abstammenden Racen werden verschieden angegeben. Nach Niebuhr heißen sie 1) Djelfé, 2) Saclavi, 3) Monaki, 4) Hambány, 5) Fräbji. Graf Rezwuisky substituirt den Hambany und Fräbji die Köheili und Nedjedi. Don Babia wiederum die Treibi und Sabi. Burkhard nennt ebenfalls ein paar andre Namen, als Mitglieder der Khomse, und so waltet über dem Allen große Ungewißheit ob, die Ihnen, verehrter Freund, aufzuklären vorbehalten bleibt, wenn es Ihnen gelänge, selbst in das Nedjedi vorzubringen, was bis jetzt, so viel ich weiß, noch k e i n e m Europäer gelang; und dann würden Sie auch nicht blos die Nomenklatur aufklären, sondern, was die H a u p t s a c h e ist, uns auch sagen können, welches wirklich die edelste und beste Race unter allen diesen so verschieden benannten ist."

"Ferner besteht ein zweites Problem darin, ob die Drusen im Libanon eine e i g n e (übrigens rein arabische Race) selbst fortziehen, oder ob sie sich nur stets durch Größe und Knochenstärke ausgezeichnete Individuen aus dem Nedjib zu verschaffen wissen? Denn daß der Emir Beschir stets einen Stall voll der ausgezeichnetsten Pferde obiger Gattung besitzt, ist außer Zweifel, und da für europäische Zwecke G r ö ß e und K n o c h e n s t ä r k e bis auf einen gewissen Grad stets w e s e n t l i c h e Erfordernisse sind, so ist die Frage wichtig. — Seine Majestät der König von Württemberg hat so eben vom Emir Beschir vier Hengste und eine Stute erhalten, die ich jedoch noch nicht selbst gesehen."

Zufällig fand ich schon hier Veranlassung, auf diese gehaltvolle Instruktion etwas zum Zwecke Führendes zu entgegnen, und antwortete daher dem Grafen das Nachstehende:

„Ihrem ehrenvollen und schmeichelhaften Auftrag zu genügen, eile ich die erste Gelegenheit zu benutzen, die sich mir darbietet, um Ihnen, die gewünschten Notizen betreffend, einige vorläufige Auskunft zu geben; zwar nicht durch eigne Erfahrung, denn ich gelangte noch nicht so weit — aber durch Jemand der weiter kam, als ich es je für mich selbst hoffen darf. Ich meine den österreichischen Consul in Patras, Herrn Zuccoli, der 40 Monate lang Ibrahim auf seinen Kriegszügen in Yemen begleitete, der später mit Mehemed Bey, Dongola und Korbofan durchstrich, die östlichen Quellen des Nils im See Dembea in Abyssinien erreichte, und nahe daran war, auch die westlichen im Mondgebürge aufzufinden; der später zweimal Syrien bereiste, und die Gestüte des Emir Beschir sah, also ziemlich alle die Länder kennt, aus denen Sie Nachrichten verlangen. Ich theilte ihm Ihren Brief mit und hier ist die Erwiederung, welche ich seiner bereitwilligen Güte verdanke."

„Da ich meine Reise nach Yemen," schreibt er, „im Jahre 1819 in einem Zeitpunkte unternahm, in welchem mehr als je der Krieg zwischen den Aegyptern und den Wohabiten wüthete, wo sich daher die größten Schwierigkeiten, selbst mit Lebensgefahr verbunden, dem Studium jenes Landes, wie den Nachfor=

schungen über arabische Pferdezucht entgegenstellten — so bin ich, den letzten Punkt betreffend, nur im Stande, Ihnen die folgenden geringen Daten mitzutheilen."

„Die vorzüglichste und berühmteste Pferderace Jemens ist die, welche von den Wohabiten herkommt, und Nedschbi oder Nedschli genannt wird. Der edelste Theil derselben befindet sich in den beiden Städten Derje und Kaza, und in den Provinzen, die zu diesen Städten gehören."

„Die Pferde aus der Race Nedschbi nehmen ihre verschiedenen Benennungen von dem Vater, von welchem sie abstammen, her, z. B. zur Zeit meines Aufenthalts in Derje war die geschätzteste Race: die Nedschbi Abu Calám (Vater des Worts), welche von diesem berühmten Hengste abstammt. Die Araber verkaufen ihre Stuten ungern, weil Jeder der seinigen zur Zucht bedarf, aber der Adel des Pferdes wird immer hauptsächlich nach dem Hengste beurtheilt, und ein Hengst von hohem Ruf gewiß nie gutwillig aus dem Lande gelassen."

„Jene Race ist unter den Wohabiten der Provinz Derje über hundert Jahre authentisch fortgeführt, und scrupulös schreiben sie in ihren Registern bei Geburt eines Füllen dieser Race die

Abstammung desselben ein;*) so z. B. las ich in denselben: — Am dritten Tage des Monats Rabia el Anel, im Jahre der Hegira 1239 wurde der Hengst Rufail (der Leichte) Sohn des El Kader (der Stern) aus der Abstammung Abu Calám's geboren. — Die Mutter wird nur im Fall einer besondern Berühmtheit erwähnt."

„Meiner Ansicht nach ist diese Race, welche ich oft persönlich zu beobachten Gelegenheit hatte, wirklich eine der schönsten in der Welt. Besonders zeichnet sie sich aus:

1) Durch ihre Farbe, welche meistentheils hellgoldbraun, oder auch sehr klar weiß ist; aus diesen beiden Farben entspringen sodann etwas dunklere Goldbraune, und auch Grau- oder Apfelschimmel mit schwarzen Mähnen und Schweifen. Die häufigsten Farben sind jedoch, wie gesagt, hellgoldbraun und weiß, Füchse und Rappen sah ich nie unter ihnen.

2) Durch ihre Taille, welche ansehnlicher als bei den andern arabischen Pferden ist, und der der Dragonerpferde bei unsrer Cavallerie ohngefähr gleich kommt."

---

*) Dies ist merkwürdig, weil Burkhard, wie Sie wissen, das Gegentheil behauptet.

„Ihr Kopf ist mager und kurz, der Hals nicht sehr lang, die Augen groß und sehr lebhaft, die Ohren etwas kurz und immer aufrecht stehend. Ihr Körper ist, obwohl schön proportionirt, dennoch etwas kürzer, als jener des schon einmal zum Vergleich gewählten Schlages unsrer Dragonerpferde; die Brust ist breit und hervorragend, die Beine sind trocken und die Hufe fest und hart, die Kniee und Arme breit, die Fesselgelenke etwas weniger lang als bei den übrigen Nedschdi, die Croupe grade und der Schweif hoch angesetzt. Muskeln und Sehnen sind ausgezeichnet stark, woraus sich ihre große Kraft und Leichtigkeit erklärt. Eine besondere Eigenschaft derselben ist diese, daß ihr Schweif, der sehr fein ist, von Natur nur bis an die Kniee und selten weiter reicht; sie tragen denselben im Gange immer aufrecht, und beim gestreckten Galopp schlagen sie beinahe den Reiter damit auf den Rücken."

„Die Mähne aller wahren Nedschdi von reiner Abstammung ist so zart wie Seide, wodurch sie sich auch von jenen unterscheiden, die nicht von reiner Abstammung sind, aber dennoch unter dem Namen arabische Pferde passiren."

„Die Koheili oder Köheli sind blos eine Abkommenschaft der Nedschdi, welche größtentheils auch die obbeschriebenen Eigenschaften besitzen, und die auch unter der wahren Race der arabischen Pferde des Yemen oder Nedschdid mit einbegriffen sind. Die Köheli kosten jedoch weit weniger als die reinen Nedschdi im Lande, da sie als weniger schnell im Laufen, und als von geringerer Ausdauer bei den Strapazen einer langen Reise berüchtigt sind. Dies kommt daher, weil sie gewöhnlich ein schwerfälligeres Temperament und weniger Sehnenkraft besitzen, als die wahren Nedschdi, von welchen letztern ich Pferde bis zu 800 Colonaten an Ort und Stelle bezahlen sah, während Köheli selten einen höheren Preis als 150 Colonaten erreichen."

„Wer die arabische Sprache und namentlich den Wohabiten-Dialekt nicht kennt, mag, wie mir scheint, die beiden Namen Hatick und Rabisch für die Benennung zweier ausgezeichneten Pferderacen genommen haben; das Wort Hatick bedeutet aber im Wohabiten-Dialekt nur Hengst, Rabisch: Stute — und auf diese komische Weise lassen Reisende sich irre führen."

„An die fünf benannten Racen Giulsi, Seilave, Monáchi, Hambáni und Frebschi könnte man noch eine Unzahl anderer Benennungen anreihen, wenn man in Betrachtung zieht, daß jede Pferderace in Yemen den Namen des ausgezeichneten Vaters trägt, von welchem sie abstammt, zuweilen auch jenen der Tribü, welcher sie angehört."

„Ich halte dafür, daß die geschätzteste und reinste Race der arabischen Pferde im Allgemeinen jene ist, welche unter dem Namen Nedschdi passirt, und die edelsten, ausgezeichnetsten und heut zu Tage geschätztesten hierunter die von der Abstammung Abu Calám's sind, welche ich selbst wahre Wunder von Schnelligkeit im Lauf und Ausdauer bewerkstelligen sah. Es können wohl sonst noch bessere Racen existirt haben, deren Namen man sich durch Ueberlieferung aus der Vorzeit erinnert, diese dürften in das hohe Alterthum gehören, und gewiß sind alle Racen, die angeblich noch von den Stuten des Propheten abstammen sollen, nichts als ein artiges Mährchen, wie es die Araber zu erzählen lieben, und zu sanguinische Reisende für baare Münze annehmen. Es geht damit wahrscheinlich wie mit jenen Thieren der alten Naturgeschichte, die vielleicht einstens existirten, doch gegenwärtig gänzlich ausgestorben sind."

„Uebrigens wiederhole ich, daß meine Beobachtungen in einem Zeitraum gemacht wurden, wo in jenen Gegenden blutiger Krieg herrschte, daher dieselben keinen Anspruch darauf machen können, so wichtige Fragen, als die mir vorgelegten, zu lösen. Das Gesagte ist jedoch das Resultat eigner Erfahrung, und in sofern vielleicht Ihnen nicht ganz unwillkommen."

„Was die sogenannten arabischen Pferde vom Berge Libanon betrifft, so kann ich darüber noch weniger berichten, weil mein Aufenthalt in jener Gegend von sehr kurzer Dauer war. Ich hatte jedoch Gelegenheit, des Emir Beschir Pferde, eine sehr schöne Race zu sehen, welche die Drusen Araber nennen, und die, wie ich glaube, auch von wahren Nedschdi abstammen mögen, die früher dahin gebracht worden sind. Mit der Zeit wurden sie aber mit den turkomannischen*) gepaart, und deshalb haben diese, von den Drusen mit vieler Sorgfalt cultivirten Pferde, eine größere Schwere und Dickleibigkeit, als jene wahren arabischen Rosse des Yemen, welche weit schmächtiger und zartleibiger sind. Es verdient aber dabei wohl bemerkt zu werden, daß, obgleich die Pferde der Drusen größer sind, und ausgezeichnetere Knochenstärke besitzen, sie doch die Nedschdi wohl an starkem Aussehn, aber keinesweges an Kraft, Schnelligkeit und Ausdauer im Laufe übertreffen. Ich fand bei vielen Personen die eingewurzelte Meinung, daß die von den Drusen aufgezogene Race die ächteste arabische sey, und diese Meinung schien mir selbst in einigen Städten Euro-

---

*) Nicht die Turkomannenpferde von Bochara, welche Burns für die Ersten der Welt erklärt, sondern die der syrischen Turkomannenstämme.

pa's vorherrschend zu seyn. Ich meines Theils, der früher die wahre Race Nedschdi in ihrem eignen Lande kennen zu lernen so vielfache Gelegenheit hatte, bin ganz der entgegengesetzten Ansicht, und setze jene drusische Race tief unter diese. Demohngeachtet ist es möglich, daß, wegen ihrer Größe und Knochenstärke, zu den europäischen Zwecken neuester Mode die Pferde der Drusen besser als die Nedschdi geeignet seyn mögen, um so mehr, da ich allerdings verschiedenemal die Bemerkung gemacht habe, daß die ächten Nedschdi schon in Aegypten sichtlich Degenerirten, wahrscheinlich also das europäische Clima und Futter sie noch mehr deterioriren muß."

„Diese Nachrichten, mein theurer Graf, sind allerdings den früher bekannt gewordenen zum Theil ganz entgegengesetzt, doch ist aus alledem ersichtlich, daß der Wunsch, starkknochige Blutpferde zu erhalten, durch die edelsten arabischen Racen kaum zu erlangen seyn dürfte, sondern zu diesem Behuf man sich entweder zu den von Burnes beschriebenen turkomannischen Pferden, vom Stamme Kazabeer in der Nähe der Stadt Shuhr Subz, und bei Balkh, wenden, oder dergleichen Thiere in Afrika aufsuchen muß. In dieser letzten Hinsicht mache ich Sie auf Semilasso's Irrfahrten in Afrika aufmerksam, und namentlich auf die Capitel, welche von Tafilet handeln, und den Pferden, die der marok=

kanische Prinz nach Sfar brachte. In diesen scheint arabisches Vollblut, englische Knochenstärke und turkomannische Ausdauer vereint, und vielleicht ähnliche Pferde, unter dem allgemeinen Namen Barben, die Stammältern der jetzigen englischen Race gewesen zu seyn."

„Ob übrigens für Beschäler die Knochenstärke wirklich so wesentlich sey, als man jetzt annimmt, bleibt mir immer noch sehr zweifelhaft, um so mehr, seit ich in Tarbes und Pau gesehen, wie starkknochig die Nachkommenschaft der kleinen und feinknochigen arabischen Hengste durch Vermischung mit großen und starken (aber leider nicht Vollblut-) Stuten schon in der ersten Generation geworden war. Von einem ächten und vorzüglichen Nedschdihengst, mit starken englischen Vollblutstuten gepaart, würde ich mir, besonders in den weniger kalten Theilen Europa's immer eine noch ausgezeichnetere, schönere und namentlich zum Reiten angenehmere Nachkommenschaft versprechen, als von einem englischen Hengst und Stuten ein und derselben Race. Die Vorzüglichkeit der englischen Pferde selbst spricht gewissermaßen für meine Meinung, da ihre eigne Abstammung ja ganz derselben Art ist. Lächeln Sie nicht zu satyrisch, lieber Graf, über diese unberufene Digression des Laien."

„Sie werden ohne Zweifel die Pferde gesehen

haben, welche der König von Württemberg, der so Glänzendes für deutsche Pferdezucht thut, von der Race des Emir Beschir kommen ließ. Jemand, der mich in Afrika einige Zeit begleitete, schreibt mir, daß diese Pferde ganz den besten tunesischen gleichen (welche auch vom besten arabischen Blute abstammen, ohne seitdem wieder durch dasselbe aufgefrischt worden zu seyn), aber bei dem nämlichen kräftigen Bau nicht viel mehr edles Blut als jene verrathen, und auch nicht schöner sind. Wenn dies gegründet ist, so würde es Herrn Zuccoli's Urtheil entsprechen. In einigen Monaten hoffe ich hierüber nach eignen Augen urtheilen zu können, und haben Sie, theurer Graf, in dieser Beziehung noch einen fernern Wunsch, den ich erfüllen kann, so bitte ich über mich in jeder beliebigen Ausdehnung zu disponiren u. s. w."

Der Leser wird nun bei den Nachrichten, die ich später aus den fraglichen Ländern reichlich über diesen interessanten Gegenstand zu geben beabsichtige, auf diese Briefe, als der Basis derselben Bezug nehmen können.

Am 19. September Abends 9 Uhr schiffte ich mich mit Leuten, Pferden und Hunden nach Sálona ein, nachdem ich, wie gesagt, in der schlechten Luft von Patras fast immer krank gewesen, aber doch bis jetzt glücklicherweise dem verheerenden Fieber entgangen war.

Mein Schiffscapitain war ein lebhafter unternehmender Grieche, der genug Italienisch verstand, um mich mit ihm unterhalten zu können. Er behauptete, daß es in Rumelien gehörnte Schlangen gäbe, welche jedoch nicht giftig wären, und erbot sich, mir das zu beweisen. „Vor zwei Jahren" sagte er „war ich, nicht weit vom Ufer des Achelous, in einen Brunnen hinuntergestiegen, um das Wasser zu reinigen. Als ich wieder hinaufkletterte, und mich mit der rechten Hand auf den Brunnenrand stützte, um mich vollends hinüberzuschwingen, berührte ich unsanft eine grünliche Schlange von sechs Fuß Länge, die sich sogleich um meinen Arm wand, und mich in großer Wuth zweimal biß. Ich ergriff sie beim Halse, um sie zu ersticken, worauf sie mich losließ und verschiedenemal heftig würgte. Während dieser Bewegung entschlüpfte sie mir, ließ aber ihre Hörner im Stich, die ich sogleich auf dem Sande vor mir liegen sah. Sie sind ohngefähr anderthalb Zoll lang, sehen aus wie braunroth lakirt und gleichen kleinen Hirschgeweihen. Ich habe sie aufgehoben," setzte er hinzu, „und will sie Ihnen sogleich zeigen."

Nicht wenig begierig, Schlangenhörner in natura zu sehen, erwartete ich des Capitains Rückkunft mit Ungeduld, fand mich aber schnell enttäuscht, als er kam, denn auf den erſten Blick erkannte ich die niedlichen Hörnlein für das Geweih — eines großen Hirſchkäfers. Ohne Zweifel hatte die Schlange vorher einen ſolchen verſchlungen und als ſie vom Capitain gewürgt wurde, die unverdauten Hörner ausgeſpieen. So entſtehen Fabeln de la meilleure foi du monde, und ich hüthete mich wohl, meinem guten Capitain eine unwillkommene Aufklärung zu geben, denn Belehrung iſt der ſchlechteſte Weg ſich angenehm zu machen. Ich ſelbſt bin glücklicherweiſe ſehr unwiſſend und komme daher ſelten in obige Verlegenheit, aber ich ſtelle mich gern noch unwiſſender an, als ich bin, weil ich dadurch Andere ermuthige, mich zu belehren, und mir nichts von dem vorzuenthalten, was ſie wiſſen, oder zu wiſſen glauben. Durch dieſe Politik lerne ich oft poſitiv und negativ, und das Wenige, was ich weiß, habe ich ihr größtentheils zu verdanken noch ungerechnet, daß ich mir ſchon manche Freunde dadurch erwarb. Könnte man ſeine Eitelkeit vollſtändig beſiegen, man wäre immer liebenswürdig! Es giebt ja nur dreierlei Arten Menſchen, die allgemein geliebt werden: erſtens die Nützlichen; zweitens die, welche ſich fortwährend Andern unterordnen, und drittens endlich die, welche Kraft genug beſitzen, Allen Furcht und den natürlich daraus entſtehenden Enthuſiasmus einzuflößen. Die Erſten liebt die egoistische, die Letztern die hündische Natur in uns.

Die Nacht war südlich schön, der Wind frisch und günstig, der Bivouak auf dem Verdeck höchst angenehm. Mond und Sterne schimmerten mit ungewöhnlichem Glanz, und die Letzteren schienen gegen Morgen immer größer zu werden, so daß besonders zwei derselben, Lucifer und Diana, als wir eben von einem kurzen Schlaf erwachten, uns eine geraume Zeit ungewiß ließen, ob, was wir sähen, Signalfeuer auf den Bergen wären, oder wirklich Sterne seyn könnten. Dies traf artig damit zusammen, daß wir Sálona, dem alten Amphissa, zusegelten, welches, nach Strabo, denselben Morgenstern (Lucifer) im Stadtsiegel führte.

Als aber der Himmel seinen Diamantschmuck abgelegt hatte, und statt dessen die blendende Sonne allein an seinem lichtblauen Gewande trug, fiel der Wind; und nachdem wir in der Nacht gleich einer Möve geflogen, krochen wir jetzt wie ein Faulthier lavirend auf dem glatten Spiegel umher, in sengender Hitze und langweiliger Einförmigkeit. Erst um 3 Uhr Nachmittag landeten wir am Douanenhause vor Skála an oben Felsbergen, wo wir einige hundert Schritte vom Ufer ankerten. Da wir kein Hebezeug mit uns hatten, blieb uns nichts anderes übrig, als meine Pferde mit List vom Schiff ins Wasser hinabzuwerfen, und an einer Leine, die mein Diener im daneben hergeruderten Kahne hielt, selbst nach dem Lande schwimmen zu lassen — eine Operation, die ihre Schwierigkeiten hatte und ziemlich viel Zeit wegnahm, aber doch ohne Unglücksfall bewerkstelligt wurde. Ehe indeß nun aus= und wieder aufgepackt, mit den herbeigerufenen Avojati's ein Akkord geschlossen und ihre tausend unnützen Schwierigkeiten beseitigt worden waren, verging der Rest des Tages. Die Sonne sank bereits wieder hinter dunklen Felsen nieder, als wir, eine Viertelstunde von Skála in die schöne Plaine hinabstiegen, die der Pleistus durchströmt, wo einst unter Krissa — an dessen Stelle noch ein ansehnliches Dorf steht — die delphischen Spiele gefeiert wurden. Jetzt bedeckt ein dichter Olivenwald diese Ebene, welcher die größten Bäume und die größten Früchte liefert, die Griechenland von dieser Art producirt. Im Serail des Großherrn wurden, und werden noch, wie man sagt, keine andern Oliven für würdig gehalten, den Frauen des Harems vorgesetzt zu werden, als die von Sálona, welche man alle in der krisseischen Ebne gewinnt.

Der Mond war schon längst da, um das scheidende Tagesgestirn abzulösen, und unser Ritt im düstern Walde der anmuthigste. Zuweilen verengt sich die

3*

Ebne bis auf einige hundert Schritte, und ist dann von perpendikulair aufsteigenden Felswänden eingefaßt, die auf ihrem Gipfel nicht selten Zinnen, Mauern und Thürme nachäffen, und alles ward noch phantastischer, größer, geheimnißvoller im ungewissen Mondenlicht:

Am Schluß der lang sich hinziehenden Plaine, im Halbzirkel der sie schließenden Berge flackerten uns endlich, nach dreistündigem Marsch, die Lichter von Sálona entgegen, und an der reicheren Erleuchtung erkannte ich schon von Weitem das für mich bestimmte Haus — denn ich hatte nicht versäumt, sobald wir in Skála debarkirt waren, Emil vorauszusenden, um die Autoritäten in Bewegung zu setzen.

Ein stattlicher Mann in schlohweißer, griechischer Sommertracht, und eine sehr hübsche junge Frau empfingen mich mit würdevoller Freundlichkeit, der erste am Fuß, die zweite am obern Ende der Treppe, und brachten mich in ein kleines, aber ganz europäisch eingerichtetes Zimmer; denn mein Wirth, ein bedeutender Kaufmann, hatte sich auf Reisen mit dem Begriff des Comforts bereichert. Auch war alles gut in seinem Hause bis auf den Wein, der in ganz Rumelien so furchtbar mit Kienharz versetzt wird, daß man die widerlichste bittere Medizin zu schlucken glaubt. Glücklicherweise hatte der vortreffliche Herr Robinson in Patras mir ein Dutzend Flaschen ächter französischer Weine (eine noch größere Seltenheit in Griechenland hier als in Paris) aus seinem eignen Keller überlassen, und so war ich für meine Person und Begleitung geborgen. Ich bot auch meinem Wirth davon an, aber Gewohnheit hatte seinen Geschmack bereits dergestalt verdorben, daß ihm das natürliche Gewächs nicht mehr schmeckte und nur wie fades Zuckerwasser vorkam.

Am andern Morgen bestieg ich die Akropolis, die sich malerisch auf einem spitzen Felsen mitten aus den halb zerstörten Häusern der einst sehr blühenden Stadt erhebt. Auf den antiken Mauern aus der dritten Periode griechischer Architektur haben Venetianer und Türken fortgebaut, und von Allem ist noch etwas übrig. Den ersten Gegenstand von Interesse bietet eine schöne türkische Fontaine mit acht Arkaden; unter jeder derselben befinden sich ein oder zwei Röhren, aus denen reichliches Wasser in steinerne Becken fließt. Wir trafen dort an dreißig Weiber und Mädchen, bis über die Kniee aufgeschürzt, mit Waschen beschäftigt an, welches hier immer einen großen Lärm verursacht, da man die Wäsche nicht reibt, sondern mit breiten Pritschen rein schlägt. Es giebt nichts, feine Wäsche mehr

Ruinirendes, als diese Methode, wie Reisende zu ihrem Verdruß in Griechenland schnell gewahr werden.

Ein antikes Thor führt in die venetianische Citadelle, von deren zerfallenem Thurm man auf der einen Seite die Aussicht auf die mit Fichten bewachsenen Berge von Kophinas und Elátos hat, welche die Stadt zur Hälfte umschließen, und auf der andern einen Theil der Ebne mit ihren Olivenpflanzungen übersieht, welche an dieser Stelle der Krieg jedoch sehr verdünnte, so wie er ein Drittheil der Stadt selbst in Asche legte. Wahrlich! die Freiheit zu erringen, hat den Griechen viel gekostet, und sie besitzen ein schwer erkauftes Recht, ihrer endlich zu genießen.

Als wir zurückkehrten, betrachteten wir, einige Augenblicke ausruhend, eine Frau, die ämsig in ihrem Berggärtchen arbeitete. Sobald sie uns gewahr ward, pflückte sie schnell zwei Sträußer wohlriechender Kräuter, welche die Griechen sehr lieben und stets neben ihrem Gemüse cultiviren, und überreichte sie dann mir und Emil mit willkommen heißenden Worten. Dies arrivirt Einem oft und ist nichts weniger als eine Bettelei, sondern wirklich nur ein galanter und liebenswürdiger Zug im Volkscharakter. Auch Früchte sah ich nicht selten mit derselben Bereitwilligkeit unentgeldlich anbieten, obgleich Interessirtheit und Gewinnsucht zu den Fehlern der Griechen gehören.

In den Büchern finde ich, daß die Luft in Sálona im Sommer höchst ungesund seyn soll, die Einwohner selbst behaupten das Gegentheil, und in der That herrschte jetzt, trotz der drückenden Hitze, keine Art von Krankheit in der Stadt.

Gegen Mittag schlug ich den Weg nach Delphi ein, der uns unweit Sálona an einer Felsenformation vorbeiführte, wo die Natur eine cyklopische Mauer auf das Täuschendste, nur in noch ungeheurern Massen, nachgeahmt hat. Die Aussicht über dem alten Krissa ist von imposanter Wirkung, mit den schroffen Abgründen des Pleistus oder Plistus in der Tiefe und den Gebürgen des Peloponnes jenseits des Meerarms in der Ferne. Bald darauf, gleichsam als Mahnung an den heiligen Ort, dem man naht, sieht man eine Reihe Nischen und Grotten in den Stein gehauen neben sich, antike Gräber, deren Sarkophage meist zerbrochen innerhalb und außerhalb umherliegen. Tausend Schritte weiter wendet sich der Weg jähling, und man steht plötzlich über Delphi's majestätischem Felsenthale. Nahe vor sich erblickt man das auf antiken Terrassen ansteigende Dorf Kastri, dahinter mehrere senkrechte Felswände des Parnaß, die sich bis 800 Fuß über das Thal und 2000 über das Meer erheben, und etwas tiefer unten die enge gewundne Schlucht, neben der die kastalische

Quelle entspringt. Uralte Oel- und Maulbeerbäume
ziehen sich von hier bis auf den noch weit tiefer nie-
dersteigenden Boden des Thalkessels hinab, dessen
schmalen äußersten Grund sie in üppigster Fülle bedecken.
Denkt man sich, statt der elenden Hütten des Dorfs,
die Tempel und Prachtgebäude der Alten mit aller
Mannigfaltigkeit ihrer Kunstwerke auf demselben Platz
vertheilt, so mag man vielleicht auch heute noch sich
eine ziemlich genaue Vorstellung dessen machen können,
was sich damals dem Beschauer hier darbot; weil alle
Hauptzüge des Gemäldes, durch eine erhabene Natur
geliefert, noch unverändert vorhanden sind. Und nicht
genug kann man dabei den Takt bewundern, mit dem
die Griechen das passendste Lokal für ihre Bauwerke
und deren Zweck aufzufinden wußten; denn keine
Gegend konnte in ihrem theatralischen, fast schauerlichen
Pomp besser zum Schauplatz eines gefürchteten und
geheimnißvollen Orakels, wie zur ernsten Versammlung der Amphyktionen geeignet seyn.

Es war aus einer antiken Grotte, mit einer bequemen steinernen Bank, die im Halbzirkel darin umherlief,
daß wir diese grandiose Umgebung Delphi's betrachteten. Neben uns befand sich ein schönes hohes Grabzimmer mit drei wohlerhaltenen Nischen und eben so
viel Sarkophagen, die nur ihrer Deckel und ihres

einstigen Inhalts beraubt waren. Das Ganze diente jetzt zu einem Truthen- und Hühnerstall.

Voll Ehrfurcht meinen Weg fortsetzend, zögerte ich fast, das ideelle Heiligthum vor mir zu betreten, obgleich statt dessen nur in der Wirklichkeit ein halb zerstörtes Dorf baufälliger, elender Häuser sich meinen Blicken darbot, auch die geheimnißvolle Erdspalte, über deren begeisternden Dünsten die Pythia weissagte, noch gar nicht wieder aufgefunden wurde, und selbst die Lage des Tempels noch immer ungewiß bleibt. Antike Mauern verschiedner Zeitalter werden zwar in Menge bei genauer Untersuchung sichtbar, Fragmente von Säulen und einzelne Steine, zum Theil mit Spuren von Inschriften, liegen umher, aber außer dem Stadium am obern Ende des jetzigen Kastri, von dem sich noch einige Stufenreihen erhalten haben, ist kein Gebäude des alten Delphi überzeugend nachgewiesen worden, wiewohl man ziemlich allgemein annimmt, daß die Kirche des heiligen Elias an der Stelle des Apollotempels, (denn überall ward jener dem Helios substituirt) und die Panagiakirche auf den Grundmauern des Gymnasiums stehn, was auch der Schilderung des Pausanias wenigstens nicht widerspricht. Die Quelle Kassotis hat noch einen Theil ihrer alten Einfassung, auf der die Türken einen recht malerischen Neubau gründeten; und auf dem Gipfel dieser selben Anhöhe, von der man die Ebne von Kriſſa, einen Theil des Meeres, die Berge der Morea und die Vertiefung von Sálona überſieht, befinden ſich ebenfalls Reſte eines antiken Gebäudes, die man für den Porticus hält, in dem ſich die Gemälde des Polygnotos befanden.

Nachdem ich dieſe Ruine beſichtigt, ſtieg ich zur kaſtaliſchen Quelle hinab, durſtiger noch in dieſem Augenblick, ich geſtehe es, nach ihrem vortrefflichen kalten Waſſer, als nach der von ihr ausgehenden poe= tiſchen Begeiſterung. Schon von fern ſchien uns aus der Felſenſchlucht der Schall ſchnell nacheinander abge= ſchoſſener Gewehre entgegenzukommen, es waren aber die vermeinten Schützen nur zwei auffallend hübſche Mädchen, die aus Leibeskräften mit großen Keulen auf Wäſche im Baſſin der Quelle losſchlugen, welchen an ſich ſchon nicht geringen Lärm das Echo noch verzehn= fachte. Außer der Wäſche lagen auch rothe Tücher und roth gefärbte Wolle im Waſſer, die wie geronnenes Ochſenblut ausſahen, und an der hohen Marmorwand, mit drei leeren Niſchen, die ſich hinter einem vorſprin= genden Bogen in den Felſen vertieft, ſahen wir von rohen Feldſteinen einen kleinen Anbau mit hölzerner Thür, wie angeklebt daran hängen, deſſen Beſtimmung ſelbſt einer Clariſſa nur eine irdiſche geſchienen hätte.

Es ist der Eingang zu einer Kapelle des heiligen Johannes, welche jetzt die kleine Felsengrotte einnimmt, in welcher ohne Zweifel sonst die Pythia verweilte, wenn sie sich den Körper und besonders die Haare in der heiligen Quelle wusch, ehe sie sich zum Orakelspruche auf den Dreifuß setzte.

Diejenigen, welche vor der griechischen Revolution hier reisten, rühmen die Schönheit des Epheu's, der den erwähnten Steinbogen an der Quelle überhing, einen Feigenbaum mit breiter Krone, der am Rande des Bassins erwachsen war, und eine Platane, die dem Ganzen einen wohlthätigen Schatten spendete. Von allem diesem ist leider nichts mehr übrig, als einige vertrocknete Aeste des Epheus in der Höhe, die sich, gleich todten Schlangen, noch an dem Felsen anzuklammern scheinen, obgleich sie schon längst das mörderische Beil des Stammes und der Wurzeln beraubte.

Neben dem geräumigen Wasserbassin, das auf drei Seiten in den gewachsenen Stein eingehauen ist, und auf der vordern fünf Stufen hat, die noch ganz gut erhalten sind, zieht sich die erwähnte enge und gewundne Schlucht, gleich einer bloßen Felsenspalte, in die an 600 Fuß hohe, ganz senkrecht hinter der Quelle aufsteigende Steinwand tief hinein, und theilt sie oben in zwei separate Spitzen, wovon eine dem

Apoll, die andere dem Bacchus geweiht war. Einige behaupten, daß der Berg von daher den Beinamen „biceps Parnassus" erhalten haben solle, was ich jedoch bezweifle, da diese Felsen nur kleine Vormauern der eigentlichen Parnaßkoloffen find, der höchsten Gipfel des Gebürges, die man erst hinter Delphi gewahr wird, wie ich später zu beschreiben Gelegenheit finden werde. Der heilige Felsen, wie er genannt wurde, hat auch ohne dies eignes Intereffe genug für uns und auch ein tragisches. Seine beiden Spitzen hießen Naupleja und Hyampeja, und von der letztern, westlich gelegenen, ward der arme Aesop, ein zu großer Freund der Wahrheit, 500 Jahre vor Christus, herabgestürzt.

In der Mitte der Schluchthöhe, welche unten kaum 12 Fuß breit ist, befindet sich ein natürliches Baffin, in das sich im Frühjahr, wenn der Schnee schmilzt, ein Wasserfall vom obersten Gipfel ergießt. Hie und da existiren noch einige antike Stufen in dem Marmorfelsen, welche dahin führen. Wheler und Clarke fanden die Ersteigung unthunlich, Dodwell aber kletterte hinauf, und ich folgte ihm, mußte aber die Stiefel ausziehen, und den Weg auf den Strümpfen allein zurücklegen, weil es sonst unmöglich war, auf den, zum Theil wie Spiegel glatt polirten, abschüffigen Stufenresten festen Fuß zu faffen. Ich traf das Baffin

jetzt ganz wasserleer, aber eine Menge Ziegen oben
an, die hier ihrem Geschmack angenehme Bergkräuter
aufsuchen und wahrscheinlich durch ihr fortwährendes
Auf- und Abklettern die Stufen so geglättet haben.
Die Anstrengung, es ihnen nachzumachen, war so groß,
daß ich mich nachher eine geraume Zeit lang an allen
Gliedern wie gelähmt fühlte, und jedem Andern die
unnütze Mühe sich zu ersparen empfehle.

Die Kirche der Panagia steht nicht viel unter der
Quelle in einer höchst reizenden Lage, von riesenhaften
Oelbäumen umgeben, deren einige gewiß noch aus der
Zeit des Orakels datiren müssen. In den Wänden
der Kirche und denen der nebenstehenden Klosterge-
bäude, die auf einer hohen antiken Mauer errichtet
sind, sieht man noch viele andere alte Architekturzierden
eingefügt, und Wheler fand dort einen Stein mit dem
darauf eingegrabenen Namen Delphi, der jetzt nicht
mehr vorhanden ist. In der Aussicht von der erwähnten
antiken Terrassenmauer erblickt man, grade gegenüber
im Berge Kirphis, der mit dem Parnaß das Thal
von Delphi einfaßt, eine schwarze Höhle, wo einst das
Ungeheuer Lámia hauste, das Eurybates erschlug;
unten in der Schlucht des Pleistus liegen herabgerollte
Felsmassen, wahrscheinlich dieselben, welche nach Herodot
und Diodorus auf die Armee des Xerxes stürzten,

oder, nach Pausanias und Justin, den wilden Brennus von der Plünderung Delphi's zurückschreckten.

Doch nicht immer wußte der Gott seine Schätze so gut zu vertheidigen. Bis zu Nero's Zeit, der selbst 500 Statüen aus dem Heiligthum entnahm, ward Delphi's Tempel vielfach geplündert, und der Kaiser Constantin verlöschte endlich auf immer seinen mehr als tausendjährigen Glanz. Die reichste Beute machten ohne Zweifel die Phokienser, welche allein aus dem eingeschmolzenen Gold und Silber 10,000 Talente (an 15 Millionen Thaler) lösten.

In der elenden Hütte des Dimarchen, wo ich übernachtete, lernte ich am Hauswirth einen jener schlechtern Griechen kennen, die der Nation im übrigen Europa eine so falsche Beurtheilung zugezogen haben. Kriechend und frech, lügnerisch und hinterlistig, betrügerisch und falsch, aber schlau und gewandt, mag er an diesem viel besuchten Orte bei manchem Reisenden ein häßliches Schattenbild griechischen Nationalcharakters zurückgelassen haben. Es war ein wahres Studium für mich, ihn zu beobachten, welche mannigfache Listen er während unsres ganzen Aufenthalts anwandte, nicht nur uns selbst so viel er konnte zu betrügen, sondern auch, in der festen Ueberzeugung, daß Niemand von uns griechisch verstünde, alle Einwohner des Dorfes, meine in Sálona gemietheten Avojati, und selbst die mich begleitenden Gensd'armes aufzufordern und zu ermuntern, ein Gleiches zu thun. Emil überhörte ihn einmal, wie er den um ihn Versammelten zurief: „Ihr seyd Thoren, die Gelegenheit nicht besser zu benutzen, das sind dumme und reiche Leute, die von nichts wissen, und können wir ihr Geld nicht in Gutem bekommen, so müssen wir ihnen Furcht einjagen, denn wir sind die Stärkern." Daß nun eine Magistratsperson nur so zu sprechen wagen darf, ist allerdings zugleich ein Beweis der Schwäche des Gouvernements. Dies scheint aber hier in Rumelien noch nicht viel zu gelten, wo es nicht grade irgendwo mit gewaffneter Hand darin auftritt. Die Befehle des Staatskanzlers und der Ministerien, welche ich mit mir führte, und die in der Morea überall mit Respekt aufgenommen worden waren, halfen hier bei den untergeordneten Autoritäten so viel wie nichts, und wurden nicht selten mit spöttischen Blicken kaum angesehen, wieder zurückgegeben. Privatempfehlungsbriefe und Geld waren das einzige Mittel zum Zweck, und selbst meine Salonaer Gensd'armes, die mich eigenmächtig auf der Hälfte des Weges nach Zeitun verlassen wollten, konnte ich nur durch verdoppelte Bezahlung znm Bleiben bewegen. Demohngeachtet ist man vor Räubern hier weit sicherer als in der Morea, weil in dieser Hinsicht die Militairchefs, welche seit der letzten Insurrektion noch das Land besetzt halten, auf gut türkische Manier reinen Tisch gemacht haben, während man in der Morea die Sache den Civilgerichten überläßt, die das Uebel nur ärger machen.

Wie vor Delphi, kommt man auch hinter demselben auf der Straße nach Livadia bei mehreren, zum Theil sehr zierlichen antiken Gräbern vorbei. Bei einem derselben ist der Felsen in Form eines doppelflüglichen Thores schön bearbeitet, und in der Mitte dieses Thores hat ein Erdbeben eine tiefe Spalte gerissen, aus der jetzt ein mit Früchten bedeckter Brombeerstrauch herauswuchs. Unter den Einwohnern kursirt ein Mährchen, erzählt Dodwell, daß bei Christi Geburt hier ein Priester des Apollo opferte, und plötzlich inne haltend erklärte, eben sey ein neuer Gott geboren worden, der Apollo's Macht gleich kommen, ihm endlich aber doch unterliegen würde. Kaum hatte er diese gotteslästerlichen Worte ausgesprochen, als das Felsengrab vor ihm zerriß und er selbst, von unsichtbarer Hand getroffen, todt zur Erde stürzte. Nicht weit davon sieht man den untern Stock eines noch ansehnlicheren Grabmals mit einer niedrigen Thüröffnung von der zwei Terrassen sich den Berg herab erstrecken. Ein zerbrochener Sarkophag liegt außerhalb, und der ganze Abhang ist mit Steintrümmern bedeckt.

In drei Stunden erreichten wir das Dorf Arakova, das in einer großartigen Bergumgebung liegt, wo der Weinbau bis zu einer Höhe von 2000 Fuß über dem Meere noch vortrefflich gedeiht. Ich ließ meine Effekten hier zurück und ritt allein bis zu dem Kreuzweg auf der Straße nach Daulis, welchen Sophokles als den Ort annimmt, wo Ordir den Lajus erschlug, und gewiß ist die Stelle poetisch gewählt. Die drei Straßen von Delphi, Daulis und Livadia vereinen sich hier in einer wilden Felsgegend, wo besonders über dem delphischen Weg eine schwarze Steinwand omineus sich niederbeugt; ein großer Block ist nahe am Kreuzweg hingewälzt worden, um der That als Monument zu dienen. Auf dem Rückweg hatte ich eine schöne Ansicht zwei der höchsten Gipfel des Parnassus, so völlig leer von aller Vegetation, und von so weißgrauer Farbe, daß sie auch jetzt fast wie mit Schnee bekleidet erschienen, im angenehmen Contrast mit den schwarzen Fichtenwäldern, die sie tiefer umkränzen und den lichtgrünen Weinreben, die aus dem Thale wiederum bis zu diesen hinansteigen. Arakova bildet in der Mitte dieser Scene ein malerisches Amphitheater rothbedachter

Steinhäuſer, mit weit daraus hervorſtehenden einzelnen Felſenkuppen, als habe ein Erdbeben ſie mitten in das Dorf hineingeſchleudert. In einem derſelben iſt eine ſchwarze angerauchte Höhle von immergrünen Eichen eingefaßt und in ihrem Innern eine kleine Kirche angebracht — aber von Alterthümern bemerkte ich nirgends etwas im Orte.

Am andern Morgen brach ich ziemlich früh nach dem Parnaß auf, um unter den Wundern des Dichterberges mit der Korykiſchen Höhle den Anfang zu machen. Der Tag war ſchwül und wolkig, der Weg ſchwierig für die Pferde, beſonders wo ein altes ſehr glattes Pflaſter ſteil hinanführt. Nachdem man eine Höhe von zwei bis drittehalbtauſend Fuß über dem Meere erreicht haben mag, kommt man an eine, durch die Natur ganz eben planirte und zum Theil bebaute Bergebne, ohngefähr zwei Stunden lang und eine halbe Stunde breit, welche rund umher von felſigen Anhöhen eingeſchloſſen wird. Rechts ſteigen die kahlen Gipfel des Parnaß über dieſe empor, links (weſtlich) ſteht ein etwas iſolirter, ſehr ſchroffer Steinberg, hie und da mit Fichtengruppen bewachſen, an deſſen Spitze ſich die berühmte Grotte des Pan's und der Waldnymphen befindet. Man muß die Pferde am Saum des Berges zurücklaſſen, und eine gute halbe Stunde zu Fuß hinanklimmen, was heute bei der sengenden Mittagshitze einem Schwitzbade gleich kam, dem bald in der naßkalten Höhle eine Abkühlung folgte, die der Gesundheit noch weniger zuträglich seyn mochte, aber in der gesunden Bergluft verträgt man alles.

Des Eingangs niedrige Wölbung verspricht wenig, aber nachdem man nur einige Schritte hinabgestiegen ist, sieht man sich von einem weiten Saal umfangen, dessen mit herabhängenden Stalaktitenfestons gezierte Decke kaum der Fackeln Licht erreicht. Bei seinem Durchmesser von nahe an 300 Fuß ist er gewiß geräumig genug, über 1000 Menschen bequem zu fassen. Ich hatte nicht erwartet, daß der erste Eindruck auf mich ein lachenerregender seyn würde, dennoch war dies der Fall. Schon an drei bis vier Orten von Delphi aus war mir auf antiken Monumenten der Name eines englischen Brüder-, Schwester- oder Ehepaars, mit Wohnort und Jahreszahl aufgefallen, weil er immer in fußhohen Buchstaben mit schwarzer Oelfarbe angemalt erschien, und natürlich durch diese kolossale Dimension, die der Bezeichnung auf großen Fracht-Colli's glich, nie unbemerkt bleiben konnte, sondern stets erfolgreich alle schwächeren Bemühungen anderer Reisenden daneben gänzlich verdunkelte, wo die Riesenbuchstaben diese nicht ganz und gar vertilgt hatten, wie ein Linienschiff kleine Kähne in den Grund bohrt. Kaum näherte ich mich nun dem klassischen Felsenthore, als auch schon wieder an dessen Seitenwand die interessante Firma:

„T. M. & S. Bear of Dublin
1836."

mir entgegen winkte, hinlänglich, ich zweifle nicht, um als Zauberformel den Nymphen für immer den ferneren Eingang in ihr entweihtes Heiligthum zu verleiden. Ich sah im Geiste, wie die Insulanergruppe vor der Höhle ankommt, sich den Schweiß vom Antlitz wischt und nun T. M. oder S. die heldenmüthig heraufgeschleppte Flasche mit Oelfarbe und den mächtigen Pinsel als treuen Kameraden hervorzieht, um der erstaunten Welt kund zu thun, daß die Bear's von Dublin auch die Korykische Höhle gesehen!

Wir kletterten in den verschiedenen Windungen und Gängen, die sich tiefer in den Felsen erstrecken, soweit als unser Führer uns zu leiten vermochte, und der junge König vorgedrungen war, der vor einigen Jahren, von hundert Fackeln begleitet, die Höhle besucht hatte. Hie und da sah man merkwürdige Tropfsteinformationen, von denen besonders eine Zusammenstellung uns beim Rückweg in der That die überraschendste Scene bereitete. Wir hatten eben einen steilen schwarzen

Abhang erreicht, als ein kaum merkbarer Tagesschein zuerst wieder in der tiefen Dunkelheit vom Eingang her zu uns drang, und den Abgrund vor uns mit einem bläulichen Dämmerlichte umfloß, auf das unsre Fackeln nur einzelne rothe Strahlen warfen. In diesem Conflikte heterogener Beleuchtung schien das Ganze, was unsre Augen mühsam zu entziffern suchten, die Ruine eines prachtvollen Tempels zu seyn. In dessen Mitte stand auf hohem Piedestahl eine weibliche Figur mit Flammen statt der Haare auf dem Haupt, auf die durch günstigen Zufall auch grade das stärkste blaue Licht fiel. Neben ihr links zog sich bis in undenkliche Ferne perspektivisch eine Reihe anderer noch höherer und größerer hellweißer Postamente hin; einige waren ganz leer, andere trugen alte Königsbilder in langen Faltengewändern mit der Krone auf dem Haupte, theils auf Thronen sitzend, theils in gebietender Stellung aufrecht stehend. Zwischen ihnen ward ein schwarzer Altar sichtbar, auf dem ein Stier von gleicher Farbe lag, dessen Kopf mit den gewundenen Hörnern leblos herabhing; rechts der mittleren Statue aber saß an die Wand gelehnt ein Riese in chinesischer Tracht, und starrte auf die weibliche Gestalt vor sich, deren Antlitz uns verdeckt blieb, mit ernstem, kummervollem Blick.

Etwas Phantasie gehört immer zu dergleichen

Wahrnehmungen, jeder sieht nicht genau das Nämliche, aber ich kann versichern, daß sich mir das Beschriebne mit geisterhafter Wahrheit entfaltete und mich eine Zeit lang so fesselte, daß ich, schnell ins Reich der Mährchen versetzt, die ganze wunderbare Geschichte des verstorbnen Königsgeschlechts deutlich zu lesen glaubte, dessen Andenken die Nymphen hier in kunstreichen Bildern aus flüssigem Stein durch Jahrtausende langsam herabgetropft.

Einen komischen Contrast zu diesem romantischen Gemälde müssen wir selbst gebildet haben, als wir an dem steilen und schlüpfrigen Abhang mühsam niederglitten. Voran der Führer in seinem wollenen zottigen Mantel und rothen Fes, die Fackel am Boden haltend, um die Spalten und Felsenknorren anzuzeigen, in und auf die tretend wir allein festen Fuß fassen konnten; ich dicht hinter ihm in meiner arabischen Reisekleidung, bis zu den Zähnen bewaffnet (denn man braucht dies immer noch hier) und einen langen Alpstock mit einem brennenden Wachslicht in der einen Hand tragend, während die andere als drittes Bein dienen mußte, wozu ich den breiten Strohhut noch auf dem Kopfe trug, der früher gegen die Sonne, jetzt gegen das niedersickernde kalte Wasser schützte; Emil endlich, der in seine alte griechische Militairuniform gekleidet, den

Schluß machte und bedeutend zurückgeblieben mit dem Wachslicht im Maule, undeutlich fluchend, auf allen Vieren herabkroch.

Ich nahm von der Höhle mit einem Pistolenschuß Abschied, den ich auf **Bear & Comp.** richtete, der einzigen Inschrift, die von uns zurückblieb. Von den Quellen, die Pausanias erwähnt, ist nichts mehr vorhanden, und eben so wenig konnte ich die antike patéra auffinden, deren der Engländer Raikes gedenkt.

Meine Absicht war, von hier aus den Gipfel des Parnassus zu besteigen, als wir aber wieder an's Tageslicht traten, wurden wir zu unserem Schmerz gewahr, daß die Wolken sich gesenkt hatten, und mit transparenten nassen Schleiern schon das ganze Thal verhüllten. Ein eiskalter Schneewind pfiff uns entgegen, und der uns umgebende Dunst erlaubte kaum hundert Schritte weit vor uns zu sehen, eine Beschaffenheit der Atmosphäre, welche auch den ganzen Tag über anhielt und die Ausführung meines Planes unmöglich machte. Wir richteten daher unsern Weg sogleich nach dem drei Stunden von hier entfernten Bergdorfe Angùria, wo wir erst am folgenden Tage einzutreffen gedacht hatten, und mußten diesen Marsch, fortwährend in die nebliche Region der Wolken eingeschlossen, zurücklegen. Der Weg führte meistentheils durch weißliche Kalkfelsen

mannigfacher Gestaltung, die mit großen Maſſen Eiſen=
ſteins abwechſelten, und reichlich mit Schwarzholz
bewachſen waren. Die Balſamtanne war darin vor=
herrſchend, deren hohe Stämme im Nebel noch koloſſaler
erſchienen und ſich manchmal auf die ſeltſamſte Weiſe
mit einzelnen Felsblöcken vermählten. Die ſchneidende
Kälte nach der großen Erhitzung ward höchſt empfindlich
und, obgleich ich drei Mäntel auf einander packte, ſah
ich mich doch genöthigt, faſt den ganzen Weg zu Fuße
zu gehen, um mein Blut wieder in den gehörigen
Kreislauf zu bringen. Eine Zeit lang waren wir nicht
ohne Beſorgniß, auch die Nacht im Freien zubringen
zu müſſen, denn der Führer verfehlte in der Dunkelheit
die ohnehin ſchwer zu erkennende Straße, und brachte
uns in eine ſo verwachſene und von Felſen umthürmte
Wildniß, daß wir nur mit genauer Noth uns hindurch
arbeiten und das Freie wieder gewinnen konnten. Erſt
mit Sonnenuntergang langten wir im Nachtlager an,
nachdem wir kurz vorher aus dem Bereich der Wolken
getreten waren, und nun ein ſchönes Schweizerthal
roth beleuchtet vor uns ſahen, in dem zwiſchen den
Weinbergen friſchgrüne Rüſtern ſtanden und kleine
Waſſerfälle von allen Seiten niederrieſelten. Da die
Avoſati, welche ſich glücklicherweiſe nicht verirrt, ſchon
am Morgen hierher vorausgeſendet waren, ſo fanden

wir ein Haus für uns eingerichtet und bald war eine frische Toilette beendigt, und ein stärkendes Mahl zubereitet, bei welchem das eiskalte herrliche Wasser dem Champagner sehr zu statten kam.

Der nächste Tag erwies sich ebenfalls trübe, und obgleich die Wolken uns nicht mehr umschlossen, regneten sie nicht selten von oben auf uns herab. Mein Wirth hatte mir von einem Hellenikon Kastron gesagt, das eine Stunde von hier liegen solle, und ich verstand mich zu dem Umwege, meine Richtung längs eines ziemlichen Bergstromes nehmend, dem die Griechen, wie gewöhnlich, keinen andern Namen als Potamos zu geben wußten. So mühsam der Weg war, hatte ich doch keine Ursache, meinen Entschluß zu bereuen. Da, wo das Parnaßgebürge in die fruchtbaren Ebenen von Dryopia und Elatea ausläuft, deren entgegengesetzte Seite der Oeta begränzt, tritt neben einer tiefen Schlucht ein senkrecht abgerissener Felsen vor, auf dem wir schon von fern durch das Gesträpp antike Mauern mit einem hohen Thurme gewahrten. Als wir dabei angekommen und zu besserer Besichtigung abgestiegen waren, konnten wir nicht nur die zum Theil merkwürdig gut erhaltenen Reste der Akropolis, sondern auch den ganzen Umfang der alten Stadtmauern übersehen, welche an dem steilen Felsen niederlaufend sich noch weit in die Plaine hinaus erstrecken, und innerhalb welcher jetzt auf den Trümmern ehemaliger Gebäude einige schöne Gruppen alter Rüstern erwachsen sind. Die ganze Lage, wie der Umstand, daß in der Schlucht daneben der phokeische Kephissus entspringt, dessen Rauschen wir bis oben herauf vernahmen, (was mit Pausanias Bemerkung: „die Quelle brülle wie ein Stier," sehr gut übereinstimmte,) ließen keinen Zweifel übrig, daß es die Ueberreste Liläa's waren, die wir vor uns hatten. Diese Ruinen sind höchst malerisch, besser erhalten als die meisten andern der Art im nördlichen Griechenland, und ohne irgend eine moderne Beimischung. Im Thale, in das wir auf den Stadtmauern selbst zu Fuß hinabkletterten, unsere Pferde aber einen bequemeren Weg einschlagen ließen, fanden wir nachher auch eins der älteren Thore Liläa's auf, dicht mit Feigenbäumen und Strauchwerk überwachsen, und bemerkten dann weiterhin, neben einer zweiten Rüstergruppe, mehrere schöne Reste polygonischer Mauern, die einen Hügel stützten. Tausend Schritte davon befindet sich eine türkische Fontaine, an der eine Gesellschaft reisender Griechen mit ihren Lastthieren lagerte, und so das Bild alter und neuer Zeit auf das Angenehmste vervollständigte.

Nachdem wir auch unsere hier wieder vorgefundenen

Rosse getränkt, ritten wir ohne Weg und Steg in grader Linie quer durch die einst so fruchtbare, jetzt halb wüst liegende, aber dennoch grüne Ebne und den jetzt sehr seichten Kephissus bis an die gegenüber liegende Bergkette, was ohngefähr zwei Stunden Zeit wegnahm, und daher mit der von Pausanias angegebenen Stadienzahl zutrifft, worauf wir am Fuß des Oeta auf konischem Hügel ein anderes Kastron vor uns liegen sahen. Dies wird für das alte Amphiklea, eine der ansehnlicheren Städte in Phokis gehalten, steht aber jetzt in seinen wenigen und kahlen Ueberresten Liläa sehr nach. Doch ist, wenn man die Höhe erstiegen hat, und sich zurückwendet, die Aussicht auf die ganze Parnaßkette, und seitwärts die westlichen Berge von Doris unten mit reichen Olivenwäldern eingefaßt, eben so reizend als großartig. Leider ließ das ungünstige Wetter sie heute nur halb genießen.

Man betritt nun, tiefer in den Oeta eindringend, die Landschaft Lokris, passirt das Dorf Ternitza und steigt Stunden lang sehr steil in krausen Gebüschen von Immergrün hinan. Vor uns klärte sich jetzt die Luft und ein blauer Himmel umfing uns, während es in der Ebene hinter uns noch stark regnete. Dies war ein sehr glückliches Ereigniß, denn auf dem höchsten Punkt des Oeta=Passes angelangt, rollte sich ganz unerwartet ein glänzendes Schauspiel vor uns auf. Wir sahen in eine tiefe, lang ausgedehnte und sich am Ende ausbreitende Schlucht, deren mehr als tausend Fuß hohe Seiten mit einem so dichten Tannen = und Eichwald bedeckt waren, daß kaum irgendwo ein Zwischen= raum sichtbar blieb, obgleich ein großer Theil desselben durch einen Waldbrand verheert war, der jedoch die Bäume nicht umgestürzt, sondern nur ihre schwarzgrüne Farbe in Roth verwandelt hatte. Natürliche Felsen= mauern und Warten krönten die Spitze der bewaldeten Kämme, sehr ähnlich einigen Gegenden in der sächsischen Schweiz. Am Fuße der Schlucht stand, ohngefähr in der Entfernung einer halben Stunde in grader Richtung, die venetianische Burg von Bodonitza, und hinter ihr lag, wie ein schmaler See, der Maliakische Golf; an seinem jenseitigen Ufer überschauten wir Thessalien, emporsteigend im Gebürge Othris, auf dessen dunklem Grunde viele weiße Thürmchen blendend in der Sonne glänzten. Rechts trat die nordwestliche Spitze Euböa's vor, und zwischen ihr und dem Gebürge Othris, weithin bis an den äußersten Horizont gestreckt, erblickte ich zum erstenmale die Europäische Türkei — zunächst darin am Golf von Volo den spitzen, dunkelblauen Pelion, hinter ihm den abgestumpften, blasseren Ossa, und in Nebelform den heiligen Olymp!

Wen dieser Anblick nicht begeistert, der bleibe ja Zeit Lebens hinter seinem Ofen sitzen — mich hat er tief beglückt! —

Das Schloß von Bodonitza bietet auch in der Nähe Eigenthümliches, durch die Vereinigung einer gothischen Feste, einer türkischen Moschee mit säulenförmigem Minaret, und hellenischen Mauern mit einem halb eingestürzten Thurm, alles in ein zusammenhängendes Ganze durch zwei hohe Hügel eingerahmt. Der Ort selbst ist elend, und ich mußte mit allen meinen Leuten auf einem großen Boden zusammen wohnen, auch dort an einem Heerde, der das ganze Zimmer mit Rauch erfüllte, das Essen bereiten lassen. Auf der ganzen Tour von Sálona bis Zeitun fand ich kein Nachtquartier mit Fenstern, noch eine dichte Stubendecke oder schließende Fußböden. Ländlich sittlich! Des Nachts ward mir Aphroditi gestohlen, meine spartanische Hündin, die mich seit Mistra treu begleitete, und es kostete mir eine Colonate, um sie wieder zu bekommen. Sonst muß ich rühmen, daß mir, ohngeachtet der besten täglichen Gelegenheit dazu, nur sehr selten etwas in Griechenland heimlich entwendet wurde, und auch dies immer nur Gegenstände von geringerem Werth betraf. Der Grieche überlistet und bevortheilt lieber, als daß er den Taschendieb agirt, die Straßenräuber aber gehören zu einer andern Klasse.

Bodonitza liefert einen Beweis, wie schwer es seyn muß, nach den Angaben alter Autoren den früheren Namen hiesiger Städte richtig zu bestimmen — denn D. Clarke giebt es für Thronium aus, Sir W. Gell für Kalliárus, Andere für Opus, und ein Neuerer behauptet, es sey Knémis.

Die Sonne des 25. Septembers ging heiter auf, und die bisherige kalte Bergluft machte in der Ebne bald wieder der früheren Hitze Platz, als wir unsere Rosse nach den Thermopylen lenkten.

Dieser durch die heldenmüthige Vertheidigung der Spartaner selbst bei den Schulknaben berühmt gewordene Paß ist in seiner militairischen Wichtigkeit wohl immer überschätzt worden, da er, wie die Geschichte zeigt, nie, trotz aller Tapferkeit der Vertheidigung, eine Armee gehindert hat, in Griechenland einzubrechen — aus dem sehr einfachen Grunde, weil stets mehrere Wege daneben durch das Gebürge führten.*) Jetzt, wo das Meer Stunden weit davon zurückgewichen ist, und die Moräste

---

*) Xerxes, Brennus, der Consul Acilius gegen Antiochus, die Hunnen unter der Regierung Justinians, und endlich Bajazet, forcirten sämmtlich die Thermopylen durch Umgehung des Sandes.

ziemlich ausgetrocknet sind, bleibt er nur noch von geringer Bedeutung.

Nach einem zweistündigen Ritt, der zum Theil durch höchst anmuthiges und süß duftendes Gehölz führte, wo neben den vielfarbigen Herbstbeeren auch immer noch bunte Blüthen prangten, erblickten wir den angeblichen Tumulus der Dreihundert, das Polyandrium mit der bekannten Inschrift, von der jetzt freilich eben so wenig mehr übrig ist, als von allen andern Zierden, die dieses Monument umgeben haben mögen. Ich glaube indeß doch, daß diese geringen Reste wirklich identisch mit dem alten Tumulus seyen: Erstens, weil es keinen andern in der ganzen Gegend giebt; zweitens vermöge seiner soliden Bauart aus Erde und Steinen; drittens wegen seiner höchst sinnig gewählten Lage an dem schönsten Aussichtspunkt, der hier aufgefunden werden konnte, über einem hohen sehr in die Augen fallenden Felsenblocke errichtet, bis an welchen früher wahrscheinlich das Meer reichte, da man eiserne Ringe daran befestiget fand, um Kähne anzuhaaken. Jetzt ist zwei gute Stunden weit theils morastiger und mit Schilf bedeckter, theils sandiger Boden von hier bis an den Golf angeschwemmt. Von den Marmorblöcken, die D. Clarke auf dem Tumulus noch gesehen haben will, ist keine Spur mehr vorhanden.

Eben so wenig konnte ich weiter unten, nahe bei den Thermopylen irgend einen Rest der Mauern entdecken, die angeblich den Maliakischen Golf mit dem Korinthischen verbunden haben soll, und auch die riesengroße Platane an der Quelle existirt nicht mehr, wo D. Clarke supponirt, daß die Reiter des Xerxes die Vorposten des Leonidas mit dem Kämmen ihrer Haare und gymnastischen Uebungen beschäftigt sahen.

Bald darauf kommt man an die schwierigste Stelle des Passes, ein schmaler gepflasterter Weg, der an 50 Schritte lang ist. Rechts nach dem Meere zu ist ein Stunden=langer Sumpf, links eine ohngefähr hundert Schritte breite Fortsetzung desselben bis an die steile und reich bebuschte Bergwand des Oeta. Auf beiden Seiten war jetzt der Sumpf beinahe besser zu passiren als der holprige Steinweg. So wie man diese Stelle hinter sich hat, breitet sich eine sandige mit einzelnem Strauchwerk bewachsene Ebene aus, die Anthéla, wo die erste Versammlung der Amphyktionen im Tempel der Ceres stattfand. Ein Theil derselben ist wie mit Salz überzogen und der Pferde Tritte dröhnten hier wie auf einem hohlen unterirdischen Gewölbe. Viele kleine Bäche laufen darüber hin, die am Fuße der Bergwand entspringen. Dies sind die warmen Quellen, sonst dem Herkules geweiht, und an denen Herodes Atticus Bäder erbaute; noch entdeckt man im Gebüsch und im Wasser einige Spuren alten Mauerwerks. Ich verfolgte die Hauptquelle bis zu ihrem Ursprung an einem reizenden üppig bewachsenen Abhange. Sie war nicht heiß, sondern nur eben warm zu nennen, roch sehr stark, wie die ganze Umgegend, nach Schwefel, und war von einem salzigen, aber zugleich pikanten und angenehmen Geschmack, der die Anwesenheit von Kohlensäuren verrieth. Wäre dies Wasser in Deutschland, man würde bald dabei eine prunkende Bade= und Trinkanstalt entstehen sehen — hier fließt es ungebraucht und unberücksichtigt in's Meer.

Nachdem man eine Stunde durch Gebüsch immer längs der Oetawand hingezogen, setzt man auf einer türkischen Bogenbrücke über den ziemlich ansehnlichen Fluß Spercheios, wo der Khan von Ellada steht. Der Weg von hier bis Zeituni, dem alten Lamia, drei Stunden weit durch eine baum= und auch größtentheils anbaulose Ebene, gehört zu den langweiligsten, obgleich der mit Fichten bedeckte Katavóhtra und der gigantische Tymphrestus, in dessen Schlünden der Spercheios ent= springt, seitwärts einen schönen Anblick gewähren. Desto trostloser ist dieser nach allen Seiten und namentlich auf die kahlen, öden Höhen von Zeituni, und diesen jammer=

vollen Ort selbst, den einige übrig gebliebene halb
verfallene Minarets und trauernde Cypressen noch
melancholischer erscheinen lassen.

Ich ward in einem alten türkischen Hause, mit
vergitterten Fensteröffnungen einquartiert, und gut war
es, daß ich Bett, Tisch und Stühle mit mir führte,
denn hier wäre keiner dieser Luxusartikel zu erhalten
gewesen. Ueberdem war es Abend und Feiertag, so
daß man gar nichts, nicht einmal Brod, weder für
Geld noch gute Worte bekommen konnte. Aber wir
sind aguerrirte Leute und mein Koch ist im Voraus
weislich immer auf einen solchen Fall eingerichtet, so
daß ich nicht mehr Noth litt als gewöhnlich.

Nach siebentägiger Wanderung wollte ich in Zeituni
mir einen Ruhetag gönnen, Reisenden und Kriegern
wird aber nicht viel Ruhe zu Theil.

Ich erfuhr, daß am nächsten Tage, vier Stunden
von hier, in Patradschik ein großer Thiermarkt statt=
finden werde, wo sich halb Rumelien versammle, auch
eine Stunde davon eine höchst merkwürdige Heilquelle
entdeckt worden sey, deren Gebrauch der hiesige Kreisarzt
in Gang gebracht, und sich selbst damit von einer schweren
Krankheit geheilt habe. Von zwei berittenen Gens=
d'armes begleitet, die ich in Zeituni requirirt hatte,
begrüßte mich daher der nächste Morgen auch unter

den nach Patrabſchik's Meſſe Wallfahrenden. Die nur zum Theil ſumpfige Plaine, auf welcher wir hinritten, iſt beſſer angebaut, als die auf der öſtlichen Seite nach dem Golfe zu, und auch die Dörfer hier meiſtens mit Bäumen umpflanzt. Schon in weiter Ferne erblickt man mitten in der Ebne eine ſchneeweiße Anhöhe, wo die erwähnte Heilquelle entſpringt. Das ganze Grund=
ſtück gehört ſeit Kurzem dem berühmten Koletti, jetzigen griechiſchen Geſandten in Paris, wo er in einem an=
ſtändigen Erile lebt. Als wir an Ort und Stelle ankamen, ſah ich einen tiefen runden Krater vor mir, mit einem bläulichen Waſſer angefüllt, das auf drei verſchiedenen Punkten wirbelnd aus der Erde quoll, und ein Gas entwickelte, welches oben wie Champagner ſchäumte. Das Waſſer am Rande, zu dem ich allein gelangen konnte, war nur von geringer Wärme, und glich dem der Thermopylen ſehr, doch mit einem be=
deutenden Unterſchiede des Verhältniſſes, denn wie dort der Schwefel, iſt hier das kohlenſaure Gas vor=
herrſchend. Der Kreisarzt verſicherte mich nachher, dieſe Quelle ſpecifiſch gegen Magen= und Unterleibs=
beſchwerden gefunden zu haben, und behauptete, daß nach ſeiner angeſtellten Unterſuchung kein bekanntes Mineralwaſſer dem hieſigen in ſeinen höchſt ſeltſam gepaarten chemiſchen Beſtandtheilen gleiche. Obgleich

es seit zwei Jahren durch die Bemühungen des Arztes benutzt wird, ist doch noch niemand unternehmend genug gewesen, nur einen Schuppen zu irgend einem Schutz für die Badenden dabei aufzubauen, und es wird auch sobald noch Niemand daran denken. Die Natur bietet hier Alles auf dem Präsentirteller dar, aber die Menschen wollen nicht zugreifen und an nachhelfenden Heroen, wie sie im Alterthum auftraten, scheint es bis jetzt auch noch zu fehlen.

Patradschik liegt, dicht umbuscht, am Abhange des Katavóhtra, mit einer schönen Aussicht auf das Thal des Spercheios und die es umgebenden Bergzüge. Den Vordergrund dieser Aussicht bildeten heute Tausende bunter Menschen in allen verschiedenen Nationalkleidungen Rumeliens nebst Tausenden von Ochsen, Pferden und Eseln in naturalibus. Es war bei alle dem ein auffallend ruhiges und decentes Gewimmel; nicht ein Betrunkener, nicht ein Schreiender oder Zankender darunter, den ich bemerkt hätte. Lange regelmäßige Reihen grüner Reisigbuden waren an der Mitte der Berglehne aufgerichtet, die sich weit hübscher als unsre, bei solchen Gelegenheiten üblichen Bretergerüste ausnahmen. Doch fand man keine große Auswahl von Waaren. Versilberter, grob gearbeiteter Frauenschmuck, grell bunte, geschmacklose Tücher,

Lederwaaren und einige Stickereien, grobe Kleiderzeuge und graue Leinwand, etwas französische Stahlwaaren und schlechteste Quincaillerie, war Alles, was ich sah, und auch dies schien nur wenig Käufer zu finden. Die Pferde zeigten sich von geringer Qualität, aber das Rindvieh von gutem Schlag, nur schlecht genährt. Die Messe verlor viel durch die Abwesenheit aller türkischen Händler und Käufer, welche eine, 21 Tage dauernde Quarantaine, die seit Kurzem wegen Pestspuren in Thessalien angeordnet wurde, herzukommen verhinderte. Ich bin aus vielen Gründen ein Feind aller Quarantainen, weil ich sie für mehr schädlich als nützlich halte; Landquarantainen sind aber, bei der völligen Unmöglichkeit einer sichern Durchführung derselben meines Erachtens, immer eine Abgeschmacktheit, man müßte denn andere politische Zwecke zuweilen dahinter verbergen wollen. Hier stehen die leichten griechischen Truppen, Soldaten ohne alle Disciplin, an der Grenze und gehen täglich aus und ein, wie sie Lust haben, während der arme Reisende, in einem verfallenen Kloster, jeder Bequemlichkeit beraubt, 21 Tage einer Pönitenz unterworfen wird, die fast schlimmer als die Pest selbst ist. Auch ich verwünschte diesen Zwang, der mich, wenige Stunden nur davon entfernt, hinderte, die pharsalische Ebene zu sehen, eine Tour, die ich in wenig Tagen nach Tempe, dem Olymp und Alexanders Hauptstadt hätte ausdehnen können! Aber die abscheuliche Quarantaine steht wie der Wächter mit dem flammenden Schwerte vor dem Paradiese, und ich muß seufzend umkehren.

Ehe ich am andern Morgen meine Reise fortsetzte, besuchte ich die einzige Merkwürdigkeit in dem elenden Zeituni, die griechische Militaircaserne, welche früher das Serail des Pascha war, ein seltsames Gemengsel von hohen und dicken Steinmauern, und dünnen gestockten Wänden, die verputzt und bemalt sind, Kuppeln von Blei, die auf rohen Holzstreben stehen, elenden Plankenböden mit vergoldeten Plafonds darüber u. s. w. In seiner Zeit mag das Ganze dennoch viel Malerisches gehabt haben; jetzt, wo ein Theil davon zerstört, am andern Putz und Malerei abgefallen, jede Goldbecke angeraucht und das Ganze mit fingerdickem Schmutz bedeckt, wie durch eine gleich schmutzige Soldateska bewohnt ist, hat der Anblick etwas Grausenhaftes. Obgleich es schon 8 Uhr war, fand ich doch alles Militair noch im degoutantesten Negligée, und viele der Leute noch im Bett, ohne die mindeste Spur von Ordnung und Reinlichkeit.

Nicht besser schien es hier mit der Gensd'armerie zu Fuß beschaffen zn seyn, deren Capitain, mit Namen

Grivas, ich um 10 Uhr in seiner Höhle aufsuchen mußte; denn ohngeachtet der ihm schon gestern früh zugesandten Befehle des Kriegs-Ministers und des Chefs der Gensd'armerie, mir auf Verlangen Gensd'armes zur Eskorte zu geben, erwartete ich doch die Bestellten am heutigen Morgen seit 7 Uhr vergebens. Ich fand den Herrn Capitain in einem Costüme, dessen sich ein Taglöhner bei uns schämen würde, und erfuhr als Entschuldigung der Verzögerung: er habe eben jetzt erst erfahren, daß alle Fuß-Gensd'armes (die er doch selbst commandirt, und also Bescheid von ihnen wissen müßte) im Lazareth seyen! Demohngeachtet langten nach kurzer Zeit drei dieser Kranken an, nicht viel besser equipirt als ihr Capitain, im größten Abstand der vortrefflichen Truppe dieser Gattung, die ich überall in der Morea angetroffen. Ob sie wirklich krank waren oder nicht, kann ich nicht entscheiden, aber ihrer Faulheit ward ich während der Reise gewiß, wo einer derselben schon am ersten Tage ganz verschwand, der zweite mich erst am andern Reisetage einholte und auch der dritte regelmäßig einige Stunden weit während des Marsches zurückblieb. So nutzte mir dieses liederliche, abgerissnen Buschkleppern gleichende Gesindel nicht das Geringste.

Trotz des Widerspruchs der Avojaten und der

Versicherungen mehrerer Personen in Zeituni, die ich befragte und zur Antwort erhielt, daß der Paß über den Oeta nach Paläochori fast ungangbar sey, auch gar nichts Interessantes darbiete, — beschloß ich dennoch diese Straße zu nehmen, da ich sonst, um nach Livadia zu gelangen, auf demselben Wege, von wo ich gekommen, über Rodonitza hätte zurückkehren müssen, ein Reiseplagiat, das ich stets zu vermeiden suche. Ich ward hier von Neuem belehrt, wie unzuverläßig die Auskunft zu seyn pflegt, welche man Reisenden oft selbst an Ort und Stelle giebt; denn der erwähnte Paß zeigte nicht die mindeste außergewöhnliche Schwierigkeit, und war so unerwartet reich an den erhabensten Naturschönheiten, daß ich Jedem, der von Zeituni nach Athen geht, und die Thermopylen schon gesehen hat, bringend rathe, meinem Beispiel zu folgen.

Bis zum Khan am Spercheios bleibt man auf der Straße nach den Thermopylen, doch gleich hinter der Brücke wendet man sich rechts in ein etwas sumpfiges Gebüsch, wo bald darauf das helle Laub der Platanen, als steter Begleiter des Wassers in Griechenland einen Fluß anzeigt, vielleicht den Melas, welcher aber jetzt gänzlich ausgetrocknet war. Von nun an beginnt man den Oeta zu ersteigen, anfänglich in niedrigem Buschwerk, das sich höher oben mit Eichen, Weißbuchen und Fichten mischt und voll reizender Aussichtspunkte ist. Der Weg geht steil hinan, aber ohne Gefahr, und man kommt hoch genug, um in der Ferne wieder die blauen Zacken des Olymp's über den andern Bergen Thessaliens zu erblicken. Dazu war der Tag von seltener Schönheit und auf der Höhe die Temperatur nur angenehm, nicht wie im Thale drückend heiß.

Wir zogen jetzt in einem hohen Tannenwalde hin, durch dessen dunkle Baumgruppen von Zeit zu Zeit nach Westen zu hellgrüne, kraus bewachsene Schluchten von über 1000 Fuß Tiefe mit einzeln daraus hervorragenden wundersamen Felsengebilden sichtbar wurden. Hier an einer eiskalten Quelle hielten wir unser Frühstück in tiefster Einsamkeit, nur von einigen Raubvögeln betrachtet, die sich im krystallklaren Aether über uns wiegten.

Es muß auf dem Oeta Punkte geben, wo man zu gleicher Zeit den Olymp und den Parnaß sieht. An einer solchen Stelle war es vielleicht, wo Hercules (der auf den Höhen des Oeta endete) den Flammentod starb.

Kurz darauf passirten wir eine lange, kahle Alp und begannen dann in ein geschlossenes Eichdicicht hinabzusteigen, das sich in einigen Minuten in den herrlichsten Wald alter und hoher Bäume verwandelte. Dies war in jeder Hinsicht die Glanzscene unserer Tagereise. Der Abend nahte schon, und während die Sonne das Thal von Dryopia zu unsern Füßen, und sein reiches Grün, das der Kephissus durchströmt, noch hell vergoldete, hatte sie schon den in seiner ganzen Glorie uns jenseits gegenüber liegenden und hier viele Felsenspitzen, wie Burgzinnen gen Himmel streckenden Parnaß mit dunklem Indigo gefärbt; gleich hohe Berge in Lokris, wie viele vor ihnen gelagerte Abstufungen derselben Kette erschienen in noch tieferem Schwarzblau, und alle diese ewig wechselnden Bilder, bald auf dieser, bald auf jener Seite in den grünen Rahmen vortretenden Eichkronen eingefaßt, brachten Effekte hervor, vor denen ich oft in sprachlosem Staunen, wie festgezaubert, stehen blieb. Solche Beleuchtungen gewährt allerdings nur der Süden, und wo frisches Grün stattfindet, übertreffen die hiesigen Landschaften alles, was eine nordische darbieten kann; nur wenn dieses fehlt (leider in Griechenland der häufigere Fall), dürfen wir Nordländer immer noch auf den Vorzug Anspruch machen.

Der schöne Wald erstreckt sich bis in's Thal, und geht dort in einzelne parkähnliche Gruppen über, unter denen die Strohhütten von Paläochori liegen. Ueberall fanden wir, theils in den Zweigen der Eichen, theils wie in Sumatra, auf vier hohe Pfähle gestellt, Betten von trockenem Laub und Maisstroh im Dorfe errichtet, auf denen die Einwohner im Sommer schlafen, um dem Ungeziefer zu entgehen und sich der Kühle zu erfreuen. Herr Emil und meine Diener nahmen sogleich die besten dieser Luftbetten in Beschlag, ich aber ließ mein Zeltbett, wie gewöhnlich, unter einem Baum aufschlagen. Eine Gans ward hierauf schleunigst hingerichtet, bei großem Feuer am Holzspieß gebraten und von uns Tyrannen der Schöpfung lustig bei Mondschein im Freien verzehrt. Der Bivouak war schneidend kalt, aber die Luft so rein und gesund, daß Niemand üble Folgen davon verspürte. In der Nacht weckte mich ein heftiger Zank zwischen den Avojaten und unsern Dorfbewohnern, die sich mit allen Kräften ihrer Lungen gegenseitig ausschimpften. Der Grund war, daß der Demogeront ihnen keine Lebensmittel als gegen vorhergehende Zahlung hatte reichen wollen. Diese verweigerten die Avojaten mit Stolz, und blieben ohne Abendessen. Nach einigen Stunden mochte sie aber der Hunger in verdoppelte Wuth gesetzt haben, wofür sie sich durch Invektiven zu trösten suchten, sich aber endlich doch zu der geforderten Zahlung verstanden. Am Morgen waren beide Parteien wieder die besten Freunde, und als Emil unsere Rechnung mit dem

Demogeronten machte, hörte er, wie die Avojaten gute Rathschläge gaben, uns das Doppelte abzufordern, was indessen hier immer noch wohlfeil genug blieb. Merkwürdig ist die, in der unbeschreiblichen Faulheit des Volks ihren Grund findende Schwierigkeit, selbst für die höchste Bezahlung keine Boten zu erhalten. Schon gestern hatte ich vergebens im Khan von Spercheios sechs müßig in der Sonne liegenden Leuten eine Colonnate geboten, um Einen davon zu bewegen, mich über den Oeta zu führen, und heute wiederholte sich dasselbe im Paläochori. Nur durch Mißhandlungen wäre der Zweck zu erreichen gewesen, und so zog ich vor, mir den Weg selbst zu suchen, was auch mit einigen geringen Verirrungen gelang, obgleich ich eine ganz andere Straße als die Avojaten einschlug, um mehrere interessante Orte in der Nähe besichtigen zu können.

Durch einen Hain wilder Obstbäume nahmen wir zuerst unsere Richtung nach dem im Kriege zerstörten Dorfe Kamàra mit den Ruinen eines festen Thurms, am Fuß des Oeta, wo auch einige Spuren antiker Gebäude sich in der Nähe befinden, und durchschnitten dann die Ebne südlich, passirten auf einer spitzen türkischen Bogenbrücke den Kephissus, und erreichten in zwei Stunden den einst ansehnlichen Ort Dadi. Von den 700 Häusern, die er sonst zählte, liegt die Hälfte noch in Trümmern, und von dem hellenischen Kastro ist auch fast nichts mehr übrig. Ein ansehnliches Kloster liegt wie ein Vogelnest hoch darüber am Abhange des Parnassus. Auffallend war in allen Orten dieser Ebene die Schönheit des weiblichen Geschlechts. Wir sahen mehrere reizende Mädchen, und zweien davon, die wir unterwegs im Galopp überholten, um uns bei ihnen nach dem rechten Weg zu erkundigen, flößten wir sehr wider unsern Willen eine solche Furcht ein, daß sie zitternd und weinend um Schonung baten, wahrscheinlich nach üblen Erfahrungen, die sie während der letzten Insurrektion gemacht haben mochten. Das eine dieser halbnackten Geschöpfe war ein wahres Künstlermodell, voll natürlicher Grazie und Anmuth in jeder Bewegung. Ich gab ihnen einiges Geld, worauf sie wie scheue Rehe in die Berge entflohen.

Durch einen Paß, der schwache Spuren alter Befestigung trägt, und an dessen Ende sich ein Brunnen befindet, gelangten wir kurz hinter Dadi in die Ebene von Elatéa. Immer am Fuß des Parnaß fortreitend, dessen steile Lehnen mit Fichtenwaldung dicht bewachsen sind, und aus dessen Felsenschluchten zuweilen Bergbäche brausend hervordringen, kamen wir nach abermaligen zwei Stunden, zwischen Weinbergen und Kalamboki-Feldern in Velitra, dem alten Thithoréa an, ein Ort, dessen seltsame, wildromantische Lage ihn zu dem interessantesten dieser ganzen Gegend macht. Dicht hinter ihm erhebt sich im Süden ein ungeheurer senkrechter Felsen, auf dessen Klippen, wie Herodot erzählt, sich die Einwohner bei Annäherung der Perser flüchteten; auf der östlichen Seite strömt aus dem Parnaß der Kakazéma (der alte Kachàles) in einem furchtbaren Abgrunde hervor. Die Felsenwände auf beiden Seiten beugen sich fast nach oben über und sind voller Höhlen, worin wir zum Theil Vieh eingesperrt sahen, das von hier gewiß nicht entfliehen kann. An diese natürliche Vertheidigung der Stadt schließt sich südlich die antike Citadelle von der dritten und vierten Bauart an, wovon ein Thurm fast noch ganz erhalten ist, und westlich läuft dann von hier eine Mauer mit vielen kleineren Thürmen und einem Thor, das noch jetzt im Gebrauch ist, bis hoch an den anfänglich erwähnten Felsen hinauf, was alles zusammengenommen gewiß in damaliger Zeit Thithoréa, das den Eingang zum Parnaß von dieser Seite, wie Delphi von der andern bildete, zu einem der festesten Plätze in Phokis gemacht haben muß. Der Ort enthält jetzt ungefähr 100 massive Häuser mit Ziegeldächern, ist lieblich mit Bäumen und Strauchwerk durchwoben und reich an den herrlichsten Quellen. Die Reste des Forum's, halb mit cyklopischen

Mauern erbaut, liegen fast in dessen Mitte, und dicht über dem Präzipiß des Kacháles steht, größtentheils aus alten Blöcken aufgeführt, eine kleine griechische Kirche in der romantischesten Umgebung. Eine Inschrift am Thor, die jetzt kaum mehr zu entziffern ist, zeigte Dobwell an, daß er hier Thithoréa aufgefunden hatte. Seitdem grub man daneben einen schönen Cippus aus, auf dem man deutlich lies't: . . . .
. . . . . . (der Ruhmliebende). *)

Wir trafen in der Kirche die ganze Gemeinde versammelt, um zur Wahl ihres neuen Dimarchen zu schreiten, die ein junger Mann leitete, welcher französisch sprach und sich uns als: „den Lieutenant des Sekretairs des Eparchen" ankündigte. Ich stieg von hier sehr beschwerlich eine halbe Stunde am Parnaß hinauf, wo in einem Wäldchen alter Walonidi-Eichen eine kleine Capelle steht, wahrscheinlich derselbe Ort, wo nach Pausanias Angabe schon damals in einem heiligen Haine ein Tempel und eine Statue der Minerva sich befanden, obgleich Pansanias Thithoréa bereits im Zustande des Verfalles antraf. Hier lagen nun die höchsten kahlen Felsenzinnen des Parnasses über dunklen

---

*) Die punktirte Stelle ist leider in meinen Bleistiftnoten verwischt, weshalb ich sie nicht ausfüllen kann.

Fichtenwäldern in ätherischer Klarheit grade vor mir, und vier Stunden rüstigen Kletterns hätten mich hinaufgebracht. Wär' ich ein Dichter, ich hätte mich dazu verstanden, so fand ich mich nicht würdig, und schon mehr Ehre, als ich verdiene, darin, den ganzen Dichterberg rund umzogen, und bei der Korykischen Höhle bis zur Hälfte seiner Höhe gelangt zu seyn. Ueberdem ist es nicht zu läugnen, daß der lange Aufenthalt in den heißen Climaten etwas entnervt; überdieß ließen mich die letzten Reise-Fatiguen immediat nach meiner Krankheits-Periode in Patras befürchten, daß, nach der unvermeiblichen gewaltsamen Erhitzung eine eisige Nacht des Steigens, 6000 Fuß hoch auf dem Gipfel zugebracht, meiner Gesundheit Gefahr bringen könnte. So siegte diesmal prosaische Klugheit über die poetischeren Anwandlungen.

Schon das Ersteigen des heiligen Haines und eines etliche hundert Fuß darüber gelegenen Felsens bei stehender Sonne, hatte mein Blut in solche Wallung gesetzt, daß ich einer Stunde Ruhe bedurfte, um es im Hause des Demogeronten grabatim wieder zu beruhigen. Ich verlangte Wein, der in Belita sehr gut seyn soll, es war aber keiner zu haben, weil die Einwohner, die nur für den gegenwärtigen Tag leben, beim Beginn der Weinlese den ihrigen sämmtlich verkauft hatten, dagegen erfrischten uns Weintrauben von allen Farben, grüne, gelbe, lichtblaue, schwarzblaue und rosenrothe, wovon die letzten die vortrefflichsten waren.

Um drei Uhr verließen wir zögernd das reizende Belitra, noch manchen sehnsüchtigen Blick hinter uns auf die silbergrauen Pyramiden des Bergkolosses werfend, den die Sonne noch nie so durchsichtig hell beschienen hatte. Wir wandten uns quer durch die Ebene von Elatéa wieder nördlich dem Oeta zu, um die brittehalb Stunden entfernten Ruinen jener Hauptstadt von Phokis zu besuchen. Sie sind jetzt nur ein weiter Steinanger mit einzelnen Schutthaufen und wenigen Mauerresten. Selbst die Citadelle ist fast ganz vertilgt mit Ausnahme einiger niedrigen polygonischen Terrassenwände, doch belohnt die majestätische Aussicht das Erklimmen derselben. Die Zeit erlaubte mir nicht mehr, noch drei Viertelstunden weiter bis zu der kleinen Kirche empor zu steigen, die auf den Peribolus des Tempels der Minerva Kranaja erbaut ist, und wo noch einige Säulenstumpfe sich befinden sollen, aus deren Dimension hervorgeht, daß der Tempel kleiner als der des Theseus zu Athen war. Am Fuß der Citadelle fließt ein Bach, neben welchem ein großer Cippus mit dem Sattos und einer mehrere Zeilen langen Inschrift steht. Die Einwohner nennen ihn die palia Gynaeka, das alte Weib von Elephta, und in der Dämmerung hat er wirklich einige Aehnlichkeit mit einer solchen Figur.

Die Perser zerstörten Elatéa, doch blühte es später wieder auf und widerstand unter andern mit vieler Tapferkeit der Armee des Mithridates, unter dessen General Tariles. Lage und Boden sind so günstig, daß es jetzt einen schönen Platz für Colonisation abgeben würde.

Der, eine gute halbe Stunde betragende, Weg nach Turkochori ist gleichfalls mit allerhand vereinzelten Spuren alter Bauwerke bordirt, doch ist nichts der Erwähnung Werthes darunter. Merkwürdiger erschien mir das unter elenden Strohhütten in der baumlosen Plaine liegende, zweistöckige und weißgetünchte, moderne Haus, in dem man mir meine Wohnung anwies. Es ist nicht die mindeste Uebertreibung dabei, wenn ich versichere, daß ein mittelmäßig starker Mann dies Haus bequem in einer Viertelstunde hätte demoliren können. Die Wände waren nicht über zwei Zoll dick, und wie gewöhnlich von Fenstern und Decken keine Spur; nur lose aufgelegte, weit von einander klaffende Dielen bildeten den Boden des zweiten Stackes, in dem ich campirte, und zu welchem eine Art hölzerner Rampe hinanführte. Abwechselnd erhielt ich hier den Besuch von Hunden, Katzen,

Schweinen, Hühnern und Truten, von welcher letzterer Gattung ich mit der presence d'esprit eines gewandten Reisenden mir selbst eine einfing, und nachdem sie Dimitri geschlachtet, sie zum Nachtmahl erkaufte.

Auch im Mondschein lockte und verführte mich fortwährend der Parnaß, der, obgleich zwei Stunden entfernt, so nahe schien, daß man ihn mit einem Steinwurf erreichen zu können glaubte, aber ich hatte nun schon den Rubikon (für mich der Kephissus) abwärts überschritten, so daß ich jeder Versuchung widerstand, und als mich am Morgen beim Besteigen meines Schimmels Ackermann, der in Namenverdrehungen seines Gleichen sucht, (unter andern den Pentelikon nie anders als Pelikan und die Akropolis „Akrumpulo" nennt) frug, ob wir den „großen Bernhard" noch erklettern würden, oder nicht, schüttelte ich schweigend den Kopf und ritt seufzend dem Schlachtfelde von Chaeronea zu. Der Weg über die kahle Fläche bietet wenig Abwechselung dar, einige tumuli und einige antike Fragmente abgerechnet, bis man einen Paß erreicht, wo ein Khan am Kephissus steht, jenseits dessen sich die Ebene von Chaeronea eröffnet, welche man in einer Viertelstunde, und hiemit Böotien betritt. An dieser Stelle auf einer Steinbrücke, die über einen reißenden Bergstrom führt, erscheint zur

Rechten wieder der bisher verdeckte Parnaß, aber in einer ganz neuen veränderten Gestalt, die alle seine Felsenpyramiden verbirgt und ihm das Ansehen eines fast regelmäßig abgerundeten Berges giebt, eine Form, die er von nun an bis Theben, von wo wir ihn zum letztenmal erblickten, nicht mehr verlor. Man könnte sagen, daß dieser schöne Berg, vom Norden betrachtet, mit seinen kühnen gen Himmel strebenden Spitzen einem Jüngling gleiche; von Osten, in beruhigter Abrundung mit waldbedeckten Abhängen, dem gereiften Manne, von Süden und Westen aber, mit seinem silbergrauen Haupt, dem Greise. An seinem Fuße unterschieden wir jetzt das antike Kastro von Daulis oder Daulia; neben diesem erhebt sich Kirphis langer Bergrücken mit einem abgestumpften Hügel unter ihm, Agios Blasios genannt, den das alte Panopéa ebenfalls mit hellenischen Mauern krönt; grade vor sich erblickt man den Helikon, dazwischen die Hügel von Thurium, und an ihrem Schluß die malerische Felsencitadelle von Chaeronea dicht am Dörfchen Capréna, das jetzt zum Theil die Stelle der ehemaligen Stadt einnimmt.

Der erste Gegenstand, der hier des Reisenden Aufmerksamkeit in Anspruch nimmt, ist die mit antikem Mauerwerk und Säulenfragmenten umgebene Quelle, auf deren Boden man ohne Mühe *XAIPPONEA*,

Chaerronea, liest, eine Beglaubigung, die kaum nöthig gewesen wäre, da gleich daneben die in den Felsen gehauenen und noch besser als in Argos erhaltenen Stufen des Theaters, wie darüber die imposanten Mauern der Akropolis die Stadt hinlänglich bezeichnen. Wir erstiegen die Citadelle, die zum Theil cyklopischen, zum Theil späteren Styls ist, und zugleich einige schräg ansteigende, halb polygonische Mauern von ganz eigenthümlicher Bauart enthält. Man entdeckt von oben noch mehrere andere alte Kastri in den Bergen, und die Aussicht erstreckt sich bis nach Skripú und der sumpfigen Fläche Kópais. Unter uns sahen wir auf den Ruinen der alten Stadt die Einwohner des Dorfes mit Sortirung der Mais- und Kalamboki-Erndte beschäftigt, deren gelbe und weiße Früchte auf schnell geglätteten Feldtennen ausgebreitet wurden; doch auch hierbei lagen die meisten Arbeiter nur faullenzend im Schatten.

Wenn man wieder hinabgestiegen ist, und die Straße nach Livadia wieder verfolgt, gelangt man nach wenigen Minuten an den Platz, wo die Herren Sanders, Taylor und Cresy den kolossalen Marmorlöwen auffanden, welchen nach der Schlacht mit Philipp nicht der Sieger, sondern die besiegten Thebaner errichteten, aber als Zeichen einer nicht vom Glück belohnten Tapferkeit, keine Inschrift auf das Monument ſetzten. Der Löwe liegt in einer Grube dicht am Wege, ein Beweis, wie ſehr auch hier das Erdreich durch die Zeit erhöht wurde; nur Hals und Kopf ſind noch erhalten, das Uebrige iſt in Trümmern zerfallen. Die Arbeit ſchien mir mittelmäßig, die Dimenſionen aber nicht viel geringer als die des Löwen von Waterloo.

Es war ſchon ſo viel Marmor an allen Ecken davon abgeſchlagen worden, daß ich mich ohne Bedenken derſelben Sünde ſchuldig machen zu dürfen glaubte — denn übles Beiſpiel verführt — und daher von einem Theil der Mähne, der bereits am Boden lag, meiner Sammlung ein Stücklein einverleibte; dieſe hatte auf einer Höhe neben der Akropolis ſchon vorher einen originellen Zuwachs erhalten, beſtehend in einem verſteinerten Schädelknochen mit den auffallendſten Zeichnungen auf ſeinen beiden Seiten, gewiß einem alten Macedonier, Griechen oder Römer angehörig. Der Ort des Fundes ſelbſt iſt merkwürdig, da hier (auf Petrachos) Chronos von der Rhea betrogen wurde, die ihm einen Stein ſtatt des Zeus gab.

Sobald man die Hügelkette von Thurium auf einem abſcheulich ruinirten türkiſchen Steinpflaſter überſtiegen, präſentirt ſich das äußerſt fruchtbare und lachende Thal von Livadia, und gegenüber am

Fuß des Granitza, einem Arm des Helikon, erheben sich, immer noch stattlich, wenn gleich zu zwei Drittheilen zerstückt, die 2000 Häuser der Stadt, mit der venetianischen Schloßruine in ihrer Mitte. Neben dieser erblickt man die tiefe Felsschlucht, mit der Grotte des Trophonios und den heiligen Quellen.

Da ich versäumt hatte, Jemand vorauszusenden, mußte ich lange nach einem Quartier vergebens in der Stadt umherreiten, bis ich endlich den Eparchen auffand, der mir gütig sein eigenes Haus anbot, wo ich mich bald im lang entbehrten Luxus eines vor jedem Zug geschützten, und mit Ottomannen versehenen Gemaches vortrefflich aufgehoben fand. Ein sehr gebildeter Grieche, der geläufig deutsch sprach und vier Jahre als Ingenieur-Offizier in preußischen Diensten gestanden, unterstützte mich als Dolmetscher. Obgleich mit den ehrenvollsten Zeugnissen, unter anderm einem Empfehlungsschreiben unseres berühmten Generals Rauch versehen, was, glaube ich, in ganz Europa respektirt werden möchte, konnte er doch in seinem Vaterlande keine militairische Anstellung finden, weil man ihm hier — wo jeder baiernsche Lieutenant als Capitain oder Major eintritt — als preußischem Lieutenant nur eine Fähnrichsstelle gewähren wollte, wofür er denn mit Recht dankte. Er versieht jetzt die Geschäfte eines Geometers und Condukteurs, wobei er sich, wenigstens in pecuniairer Hinsicht, nicht schlechter steht. Ich erwähne dieses jungen Mannes, weil er einen höchst genialen Plan zur Wiederaufbauung Livadia's erdacht hat, den ich sogleich näher beschreiben werde.

Wenn man in Griechenland eine Stube mit Fenstern und vollends mit unzerbrochenen findet, so muß man sein gutes Glück so lange als möglich benutzen. Ich hielt also am 1. October Rasttag in Livadia, und begab mich erst gegen Abend nach der geheimnißvollen Höhle des noch geheimnißvolleren Trophonios, von dem kein Mensch weiß, wer er eigentlich gewesen ist. Die Schlucht ist schauerlich genug, um den Eintretenden auf die Orakel und Wunder vorzubereiten, die einst hier seiner warteten, wo die Quellen der Erinnerung und des Vergessens entspringen, und schon zehn Schritte davon entfernt vereint einen starken und reißenden Strom, die Herkyna, bilden. Mein erstes Geschäft war, aus der Lethe, die nun Lephe genannt wird, einen langen Schluck zu thun — denn es giebt leider Manches, was ich gern vergäße! Sie ist weniger eiskalt als die Quelle der Erinnerung, weshalb auch hier die meisten Wäscherinnen versammelt waren, von denen eine der hübschesten sich selbst zum

Gegenstande der Reinigung gewählt hätte, und dies mit einer seltenen Unbefangenheit ausführte. Wir stiegen hierauf in die schwarz angerauchte kleine Grotte rechts der Quellen, in der noch einige schwache Reste gemalten Stucks sichtbar sind, nach Clarke der heiligste Theil des Hieron. Ohne Zweifel, sagt Dodwell, ist der wahre Eingang zum Orakel darunter verschüttet, und Wheler räth sehr an, alles noch genauer zu untersuchen. Daran aber fehlt es leider gewöhnlich, wovon wir hier bei sämmtlichen genannten Reisenden, alle ihre Nachbeter mit einbegriffen, ein frappantes Beispiel haben. Es ist offenbar, daß sie sämmtlich die zwei verschiedenen Plätze, deren Pausanias erwähnt, wovon in dem einen die Quellen entsprangen, in dem andern aber „weiter oben am Berge" man durch eine schmale Oeffnung zum Orakel hinabstieg — für ein und dieselben ansahen. Das Local ist jetzt folgendes: Wenn man in der tiefen und engen Felsschlucht ohngefähr 20 Schritte längs dem Strom Herkyna eingedrungen ist, sieht man den obern Theil einer großen natürlichen Höhle, deren unterer Theil durch ein Erdbeben verschüttet zu seyn scheint. Unter diesem Schutt und dieser Wölbung sprudeln die Quellen aus der Erde, und ich bin daher überzeugt, daß dies der Rest der Grotte seyn muß, von welcher Pausanias spricht, als der, in welcher die Quellen entspringen, dagegen aber die kleine, zwölf Fuß hohe, in die Felsenwand gehauene Nische, rechts daneben, jenseits des Flusses, welche jetzt in Folge der genannten Reiseautoritäten als die Grotte des Trophonios bezeichnet wird, hierzu, wie wir gleich sehen werden, nicht den geringsten Anspruch hat. Clarke, dessen Einbildungskraft zu den gefälligsten gehört, (so daß er unter andern den vom Rauch geschwärzten gewöhnlichen Kalkstein des Felsens als prachtvollen schwarzen Marmor aufführt) geht sogar so weit, zu behaupten, daß eine in dieser Felsenformation so häufig vorkommende Spalte unter jenem kleinen Steingemach die Itoma oder heilige Oeffnung des Abitus gewesen sey, ein Vorgeben, das bei der geringsten Untersuchung als ganz grundlos erscheint, da bei sechs Fuß Tiefe schon der natürliche Felsen selbst der Oeffnung ein Ende macht und auch das Steingemach darüber nicht die mindeste Spur einer Communication, weder nach der Seite, noch nach unten zeigt. Diese angebliche Grotte des Trophonios also war jedenfalls nichts weiter als eine Nische für eine Statue, vielleicht die von Dädalos gefertigte, wie auch daneben noch drei bis vier andere kleinere Nischen zu demselben Zweck in den Felsen gehauen zu sehen sind.

Was nun die wirkliche Grotte des Trophonios oder des Orakels betrifft, so zeigt der Text des Pausanias evident, daß diese noch gar nicht wieder aufgefunden wurde. Zur Beglaubigung meiner Behauptung muß ich hier dieses Autors eigene Worte anführen, die bei Niemand einen Zweifel übrig lassen können. Der Eparch, Herr Anagnostis Ecónomibis, aus Thessalonien, ein sehr eifriger, für die Ermittelung der hellenischen Alterthümer portirter Mann, verglich an Ort und Stelle den Originaltext mit meiner Uebersetzung, so daß ich auch vor jedem Irrthum in dieser Hinsicht sicher gestellt bin, und er sowohl, wie Herr Raum, der junge Geometer, überzeugten sich gleich mir von dem bisherigen completten Irrthume, den Eingang der Höhle des Trophonios hier unten zu suchen.

Pausanias also sagt:

„Zuerst führt man den Eingehenden in der Nacht zum Flusse Herkyna, wo er von zwei Knaben aus der Stadt, die etwa 13 Jahre alt sind, und Hermä heißen, gebadet und gesalbt wird. Dieselben begleiten ihn auch beim Hinuntersteigen, und leisten, als Knaben, alle nöthigen Dienste. Von da aber führen ihn die Priester nicht sogleich zum Orakel, sondern zu Wasserquellen, die sehr nahe beisammen sind. Hier muß er denn erst das sogenannte Wasser der Lethe, oder Vergessenheit trinken, damit er Alles vergesse, was ihm bisher im Geiste war; und dann wiederum ein anderes Wasser, das der Mnemosyne, oder Erinnerung, um sich dadurch, wenn er hinabgestiegen, des Geschehenen zu erinnern. Nachdem er aber die Bildsäule gesehen, welche Däbalus gearbeitet haben soll, und welche von den Priestern nur denjenigen gezeigt wird, die zum Trophonios gehen wollen, nachdem er diese gesehen und sie verehrt und angebetet hat, so naht er dem Orakel selbst, angethan mit einem leinenen Unterkleide, das mit Binden angegürtet wird, und mit Schuhen versehen nach der Landestracht. **Das Orakel nun befindet sich über dem Haine auf dem Berge.**"

Es ist unbegreiflich, wie nach einer so bestimmten Angabe, die Reisenden jene Felsenkammer, welche ganz unten in der tiefsten Stelle der Schlucht immediat rechts neben den beiden Quellen liegt, und daher nur für die Grotte passen kann, wo sich die von Däbalus gefertigte Statue befand, für den Eingang zum Orakel des Trophonios halten konnten, ja Dodwell sogar der Meinung ist, der Eingang befinde sich wahrscheinlich verschüttet, noch tiefer darunter!

Nun steht jetzt, ungefähr 20 Schritte höher hinauf

am Berge eine kleine Capelle mit einem antiken Altar daneben, welche vielleicht der gesuchte Ort seyn könnte, 200 Schritte weiter aber befindet sich am Felsen, und jetzt unzugänglich, eine in den Stein gehauene Nische, deren von allen Reisenden nur Gell allein erwähnt, in welcher ebenfalls die moderne Mauer einer ehmaligen Capelle sichtbar ist. Diese beiden Stellen verdienen vielleicht vorzüglich eine genauere Untersuchung, welche der Präfekt mit allen ihm zu Gebot stehenden Mitteln vorzunehmen versprochen hat, da mir selbst die Zeit dazu abging. *)

Längs des Strombettes auf den hingerollten Steinen weiter kletternd, findet man noch mehrere merkwürdige Höhlen an beiden Seiten. Hierauf der jählingen Thalwendung rechts folgend und dann seitwärts an

---

*) Als ich später in Athen bem D. Roß diese Stelle meines Manuscriptes mittheilte, schien er, obgleich früher anderer Meinung, in meine Ansicht einzugehen, doch verwarf er entschieden meine geäußerte Hypothese über die mögliche Lage des Orakels auf der linken Seite bei den erwähnten Capellen, und behauptete, daß, sey dasselbe nicht da gewesen, wo man es bis jetzt geglaubt, es auf dem Felsen rechts gesucht werden müsse, wo die venetianische Burg stehe, was Pausanias ohne Zweifel unter „dem Berge" verstanden habe. Dagegen will ich nicht streiten.

der rechten Wand hinansteigend, gelangten wir nach einer Viertelstunde in die Mitte des venetianischen Schlosses, das unter den Türken noch zum Theil erhalten wurde, jetzt aber gänzlich verfallen ist.

Von hier führte uns Herr Naum, der uns fortwährend als Cicerone zu dienen so gefällig war, nach einem höheren, eine halbe Stunde entfernten Berge, von einer kleinen Kirche auf seinem Gipfel, die dem Erlöser geweiht ist, Sotiros genannt.

Hier hatten die Alten einen Tempel des Jupiters zu bauen angefangen, und man sieht noch neben den begonnenen Mauern mehrere hundert Blöcke aufgeschichtet, von denen ein Theil bearbeitet ist. Es war dies offenbar die Werkstatt der Steinmetzen und die Art der Bearbeitung, deren Genauigkeit und Schärfe noch heute bewundernswürdig ist, so wie die ersichtliche eigenthümliche Behandlungsweise, müssen für einen Architekten gewiß sehr lehrreich seyn. Die Aussicht von diesem schon ziemlich hohen Gipfel, der grade vor sich, rechts den Parnaß und links den Helikon hat, wo über den Landschaften von Phokis und Lokris auch der Othris in Thessalien hoch hervortritt, wo man jenseits des Thales von Livadien Skripú und einen großen Theil des See's, jetzt Sumpfes von Kópais mit den Gebirgen von Chalkis erblickt — ist gewiß eine klaſſiſche zu nennen. Deßhalb hat auch Herr Raum hier zwiſchen den beiden Dichterbergen, wo es zugleich einen Ueberfluß an Waſſer giebt, ſein künftiges Gymnaſium projektirt, in dem Lehrer und Zöglinge ihre Wohnungen ſeparirt von der Stadt erhalten ſollen. In der Plaine darunter liegt ein iſolirter Hügel von fruchtbarer Niederung umgeben, Auf dieſem ſoll, nach unſres Geometers Plan, die Stadt ſelbſt erbaut werden, wo wahrſcheinlich auch die altgriechiſche ſtand. Terraſſenweiſe würde man die Häuſer rund um den Hügel her aufbauen und die öffentlichen Gebäude auf den höchſten Punkt in der Mitte ſtellen. Der Fluß Herkyna aber, der ſchon jetzt dieſe Richtung nimmt, wäre mit leichter Mühe in zwei Armen rund um die Anhöhe zu leiten, wo er dann Mahl=, Papier= und andere Mühlen treiben könnte, da er hinlängliches Waſſer dazu hat. Wenige Städte würden ſich einer ſchöneren und zweckmäßigeren Lage rühmen können als Livadia, wenn dieſes Project ausgeführt würde, und im Fall man einſt (was früher oder ſpäter doch geſchehen muß) Theſſalien und Epirus mit Griechenland vereint, wäre ſogar hier vielleicht der paſſendſte Punkt für die Hauptſtadt des Reichs.

Am zweiten October ſetzte ich meine Reiſe nach

Theben fort, eine Tour von 8 — 9 Stunden. Der Weg führt längs des Berges Granitza hin, an deffen östlicher Abdachung sich, nun in unmittelbarer Nähe, die Aussicht auf die prachtvoll von vier bis fünf verschiedenen Bergreihen umschlossene Ebene Kópais eröffnet. Diese war sonst zum Theil ein See, die angrenzende Fläche eine der blühendsten Landschaften Böotiens, und die Berge umher mit Wäldern bedeckt; jetzt ist der größte Theil der Ebene ein Sumpf, weil man die fünf oder sechs uralten Abzugskanäle, die das Wasser des Kephissus unterirdisch nach dem östlichen Meere leiteten, vernachläßigt hat. Die vereinzelten Stellen jedoch, welche trockner liegen, sind auch noch heute so fruchtbar, daß sie, wie mir ein hiesiger Besitzer versicherte, ohne Düngung einen dreißigfachen Ertrag gewähren. Es wird hier auch viel Reis gebaut, und, wie im größten Theil von Rumelien, Baumwolle, deren dichte Stauden mit ihren weißen Flocken jetzt einen hübschen Anblick gewähren. Die Wälder an den Bergen sind gleichfalls verschwunden und dennoch die Formen der letzteren so malerisch, daß, ohngeachtet ihrer Kahlheit, das Panorama der Gegend eine bezaubernde Wirkung macht. Was muß es gewesen seyn, als dieser ganze Gebirgskranz von reichen Städten wimmelte, von deren größter Anzahl noch einzelne

Ruinen zeugen, als Orchomènos, Kópae, Akräphia, Onchéstus, Medéon, Haliàrtus, Okalèa, Tilphossus, Alalkoménä, Koronéa und andere.

Bei den Mühlen von Kalamàchi, wo ein türkischer Aquadukt in die Plaine hinabführt, und man, den Granitza verlassend, zuerst den Helikon wieder erblickt, der nun fortwährend zur Seite bleibt, — steht ein enormer Tumulus, wohl nur zum Theil künstlich aufgeführt, mit einem Ausschnitt, wie zum Behuf eines Hippodrom's. Gell vermuthet, daß hier die Pambböotischen Spiele gefeiert wurden, und der Tempel der Minerva Jtonia in der Nähe stand. Die ganze Lage ist sehr romantisch. Nachdem man mehrere kleine, fast wasserleere Flußbetten passirt hat, worunter Koralius und Phalarus sich befinden müssen, bemerkt man rechts unter dem Helikon einen isolirten Hügel mit wenigen Ueberbleibseln von Koronéa, und später auf einem vorspringenden Felsen, so wie an dessen Fuß Steinhaufen, die wahrscheinlich Alalkoménä angehörten. Hier herum soll der Peribolos eines Tempels mit andern antiken Resten seyn, von denen ich nichts auffinden konnte.

An der schroffen Felsenwand Pètra trifft man auf eine Quelle, die für die Thilphosa gehalten wird, an welcher Tiresias, als er von ihrem Wasser getrunken, seinen Geist aufgab. Eine Art Tumulus daneben enthält vielleicht seine Gebeine. Von der Stadt Thilphossus und dem Apollotempel in der Nähe ist nichts mehr übrig.

Im Verfolg des Weges zeigen sich von Weitem mehrere Mauertrümmer und Tumuli, unter andern, nach Gell, rechts der Straße der des Hesiod, und links des Lysander (die ich beide nicht entdecken konnte) bis man an die ausgedehnten Ruinen von Haliàrtus kommt, das zwischen dem See und den Bergen eine sehr feste Lage eingenommen zu haben scheint. Einige zerstörte Kirchen, aus alten Materialien aufgebaut, befinden sich zwischen den Ruinen, aber nichts Antikes von Bedeutung ist mehr erhalten.

Eine Stunde später erreicht man das Ende des See's Kópais und betritt am Fuß des Bergzuges Sphinx, in dem die Sphinx ihre gefährlichen Räthsel den Reisenden zu lösen gab, einen kurzen Bergpaß, jenseits dessen man in eine lange, wohlbebaute, aber monotone Ebene tritt, an deren Ende, obgleich noch drittehalb Stunden entfernt, die Kadmäa von Theben schon sichtbar wird. Auf diesem Hügel ist die ganze neuere Stadt erbaut. Der Sphinx zieht sich links des Thales bis fast an Theben hin, ein schaurig öbes Steingebürge ohne einen einzigen Strauch. An seinem

Ende beginnt erst die eigentliche Thebaner Ebene, nicht weit von dem Ort, wo, nach Pausanias, der Tempel der Kabiren gestanden haben muß. Keine Gegend in Griechenland ist besser angebaut, was Feldbau betrifft, als die um Theben, auch bringt dieser Nomos dem Gouvernement 150,000 Colonnaten reinen Ertrag ein. Dagegen sieht man nirgends einen Baum, noch Spuren anderer Vegetation, und einen trostloser erscheinenden Ort, als das einst so prachtvolle Theben mit seinen zu zwei Drittheilen zerstörten Hütten, kann sich die Einbildungskraft kaum denken. Schmutz, Staub, Dürre und Elend stempeln den kahlen Berg, auf dem es kümmert. Kein Monument alter Größe ist mehr vorhanden, selbst von den Umfangsmauern und sieben Thoren keine Spur mehr, nur einige Steinblöcke, ein paar nichts sagende Inschriften, und die Höhle des Drachen sind noch vorhanden, dessen Zähne Kadmos säete, und die jetzt erst ihre schauerlichsten Früchte getragen zu haben scheinen. Ein gastfreier Amphitryon ist jetzt ebenfalls nicht mehr hier zu finden, und weder der Eparch, noch der Ministerialrath Gebhardt, den ich in Theben, wo er sich eben auf Commission befand, kennen zu lernen das Vergnügen hatte, konnten seine Rolle übernehmen, da sie nur in wahren Ställen wohnten und darin eben so wenig

7 *

sich selbst, als Andere zu bewirthen im Stande waren. Mir ward ein ähnliches Lokal für die Nacht angewiesen, und an der gefälligsten Fürsorge für mich ließen es wenigstens beide Herren nicht im Geringsten fehlen. Als Alterthumskenner glich jedoch der Eparch seinem Collegen in Livadia nicht; denn anf meine Erkundigung nach Leuktra behauptete er und alle Angestellte in seinem Büreau hartnäckig, einen solchen Ort habe es hier herum nie gegeben, das einzige Schlachtfeld iu der Gegend sey das von Platäa, wo der große Epaminondas den Xerres auf's Haupt geschlagen.

Ich dankte Gott, als ich Theben wieder im Rücken hatte, und bei sengender Hitze von einer ganz besonders bösartigen Fliegensorte begleitet, die unsre Pferde fast unregierbar machte, mich auf dem Wege nach Théspia befand. Auch dieser ist öde und langweilig und bot keine andere Abwechselung dar, als einen Sumpf, um welchen ganze Heerden von Schildkröten sich belustigten, und zum Theil so schnell liefen, wie ich es vorher nie von ihres Gleichen gesehen habe.

Ich näherte mich jetzt wieder dem Helikon, dessen sanfteren und idyllischeren Formen, im Vergleich mit dem schroffen und zackigen Parnaß, ihn vortrefflich zu einer Villeggiatura der Musen eignen, wenn sie des ersteren Dichterberges nach Weiberart überdrüßig geworden sind. Nicht weit von seinem höchsten Gipfel auf der entgegengesetzten Seite meiner gestrigen Tour, steht auf einem Hügel in der Plaine das Dorf Erimo Kastro, und immediat darunter liegen die Ruinen von Thespia. Man übersieht von oben sehr deutlich die Fundamente der Umfangsmauern dieser Stadt, die den von Mantinea ganz ähnlich, nur kleiner und noch tiefer demolirt sind. Andere Reste von Gebäuden finden sich auch einzeln außerhalb der Mauern zerstreut, bei welchen man vor einiger Zeit drei, leider sehr beschädigte Statuen fand, die jetzt in einer Kirche, eine halbe Stunde davon aufbewahrt werden.

Ich kaufte hier einen schönen antiken Stein für wenige Drachmen von einer Bauernfrau, die uns Weintrauben brachte, und erkundigte mich dann beim Demogeronten nach Leuktra, jedoch vergebens. Ich beschloß daher, es, querfeld einreitend, nach der sehr guten Charte von Gell selbst aufzusuchen, was mir auch nach einiger Mühe gelang, denn es liegt in völlig grader Richtung zwischen Thespia und Plataa, genau in der Mitte, bietet aber nur noch wenige und unbedeutende Steinhaufen dar. Doch ist das ganze Emplacement der Stadt und die Citadelle ohne Schwierigkeit zu erkennen.

Das Schlachtfeld darunter könnte man ein zierliches nennen: eine geglättete Ebene mit niedrigen Hügelzügen dazwischen, grade geeignet für die moderate Zahl griechischer Armeen, ein wahres Manövrirfeld, auf das die ehrwürdigen Häupter des Helikon und Kythäron in unmittelbarer Nähe niederschauen, und sich schon oft gewundert haben mögen, was das Ameisenvolk da unten treibe, abwechselnd sich todt schlagend, oder im Schweiß des Angesichts den Acker bauend, bald Tempel, Palläste und Burgen aufführend, bald in elenden Hütten wohnend, und Jahrtausende auf Jahrtausende dasselbe Spiel, denselben Wechsel rastlos wiederholend. Die Seelen der Berge ziehen daraus vielleicht dasselbe Resultat, wie wir beim Anblick der wirklichen Ameisen, von denen wir sagen: Sie besitzen Instinkt, aber ein Fortschritt ist bei ihnen nicht wahrzunehmen. Im armen Griechenland ist jetzt leider der Rückschritt nur zu bemerkbar.

Mit einbrechender Nacht erst erreichte ich das Dörfchen Kókla, am Abhange des Kythäron, dicht über Platäa liegend, wohin ich die Avojati schon früher vorausgeschickt. Einige Maulesel waren aus ihrem Stalle von meinen Leuten vertrieben worden, und ihre geräumige und so sorgfältig als möglich gereinigte Behausung prangte bereits mit den Mousselinvorhängen meines Bettes, meinen Teppichen und andern Reisemeublen, die nie verfehlen, eine kaum zu stillende Neugierde unter den hiesigen Naturkindern hervorzurufen. Wir fanden in Kókla die rosenrothe griechische Weintraube in der höchsten Vollkommenheit, und einen daraus gemachten Wein von gleicher Farbe, der ebenfalls vortrefflich war.

In der Mitte des Mauer- und Thürme-Dreiecks von Platäa, dessen großentheils noch gut erhaltene Ueberreste einen Umfang von 10,000 Fuß haben, sah ich die Sonne aufgehen, und beritt dann, den Herodot in der Hand, das weltberühmte Schlachtfeld. Obgleich ich mir von dem Hergang dieses großen Kampfes im Allgemeinen einen ziemlich klaren Begriff machen konnte, so muß ich doch gestehen, daß ich dieß hinsichtlich der von Herodot angeführten Details keineswegs genügend vermochte.

Bei der ungemeinen Schwierigkeit z. B., in einem Lande, wo durch unbekannte Ursachen sämmtliche Flüsse und Bäche alles Wasser, oder doch den größten Theil dessen, das sie einst enthielten, verloren zu haben scheinen, auszumitteln, welches die Quelle Gargaphia und der kleine Fluß Oerove (eine Tochter des Asopus) war, von deren Bestimmung alles abhängt — kann man immer nur ungewissen Hypothesen Raum geben.

Nur so viel wird durch die Lokalität augenscheinlich, daß die von Herodot angegebenen Massen wenigstens um zwei Drittheile übertrieben seyn müssen. Denn nimmt man auch an, daß nur die Spartaner, Tegeaten und Athener, also circa 70,000 Mann, und von den Persern und ihren Bundesgenossen ohngefähr nur die Hälfte, also immer über 105,000 Mann, wirklich an der Schlacht Theil nahmen, so ist doch selbst für diese das ganze Thal zwischen dem Asopus und Platäa, wie es als Schlachtfeld angegeben wird, völlig unzureichend zu irgend einer nöthigen Entwickelung der beiderseitigen Streitkräfte.

Bei dieser Gelegenheit kam ich übrigens auf eine Bemerkung, die ich meinem Freunde, dem Grafen Beltheim hier mittheilen muß, wenn sie auch ihm wie mir bisher entgangen seyn sollte. Herodot sagt, daß Masistius (ein berühmter Reiter=General der Perser), der in einem Gefecht zehn Tage vor der Schlacht blieb, durch die Pracht seiner Kleidung und die Vortrefflichkeit und Größe seines Nisäischen Pferdes, sich vor allen Persern ausgezeichnet habe, und in einer Note zum Text des Herodot bemerkt der Uebersetzer, daß Nisäa eine Provinz südlich vom kaspischen Meere am Ochus gewesen — wo die größten und durch ihre Ausdauer berühmtesten Pferde des Orients auch jetzt noch gefunden werden. Dies ist gewiß merkwürdig, obgleich des gelehrten Schöll Note nicht ganz richtig ist. Denn das Nisäa, wo jetzt in der Bucharei die berühmten turkomannischen Pferde gefunden werden, liegt östlich vom kaspischen Meer im alten Parthien, während jenes Nisäa, welches während der Zeit der persischen Monarchie die besten Pferde lieferte, südlich vom kaspischen Meer in Medien lag, nicht fern von Ekbatana. Die Entfernung beider Orte ist indeß nicht so groß, daß es nicht dennoch derselbe edle Pferdestamm seyn könnte, der sich seitdem von einem Orte zum andern fortgepflanzt.

Nachdem ich mir meine Gargàphia und meine Derove ausgesucht, und darnach einen Privatplan der Schlacht entworfen, welcher mit dem von Barthelemy gelieferten freilich schlecht übereinstimmt, mit dessen Erörterung ich den Leser aber gutmüthig verschone, wandte ich mich über den Engpaß des Kythäron, von dessen Höhe man einen schönen Ueberblick über die Thäler des Asopus und das von Leuktra hat, wieder nach dem Innern des Gebürges. Nach einem zweistündigen beschwerlichen Marsch traten uns hier plötzlich, am Ende einer Schlucht, und nahe einer reichlich strömenden türkischen Fontaine, die nicht weitläuftigen, aber äußerst gut erhaltenen Ruinen von Eleuthérä entgegen, ein Punkt, den die Landschaftsmaler berücksichtigen sollten, da nächst Messene, wenige hellenische Festungsruinen sich so pittoresk präsentiren und sich so anschaulich darstellen lassen. Dieser Ort heißt jetzt Kasa, weil am Fuß des Felsens ein einzelnes Haus für eine Gensd'armes-Station etablirt worden ist. Man durchschneidet nun die ziemlich kahle Plaine von Eleuthéra, worauf der Weg in einen zweiten Bergzug des Kytháron führt. In tiefe Schluchten steil hinabsteigend, gelangt man in einen zwei Stunden langen Wald hellgrüner Pinien mit der Folie immergrünen Unterbusches verschiedener Art geziert, was höchst reizend und erfrischend die Monotonie des Vorhergehenden unterbricht. Mit Schmerzen sah ich, wie jeder Baum ohne Ausnahme auf die ungeschickteste und roheste Weise (oft auf beiden Seiten) regelmäßig angelascht und mit einer Vertiefung unten im Stamm zugehauen war, um das Harz zu sammeln, welches theils zu Weißpech, theils zu dem sogenannten Razin, den die Griechen fast allgemein mit ihrem Wein vermischen, gebraucht wird. Tausende von Bäumen waren durch diese unsinnige Behandlung bereits todt oder im Absterben begriffen, und so verheert man, um eines kleinen momentanen Gewinnstes willen — der mit besserer Anordnung auch ohne Schaden erhalten werden könnte — die noch bestehenden Wälder in Griechenland, deren dieses doch so nöthig bedarf, daß sie wahrhaft Goldeswerth für dasselbe haben. Die allgemeine Verheerung bewies, daß hier nicht partielle Defraudationen stattfanden, sondern ex officio von der Forstbehörde verfahren worden war; gewiß eine unverzeihliche Rücksichtslosigkeit der Regierung, die indeß vielleicht nur so sorgfältigen Forstleuten, als wir nordische Gutsbesitzer sind, gleichen Abscheu einflößte. Mir verleidete sie hier alle Freude an der herrlichen Natur.

Nahe dem Ende des Waldes kamen wir an einen Brunnen, wo sich ein Schweinetreiber und ein Hühnerhändler aus Livadia mit ihren Thieren gelagert hatten und ihr aus Wassermelonen bestehendes Frühstück verzehrten. Wir gesellten uns zu ihnen, durch Tauschmittel uns gegenseitig Nutzen bringend, denn ich schenkte ihnen Tabak, und sie schöpften mühsam Wasser für uns aus dem tiefen Brunnen, und borgten uns zugleich eine Kürbißflasche, um es während der Mahlzeit darin aufzubewahren. Am meisten belustigten mich die Schweine, die so zahm waren und so guten Appell hatten wie Hunde, von ihrem Führer einzeln mit Namen herbeigerufen wurden, um als besonders Begünstigte eine Melonenschale zugeworfen zu erhalten,

ober wenn man nicht mit ihnen zufrieden war, durch
einen Steinwurf, der nie sein Ziel verfehlte, bestraft,
unter einem entfernten Baum ihren Aufenthalt suchen
mußten. Beklagenswerther waren die armen Hühner,
die an den Beinen zusammengebunden, fünfzig an
jeder Seite des alten Pferdes hingen, das sie trug.
Sie waren sämmtlich schwarz, das Pferd weiß und
der Anblick des Ganzen mit den zerlumpten Herren
dieser Menagerie nicht wenig grotesk und national.

Kurz nachdem wir den Wald verlassen hatten,
breitete sich die Thriasinische Plaine mit dem Meersee
und der Insel Sálamis tief unter unsern Füßen aus;
vor uns hatten wir über felsigen Vorbergen den Gipfel
des Hymettus, links den Pentelikon, und rechts die
Hügel von Eleusis mit den entferntern Nebelbergen
des Peloponneses. Es war nahe derselben Stelle, wo
ich vor fünf Monaten den weiten Kreis zuerst betrat,
den ich seitdem durchzogen und jetzt, meinen früheren
Plänen ganz entgegen, so unvorhergesehen auf den
alten Ausgangspunkt wieder zurückkam. Mein Gefühl
bei der wohlbekannten Aussicht war fast ein heimath=
liches, und ich freute mich auf Athen wie ein nach
langer Abwesenheit zum eignen Herde Rückkehrender.
Doch eine Nacht mußte noch im halben Bivouak im
Dorfe Kalyvia zugebracht werden. Da der Dimarch

keine ernstlichen Anstalten zu meiner Einquartirung machen wollte, und mich schon eine halbe Stunde von einem Hause zum andern führte, dessen Schlüssel man angeblich immer nicht finden konnte, wählte ich mir selbst eins aus, das ebenfalls verschlossen war. Nachdem ich einige Minuten gewartet und der ausgeschickte Polizeibote abermals achselzuckend mit der Nachricht zurückkam, der Besitzer sey nicht zu finden, befahl ich Ackermann, der sehr stark ist, an dem äußern Treppengeländer hinaufzuklettern, und einen der hölzernen Läden mit Gewalt aufzubrechen, um dann die Thür von innen öffnen zu können. Dies ward bewerkstelligt, kaum aber krachte der Laden, als aus dem umstehenden Haufen ein Mann den Schlüssel hoch emporhob und rief, man solle nichts weiter demoliren, er werde sogleich öffnen. Die Menge, von der man andern Orts eher Mißvergnügen hätte besorgen mögen, zeigte davon keine Spur, sondern lachte im Gegentheil den sich so lange verleugnenden Hauswirth herzlich aus; auch er selbst trug sein Loos, nachdem seine List einmal mißglückt war, mit großer Gelassenheit, die, am nächsten Morgen, bei der von mir erhaltenen Entschädigung und guter Bezahlung der gelieferten Gegenstände, in noch größere Zufriedenheit überging, da er sich wahrscheinlich, nach dem Anfang schließend das Gegentheil erwartet hatte.

Am 4ten October schrieb ich in meiner Hütte bis gegen Abend und trabte dann auf der via sacra rasch dahin, um vom Paß hinter dem zerstörten Kloster Daphne die Sonne über Athens Akropolis und seinem dunklen Olivenwalde untergehen zu sehen, was mir auch ganz nach Wunsch gelang. Der Anblick Athens, als ich es vor sieben Monaten zum erstenmal sah, hatte einen weit weniger tiefen, ich möchte sagen, anmuthig schwermüthigen Eindruck auf mich gemacht, als es heute der Fall war; die Richtung vom Piräus ist aber auch die ungünstigste von allen, um Griechenlands Hauptstadt zum erstenmal zu begrüßen, so wie die im Superlativ vortheilhafteste an jener Stelle sich befindet, die ich früher vom Marathon ohnfern des Lykabettus zurückkehrend beschrieben habe. Die jetzt vor mir liegende steht zwischen beiden, sowohl materiell, wie in Bezug auf Schönheit, in der Mitte. Der Anfang einer neuen Straße, die bis Eleusis fortgesetzt werden soll, und die mir sehr zweckmäßig geführt zu seyn schien, vermehrte meine Zufriedenheit, denn »improvement,« wo ich es auch fände, erweckt in meiner, dem Fortschritt ergebenen Seele immer ein angenehmes Gefühl.

Auch in der Stadt selbst war man fleißig gewesen, viele neue Häuser waren erstanden, leider aber noch keine Straße gepflastert, und die treuen Begleiter Athens, Wind und Staub, empfingen mich viele Tage andauernd, von Neuem in höchst lästiger Weise.

Das Königliche Schloß sah ich mit seinem Sokkel von Pentelischem Marmor ziemlich weit aus der Erde hervorgedrungen, und wenigstens das Kellergeschoß fertig, was vielleicht die meiste Arbeit beim ganzen Bau erfordert. Seltsam, daß man bei dieser tiefen Aufwühlung fast nichts von Alterthümern auffand.

Der Oberlieutenant Hoch, welcher diesen Bau ausführt, ist ein Mann von Talent und praktischem Sinn. Nachdem man mehrere Aktenstöße, Projekte und Anschläge über eine Straße von Athen nach dem Pentelikon vollgeschrieben hatte, ohne daß ein Spaten dafür gerührt wurde, hat er sie, durch die Noth gebrungen, für einige tausend Drachmen bis zu den Marmorbrüchen, circa zwei deutsche Meilen weit, im Stillen ausgeführt, vollkommen so, wie ich wünschte, daß man durch ganz Griechenland verführe. Denn regelmäßige Chausseen zu bauen, dazu ist das Land allerdings noch zu arm, aber blos um den Straßenkörper herzustellen, wenn ich mich so ausbrücken darf, nämlich den Raum zu ebenen und wo nöthig einige Wasserabzüge zu mauern — dazu braucht es wenig Geld und der lehmsandige Boden erhält sich mit der bei allen Straßen nöthigen, fortgesetzten Reparatur leicht in statu quo; um so leichter, wenn man in Anschlag bringt, wie wenig Regen im Ganzen fällt, und wie wenig Fuhrwerk die Straßen fatiguirt, wo die Maulthiere noch lange das Haupttransportwerkzeug bleiben werden.

Das neue Lazareth, ein recht würdiges Gebäude, dessen ich schon anderwärts erwähnt, war vollendet, und dient der Stadt zur Zierde; nur wünschte ich, daß man eine unglückliche moderne Statue, die zwischen zwei Fenster eingeklemmt, mit emporgestreckten Armen um Hülfe zu schreien scheint, wieder entfernte, man müßte denn die Absicht dabei haben, der Kranken Zwerchfell durch ihren grotesken Anblick heilsam zu erschüttern. Ueber diesem Bau fand ich im kürzlich wieder auferstandenen, constitutionellen Sauveur einen sonderbaren Artikel, worin man der Regierung einen Vorwurf daraus macht, statt diesem Militairlazareth nicht lieber eine Kirche gebaut zu haben! Es scheint fast, daß die griechischen Constitutionellen sich, gleich den belgischen, durch die Geistlichkeit verstärken wollen, denn aus übergroßer Frömmigkeit hat der geniale Skuffo schwerlich so erbaulich zum Volke gesprochen. Für Freigrabung des Parthenon war aus Mangel an zureichendem Fond leider nichts mehr geschehen, und was mich innig betrübte, Doktor Roß hatte wegen unschicklicher Behandlung von Seiten eines Subalternen des Ministeriums seinen Abschied gefordert und erhalten. Ich hoffe jedoch, daß man diese Sache zu arrangiren suchen wird, da Doktor Roß zwar überall leicht eine vortheilhafte Stellung erhalten kann, die Regierung aber, ihn zu ersetzen, größere Schwierigkeit haben möchte.

In gesellschaftlicher Hinsicht traf ich Athen sehr verwais't, doch war die Familie Lyons gegenwärtig, die allein hinlänglich wäre, selbst den Aufenthalt auf einer wüsten Insel angenehm zu machen. Auch im Hause des Grafen Armansperg fand ich, wie früher, die freundlichste Aufnahme, und kann nicht genug die Artigkeit des Staatskanzlers anerkennen, mit der er sowohl alle Weitläuftigkeiten mit Bezug auf meine spartanische Angelegenheit schnell zu applaniren suchte, sondern auch, auf meine desfallsige Bitte sogleich ein Schiff der königlichen Marine für die Bereisung des Archipelagus zu meiner Disposition stellte. Ueberhaupt muß ich, was meine Person betrifft, dankbar die freundlichen Attentionen und stets prompten Resolutionen rühmen, die mir von allen

Behörden zu Theil wurden, und ich glaube, daß alle Fremde hierin mit mir übereinstimmen werden. Es ist aber eine weise und humane Politik, die Fremden gütig und zuvorkommend zu behandeln, welche besonders für Griechenland nur heilsame Früchte tragen kann. Man wird dieses Lob für um so aufrichtiger halten, da man hinlänglich gesehen, daß ich auch den Tadel keineswegs verschwiegen; eine oft unangenehme Pflicht des Reisebeschreibers, die er aber nicht umgehen kann, wenn er nicht seinem Beruf untreu werden und überdies fade und langweilig erscheinen will. Da übrigens sein Urtheil kein Richterspruch, sondern nur eine individuelle Ansicht von geringerer Bedeutung ist, so kann auch der Getadelte sich leicht darüber trösten.

Ich lernte diesmal den Herrn Kabinetsrath Frey persönlich kennen, welcher durch seinen hohen Einfluß beim Grafen Armansperg zu einer sehr wichtigen Person in Griechenland geworden ist, ein gutmüthiger, redlicher und lieber Mann, der aber für einen Staatsmann vielleicht etwas zu sehr in Theorien lebt, und wenn er mit einer solchen an seinem Schreibtisch fertig geworden ist, sie schon als ausgeführt und in's Leben getreten ansieht. Behält er indeß die gehörige Zeit, und weiß er besonders bessere praktische Organe, als bisher aufzufinden, über deren Incapacität er sich mit Recht beschwert, so wird ihm das Land vielleicht einst manches Brauchbare zu verdanken haben.

Sein guter und sanfter Charakter, wie der des Grafen, mag Beide bis jetzt zu oft gehindert haben, jene strenge Energie und Willenskraft anzuwenden, die in einem jungen, noch unconsolidirten Staate, wie Griechenland, — dem man auf der einen Seite zu früh bedenkliche Concessionen gemacht hat, und den man auf der andern bringende organische Institutionen zu lange erwarten läßt — eins der nöthigsten Erfordernisse seyn möchte. Gott brauchen wir, glaube ich, nur zu lieben, aber eine Regierung bedarf, um Respekt einzuflößen, eben sowohl gefürchtet als geliebt zu werden.

Bei alledem muß jeder Billige zugestehen, daß durch den Zusammenfluß vieler Umstände die Lage des hiesigen Gouvernements verwickelt und schwierig ist, und dennoch, seit Beseitigung der unseligen Regentschaft, ein Fortschritt, wenn auch nur ein sehr langsamer sichtbar ist, so daß, wenn auch nicht viel ausgeführt wurde, doch viel vorbereitet worden zu seyn scheint. Es kann also noch immer erwartet werden, daß zu seiner Zeit die im Stillen reifende Knospe sich zur freudigen Blume entfalten wird, besonders, wenn es die alliirten Mächte nicht am Begießen mit dem nöthigen Goldwasser fehlen lassen.

Während meines Aufenthalts in Athen, den sehr übles Wetter und die Langsamkeit, wie die elende Beschaffenheit der hiesigen Handwerksleute, bei denen nichts fertig wird, um mehrere Tage verlängerte, verließ mich mein bisheriger Secretair, dem sich eine vortheilhafte Aussicht zur Anstellung im spanischen Dienst eröffnete, wo sein Freund, der Oberst Jochmus in kurzer Zeit eine glänzende Carriere gemacht hat. Nachdem nun im Anfang meiner Reise diesen Secretairposten bei mir ein halber Atheist bekleidet hatte, dann ein eifriger Jude, (denn Herr Emil ist von dieser Religion) so habe ich mir jetzt einen griechischen Theologen dazu erwählt, den ich später mit einem Türken zu vertauschen gedenke. An meiner unparteilichsten Toleranz in religiöser Hinsicht kann man hiernach wenigstens nicht mehr zweifeln.

Die letzten Tage meines Hierseyns wurden für mich noch durch die Ankunft des französischen Gesandten, Herrn von Lagrenée und seiner Gemahlin verschönert, ein geistreiches und höchst liebenswürdiges junges Paar, in dem sich Rußland und Frankreich auf die anmuthigste Weise vereinigt haben. Die Vereinigung hat auch schon eine kleine Frucht getragen, ein reizendes Kind, dessen erste Amme auf der Ueberfahrt eine deutsche — Ziege war. Dazu athmet es jetzt griechische milde Luft, und hat noch den Vortheil, nach Hahnemanns Methode behandelt zu werden, denn seine Mutter ist die gelehrteste Homöopathin Athens. Ich bitte, hinter allem diesem nicht etwa eine politische Anspielung zu vermuthen, wie weiland in den tutti frutti bei Herren Tavernier's großen Bären.

Da sich am 20ten October endlich die Witterung aufklärte, eilte ich nach dem Piräus, wo mich die Golette Nauplia schon seit fünf Tagen erwartete. Wie verschieden war meine Stimmung gegen damals, als ich Athen im Anfang des Jahres verließ! Damals schien in wildem Aufruhr die Hölle nach mir greifen zu wollen, heute wölbte sich in süßem Frieden nur ein heiterer Himmel über mir — und doch Alles nur in der Einbildung. — Calderon hat wohl recht: — unser Leben ist ein Traum!

Ich fand die neue Chaussee nach dem Piräus beendigt und ziemlich gut im Stande erhalten, doch hat man leider auch hier den thörichten Gebrauch nachgeahmt, Haufen klein geschlagener Steine an beiden Seiten des Weges innerhalb der Gräben aufzukasten. Dies hat aber den dreifachen Nachtheil: 1)

daß man in der Nacht leicht gegen diese Haufen an=
fährt, und auch wohl gelegentlich dabei umwirft, 2)
daß einzelne lose Steine vielfach auf die Chaussee
gerathen und sie verderben, 3) endlich daß die Straße
dadurch die Hälfte ihrer ursprünglichen Breite verliert.
Die Engländer lassen sich eine solche Unzweckmäßigkeit,
die wir auch in Deutschland so häufig antreffen, nie
zu Schulden kommen, sondern bringen den nöthigen
Vorrath an klein geschlagenen Steinen oder Kies zwar
auch unmittelbar an der Chaussee, aber immer außer=
halb derselben in größeren Depots an, die dann,
wenn es erforderlich ist, auf einmal über die Straße
gebreitet werden. Ein zweiter Hauptfehler, den ich
bemerkte, und der ebenfalls bei uns nicht selten vor=
kommt, ist der, daß die Dirigenten nicht gehörig das
Maaß der zerschlagenen Steine controlliren, welche
die Arbeiter überall, aus Faulheit und ihres Vortheils
wegen nur gar zu gern größer lassen als sie seyn
sollen — und doch ist dies eine so wichtige Hauptsache,
daß ohne gehörige Kleinheit der Steine die dichte
kompakte Masse, welche eine macadanisirte Chaussee
hervorbringen muß, nie ordentlich zu Stande kommt.

Im Piräus waren die Privatbauten seit meiner
Abwesenheit eben so rüstig fortgeschritten, als in Athen
und das Gouvernement hatte thätig an Austrocknung

der mephitischen Sümpfe am Ausfluß des Kephissus arbeiten lassen. Auch zeigen sich schon die guten Folgen davon, da diesen Herbst keine epidemischen Fieber hier grassirt haben. Es wäre sehr zu wünschen und würde für noch bessern Gesundheitszustand und zugleich Verschönerung der Stadt unendlich viel beitragen, wenn man die bedeutende Fläche dieses Sumpfes wenigstens theilweise zur Anpflanzung eines Platanenwaldes benutzte, eine Baumart, die hier vortrefflich fortkommen muß. Jetzt befindet sich kein einziger Baum in der Nähe des Piräus.

Nachdem ich den Rest des Tages zur Besichtigung der Ruinen nördlich des Hafens, welche ich noch nicht gesehen, benutzt, schiffte ich mich mit Anbruch der Nacht nach Aegina ein. Wie ich früher das langsamste Fahrzeug der kleinen griechischen Marine in der Canoniere Tombasy kennen gelernt, so verschaffte mir jetzt ein günstigeres Geschick die Bekanntschaft mit dem schnellsten, das wie ein Vogel auf den Wellen hinglitt und bei nur schwachem Seitenwinde dennoch acht bis neun Miglien in der Stunde zurücklegte. Die Golette Nauplia, sehr reinlich und nett gehalten, und von einem jungen Capitain Herrn Antonios Hatzi Anarggen kommandirt, ist noch ganz neu, und in Poros vom Grafen Rosen nach englischem Modell erbaut worden. Sie führt keine Kanonen und ist sehr schmal und klein, aber tüchtig und schnell, weshalb sie mir auch Kanaris schon in Patras besonders empfohlen hatte. Ich war daher sehr froh gewesen, sie disponibel zu finden, denn bei einer Seereise, die über einen Monat dauern wird, ist es nicht mehr gleichgültig, in welchem Wasserhause man logirt.

Unsere Fahrt nach Aegina war nur eine Mond=
scheinpromenade von wenigen Stunden, die ich im Anblick der rollenden Wolken, der flimmernden See, und des verdunkelten Bergamphitheaters rund um mich her, lieblich träumend auf dem Verdeck verbrachte. So wie die rasselnden Ketten mir anzeigten, daß man Anker werfe, legte ich mich zu Bett, die Landung bis zum andern Morgen verschiebend.

Die Hauptstadt der Insel Aegina, welche erst seit fünfzehn Jahren fast auf dem Platze der antiken Stadt neu aufgebaut wurde, hat ein ziemlich elendes An=
sehen, doch schmückte sie Kapodistria mit zwei recht großartigen Gebäuden, einem Waisenhause und einem Hospitale. Das erste ist jetzt in ein Cadettenhaus σχολεῖον τῶν ἐυελπίδων umgewandelt worden, das zweite zur Quarantaine bestimmt, welches letztere mit offenen und zerbrochenen Thoren ganz leer stand und im schnellen Verfall begriffen schien. Es besteht aus

vielen einzelnen Pavillons, die mit Erde bedeckt sind, welche man vergrasen läßt, wozu die Natur des hiesigen strengen Lehmbodens sich vorzüglich eignet. Gleich hinter diesem Lazareth erheben sich auf einem Vorsprung am Meere die Reste eines antiken Tempels, wahrscheinlich des der Hekate, welcher Göttin die Aeginaten vor allen huldigten. Er hat später eine Zeit lang als christliche Kirche dienen müssen, und von seinem früheren Glanz ist nur einiges Mauerwerk und eine einzige 25 Fuß hohe Säule von schönen Verhältnissen übrig. Man hat hier ausgedehnte Nachgrabungen veranstaltet, die aber ohne einen bedeutenden Erfolg geblieben sind. Um den zweiten wohl erhaltenen Tempel aufzusuchen, in dem Aegina's Hauptmerkwürdigkeit besteht, und den Leake für das Panhellenium des Jupiters hält, was Doktor Roß, glaube ich, bestreitet — muß man die Insel fast in ihrer ganzen Breite durchziehen und einen höchst langweiligen Ritt von sechs Stunden zurücklegen. Es ist möglich, daß in der ersten Frische des Frühjahrs diese Tour ihre Annehmlichkeiten haben kann, heute, wo bei sehr heißem Wetter von den vielen Feldern nichts als ihr grauer Thonboden mit unzähligen kleinen Steinen bedeckt zu sehen war, alle Berge, wenn sie nicht denselben Anblick gewährten, nur eine Decke von verbrannter, brauner Halde präsentirten, und die wenigen Bäume von der ausgestandenen Gluth des Sommers sämmtlich wie halb abgestorben aussahen — machte die Gegend einen so traurigen Effekt auf mich, daß ich mich kaum eines ähnlichen in Griechenland erinnere. Etwas zu dieser unbehaglichen Stimmung mochte vielleicht mein stettscher fauler Maulesel und der abscheuliche Sitz auf seinem hölzernen Sattelgerippe mit beitragen, aber auch, wo alle Umstände günstig sind, kann, meines Erachtens, dieses dürre Eiland nie schön seyn; nur der Anblick der dasselbe jenseits des Meeres umgebenden mannigfaltigen Bergküsten bietet zuweilen pittoreskere Aussichten, es bleiben aber immer nur solche, denen der so nöthige Vordergrund fehlt. Die Athener nannten die Aeginaten das Ameisenvolk, wegen ihrer Betriebsamkeit. Jetzt mögen sie diesen Titel etwas weniger verdienen, aber ihre Insel ist noch an Kahlheit und Farbe einem Ameisenhaufen sehr wohl zu vergleichen. Ich würde, hier leben zu müssen, für ein schreckliches Loos halten, und auch ehemals mag es nicht viel besser gewesen seyn, denn schon Pausanias nennt das Land nackt.

Die Lage des erwähnten Tempels ist übrigens, wie gewöhnlich, von den Alten sehr sinnig aufgesucht worden, und der Ort, wo er steht, Athen gegenüber, wahrscheinlich der schönste Punkt auf der ganzen Insel. Der Tempel ist fast eben so gut erhalten, als der von Phigalia, und nicht weniger edel in seinen Verhältnissen, aber aus noch schlechterem Stein erbaut, so daß er wörtlich wie angefressen von der Luft erscheint. Manche der jetzt noch stehenden 23 Säulen, welche 17 Fuß Höhe und 3 Fuß im Durchmesser haben, sind auf diese Weise schon über den Kern hinein zerstört. Viele sind aus einem Stück, und bei denen, welche aus mehreren Theilen bestehen, diese so vortrefflich zusammengesetzt, daß man die Fugen kaum entdeckt. Man hält dieses imposante Monument, welches in seinem unzerstörten Zustande 32 Säulen zählte, für den ältesten Tempel dorischer Ordnung in Griechenland, mit einziger Ausnahme der wenigen Säulen in Korinth. Moderne Namenschriften, oft mühsam eingemeißelt, und meistens englischer Herkunft, verunzieren auch diese Ruine; ihrer Statüen ward sie schon früher beraubt. Der jetzige Besitzer der letzteren ist der König von Baiern. Ich enthalte mich fernerer Details, da der Tempel zu bekannt und zu häufig beschrieben worden ist, um hier noch mehr unnütze Worte über ihn zu verlieren.

Bei der Rückkehr nach der Stadt stellt sich die Gegend etwas malerischer dar, namentlich fällt das

Felsennest der ehemaligen Hauptstadt, die erst seit fünfzehn Jahren ganz verlassen, doch schon völlig in Trümmern liegt, vortheilhaft über einem Garten im Thal voll Cypressen und anderer Bäume, ins Auge. Dies ist aber auch Alles. Ich besuchte unterwegs den russischen Gesandten, der nicht weit von der Stadt ein Landhaus bewohnt, und gedachte den Rest des Tages dort recht luxuriös zuzubringen, fand aber leider Herrn Katakasy eben im Begriff nach Athen abzusegeln. Er und seine Familie haben sich während ihres hiesigen Aufenthalts sehr weislich nie die undankbare Mühe der Tempeljagd gemacht, von der ich jetzt ermüdet zurückkam und das launige Glück belohnte sie dafür; denn vor wenigen Tagen brachte dem Gesandten sein Nachbar eine zufällig ausgegrabne Vase von der größten Schönheit ins Haus getragen. Sie ist ganz den sogenannten etruskischen gleich, d. h. mit hellen Zeichnungen auf dunklem Grunde, welche eine Hirschjagd darstellen, und eine ausführliche Beschreibung im Kunstblatt von unsres Doktor Roß gelehrter Feder verdienten. Zwei Colonnaten waren hinlänglich, dieses ausgezeichnete Kunstwerk zu bezahlen.

Wenn Wind und Wetter nicht ganz entgegen sind, hat das Seereisen, wie ich es jetzt betreibe, allerdings unschätzbare Vortheile. Nachdem ich den Tag über meine Neugierde am Lande befriedigt, finde ich Abends meine ungestörte häusliche Einrichtung wieder, und lege mich nach eingenommener Mahlzeit friedlich zu Bette, während die Reise unterdessen unbemerkt weiter geht — und erwache ich am nächsten Morgen, so ist schon wieder eine andere Insel, eine andere Küste bereit, ihre Merkwürdigkeiten vor mir zu entfalten. Am heutigen Tage wäre jedoch diese Erwartung beinahe getäuscht worden, denn der Capitain konnte Epidaurus in der Nacht nicht finden, und seine ihm vom Arsenal gelieferte See-Charte war so schlecht, daß der gesuchte Ort sich um $1/3$ Grad zu nördlich darauf angegeben befand. Er hatte also in einer wüsten Bucht angelegt, und noch vor Sonnenaufgang die Barke ausgeschickt, um sich nach der Stadt wahrer Lage zu erkundigen. Glücklicherweise konnte ich, als ich seine Verlegenheit erfuhr, ihm hierüber selbst die beste Auskunft geben, da ich durch die Güte des Kriegsministers ein Exemplar der vortrefflichen französischen Charte des Peloponnesus besitze, die, obgleich keine Seecharte, uns doch schnell orientirte. Es war aber nun eine unwillkommene Bonatza eingetreten, und da mir viel daran lag, den Tag nicht unnütz zu verlieren, bat ich den Capitain, auf seiner, allerdings etwas zu diminutiven Gondel vorausfahren zu dürfen.

So lange wir ganz nahe am Lande hinruderten, war die Partie recht angenehm, als wir aber das höhere Meer zu durchschneiden anfingen, das bei einer düstern und schwülen Atmossphäre täuschend einer endlosen Masse geschmolzenen Bleies glich, und auch so schwere dicke Blasen aufwarf, überholte uns eine Wind- und Regenwolke, die der Nußschaale, in der wir uns befanden, übel zusetzte. Während dem hatte indeß derselbe Wind die Golette flott gemacht, welche jetzt mit vollen Segeln nachkam und uns Zeichen machte, wieder an Bord zu steigen. Hierbei erhielt ich einen neuen frappanten Beweis von des Meergottes dauernder Ungnade. Denn die noch eben wie ein Pfeil dahinfliegende Golette hatte kaum die Segel gestrichen, um uns aufzunehmen, als der Wind plötzlich wie durch Zauber aufhörte und der kompakteste Calme eintrat, der uns nach einer Stunde vergeblichen Wartens von Neuem zwang, uns der nicht ganz gefahrlosen Gondel anzuvertrauen. Wir erreichten jedoch glücklich mit ihr nach einer Fahrt von zwei Stunden Epidaurus, immer noch zeitig genug, um, meiner Absicht gemäß, die Exkursion nach dem Hieron des Asklepios sogleich unternehmen zu können.

Wir besichtigten zuerst die Reste der alten Stadt, welche der neuen, die bis jetzt nur aus wenigen

Häusern besteht, gegenüber liegen. Außer einem römischen Bade und einigen bedeutungslosen Mauern findet man hier, an verschiedenen Orten vertheilt, ein halbes Dutzend Torsen von Marmorstatüen zwischen dem Gestrüpp liegen, wovon besonders der Rest einer Gruppe, die sich innerhalb eines Weingartens befindet, durch gracieusen und schön gearbeiteten Faltenwurf ausgezeichnet ist. Da nichts weiter zu betrachten war, benutzte ich barbarisch die erwähnte Marmormasse, um mich, darauf tretend, bequemer auf mein Pferd zu schwingen, das man uns dienstfertig bis dahin entgegen gebracht hatte, mein Theolog kletterte ebenfalls auf das seine, und ein berittener Führer setzte sich an die Spitze, uns im raschen Trabe vorreitend.

Jetzt konnte ich mich von Aeginas dürrem Anblick erholen, denn die größte Frische herrschte in der reich bebuschten Schlucht durch die unser Weg sich längs einem tiefen Felsenbache schlängelte, und herrlich wurden viele Gruppen durch die bald purpur-, bald blaßroth, bald gelb gefärbten Beeren des Arbutus geziert, die in der äußern Form kaum von unsern Gartenerdbeeren zu unterscheiden sind, und bei voller Reife auch keinen unangenehmen Geschmack haben. Als wir nach einem langen Ritt, dessen letzte Station im steinigen Bette des Waldstroms selbst hinführte, enblich das heilige Thal erreichten, überraschte uns dort sogar junger smaragdgrüner Rasen, den die Kühle und Nässe der letzten Woche überall hervorgelockt hatte. Er umsproßte lieblich die zahlreichen, aber nur wenig noch aus der Erde bringenden Ruinen dieses hochgefeierten Ortes, der in alter Zeit ganz unsern modernen Badeplätzen entsprochen haben muß, und der Einbildung der Kurgäste, wie dem heilsamen Einfluß geselligen und sorgenfreien Lebens, eben so viel verdankte als diese. Den Sinnen ward jedenfalls dort mehr als heute, nur in edlerem Style, und da zugleich der Religion, wie bei allen antiken Einrichtungen für Nutzen sowohl, wie für Vergnügen, eine Hauptrolle dabei angewiesen war, mußte sich der Genuß verdoppeln — denn der Alten Religion war ein Kultus des Genusses, wie unsere der Entsagung, daher sich auch in den neueren Sitten das Vergnügen von der Religion nicht nur ganz geschieden hat, sondern von den recht Frommen sogar als halbe Sünde angesehen wird. *)

Von den Tempeln, Bädern, Stadium u. s. w. des Hierons sind kaum noch die Grundmauern zu

---

*) Ich nehme, wie billig, hiervon den Weihnachtsstrießel, und die religiösen Thee's der Herrenhuter aus.

verfolgen, und der heilige Hain hat keine alten Bäume mehr aufzuweisen; auf der Stelle, wo man den Tempel des Aeskulap's vermuthet, finden sich jedoch noch zwei Steine mit Inschriften. Auf dem einen lies't man deutlich Asklepios ($\mathrm{A\sigma\kappa\lambda\tilde{\eta}\pi\iota o\varsigma}$) auf dem andern die Namen eines hier geheilten Mädchens und ihrer Eltern. Als das Prachtstück des Ganzen tritt aber das von Polyklitos erbauete Theater hervor, welches zwölftausend Menschen faßte und so wohl erhalten ist, daß der größte Theil seiner Stufen noch existirt, und alle zweiundbreißig Reihen deutlich ersichtlich sind, so wie die vierundzwanzig schmalen Scalae, welche sie durchschneiden. Sündlich muß es genannt werden, daß man bis jetzt noch nicht einmal daran gedacht hat, dieses erhabene und wahrhaft Staunen erregende Monument nur von dem Strauchwerk zu befreien, das es fast ganz bedeckt und großentheils verbirgt, durch die Fülle der Vegetation aber auch schon vielfach zerstört hat, da die Wurzeln die Stufen nach und nach locker machen und gewaltsam aus ihren Fugen treiben. Die Ausgabe weniger Drachmen würde hinlänglich seyn, den imposanten Anblick des Ganzen, der jetzt in einiger Entfernung durchaus verloren geht, wieder herzustellen, und es ist fast unbegreiflich, wie das Gouvernement so sträfbar gleichgültig für dergleichen seyn kann. Ich fand die Construktion der Stufen, die ich für Marmor hielt, was mein Führer bestritt, die jedenfalls aber aus einem so weißen und feinen Stein gearbeitet sind, daß er dem Marmor wenig nachgiebt, bei diesem Theater ganz verschieden von allen anderen, die ich bisher in Griechenland gesehen. Jene sind so schmal, daß ich nie recht begreifen konnte, wie die Zuschauer nur mit irgend einer Bequemlichkeit darauf zu sitzen vermochten, und schon manchmal versucht war zu glauben, die Alten hätten, wie die Türken, auf ihren untergeschlagenen Beinen geruht. In Epidaurus findet aber ganz das Gegentheil statt — nicht nur der bequemste Sitz ist für Jedermann vorhanden, sondern auch der vollkommene Platz, die Füße zu stellen, der bei den andern Theatern ganz zu fehlen scheint. Hier kann man nun Ovid's Lehre sehr gut verstehen, der dem angehenden Liebhaber räth, sich seinen Platz im Theater hinter der Geliebten zu suchen, um ihr während der Vorstellung sanft den Rücken mit den Knieen zu drücken. Die Form der hiesigen Stufen ist so:

während sie in den übrigen Theatern, die ich sah, nur einer gewöhnlichen schmalen Treppe gleichen:

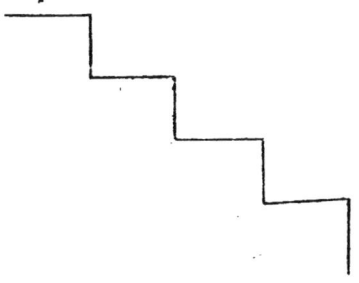

Ich vermuthe daher auch, daß bei diesem eine Stufe immer nur für die Stellung der Füße reservirt geblieben seyn, oder eine weitere Belegung mit Marmorplatten, die jetzt nicht mehr vorhanden sind, dem Uebel auf irgend eine Weise abgeholfen haben muß, da sonst das Sitzen darauf fast unmöglich gewesen wäre.

Die Heilquelle, welche ehemals ein rundes Gebäude umfaßte, dessen große Schönheit Pausanias rühmt, existirt noch, ist aber nichts als ein sehr gutes und kühles Trinkwasser, scheinbar ohne allen andern mineralischen Gehalt. Unser Führer zählte mehrere berühmte Namen auf, deren Inhaber er hierher begleitet und erwähnte auch wohlgefällig, daß Herr Thiersch an dieser klassischen Stelle drei kalte Hähnlein zu sich genommen und eine Bouteille Wein dazu geleert habe,

9*

diese aber nachher mit dem Wasser der Quelle angefüllt und zur weitern Analyse mitgenommen. Er war noch jetzt über Herrn Thiersch Gelehrsamkeit erstaunt, der, wie es scheint, um sich die Zeit zu vertreiben, ihm während des Frühstücks mehr von dieser als von seinen Hähnchen mitgetheilt hatte. Vielleicht tauschte er dafür einige jener burlesken Nachrichten über das neuere Griechenland ein, die er uns mit einer Leichtgläubigkeit wieder erzählt hat, die bei den Griechen selbst fast zum Sprüchwort geworden ist, und selten ohne Lachen von ihnen erwähnt wird.

Auf dem Gipfel des Theaters gelagert, von wo die Aussicht auf alle Ruinen des Thales und die umgränzenden Berge, Koryphäum, Tithäum und Kynortium am vortheilhaftesten genossen wird, sah ich die Sonne unter= und den Mond aufgehen. In seinem Dämmerlicht ward es meiner Phanthasie leichter, das Vergangene mir auf Augenblicke wieder herzuzaubern; jenen Säulenwald der Tempel, mit den ehrwürdigen Stämmen des heiligen Haines wetteifernd — und das Volk stummer Marmorbilder mit der bewegten Menschenmasse abwechselnd, die von allen Enden Griechenlands herbeigeströmt, hier Wunder suchte und Wunder fand.

Nach so belebtem Traume trat ich erst den Rück=

zug an, quer über die Trümmer, über des Waldstroms Bett, und längs der Felsenschlucht im dunklen Dickicht des Immergrün's — bei warmer milder Nacht, die Luft so balsamisch, so heilsam und wohlthätig, wie es Aeskulap's gewiß noch immer thätiger Einwirkung völlig angemessen war. Auch den Appetit schärfte der Hülfreiche, und da die Erkursion sieben Stunden gedauert hatte, wir uns aber, weniger vorsichtig als unser gelehrter Vorgänger, mit keiner Art von Provision versehen hatten, so war das reichliche Mahl, das ich nach langem Marsch auf dem Verdeck der Nauplia fand, und bei Luna's fortdauerndem Glanze genoß, keine unwillkommene materielle Zugabe zu den mannigfachen geistigeren Anklängen des Tages.

Die nächste Morgensonne weckte mich mitten in der Rhede von Poros — eine der romantischesten Situationen Griechenlands, aber zugleich der traurige Schauplatz, wo der verblendete Miaulis und seine Hybrioten, in wahnsinniger Opposition gegen den Präsidenten, den Kern der griechischen Flotte selbst vernichteten, eine That, die Miaulis früheren Ruhm auf immer verdunkelt hat und von einem kräftigeren Gouvernement mit dem Tode bestraft zu werden verdient hätte, statt eine schmachvolle Belohnung zu erhalten.

Der Seepräfekt hatte die Artigkeit, mir eine größere Barke, als die unsres Capitains ist, mit sechs Matrosen zu schicken, um die interessantesten Theile der Gegend zu besuchen, wozu unsere kleine Gondel, wie ich mich gestern nur zu sehr überzeugt, beim mindesten hohen Meer ganz untauglich war. Ich verlor keine Zeit, die Exkursion zu beginnen, wiewohl das Wetter stürmte und mit Regen drohte. Was Poros so reizend macht, ist nicht sowohl der Insel selbst angehörig, obgleich die amphitheatralische Stadt und die über sie gethürmten Berge sehr malerisch sind, sondern die nahe gegenüber liegenden, hier wahrhaft bezaubernden Ufer Morea's geben der Landschaft ihre vorzüglichste Schönheit. Hier sieht man die in höchster Fruchtbarkeit prangende Weinebne von Trözene mit den anmuthigsten Hügeln untermischt dicht vor sich, wo dem in Gedanken verlornen Hyppolit die Zügel seiner feurigen Rosse entglitten, als das Ungeheuer aus dem Meer hervortauchte, vor dem die Welle selbst, die es gebracht, zurückbebte. Die Vorberge, welche zum Theil nur ein schmaler Kanal von der Insel trennt, sind dicht mit Oliven und Limonien, wie die höheren hinter ihnen bis an den äußersten Gipfel mit ununterbrochenem Immergrün, bedeckt, alles reich geschmückt durch weiße Landhäuser und wohl gehaltene Fruchtgärten. Hat man diese grün eingefaßte Kanalstraße zurückgelegt, und debauchirt nun in den größeren Golf, so ist der erste Gegenstand, der sich darbietet, das auf isolirter niedriger Felseninsel unzweckmäßig placirte, und noch schlechter ausgeführte, aber romantische Fort Heideck, welches die Einwohner jetzt, ich weiß nicht warum, allgemein das Eselskastell nennen. Rechts von diesem, am Ufer des festen Landes, stand in der romantischen Umgebung ein Tempel der Artemis. Was jetzt noch von Ruinen hier ist, scheint römisches Bauwerk zu seyn, welches, wie man deutlich wahrnimmt, größtentheils nur vom andringenden Meere zerstört wurde. Weingärten mit hohen Pappeln und andern Bäumen schließen sich diesen Trümmern an, bis man einige hundert Schritte weiter in einen sehr dichten und sorgsam gepflegten Citronenwald gelangt, der ohngefähr drei Viertel Stunden lang und eine halbe Stunde breit ist. Nichts kann angenehmer seyn, als sich unter diesen duftenden Gewölben hellgrüner Krone zu ergehen mit fortwährend sich öffnenden Aussichten längs eines dunkelblauen Meeres, das um spitze Felsenpyramiden schäumt. Man überblickt nach einander die Inseln St. Georgio, Zea, Thermia, den weiten Bogen Attika's mit dem Cap Colonna und die mit Pinien bewachsenen Berge von Poros, aus denen das stattliche Kloster der Panagia seine Thürme und Zinnen glänzend emporhebt. Der Wald ist unter eine große Menge Besitzer vertheilt, und auch unser Führer zeigte uns wohlgefällig fünf Bäume als sein Eigenthum an. Die Früchte werden grün abgeschnitten, dann in Gruben gelegt und mit Erde bedeckt, wo sie den Winter über verbleiben, wenn sie nicht gleich nach der Erndte verkauft werden können. Um auf dem Baume völlig zu reifen, müßen sie zwei Jahre lang daran hängen bleiben, da das Klima schon eigentlich etwas zu kalt für sie ist. Alle Bäume sind von einem aufgegrabenen Kessel umgeben, und werden vom April bis Ende Oktober, griechischen Styls alle 40 Tage einmal unter Wasser gesetzt; die Früchte sind nur klein, aber ihrer Saftreiche wegen beliebt und gehen meistens nach Constantinopel.

Von hier schifften wir quer über den Golf nach dem oben erwähnten Kloster. Die Mönche, welche eine strenge Regel haben, und unter andern nie Fleisch essen, noch Tabak rauchen dürfen, empfingen uns sehr freundlich und lieferten Maulthiere und Führer zur Fortsetzung unseres Weges. Sie besitzen ein so treffliches Wasser, daß mehr als einmal der Sultan ein eigenes Schiff herschickte, um eine Ladung davon nach Constantinopel zu führen. Vielleicht hatte er in seinem

Harem eine Lieblingssclavin aus Poros, die eine solche Laune veranlaßte. Ueberhaupt aber waren diese Inseln Poros, Hydra, Spezzia u. s. w. unter dem muselmännischen Scepter sehr begünstigt. Poros hatte keine andere Abgabe, als jährlich die Lieferung von 50 Matrosen nebst dem ganz unbedeutenden Tribut von 2000 Piastern, und kein Türke residirte auf der Insel. Auch schien ein uns begleitender Einwohner der Stadt diese alten Zeiten etwas zu bedauern, worauf ich ihn damit zu trösten suchte, daß die Freiheit als das höchste Gut der Welt, wie billig auch das theuerste sey, und sollte, setzte ich hinzu, es dem Sauveur gelingen, Griechenland noch eine sogenannte Constitution, oder vielmehr repräsentative Verfassung zu verschaffen, so möchten die Griechen sich nur im Voraus bereit machen, noch einmal soviel dafür zu bezahlen, als sie jetzt taxirt wären — eine Wahrheit, die dem verständigen Porosianer vollständig einleuchtete.

Das Kloster der Panagia ist erst seit 1794 erbaut worden, wo ein schwarzes Heiligenbild der Jungfrau auf derselben Stelle in der Erde gefunden wurde, eine sehr beliebte Ceremonie in Griechenland, wenn die Mönche sich einen guten Platz ausgesucht haben, wo sie ein Kloster zu besitzen wünschen. Die Kirche ist reich und nicht ohne Geschmack verziert; das ganze

Kloster von reinlichem und nettem Ansehn, die Mönche selbst nur waren, wie immer, schmutzig. Während man uns den Kaffee servirte, entspann sich ein ziemlich seltsames Gespräch über den König. Der Igumenos — (ἡγουμένος) — bedauerte, daß der König nicht die griechische Religion angenommen habe, so daß nun, da er selbst katholisch und seine erwartete Gemahlin protestantisch sey, die künftigen Kinder aber im griechischen Glauben erzogen werden sollten, drei verschiedne Religionen in der königlichen Familie vereinigt seyn würden. Ich lobte die Toleranz dieser Einrichtung, und fügte hinzu, daß doch alle diese drei verschiednen Religionen christliche seyen. Dies wollte jedoch dem Mönche nicht recht einleuchten, und er meinte, da der König seine Kinder in der griechischen Religion erziehen lassen wolle, so müsse er sie doch für gut halten — es sey also egoistisch von ihm, blos aus Liebe zur Gewohnheit für seine Person bei der alten Religion zu verbleiben. Wie merkwürdig doch die Mönche raisonniren!

Nach einer kleinen Stunde, meist in einem niedrigen Piniengehölz ansteigend, erreichten wir den Ort, wo jener berühmte Tempel Poseidons stand, in dem Demosthenes den Giftbecher trank, um sich die Demüthigung zu ersparen, vor dem siegenden Philipp erscheinen zu müssen. Dieser Tempel war wahrscheinlich vor einigen hundert Jahren noch zum größten Theile ganz erhalten; denn die Stadt Hydra, das Kloster der Panagia, und in neuester Zeit das Waisenhaus zu Aegina, haben alle reichlich aus seinem Steinvorrathe geschöpft, ja selbst das Wenige, was jetzt noch vorhanden ist, fanden wir bereits zu weiterem ähnlichen Verbrauch in Bearbeitung einiger Steinmetzen begriffen. Man muß hoffen, daß man mindestens zwei remarkable Steine verschonen wird, die bis jetzt unangetastet blieben. Den einen derselben, auf dem tief und deutlich ein kolossales Zeta eingemeißelt ist, haben die Wurzeln eines alten Olivenbaumes auf die sonderbarste Weise wie mit einer Zange umklammert, ganz als wollten sie den Stein mit allen Kräften festhalten, um ihn den räuberischen Händen zu entziehen, die der Kunst so ruchlos mitspielen. In den andern Block sind zwei höchstzierliche Fußtapfen eingedrückt, die man natürlich Neptun zuschreibt, der hiernach einen äußerst hübschen kleinen Fuß gehabt haben muß — ich sage: gehabt haben, denn der arme Gott ist ja jetzt todt. Unser Führer erzählte, daß ein amerikanischer Mylordo vor einigen Monaten hier gewesen sey, dessen Füße in beide Formen so genau hineingepaßt hätten, als seyen sie eigends dafür gemacht worden. Ich vermuthe, dieser

Amerikanische Mylordo war Niemand anders, als mein Freund, Graf Moritz Putthus, in mehreren Welttheilen bekannt für die Schönheit seines Fußes.

Wir hatten von hier nur noch eine gute Viertelstunde bis zur höchsten Spitze der Insel zu klettern, wo sich bei einer Capelle des heiligen Elias ein schönes Panorama entfaltet. Es wird mir besonders durch einen Regenbogen erinnerlich bleiben, der nicht im Bogen, sondern platt auf dem Meere aufliegend, von der Insel eine Brücke bis nach Attika hinüberbaute. Der farbenreiche Himmelsbote brachte aber schweren Regen in seinem Gefolge, der den ganzen übrigen Theil des Tages anhielt und uns bei einer zweiten Tour, die ich nach erfolgter Rückkehr in der lachenden Ebene von Trözene unternahm, weidlich durchnäßte. Eine Zeit lang suchten wir Schutz unter dem Pavillon eines Gemüsegartens, dessen Produkte so vortrefflich waren, daß ich eine ganze Ladung davon für unsre Schiffsprovision ankaufte, wobei ich die lehrreiche Erfahrung machte, daß ich dies um die Hälfte wohlfeiler bewerkstelligt hatte als mein Koch.

Die Fahrt der folgenden Nacht war weniger angenehm als die bisherigen. Wir hatten Sturm und ein rollendes Meer, das die kleine Golette nach allen Richtungen zur Schaukel umwandelte. Auch muß ich gestehen, daß ich diesmal der Seekrankheit sehr nahe war, und ich ihr nur, wie ich mir einbilde, durch eignes Magnetisiren meiner selbst mit festem Willen, entging. Es dauerte lange, ehe wir uns bei dem heftigen Winde in den kleinen und unbequemen Hafen von Hydra hinein bugsiren konnten, und ich verließ mit Freuden das auch hier noch fortschwankende Schiff so schleunig als möglich. Zum erstenmal hatte ich in dieser Stadt Ursache über einen höheren Beamten in Griechenland zu klagen. Der Dimarch, ein Conduriottis, zu dem ich meinen Theologen mit den verschiedenen Empfehlungsschreiben des Grafen Armansperg und der Ministerien geschickt hatte, nahm von diesen, wie von mir selbst nicht die geringste Notiz, ließ mich eine lange Zeit vergebens in den Straßen umherwandeln, und mir dann endlich durch einen zerlumpten Kerl eine schmutzige Stube in einem Kloster anweisen, das, wie wir sahen und noch stärker rochen, zugleich als Lazareth diente. Nachdem ich diese Ekel erregende Wirthschaft einige Augenblicke betrachtet, ließ ich dem Herrn Dimarchen Conduriottis einen Gruß ausrichten, mit dem er wahrscheinlich sich nicht berühmen wird, und sandte zum Gouverneur, Herrn Gusti, der auch, wie ich nicht anders sagen kann, sogleich durch die größte Artigkeit die Grobheit des Dimarchen wieder gut zu machen suchte. Es war überhaupt merkwürdig, wie eifrig mir alle Besuchenden während meines ganzen Aufenthalts in Hydra ihren Verdruß über das Vorgefallene bezeigten, und wie nachdrücklich sie allgemein den Dimarchen als einen rohen, ungebildeten und bornirten Menschen schilderten, der nur durch das Uebergewicht seines Geldes hier etwas gelte und dies obendrein zu der unerträglichsten Tyrannei benutze. Ob solche Aeußerung nun in der Wahrheit beruhte, oder nur in der gewöhnlichen Rivalität der Griechen unter einander seinen Grund hatte, lasse ich dahin gestellt seyn. Es wurden mir jetzt Häuser von allen Seiten angeboten, ich hatte aber bereits die mir äußerst verbindlich entgegen kommende Gastfreundschaft der Madame Anastasios Lamados, einer Verwandtin meines Capitains angenommen, die, gleich anfänglich von meiner Verlegenheit hörend, ihr augenblicklich abzuhelfen suchte. Ihr Mann war abwesend, statt dessen sein Neffe, Herr Skurtis, und eine reizende Tochter mit der Mutter in Güte und freundschaftlichen Attentionen für mich wetteiferten. Diese Familie, welche ein schönes und weitläufiges Haus bewohnt, das wir einfach, aber gut und höchst reinlich, nach Europäischer Weise meublirt fanden, war früher eine der reichsten der Stadt, ist aber eben jetzt durch die

Opfer, welche ganz Hydra so erfolgreich der Revolution gebracht, gleich den meisten ihrer Mitbürger, fast verarmt. Unfähig, von dem Gouvernement die Entschädigungen zu erhalten, auf die er Anspruch zu haben glaubte, erschoß sich erst vor acht Monaten der Bruder des Hausherrn, und sein Neffe sagte uns ganz kaltblütig, daß, wenn es seinem Onkel nicht besser gelänge Unterstützung zu finden, er denselben Weg gehen müsse. Es hat die Hydrioten immer etwas Wildes und Extravagantes ausgezeichnet; sie waren die besten Seeoffiziere und Matrosen der Türken, litten aber keinen türkischen Befehlshaber auf ihrer Felseninsel, deren schauerlichste Einöde und kahle Weinberge auch wahrlich nichts Einladendes haben. Dagegen ist die Stadt, welche an 4000 Häuser zählt, die alle massiv, weiß angestrichen und zwei bis drei und vier Stock hoch sind, sehr ansehnlich, und gewährt einen höchst originellen Anblick, da sie in seltsamer Verwirrung, fast ohne Straßen an den senkrechten Felsenwänden in hundert divergirenden Linien hinangebaut ist. Von den 25,000 Einwohnern, die Hydra vor der Revolution zählte, sind jetzt kaum 12,000 mehr vorhanden, wobei noch, wie man versichert, auf sechs Weiber nur Ein Mann kommt. Diese geschwächte Population muß demohngeachtet zehnfache Abgaben gegen sonst entrich=

ten, wo die ganze Insel nur 2000 türkische Piaster und eine Anzahl Matrosen jährlich an den Großherrn zu liefern hatte. Es ist eigenthümlich genug, daß Hydra, welches vom türkischen Joch auch nicht das Mindeste fühlte, und sich im höchsten Wohlstande befand, der fortwährend stieg, dennoch am meisten für die griechische Revolution that, durch welche es zu Grunde gerichtet wurde. Herr Michaud spricht in seinem Werke über einen Theil des Orients von einer Zerstörung Hydra's durch die Türken während der letzten Revolution, ein seltsamer historischer Irrthum für Einen der Vierzig. Hydra ward während des ganzen Krieges nie von den Türken berührt.

Meiner treubefolgten Gewohnheit nach erstieg ich den höchsten Berg der Insel, 18,000 Fuß über dem Meere, wo ein wohlhabendes und gut gehaltenes Kloster des in Griechenland so beliebten heiligen Elias steht. Der Weg hinauf ist außerordentlich steil und beschwerlich, die Aussicht von oben in der Ferne schön, doch alle Umgebung in der Nähe schauerlich öde. In demselben Kloster saßen im Anfang des Jahres fast alle peloponnesischen Chefs gefangen, welche der damalige Präsident Conduriottis eingesperrt hatte, und die von ihren eigenen Soldaten ausgeliefert worden waren, Colocotroni, Coliopulos Sichinis, Nikitas und Zaynus. Als aber Ibrahim's glückliche Waffen bis Tripolizza vorgedrungen, verlangte die Armee ihre alten Anführer wieder, und zwang Conduriottis in Nauplia, sie zurückzugeben.

Man hatte uns Pferde aus einer Drehmühle gebracht, die einzigen, welche Hydra besitzt, diese Thiere waren aber zu sehr gewohnt, im Kreise umher zu gehen, um zur Erklimmung der Felsen gebraucht werden zu können, was besonders mein Theolog zu seinem Schaden erfuhr, als er, plötzlich aus meinem Gesichtskreis verschwindend, sammt dem Sattel hinten über die Croupe niederrutschte, während mein Pferd auf ähnliche Weise nach vorn operirte, und schon am Fuß des Berges vor dem heiligen Elias in der Höhe andächtig auf die Kniee sank. Wir zogen daher vor, zu Fuße zu gehen, was die eingetretene Winterkälte und der noch immer andauernde schneidende Wind sehr erleichterten. Auf dem Rückwege besuchte ich eine Schule der Stadt, die von einem Mönche gehalten wurde, dessen Unterricht in nicht viel mehr als Psalmabsingen bestand. Man zeigte mir unter den Zuschauern eine schwarz gekleidete alte Frau, die dreißig ihrer nächsten Blutsverwandten in der Revolution verloren hat und zwar eben so viel im türkischen als griechischen Dienst; ihr letzter Sohn blieb als ägyptischer Oberst bei Koniah. Welche

Masse seltsame Schicksale mögen die letzten Jahrzehnte in diesem armen Griechenland aufgehäuft haben, und wie innig muß jeder Menschenfreund wünschen, daß es endlich im Hafen der Ruhe und des Friedens eingelaufen seyn möge!

Die Hydriotinnen zeichnen sich durch hohen Wuchs, schwarze Augen und Haare, einen gracieusen Gang, auffallende Reinlichkeit und ein eigenthümliches sehr wohl kleidendes Costüm vortheilhaft vor den Schönen des griechischen Continents aus, und bei der geringen Zahl der Männer ist ihnen einige Koketterie noch weniger als andern zu verdenken. Man sieht überhaupt, daß der Handel und häufigere Verkehr mit Europa diese Insulaner, hinsichtlich der Bequemlichkeiten des Lebens wenigstens, bedeutend mehr als die Bewohner des Festlandes zu civilisiren angefangen hatte. Ich fand hier einen Hydra'er Kaufmann, von seinen Landsleuten Kapitano genannt, der erst kurz vor uns auf seinem schönen Dreimaster von Amsterdam angelangt war, und durch seine elegante Bildung in jedem unserer Salons an seinem Platze gewesen seyn würde. Sein nach amerikanischem Modell eingerichtetes Schiff, das im Nothfall mit zwanzig Kanonen bewaffnet wird, ist von einem schlichten hiesigen Schiffbauer, der weder lesen noch schreiben kann, in drei Monaten so vorzüglich gut hergestellt worden, daß die holländischen Seeleute nie die Sache für möglich halten wollten. Die Kosten betrugen nicht mehr als 9000 Colonnaten, und die monatlichen Ausgaben für ein Persoral von zwanzig Menschen, Schiffsabgaben unterwegs mit eingerechnet, belaufen sich in runder Summe nicht über 200 Colonnaten — Preise, die weit unter den Europäischen bleiben.*)

Wir besichtigten mit vielem Interesse das Schiff im genauesten Detail und fanden es in Allem der Schilderung seines liebenswürdigen und zuvorkommenden Besitzers entsprechend, mit einer Genauigkeit, erschöpfenden Vollständigkeit und sogar Eleganz gearbeitet, die auch uns gleich den Holländern in Erstaunen setzte. Wir sahen mit Vergnügen, daß die Aeußerungen unsers Beifalls den bärtigen alten Baumeister, den ich gebeten hatte rufen zu lassen, um ihn persönlich kennen zu lernen, nicht wenig zu schmeicheln schienen, und der originelle Alte that sogar alles Mögliche, mich zu bereden, mir ein ähnliches Schiff von ihm bauen zu lassen.

Unsere Hauswirthin, eine joviale Dame, noch in

---

*) Daß ich mir die Freiheit nehme, Griechenland nicht zu Europa zu rechnen, sondern als Mittelding zwischen Europa und Asien anzusehen, habe ich schon einmal angezeigt.

den besten Jahren, bewirthete uns Abends mit einer sehr guten griechischen Nationalmahlzeit, noch anmuthiger durch die Gegenwart der lieblichen Hebe von 14 Jahren gemacht, deren ovales, schön antikes Gesicht das große hydriotische Umschlagetuch, wie die Fassung eines kostbaren Juwels, umschloß. Einen ganzen Theil der Nacht brachte ich nachher mit den Damen auf der Terrasse zu, von welcher im Schein des Vollmondes der weiße Halbzirkel der aufsteigenden Stadt mit den schwarzen kahlen Felsen über ihr, und dem schiffreichen kleinen Hafen unten im Grunde ein wunderbar herrliches Schauspiel darboten.

In zwei Stunden erreichten wir am andern Tage, vento in puppa, die Insel Spezia. Der Anblick mehrerer kleiner Felseneilande, in den See verstreut, wie die wellenförmigen Bergufer der Morea neben uns, machten diese schnelle Reise sehr angenehm; eines jener Eilande, welches einem Hydrioten gehört, der selbst darauf wohnt, war sogar nicht ohne recherchirte Zierlichkeit kultivirt. Auf der am weitesten daraus hervorragenden Klippe ruhte sich, im Kreise sitzend, ein Flug wilder Gänse aus, bei denen wir so nahe vorbeifuhren, daß wir sie mit einem Steinwurf hätten erreichen können, ohne ihre Besorgniß dadurch im Mindesten zu erregen. Die Stadt Spezia, in Form eines Dreieck's am Berge liegend, würde dadurch ohne ihre braunrothe Ziegeldächer entfernt an Algier erinnern, und auch die netten Häuser sind eben so weiß getüncht. Der Vater unsres Capitains, ein alter Seemann auf eigne Hand, was in Griechenland mit Corsar ziemlich gleichbedeutend ist, empfing uns in seiner schönen Wohnung, deren Hof mit kleinen Seekieseln in vielen bunten Desseins artig verziert war, mit vieler Gastfreiheit. Dann stieg ich auf den Berg über der Stadt, den, abermals von drei Pinien beschattet, eine Kapelle des heiligen Elias krönt. Ich erwählte hier, beiläufig gesagt, diesen Heiligen, den ich ohnehin wegen seiner Verwandschaft mit Helios liebe, vom Beispiel angesteckt, von nun an auch zu meinem Patron, und gedenke künftig sein goldenes Conterfei zwischen Alexanders und Cäsars Medaillen an meiner Uhrkette zu tragen, ein Triumvirat, das alle Gefahren von mir abwenden muß. Hätte ich nur unsern berühmten Berliner Medailleur, dessen Name mir aber eben nicht beifallen will, obgleich er meinen Schwiegervater durch seine Kunst so schön verewigte, gleich zur Hand, mit der Composition bin ich schon fertig. Eine hohe Bergspitze, über der eben die Sonne aufgeht. Ihre Strahlen zünden den Wagen an, auf dem Elias ihr zufliegt, und rund umher schlingt sich die Schlange der Ewigkeit. Auf der Rückseite aber liest man die nie genug zu beherzigende Devise:

„Age, quod agis!"

Die Aussicht vom Speziagipfel ist ungleich mannigfaltiger als die vom Hydraer Elias. Der ganze Golf von Argos, des Peloponneses weit gestreckte Ufer von Nauplia bis zum Cap Malia, und eine Menge Inseln verschiedener Formen, bilden das schönste Rundgemälde. Auch die Beleuchtung konnte nicht vortheilhafter seyn, denn dunkle Wolken, hinter denen die Sonne einen mystischen Strahlenfächer hinabwarf, färbten das Meer gleich einem schwarzen Gewande mit Gold gestickt. Auch Spezia hat in der Revolution viel gethan, viel gelitten, und sich wie Hydra und Poros die Türken jungfräulich abgewehrt — weshalb auch hier die trostlosen Zerstörungen nicht das Auge beleidigen, die auf dem Continente Griechenlands jeder Stadt ein so desolates Ansehn gaben. Der Insel weit verbreiteter Handel und Wohlstand blühen aber nicht mehr, und die Stadt ist im Verfall.

In der Nacht, wo wieder ein sehr hohes Meer die Golette furchtbar umherschleuderte, — was mich jedoch so wenig anficht, daß ich mich nun bald für einen halben Seemann zu halten berechtiget fühlen werde — führte uns ein fortwährend günstiger Wind nach Monemvásia. Ich ward daselbst mit allen militairischen Ehren von dem Festungskommandanten, dem Gouverneur und den übrigen Behörden am Ufer feierlichst empfangen, an deren Spitze sich hierauf, über die Klippen kletternd, in die noch halb im Schutt liegende Stadt hineinzog. Es ist ein schauerlich-melancholischer Ort, den eine ganz perpendikulaire und mehrere hundert Fuß hohe Felswand im Halbmonde einfaßt. Oben auf dieser befindet sich ein zweiter ausgedehnter Trümmerhaufen eingeäscherter Häuser und neben ihm liegt die Festung, welche in noch schlechterer Verfassung ist als ähnliche Festen der Mauren in Afrika. Nach einer Stunde Ruhe besuchte ich sie, musterte die Invalidenbesatzung, welche dort, in Hunger und Kummer vegetirend, mich an meine rosige Jugend durch das medium der ehemaligen Leipziger Stadtsoldaten erinnerte, mit denen sie eine ganz verwandtschaftliche Aehnlichkeit verrieth — und kaum hatte ich solches gedacht, als mich ein Individuum der Besatzung in ächt sächsischem Dialekt anredete, denn er hatte seine Erziehung weiland in „Dresen" genossen. Der gute Mann verschaffte mir nachher den besten Wein im Orte und machte sich noch auf mehrere andere Weise nützlich.

Ich erstieg mit dem Stabe der Invaliden, die

keuchend folgten, während ihre hohen Federbüsche auf enormen dreieckigen Hüten im Winde flatterten, und ihre langen Säbel klirrend Funken aus den Felsböcken schlugen, durch die wir uns drängen mußten, den höchsten Punkt des Berges. Es glich einem förmlichen Sturm auf die alte verfallene Warte, von der ich, nach ihrer glücklichen Besitznahme über dem Cap Camili — so genannt, weil es einen Kameelrücken darstellt — in duftiger Ferne den Ida auf Kreta deutlich unterscheiden konnte. In der Nähe zeigten sich die Weinberge, welche sonst den berühmten Malvasier producirten, aber jetzt schon seit langer Zeit unter dem hohen Namen nur den schlechtesten razinirten Krätzer liefern, bei dessen Genuß auch die kühnste Phantasie nachzuhelfen sich zu schwach erweisen müßte.

Monemvásia war die erste türkische Festung, die sich den Griechen unter Fürst Cantakuzeno ergab. Ein schmaler Meerarm, über den eine Brücke von 536 Fuß Länge führt, ist der einzige Zugang zu dem Felsen, auf dem sie steht, und sie würde fast uneinnehmbar seyn, wenn sie nicht von einem nahe gegenüber liegenden höheren Berge des Festlandes dem Bombenwurf ausgesetzt wäre. Es scheint, daß der erwähnte, kaum 3 Fuß tiefe Meerarm sich erst in neuerer Zeit gebildet hat, denn Strabo, Pausanias und Ptolomäus nennen alle den Felsen von Minoa ein promontorium — ἀκρωτήριον. Interessant sind die großen und kürzlich wieder ganz in Stand gesetzten, vortrefflichen Cisternen der Festung, und von sonderbarem Effect ist der Blick auf die Stadt vom Parapet der Felsenwand aus gesehen, wo sie wie in einem Brunnen zu liegen scheint; und in ihrem zerstörten Zustande mehr einer großen Grabstätte als einem Aufenthalt der Lebenden gleicht. Mitten unter diesen Trümmern erhebt sich jedoch die größte Kirche in ganz Griechenland, die freilich anderwärts immer noch eine kleine seyn würde, denn die griechischen Kirchen sind bloße Kapellen. Sie soll im zwölften Jahrhundert von dem exilirten Andronikus erbaut worden seyn, und man sieht in ihren kahlen Mauern noch die Gerüste zweier Throne für Kaiser und Kaiserin, die rechts und links des Einganges stehen, wo die landlosen Monarchen wie zwei Wappenhalter gesessen haben müssen. Andere Alterthümer, von denen Leake noch einige Fragmente sah, sind jetzt nicht mehr darin vorhanden.

Ich hatte den treuen Ackermann mit meinen Pferden von Athen zu Lande geschickt, und da er durch üble Wege und Unwetter (auf den Bergen war sogar schon Schnee gefallen) aufgehalten wurde, so sah ich mich genöthigt, hier drei Tage in einem elenden

Quartier auf ihn zu warten, das ich noch sehr froh seyn mußte, von der Gefälligkeit eines Beamten der Regierung erlangt zu haben. Die lange Muße wußte ich nur dazu anzuwenden, der ausgezeichnet schönen Frau des alten Gouverneurs, der früher Mönch gewesen war, jetzt aber von dem vollen Papa=Barte nur noch den weißen Schnurrbart auf seinem Antlitz conservirte, — ein wenig die Cour zu machen. Sie ist eine Hydriotin, wo wegen des erwähnten Männer=mangels die Mädchen nicht zu streng in der Wahl ihrer Gatten sind, und vereint mit südlicher Lebhaftigkeit den Gang, die Schlankheit und die schwarzen Augen einer Gazelle. Besonders aber hat sie eine gewisse, den Hy=driotinnen eigenthümliche Art mit ausgebreiteten Beinen zu sitzen, die wirklich allerliebst und verführerisch ist.

Außerdem machte ich eine Exkursion nach den Ruinen von Epidaurus Limera, eines Besuchs werth, da es einige schön erhaltene Echantillons alter Bauart darbietet. Leake führt sie als aus der zweiten Periode herstammend an, ich glaube aber, daß sie vielmehr der dritten angehören, wenn man nämlich die cyklo=pische (wie zu Tirynth, Mykene u. s. w.) als die erste, und die polygonische als die zweite annehmen darf — denn die hiesige nähert sich schon mehr der horizontalen Steinlage, gleich den Stadtmauern in

Cephalonien und Ithaka, Phigalia und Chirin bei Missolunghi, nur zeigt sie hier weit kleinere Dimensionen. Als die vierte vollendetste und letzte Bauart ist die anzunehmen, welche Messene, Mantinäa, Eleutherä u. s. w. aufweisen. Nachher kommt der Verfall. Merkwürdig ist in Epidaurus Limera die außerordentliche Kleinheit der Thürme, die zum Theil nur 10 Fuß im Durchmesser halten; der Umfang des Ganzen, inclusive der hohen Citadelle, beträgt kaum eine Viertelstunde. Südlich der alten Stadt nach dem Meere zu liegt ein kleiner aber tiefer Schilfteich, vielleicht der See, wo eine von Epidaurus hergebrachte Schlange im Wasser verschwand, und dadurch die ersten Gründer von Limera sich hier anzusiedeln bewog. Daneben steht die neuere Ruine eines türkischen Landhauses, mit einem jetzt gänzlich verwilderten, von Felsenwänden eingeschlossenen Garten. Die Lage des letzteren ist sehr günstig und die Aussicht pittoresk. Orangen-, Johannisbrod-, Feigen-, Maulbeer- uud Birnbäume, selbst eine Palme haben sich noch in dem verlaßnen Besitzthum, zwischen Dornen und Unkraut erhalten — ein recht wehmüthiger Anblick; denn der Zerstörung Jammer steht uns hier noch zu nah, die Jahrhunderte sind noch nicht reinigend und veredelnd darüber hingegangen.

Da Pausanias die Schönheit der bunten Meer=
kiesel in der hiesigen Bucht anrühmt, kletterte ich zur
rauschenden See hinab, und fand in der That die
Wahrhaftigkeit des alten Reisenden auf das Schönste
bewährt. In Zeit von einer Viertelstunde sammelte
ich doppelt so viel, als vor vier Monaten auf dem
entgegengesetzten Ufer des Peloponnes bei Arkadia.
Am merkwürdigsten erschien mir eine tiefe, zusammen=
geschwemmte Grube ganz kleiner, kaum erbsengroßer
Steinchen aller Farben, die, jetzt in ein goldnes Cor=
net gethan, den schönsten Pariser Bonbons gleichen,
und als eine gute Neujahrsattrappe dienen könnten.
Wenn ich nach Europa zurückkehre, werde ich sie als
„bonbons à la Pausanias" in Cours zu setzen suchen,
denn ich trug Sorge einen ganzen Shawl damit anzu=
füllen.

Am 29. Oktober kamen meine Pferde endlich an,
aber ein wahres Wüthen der Elemente mit Sturm
und Wassergüssen ließ an keine Abreise denken. Un=
glücklicherweise stand überdies der Wind grade auf
meine Fensterlöcher mit sehr schlecht schließenden Läden,
gegen die der Regen so heftig getrieben wurde, daß
ich sie nicht öffnen durfte, und daher den ganzen Tag
über Licht in meiner Stube brennen mußte. Dem
ohngeachtet drang oft das Wasser durch die Spalten

wie eine Sündfluth ein, ergoß sich aber durch die klaffenden Dielen in das untere Geschoß, ehe es Zeit hatte bis zu meinem Schreibtische zu fließen, wo ich mich mit Diktiren hinlänglich zu beschäftigen hatte.

Der folgende Tag war mein Geburtstag, an dem der Leser mir einige Weitläufigkeit gestatten muß, da man es bei meinem bekannten Aberglauben nur natürlich finden kann, daß ich an diesem Tage mehr als an andern darauf achte, was mir begegnet, um mir gute oder böse Omina daraus zu entnehmen.

Vor zwei Jahren verlebte ich diesen Geburtstag in einer jämmerlichen Schenke der Pyrenäen, voriges Jahr im Lazareth zu Malta, heute in dem zerstörten Monemvásia, wo künftig? — der Himmel nur weiß es! Einstweilen war es aber nicht unwichtig für mich, daß um 7 Uhr früh schon eine heitere Sonne auf mein Bett schien, und als ich an den geöffneten Laden trat, das Meer, dessen erzürnte Wellen gestern Abend noch fast bis hinein geschlagen — wieder so ruhig und eben wie ein glatter Spiegel glänzte. Als ein zweites vortreffliches Zeichen erschien es mir, daß der diesmalige Anniversaire auf einen Sonntag, meinen hellen Glückstag, fiel, in dessen mitternächtlicher Stunde ich, vor längerer Zeit als mir lieb ist, zuerst das Licht der Welt bei Nacht erblickte. Aber auch einer gewissen **Feier** meines Geburtstages, wie sie heute im Vaterlande an einigen mir befreundeten Orten stattfindet, entbehrte ich nicht; denn nicht nur das Offiziercorps in voller Uniform mit den Behörden gab mir das Geleite wie bei meiner Ankunft, sondern die ganze Stadtbevölkerung in ihrem Sonntagsstaat hatte sich auf die Straßen begeben, um mich abziehen zu sehen. Ich ritt durch bunte, grüßende Reihen, die Invalidenwache präsentirte das Gewehr unter dem Wirbeln einer heisern Trommel, und ich — nahm, des Tages wegen alles dies nicht blos mit schuldigem Dank und einigem harmlosen Lächeln, sondern auch mit Freude auf, da es eine ganz andere, selbsthineingelegte Bedeutung für mich gewann.

Das Wetter war mild, weder zu warm noch zu kalt, aber der Wind stand mir entgegen. Nun, das bin ich gewohnt. Mein ganzes Leben lang habe ich selten anders als gegen contrairen Wind mit Mühe und Noth mein Schiff regieren müssen, zu den Glücklichen gehöre ich nicht, denen Alles von selbst gelingt, was sie nur zu unternehmen belieben. Warum sollte ich auch! es geht mir immer noch weit besser, als ich es zu verdienen mir anmaßen darf, und mit dem alten, tiefphilosophischen Sprichwort der Perser rufe ich mir bei solchen Gelegenheiten immer zu: Wessen Hund bin ich denn, um glücklich zu seyn!

Als ich die alten Mauern von Epidaurus Limera passirt hatte, kam ein kleiner Regenschauer, zugleich aber füllte sich neben mir ein ganzer Felsenkessel mit schimmernden Regenbogenfarben, die auf dem weichen Nebelbette luftig umher spielten. Ich deutete mir dies so: Allerlei leichte Beschwerden wirst du überstehen müssen, dazu aber ein farbenreiches Jahr voller Abwechselung durchwandern! Ich wünsche ja nichts mehr! Noch einigemal lösten den Sonnenschein dergleichen Sprühregen ab, zuweilen drohten schwarze Wolken, von sausendem Winde begleitet, viel Uebleres, und vertheilten sich dann doch wieder ohne Entladung, oder entschwanden spurlos rechts und links im Gebürge. Kurz, es war ganz ein nordischer, warmer Apriltag, ähnlich meinen Schicksalen und vielleicht auch ein wenig meiner Gemüthsart. Auf halbem Wege, mitten in der Ebne Phiniki, wandte sich plötzlich der Wind, blies nun fast in unsern Rücken und blieb bei dieser Richtung den Rest des Tages. So günstigem Umstande schloß sich sogleich noch ein auffallenderes Zeichen an. Die Ebne von Phiniki ist an einigen Stellen sumpfig und mehrere Strecken standen jetzt unter Wasser. Hier begegnete ich einem reisenden Griechen, und in dem

Augenblicke, als unsrer Pferde Köpfe sich fast berührten, stürzte das seinige vor mir in eine tiefe Grube, welche das Wasser verborgen hatte, und der betäubte Reiter blieb mehrere Sekunden bewußtlos liegen, ehe wir ihm aufhelfen konnten. Ohne sein Unglück hätte dasselbe mich unfehlbar treffen müssen, und so leid er mir that, konnte ich mir doch nur dazu gratuliren, dem Schmutzbade und vielleicht einer Contusion durch diese Warnung zu rechter Zeit entgangen zu seyn. Die Stelle war sehr romantisch, besonders vortheilhaft erschien im Süden die hohe Felsenhalbinsel Xili mit dem weit hin sichtbaren Thurme auf ihrer Spitze, und neben ihr der seltsam gestaltete Berg der Panagia der genau in folgender Form nach dem Meere hinabsteigt:

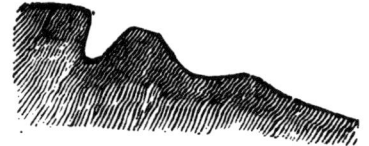

Ein herrlicher Platz zur Aufstellung einer kolossalen Statüe!

In der Nähe der Straße — kaum ein bemerkbarer Fußsteig — befand sich ein Haufen nicht antiker Ruinen; nördlich, weit am Gebürgshang ausgebreitet, die Stadt Katavóhtra; und westlich vor uns, von Olivenbäumen umgeben, sah man die zwei Orte Páfia und Meláos, von welchem letzteren die Einwohner gläubig behaupten, daß es einst Menelàos geheißen, und von Helena erbaut worden sey. Die Ebne enthält durchgängig sehr fruchtbaren Boden, der aber kaum zur Hälfte angebaut ist. Der Rest dient als Weide und fing bereits an, sich mit jungem Grase zu überziehen. Wenn man das Ende der Plaine erreicht hat, und wieder die Bergregion betritt, wo es mir stets wohler wird, kommt man durch freundliche Thäler, die mit Walonidi-Eichen bewachsen sind, muß aber, ehe man das Dörfchen Apidià erreicht, welches zu unsrem Nachtlager bestimmt war, eine Viertelstunde lang einen heillosen Weg über glatte Steinplatten passiren.

Ich war, wie gewöhnlich, den Avojati, und diesmal auch den Gensd'armes, welche nicht fortkonnten, vorausgeeilt, so daß ich noch vor Sonnenuntergang in Apidia ankam, und den für die Maulthiere neun Stunden betragenden Weg in sechsen zurückgelegt hatte — was man, nach der hiesigen Stundenberechnung in einem scharfen Schritt türkischer Pferde immer füglich bewerkstelligen kann. Der Demogeront war nicht zugegen, und ich würde vielleicht ganz unerträglich schlecht logirt worden seyn, wenn sich nicht der Papa des Orts in's Mittel geschlagen und sich freundlich zu meiner Aufnahme erboten hätte. Er besaß eine recht reinliche Hütte, in der ein lustiges, bei der frischen Bergluft schon sehr willkommenes Feuer brannte, und wo ich ganz auf orientalische Art empfangen wurde; denn die junge, rüstige Frau des Papa küßte mir die Hand und drückte ihre Stirn darauf, die Kinder fielen mir gar zu Füßen, um auf diesen dieselbe Operation vorzunehmen. Es war ein volles halbes Dutzend dieser unschuldigen Kleinen zugegen, und die Mutter befand sich schon wieder in sehr avancirter guten Hoffnung. Der Segen der Kirche war hier nicht zu verkennen. Uebrigens konnte man uns mit dem besten Willen nichts, als ein Stück trocknen Brotes und eine Tasse dicken Kaffee ohne Zucker vorsetzen, hier noch eine Delikatesse. Wahrlich diese Leute, mit ihrer außerordentlichen Mäßigkeit und ihren unendlich wenigen Bedürfnissen, beschämen uns nordische Sybariten! und als ich einige Stunden später mein verhältnißmäßig luxuriöses Abendessen vor mir servirt sah, fühlte ich fast Gewissensbisse über diese Schwelgerei — ohne jedoch, wie ich zu fürchten Ursache habe, deshalb einer radikalen Besserung entgegen zu gehen.

Ich war kaum bei meinem guten Papa in salvo, als der Regen auf das Heftigste losbrach und einen großen Theil der Nacht anhielt, so daß es dem undichten Dach nicht möglich war, ihn ganz von uns abzuhalten. Ich war daher genöthigt unter dem Parapluie zu schlafen, und außerdem eine Peitsche mit mir ins Bett zu nehmen, um verschiedene Katzen und Hühner abzuhalten, welche mehr als einmal mein weicheres Lager mit mir zu theilen versuchten. Die Häuser der weniger wohlhabenden Landleute in Griechenland sind alle nach demselben Plane erbaut, d. h. sie bestehen aus vier Wänden, zuweilen gemauert zuweilen nur gestackt, mit einem flachen Ziegeldach, auf dem die Steine ohne Kalkverbindung nur lose aufgelegt sind; die eine Hälfte des Hauses hat überdies noch eine Separation in der Mitte der Mauerhöhe, zu welcher Art von Boden einige Holzstufen hinaufführen. Dies ist das Prunkgemach, wo auch bei dem Aermsten einige Teppiche oder Strohmatten ausgebreitet liegen; in dem andern Raume, dessen Boden die nackte Erde ist, lebt die Familie mit den Hausthieren, und sobald es kalt wird, fast immer um ein großes Feuer gelagert. Ich nahm also mit Theolog jenes obere Behältniß ein, die Diener blieben unten mit den Wirthsleuten, und am Feuer arbeitete mein Koch. Der Anschaulichkeit wegen gebe ich hier den Durchschnitt eines solchen Hauses:

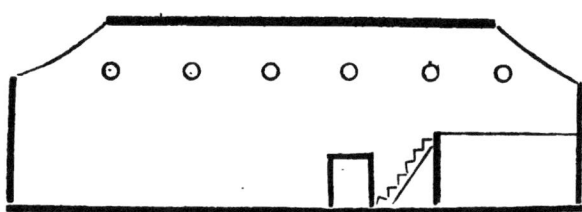

Die Punkte O deuten die Dachbalken an, denn eine Decke zwischen Dach und Hausraum existirt nirgends, und nur zwischen den Balken kann man daher auf der Estrade aufrecht stehen, was einige Aufmerksamkeit erfordert, um keine Kopfbeulen davon zu tragen. Die wenigen Fensteröffnungen werden, wie sich hier von selbst versteht, nur durch undichte Läden geschlossen, die man vermöge eines vorgelegten Scheit Holzes schließt. Dies war der Pallast, in welchem ich die festlichen Freuden meines Geburtstages beschloß.

Da, wie gestern, dem Nachtregen die schönste Morgenbeleuchtung mit einem seltnen klaren Horizonte folgte, so verzögerte ich meine Abreise, um einen nahen, etwa 1500 Fuß hohen Berg zu besteigen. Freudig überraschte es mich, als ich, auf seinem Gipfel angelangt, die ganze Taygetoskette vom Cap Málìa bis Mistra hinauf in den schärfsten Umrissen vor mir hingebreitet sah, und Mistra selbst, obgleich noch zwölf Stunden entfernt, zwischen einer Vertiefung des Bergzugs von Menelajum, eine kurze Zeit lang, vom

hellsten Sonnenlicht verklärt, entdeckte. In der Nähe
erblickte man auf einer andern Bergkuppe von ziemlich
gleicher Höhe mit der, auf welcher wir uns befanden,
eine zerstörte Ritterburg des Mittelalters (denn hier
haus'ten ja alle Arten von Barbaren, auch Europäische
Ritter), und in der Ebne an seinem Fuße, nicht weit
vom Meere zeigten sich einige verfallne Häuser, von
denen man glaubt, daß sie ohngefähr dieselbe Stelle
einnehmen, wo einst das alte Helos stand, die unglückliche lacedämonische Stadt, welche den Druck der
herrschenden Spartaner so tief fühlen mußte, daß man
später bekanntlich alle leibeignen Sclaven in Sparta
nach ihr „Heloten" benannte. Auch Marathonisi und
Mavrovúni präsentirte sich deutlich, ja sogar das
Schloß des jungen Jatrákos, voll angenehmer Erinnerungen für mich, konnte ich mit dem Perspectiv
auffinden, und in der weiten Ebne zu meinen Füßen
verfolgte ich bis ans Meer, fast den ganzen gewundenen Lauf des Eurotas, der, von dem anhaltenden
Unwetter angeschwollen, jetzt breit und glänzend dahin
strömte. Auf dem Taygetos war aller Schnee geschmol-
zen, den ich noch im Juli dort antraf, dagegen aber
hatte erst die vergangene Nacht die Eliaskuppe mit
neuem jungen Schnee gepudert, dem nun bald größere
Massen folgen werden. Dies war die Aussicht nach

Westen und Süden. Nach Norden schaute man in das kleine und tiefe Kesselthal von Apidiá nieder, dessen größter Theil, so wie die nächste Umgebung des Dorfes an der Lehne, im hellsten Rasengrün schimmerte. Die jetzige Jahreszeit gleicht in dieser Hinsicht fast unsrem Frühling, da sie in den niedern Gegenden eine zweite Blumen= und Grasvegetation hervorruft, die mehrere der Wintermonate hindurch anhält.

Wir setzten uns erst um 10 Uhr in Marsch, da ich die Tagereise für geringer hielt, als sie sich nachher zu meinem Schrecken erwies. Im Dorfe Guvaes machte uns eine Anzahl böser Hunde einige Noth, die uns die Gensd'armes und der Führer kaum mit rastlosen Steinwürfen abzuwehren vermochten. Eins dieser Thiere war belustigend in seinem Zorne, und man muß die Sitten der griechischen Hunde so gut schildern, als die der Menschen. Jedem Stein, der ihn nicht erreichte, lief er mit Wuth nach um ihn zu beißen, warf ihn mehreremal in die Höhe und verbiß sich die Zähne von Neuem darauf; dann erst kehrte er zum Angriff auf den Werfer zurück, als ihn aber ein Stein empfindlich traf, entfloh er heulend, und übte keine Rache an ihm aus. Man kann sich daraus eine ganz gute Lehre nehmen.

Wir verließen hier das höhere Gebürge, und betraten ein hügeliches Terrain, das mehrere Stunden andauert und durchgängig mit mannigfaltigem Buschwerk bewachsen ist. Der mit tausend bunten Beeren prangende Arbutus blieb der schönste unter ihnen, doch auch zeichneten sich neben ihm mehrere andre aus, namentlich die herrlichsten Myrthen, welche ganz mit himmelblauen Beeren von der Größe der Korinthen bedeckt waren. Rechts an der schon entfernten Bergkette sahen wir die ansehenliche Stadt Goraki liegen, und gelangten einige Zeit darauf an den Kaloréma (auf der französischen Charte „Marioreyma" genannt) der in einer sehr engen und tiefen Felsenschlucht fließt, prächtig bewaldet ist und als ein Lieblingsaufenthalt der Klephten übel berüchtigt war. Eine Stunde weiter entfaltet sich eine seltsame Felsenformation, die in horizontalen Schichten regelmäßig vortretende Stufen bildet, und da sie einen konkaven Halbkreis einnimmt, von weitem vollkommen einem alten Theater gleicht, bis in der Nähe ihre gigantischen Proportionen die Täuschung aufheben. Ohnfern derselben liegt das Dorf Brondaniá. Hier stiegen wir in ein vertrocknetes Waldbachbette hinab, dessen Ufer mit Olivenbäumen besetzt sind, um an einem dort gelegnen Brunnen unsre Pferde zu tränken. Wir fanden daselbst eine griechische

Bauerfamilie temporair unter einem Dach von Reisig etablirt, um aus dem Ueberrest gestampfter Weintrauben Raki zu brennen, was einen eigenthümlich widerlichen Geruch in der ganzen Schlucht verbreitete.

Nach kurzer Rast ritten wir weiter, und kamen nun zum erstenmal auf dieser Tour an den platanenbekränzten Eurotas, der von den Eingebornen hier Iris genannt wird. Jenseits desselben erheben sich dicht an seinen Ufern begrünte Hügel, auf ihren Gipfeln einzelne Thürme tragend. An ihrem Fuß bemerkten wir ein von lichten Rasenteppichen umschloßnes Dorf mit einer großen Höhle seitwärts in dem Felsen. Einer der Gensd'armes erzählte, daß sich hier während des Krieges 300 Griechen verschanzt gehabt hätten, die Ibrahim umzingelte, und durch brennenden Schwefel, der von einer obern Oeffnung hineingeworfen ward, theils erstickte, theils diejenigen, welche herauszubringen versuchten, niederhauen ließ. Der Weg führte nun fast immer längs des Flusses hin, wo wir leider einen großen Theil des schönen Buschwerks, das ihn umgiebt, von den Hirten sorglos verbrannt fanden. In einer wilden bergigen Gegend steht ein zerstörter Pyrgos, den man uns als den Lieblingsaufenthalt des gefürchteten Klephten Zacharias anzeigte, welcher zu seiner Zeit den ganzen Peloponnes

in Schrecken hielt, dessen Bruder voriges Jahr als
Gefangener auf dem Palamid starb, und dessen Sohn
jetzt Phalanroffizier ist. Sichtbarer march of intellect!
Es war schon Abend, als wir den angeschwollenen
Fluß in einer Furth durchwateten, nahe der Stelle,
wo sich der ebenfalls nicht unansehnliche Räsina in ihn
ergießt. Trotz aller Eile überraschte uns im Angesicht
eines zerstörten, großen, türkischen Schlosses die Nacht,
als wir noch anderthalb gute Stunden von Mistra
entfernt waren. Ich hatte Gensb'armes und Führer
jenseits des Eurotas, den sie zu Fuß nicht wohl passiren
konnten, zurückgelassen, und da Theolog wie Ackermann
meinem Schimmel nicht zu folgen vermochten, befand
ich mich bald in vollständigster Dunkelheit ganz allein.
Ich verließ mich darauf, daß mein Pferd aus alter
Bekanntschaft die Straße auffinden würde, täuschte
mich jedoch hierin gänzlich, und nachdem ich bald
rechts bald links umhergeirrt, oft in sehr unangenehme
Wasser= und Sumpfstellen gerathen war, und manchen
Astschlag erhalten, dirigirte sich mein Pferd, durch
einen Graben stolpernd, in einen Enclos, an dessen
Ende ich die weißen Mauern eines lichtlosen Hauses
durch die Finsterniß zu unterscheiden glaubte. In
diesem Augenblick stürzten fünf bis sechs große Hunde
daraus hervor und attakirten mich wie Wölfe. Ich

zog mein Pistol und schoß einen derselben nieder, der sich jammernd verkroch, während die andern einen Moment zurückwichen, aber gleich darauf mit verdoppelter Wuth wiederkehrten, mein Pferd in die Beine bissen und nach meinen Füßen schnappten. Ich mußte mich meines Säbels bedienen, um sie von mir abzuwehren, während ich ohne Unterlaß: Clabó, ánthropos, akúr, ogligora, und alle griechischen Worte, die ich in meiner Gewalt hatte, aus Leibeskräften in die Nacht hineinschrie — aber keine Seele kam mir zu Hülfe. Noch ein Schuß, den ich auf die acharnirteste der Bestien richtete, fehlte in der Dunkelheit, und die Bataille hatte gewiß schon über fünf Minuten mit abwechselndem Glücke angehalten, als endlich eine Frau mit einer Lampe in der Hand am Fenster erschien und die abscheulichen Unthiere abrief, die auch auf ihren kreischenden Ruf im Nu, wie böse Geister der Nacht, verschwanden. Es dauerte indeß noch lange, ehe ich das alte Weib bewegen konnte, sich selbst hinaus zu wagen. Nach vielen Bitten erschien sie endlich in sichtbarer Angst, wo es mir dann zuletzt gelang, ihr begreiflich zu machen, daß ich kein Klephte, sondern nur ein sehr harmloser, verirrter Reisender sey. Jetzt ward sie zutraulicher, schwatzte eine Menge Zeugs, von dem ich nicht ein Wort verstand, und führte mich während dem durch ihren Hof ins Freie, und von da auf die verfehlte Landstraße. Noch immer hatte ich Noth genug, diese, kaum 3 Fuß breit, festzuhalten, und in der Finsterniß der Nacht und der überhängenden Bäume mich nirgends mehr erkennend, befand ich mich nach einer peinvollen Stunde mitten unter den unansehnlichen Häusern Mistra's, ohne es noch zu wissen. Doch mein Gaul, sich nun besser als vorher zurechtfindend, eilte hier sogleich im Doppelschritt seinem alten Quartier zu, und verkündigte vor dessen Thore wiehernd seine Ankunft. Der brave Dimitrios war höchst verwundert, mich so allein mitten in der Nacht erscheinen zu sehen, zum Glück hatte er aber, bereits früher avertirt, Alles aufs Beste und Freundschaftlichste für mich eingerichtet, und ich entbehrte daher nichts, obgleich meine beiden Begleiter sehr spät und die Avojati mit meinen Effecten gar erst um 2 Uhr früh am andern Morgen anlangten.

Man empfing mich in Mistra, sobald meine Ankunft bekannt gemacht geworden war, mit vielem Jubel, und den ganzen Vormittag ward das Haus nicht leer von Willkommsbesuchen. Der alte Jatrákos umarmte mich, wie er sagte, als seinen Sohn, und erklärte: was sein sey, gehöre auch mir, und Capitano Georgis weinte fast vor Freuden, als er mir die Hand drückte, ein

Empfang, den ich selbst nicht ohne Rührung aufnehmen
konnte. Gegen 1 Uhr machte ich mich mit großem
Gefolge nach Kyparissia auf den Weg, von Neuem
mit Staunen die hohe Schönheit dieses reizenden Erd=
flecks bewundernd. Seit drei Jahren konnte ich mich
hier zum erstenmal wieder mit Anlagen beschäftigen,
und bei dem Abstecken der Grenzlinien meines künf=
tigen Besitzthums erwachte die alte Passion mit solcher
Kraft in mir, daß die meisten meiner Begleiter es
keuchend aufgeben mußten, mir zu folgen, wie ich
unermüdet, gleich einer Gemse, die Felsen hinanklet=
terte, und in die steilen Schluchten niedersprang, um
meine Pfähle an den rechten Ort placiren zu lassen.
Wir arbeiteten ununterbrochen vier Stunden, so daß
wir schon heute einen großen Theil des Geschäfts
beendigten. Nur Griechen, denen Theolog dolmetschte,
waren meine Gehülfen, denn der hiesige deutsche
Architekt lag am Fieber im Bett, und der mir in
Athen versprochene Geometer war noch nicht angelangt.
Obgleich solcher Arbeit sehr ungewohnt, verstanden die
Griechen mich doch bald mit großer Sagacität und
gingen so gut in meine Ideen ein, daß sie mir häufig
sehr brauchbaren Rath ertheilten. Nur im Anfang
ward es ihnen schwer zu begreifen, aus welchem
Grunde ich gutes bebautes Land ausließ, um statt

deffen dürre Felsen mit ein paar überhängenden Kastanienbäumen sorgsam auszuwählen. Mit der Zeit hoffe ich auch hier in den niedern Stäuden, wie es mir in meiner vaterländischen Provinz gelungen ist, diese Verwahrlosten wieder zum Sinn des Schönen zu erwecken, der einst so Mächtiges in ihrem Volke gewirkt und der ganzen Menschheit als das erhabenste Muster Jahrtausende lang vorgeleuchtet hat.

Ich blieb fünf Tage in Mistra, jeden Tag nur Kyparissia widmend, und immer von Haufen mir theilnehmend ergebener Landleute umgeben. Ich selbst war hier in meinem Elemente, und fühle immer bei solcher Gelegenheit, daß ich mir mit Wirken dieser Art eine Stufe im Himmel baue — denn ich glaube an meinen Koran, wenn er sagt:

„Wer dem Verbrecher einen Trunk reicht, dem wird seine Handlung zugezählt, wie ein Jahr Fasten; wer einem verschmachteten Vogel einen Trunk reicht, der hat gut gethan, wie zwanzig Jahre Fasten; wer einen durstenden Hund tränkt, der hat gut gethan, wie fünfzig Jahre Fasten; wer aber einen Baum tränkt, den nicht Früchte tragenden, wie den fruchtbaren, den rettet Gott am Tage des Gerichts."

Das ist orientalisch, und der Orient steht Gott und der Natur noch näher als wir.

Die armen Mistraer (auf deutsch Quargstädter) sind in Verzweiflung, daß man dabei beharrt, sie ihre Wohnungen niederreißen zu lassen, um sie in Neu= Sparta wieder aufzubauen, wohin ein Dutzend ziehen wollen und 400 nicht. Ich finde diese Maßregel, einem jetzt leeren Namen zu Liebe, so grausam und unpoli= tisch, daß ich sie in der That nicht begreifen kann. Alles das kommt vom Regieren in der Studirstube her, ohne sich die Mühe geben zu wollen selbst zu sehen. Aus demselben Grunde entsteht der fortwährende Beamtenwechsel in Griechenland. Es sind nur 5 Mo= nate, daß ich Sparta verließ, und ich traf jetzt einen andern Gouverneur, einen andern Kassirer der Staats= revenüen, einen andern Finanzcommissair, einen andern Architekten, und außerdem noch mehrere andere neu angestellte Subalternen. Dieses stete Aendern, selbst ohne Wechselung der Minister, ist eine sonderbare Erscheinung in Griechenland, und obgleich ich durchaus kein Partisan der immobiblen Staatsbeamten bin, so finde ich doch eine solche Beweglichkeit mehr als übertrieben. Einer dieser Herren sagte mir, daß jeder von ihnen immer mit Furcht den April herannahen sähe, wo gewöhnlich diese Veränderungen eintreten, eine Naturnachahmung der Staatsmaschine, die mir sehr possirlich vorkam.

Am Tage vor meiner Abreise sandte man mir so viele fette Hammel, Truten und andere Thiere, daß ich wie ein Hirt mit meiner Heerde dem Schiffe zuziehen muß. Unter den Früchten erhielt ich gigantische Melonen und Weintrauben mit Beeren, die der Pflaumen Größe erreichten. Es hätte die guten Leute gekränkt, die freundliche Gabe zurückzuweisen, und so muß ich zwei Maulthiere mehr miethen, um Alles fortbringen zu können.

Unter diesen gutmüthigen Menschen hat das Gouvernement demohngeachtet immer noch nicht die Räuber beseitigen können, deren erst kürzlich wieder hier zwölfe eingefangen wurden und der alte Jatrákos war ganz ungehalten, daß ich mich, wie er sagte, in den Schluchten von Kyparissia täglich einer Attake von ihnen aussetze, da grade jetzt ein berühmter Chef dort in der Nähe hause, der jedoch kürzlich Vergleichsvorschläge gemacht hat. Bei meiner letzten Absteckung zog der thätige Tetrarch, obgleich er am Fieber leidet, mit seinem Phalanx zu einer Expedition bei uns vorüber, um den Feind wo möglich zu fangen, oder sich gütlich mit ihm zu vergleichen. Sonderbares Land!

Ehe ich Mistra verließ, habe ich um das hiesige

Bürgerrecht angehalten, dessen Diplom ich in Cairo zu erhalten hoffe. Es ist eine Gunst, denn sehr wichtigen Leuten, die sich des spartanischen Namens wegen darum bewarben, ist es abgeschlagen worden, und ich werde es mir zur Ehre rechnen, wenn ich es erlange.

Unterdessen ist, während der kurzen Zeit meines Aufenthalts mein Parkplan schon fertig geworden, und auch die Zeichnung des befestigten Pyrgos und umgrenzenden Gartens, wobei mir der Architekt, Herr Hofer, in seinem Bette helfen mußte, ein geschickter Mann, dem nur eine rüstigere Gesundheit zu wünschen wäre. Der Wechsel dieses Beamten wenigstens war zweckmäßig, wie man der Billigkeit gemäß gestehen muß, da der vorige weder der Sprache noch seinem Fache gewachsen war.

In Gesellschaft des guten Jatrálos — der trotz seinem Fieber und meinen Bitten sich weniger auszusetzen, nicht abgehalten werden konnte, mir mit mehreren Schnellläufern seines Phalanx, alle im großen Costüm, das Geleite zu geben — ferner seines Sohnes und meines braven Wirths, Dimitrios Saltaferos, verließ ich am 6. November die spartanische Hauptstadt um Mittag, drei Stunden nach Abgang der Avosati und Gensd'armes. Bis Brondaniá mußte ich dieselbe Straße einschlagen, die ich gekommen war, dort aber wandten wir uns rechts ab, und nachdem ich von meinen Freunden Abschied genommen, unternahm ich es, meinen Weg im raschen Trabe nach der Charte zu finden, was auch vollkommen gelang. Hinter dem Dorfe Gramisa, das rechts an den Bergen liegen bleibt, und wo die Landschaft von Elos schon begonnen hat, führt der Weg über glatte Felsenmassen, auf denen man die Reste einer alten Straße mit tief in den Stein eingehauenen Wagengleisen sieht, wie sie mir auffer den Gassen in Pompeji, so wohl erhalten und in so ununterbrochener Continuation nirgends vorgekommen sind. Mehrere hundert Schritte weit konnte man sie an verschiedenen Orten, wo sie wieder zum Vorschein kamen, theils in graber Linie auf ebnem Boden, theils die Berge im Zickzack auf und absteigend, verfolgen. Nach der Beschaffenheit dieser Wege zu urtheilen, können sie wohl zu bequemem und sichrem Transport gedient haben, aber der Luxus des Schnellfahrens muß, außer den Rennbahnen, den Alten unbekannt gewesen und ihre Reisen zu Wagen ohne Zweifel eben so langsam vollführt worden seyn, als noch jetzt hier zu Lande die Reisen zu Pferde, wo Türken, Araber, wie Griechen, nie den Schritt verlassen, es müßte denn seyn, um einmal spielend herum zu karakolliren. Eine Stunde vor Murtia kamen wir an den Ruinen eines sehr zierlichen byzantinischen runden Gebäudes vorbei, in geschmackvollen Desseins aus Quadern und gebrannten Steinen abwechselnd geformt. Es steht auf dem Gipfel eines Hügels, und gebietet über eine schöne Aussicht.

Um 6 Uhr, wo es jetzt schon Nacht ist, erreichten wir das 10 Avojati-Stunden entfernte Priniko. Ein Dimarch oder Demogeront war daselbst nicht aufzufinden, aber drei Brüder, die in schöner Eintracht ein gutes Haus gemeinschaftlich besitzen und bewohnen, boten mir mit der bereitwilligsten Gastfreundschaft die beste Stube darin an, die sie schnell reinigten und alles thaten, was in ihren Kräften stand, mich daselbst comfortabel einzurichten. Nur Einer der Brüder war verheirathet, und seine Frau, die vor drei Tagen ihr ältestes Kind verloren hatte, ward nicht sichtbar, wogegen die Schwester, eine muntre und geschäftige Person, die sich zum Besuch von Marathonisi hier befand, auf das Beste die Hausfrau zu ersetzen wußte. Ich hatte mir in Athen für einige hundert Thaler Bijouterieen von Paris kommen lassen, und war so zufrieden mit dem freundlichen Empfang dieser Familie, daß ich der Marathoniserin ein Paar goldne Ohrringe schenkte. Wenn man selbst Freude von seinen Geschenken haben will, so muß man sie auf so unerwartete Art an Leute machen, die nicht blasirt sind. Das Entzücken, was ich durch diese Bagatelle hier hervorrief, war ein wahrer Genuß für mich selbst, und keine falsche Schaam bewog die natürlichen Menschen, ihr Gefühl zu verbergen. Als ich nachher, auf den Teppich des Bodens hingestreckt, meinen Kaffee trank, und die davon unzertrennbare Pfeife rauchte, kauerten sich auch die drei Brüder mit der Schwester um mich her auf den Teppich, und begannen ämsig über mich zu discurriren. Ich habe nun nach und nach so viel Griechisch erlernt, daß ich zum Theil verstand, was sie sprachen. Zuerst wünschten sie, daß ich ihr Dorf kaufen möchte, wo alles so herrlich wüchse, wie sie rühmten. — und in der That ist der Anbau in der fruchtbaren Ebne gut, besonders der hiesige Wein vortrefflich; dann wunderten sie sich, wie ich von so weit hierher käme. Theolog hatte ihnen gesagt, ich sey aus Prussia. Die Kunde dieses Landes war nun noch nicht bis zu ihnen gedrungen, und sie suchten unter einander auszumitteln, in welchem Theile der Welt es wohl liegen möge. Endlich meinte Einer: Prussia müßte wohl zu Russia gehören, und so ganz unrichtig war die Vermuthung nicht.

Ich bat jetzt, mir einen Tisch zu bringen um zu schreiben, aber desgleichen war nicht vorhanden, obgleich hier schon einiger Luxus herrschte, und ich bei Darreichung des Kaffees sogar ein lakirtes Präsentirbret bemerkt hatte. Indeß die anstellige Schwester half aus. Man kastete zwei hölzerne Truhen vor einer mir zum Sitze bestimmten Art Bettstelle auf, packte noch ein dickes Wollkissen darauf, und legte auf dieses ein Bret, das der Eine der Brüder im Gleichgewicht hielt, so lange ich schrieb. Er ahnete schwerlich, als er höchst neugierig auf meine mystischen deutschen Krähenfüße schaute, daß er selbst mit seiner Familie der Gegenstand meiner Relation sey.

Das schöne Wetter lockte mich schon früh Morgens ins Freie, um an der Kirche auf dem Hügel mich noch einmal am Anblick der lacedämonischen Fluren zu erfreuen. Ich bemerkte jetzt erst, daß unser Haus massiv und mit vorspringenden und rückweichenden Linien erbaut, sich, obgleich nur klein, doch recht malerisch ausnahm; selbst ein Thürmchen fehlte ihm nicht, das statt der Zinne mit einem Kranz großer Kürbisse symmetrisch gekrönt war. Die Familie hatte vor dem Kriege in einigem Wohlstande gelebt, doch Ibrahims Truppen diesem ein Ende gemacht, und die jetzige Zeit bietet wenig Aussicht zur Erholung. Allgemein sind die Klagen der Landleute über zu unerschwingliche Abgaben, wobei sie am meisten darüber jammern, daß diese nicht in Naturerzeugnissen, sondern in baarem Gelde gefordert werden, welches sie sich oft nur

mit den größten Opfern, in einem Lande verschaffen
können, wo der geringste Zinsfuß zehn Procent ist.
Als ich von meinem Spaziergange zurückkehrte, stellte
mir der Wirth seine Frau mit ihren zwei kleinen
Kindern vor. Dies Weib war ein reizendes Wesen,
nicht nur regelmäßig schön vom Kopf bis zum Fuß,
sondern auch mit einem Ausdruck von lieblicher Milde
und weiblicher Würde, der eine Königin geziert hätte.
Das alte hellenische Blut ist noch nicht ganz vertilgt
in Griechenland, denn nichts Slavisches, noch Türkisch-
Asiatisches war in der Bildung dieser Spartanerin
vorhanden. Ich ward an die schöne Frau noch ein
Paar meiner Ohrringe los, welche sie, mir vorher
mit Grazie die Hand küssend und ihre Stirn darauf
drückend, dem auf ihrem Arme ruhenden Knaben
überreichte, der den glänzenden Schmuck als ein willkommenes Spielwerk, so freundlich wie ein Engel
anlächelte — ein schönes Bild in den unscheinbarsten
Rahmen gefaßt. Auch außerdem befand sich noch ein
sehr hübsches junges Mädchen zum Besuch hier, die
nebst den übrigen Weibern und Männern, Theolog
und Ackermann mit einbegriffen, aus Mangel an Raum
alle in derselben Stube fast übereinander geschichtet
schlafen mußten.

Wir waren, nach dem herzlichsten Abschiede, noch

kaum eine Stunde geritten, als wir zwischen dem riesigen Kurkula, und dem Meere in eine paradiesische Gegend gelangten, die ganz verschieden von Sparta, nur einem idyllischen Garten glich und von keiner künstlichen Anlage dieser Art leicht zu übertreffen seyn möchte, leider aber durch die Nähe der Lagunen im Sommer höchst ungesund gemacht und von einer Unzahl Ungeziefers heimgesucht wird. Der fruchtbarste Boden war hier mit goldgrünem Gras bedeckt, auf dem Tausende von Balonidi-Eichen, in mannigfaltige lockere Gruppen vertheilt, standen. Eben so viel inselartig ausgestreute Massen der schönsten und üppigst treibenden immergrünen Büsche wechselten mit den Bäumen ab; hier das Gewebe des undurchdringlichen Mastirstrauches, von denen einer allein oft 40 bis 50 Fuß im Umfange mißt, und die jetzt alle, wie von einem Tuche umspannt, mit kleinen eng zusammenhängenden cramoisifarbenen Beeren bedeckt sind, dort gleich Christbäumen mit bunten Blüthen und Früchten aufgeputzte Arbutus; weiterhin flattrig im Winde wehende Andrachmen, hellblaubeerige Myrthen und verschiedene Prunusarten. Auf einigen sich zwischen den Baumgruppen erhebenden Hügeln sah man einen dicht geschlossenen Erikenflor, für den mancher Engländer Tausende geben würde, wenn er ihn so in

seinen Pleasureground verseßen könnte. Viele einzelne
Exemplare dieser Prachtpflanze erreichten die volle
Größe und den Umfang des chinesischen Flieders, mit
eben so langen Blumenbüscheln, die auch in gleich
feuriger Lilafarbe prangten. Und welche Aussicht zwischen diesem Blüthenreich! Das Meer mit
der wunderbar gezackten Halbinsel Xili, der ganze
Golf von Cap Màlia bis Cap Matapan, des Taygetos Riesenkette mit dem sich anschließenden Kranz
aller andern Berge und Vorhügel, welche auf drei
Seiten die Ebenen von Sparta und Elos umschließen
— in der Nähe romantische Felsen aller Formen,
und längs ihrem Fuß ein kaum absehbarer dunkel-
grüner Eichenwald.

Wir mußten jetzt den Kurkula hinaufklimmen, wo
die Straße durch schlüpfrige Steinplatten, in denen
sich hie und da wieder antike Gleise zeigten, für die
Thiere gefährlich wird. Desto bezaubernder sind auch
hier die immer wechselnden Aussichten, und da ich auf
diese mehr achtete, als auf den Weg, mein Schimmel
aber ebenfalls in Gedanken verloren einhermarschirte
— vielleicht schon unsre bevorstehende Trennung ahnend,
da ich ihn heute zum Letztenmal reite und in Sparta
zurücklasse — so begab es sich, daß er unvorsichtig
seine Richtung über eine schräg abgedachte Fläche

nahm, davon abglitschte und 5 bis 6 Fuß mit mir hinabfiel. Da ich indeß fallen gelernt habe, nicht das unwichtigste Kapitel in der Reitkunst, so that ich mir kein Leides. Theolog, der schon glaubte, ich habe den Hals gebrochen, war sehr verwundert, als ich, das unwillkührliche Absteigen zu längerem Schauen in die Gegend benutzend, voll Befriedigung ausrief: Welch ein schöner Weg! „Ein schöner Weg?" frug er, meine Worte für Satyre nehmend, „ja wohl ein schönes Bischen Weg, wo man Gott danken muß, wenn man mit ganzen Gliedern davon kommt! Warum sind wir auch nicht die andere bequemere Straße über Apidiá wieder zurückgegangen?" — Weil diese zehnmal pittoresker ist! rief ich in meiner Ekstase fast entrüstet aus. Schauen Sie doch nur um sich, Mann der Prosa! ist es unter diesem vorspringenden Felsendache, das die Natur wie zum Ruhesitze bestimmt hat, mit aller Pracht von Wald und Berg und Meer, in der Mitte dieser Fruchtbüsche bei dem glänzenden Sonnenschein, und in dieser mit balsamischen Gerüchen geschwängerten Luft nicht über alle Beschreibung entzückend? Aber Theolog blieb mir die Antwort schuldig, denn sein Maulesel, von dem er abgestiegen war, hatte sich losgerissen, und machte Miene, sich auch einen schönen Weg, nach seinen Begriffen aufzusuchen, was sich mit unsern

Bedürfnissen schwerlich vereiniget haben würde. Wir mußten eine förmliche Jagd anstellen, um ihn wieder einzufangen, was nur mit vieler Mühe an einer Stelle gelang, wo die Felsen täuschend eine alte Mauer mit vorspringenden Thürmen darstellten, und dem Thiere die weitere Flucht unmöglich machten.

Nach einigen Stunden ändert sich das Bild plötzlich. Alles bisher Gesehene verschwindet hinter sich vorschiebenden Bergen, und man schaut jähling über einen fast senkrechten Abgrund von anderthalbtausend Fuß in die Ebene von Phiniki nieder, um die sich, an die Berge umher gelagert, die fünf Ortschaften: Phiniki, Sykia, Katavóhtra, Melàos und Pàkia umherreihen. In das letzte steigt man auf einem heillos zerrissenen, steilen Pflaster im Zickzack langsam hinab, und durchkreuzt dann die Ebne in ihrer Mitte auf wohl planirtem Haidelande bis Sykia. Wir legten diese anderthalb Stunden weite Strecke größtentheils im Galopp zurück, um noch vor Nacht auf dem Schiffe anzukommen, mußten uns jedoch dabei sehr vorsehen, da das Terrain hier ganz unterküttig ist, und wo Wasser gestanden hat, überall tiefe und gefährliche Löcher bildet.

Von Sykia bis an den Hafen von Alt-Monemvásia, wo unsere Golette stand, ist wieder ein aben=

teuerlicher Steinweg, auf deſſen übelſter Stelle am Meer die Nacht uns, ungeachtet angewandter Eile, dennoch einholte. Endlich ſtacken wir zwiſchen ſpitzen Klippen hart an der Brandung förmlich feſt und konnten weder mehr vor- noch rückwärts, das Schiff aber, welches nur einige hundert Schritte weit von uns, wie ſchlafend, im ſchwachen Dämmerlicht der Sterne auf den Wellen lag, ſchien ausgeſtorben. Kein Licht erſchien, kein Laut erwiederte unſer wiederholtes Rufen. Nach mehreren Minuten erſt ſchrie eine tiefe Baßſtimme uns zögernd zu, was man ſo ſpät noch von ihnen wolle. Faſt einige Tage darauf erfuhr ich, daß die Matroſen mich, der den Andern etwas voraus und am nächſten am Waſſer war, in meinem weißen Mantel auf weißem Pferde, mit Staunen und Zagen für den heiligen Demetrius gehalten hatten, deſſen Feſt gerade zufällig heut ſtattfand. Die Nennung meines Namens befreite ſie endlich von ihrer Furcht, ein Licht erſchien auf dem Schiff und zwei Matroſen ruderten uns in einem kleinen Kahne entgegen, mit der höchſt unwillkommenen Nachricht, daß der Capitain mit der Gondel und einem Theile der geringen Schiffsmannſchaft, mich erwartend, nach Monemváſia gefahren ſey. Für's Erſte machten wir nun ein Feuer zwiſchen den Felſen an, wo wir unsere Pferde anbanden; dann schifften wir in dem Kahn, der nur zwei Personen auf einmal fassen konnte, zuvörderst ich und nachher Theolog, zur Golette; Ackermann und ein Matrose blieben am Ufer, mit der Weisung, ihren Leuchtthurm möglichst zu vergrößern, damit er den, einige Stunden zurückgebliebenen Aposaten zum Leitstern dienen möge, eine Vorsicht, die sich später sehr nützlich erwies; denn selbst bei dem hellleuchtenden Feuer stürzten dennoch mehreremale die Maulthiere in dem furchtbaren Wege, und zerbrachen namentlich zu meinem großen Verdruß, fast unsern ganzen Vorrath an Wein und Oel und Eiern. Der Schreiber und ein Matrose, die wir noch im Schiff vorfanden, wurden sogleich von mir zu Lande nach Monemvásia geschickt, um den Kapitain herbei zu holen, so daß wir Beide nun ganz allein auf der Golette zurückblieben. Ich hatte indeß, in die Kajüte hinabgestiegen, Theolog kaum eine Viertelstunde lang mein Journal diktirt, als der Capitain in der Gondel ankam, sehr befremdet, sein gegebenes Zeichen unbeantwortet zu sehen, und Niemand zu seinem Empfang auf dem Schiffe vorzufinden. Sobald ich ihm die Ursache erklärt, wurden nun schnell des Capitains Jagdflinte und meine Pistolen mehreremale nach einander abgefeuert, um die Ausgesandten wieder zurückzurufen, deren große Laterne wir noch deutlich, gleich einem Irrlichte, längs dem steinigen Ufer auf= und nieder wandern sahen. Bald bemerkten wir an der rückgängigen Bewegung derselben, daß sie unsere Signalschüsse vernommen, und eine Stunde darauf erschienen auch die Avosati, so daß um 1 Uhr in der Nacht das Mittagsmahl servirt werden konnte, worauf wir gegen 2 Uhr, ohne ferneren Zeitverlust, nach Milos unter Segel gingen.

Milos.

Milos.

So war denn Griechenlands Continent zum zweitenmal hinter mir zurückgewichen — Griechenlands, dem ich nur einen flüchtigen Besuch zugedacht, und das mich doch, ich weiß selbst nicht wie, ein Jahr lang festgehalten.

Aber es hat durch alle Zeiten seinen Zauber geübt, und Manche wurden sich desselben erst bewußt, als sie es nicht mehr sahen; ich aber habe ihn wohl erkannt unter Noth und Entbehrung und mit voller Seele mich ihm hingegeben. Möge ich nun dies Land des süßen Ungemachs, dies abgestorbne und wiedergeborne, dies von unsterblichen Thaten wiederhallende und von unsterblichen Werken zeugende Land wieder betreten oder nicht — so lange ich lebe wird es meinem Andenken tief, und mit dauerndem Genuße eingeprägt bleiben!

Die Jahreszeit war allerdings die ungünstigste und gefährlichste zu einer Tournée im Archipel, auch unser Schiff durch seine Kleinheit wenig geeignet, einem übelgelaunten Meere zu widerstehen, doch rechnete ich auf gutes Glück und die stets nur kurzen Fahrten.

Der Wind, welcher jetzt die Segel der Golette lose spannte, war nur schwach, aber nicht ungünstig. Wir legten daher die 60 Seemeilen bis Milo in 20 Stunden zurück, und langten noch bei guter Morgenzeit in dessen Hafen an. Ich hatte die ganze Nacht über an einer heftigen Migraine gelitten, die mir erst nach Mittag erlaubte, ans Land zu steigen. Die Hitze war drückend, wie im August, und der Anblick dieser baum= und strauchlosen Insel mit den wenigen chetiven Häusern ihrer Hauptstadt Kastro, die sich, wie Prokesch sagt, auf die äußerste Höhe vor dem sie umgebenden Elend geflüchtet zu haben scheinen, in hohem Grade melancholisch. Der wahre Grund dieser unbequemen Situation liegt darin, daß der kleine Ort fast nur von Piloten bewohnt wird, die für den ganzen Archipel bis Constantinopel und Aegypten gebraucht werden, und deren man immer mehrere auf den luftigen Terrassen ihrer Häuser, mit langen Perspektiven bewaffnet, umherziehen sieht, um ein herannahendes Schiff zu erspähen, das ihnen Nahrung bringen soll. Wäre Milo's vortrefflicher Hafen nicht — einer der besten im Archipel, den die ganze Insel, sich sichel=

förmig krümmend, bildet — Milo würde in seinem jetzigen Zustande wohl nur den Thieren überlassen bleiben. Demohngeachtet war es, als noch die Malteserritter und viele von französischem Adel im Mittelmeer, unter dem Mantel der Religion eine Art Corsarenhandwerk trieben, ein sehr belebter und lustiger Ort, wo oft gute Gesellschaft, hohes Spiel und wohlfeile Waaren aller Art anzutreffen waren.

In dieser Zeit hatte sich sogar, gleich Baron Theodor in Corsika, ein gewisser Kapsi zum König von Milo erklärt, und diesen Thron schon drei Jahr behauptet, als er unvorsichtig genug war, sich ohne gehörige Eskorte auf ein türkisches Schiff zu begeben, dessen Befehlshaber er für seinen Freund hielt. Nach der besten Bewirthung warf man ihn in Fesseln, und brachte ihn nach Constantinopel, wo der dreijährige König sein Leben am Galgen enden mußte.

Die Insel hat kürzlich einen sehr thätigen jungen Gouverneur erhalten, Herrn Latris, der auch noch fünf andere der umliegenden Cykladen, wovon Siphanto die bevölkertste ist, unter seiner Direktion vereinigt. Prokesch sagt in seiner klassischen Beschreibung dieser Gegenden, die wohl jedem gebildeten Freunde der Länderkunde bekannt ist, daß er selten einen Ort gesehn, der einen schnelleren Fortschritt zum Grabe darbiete als die Insel Milo, deren Hauptstadt allein zu Tournesorts Zeiten 5000 Einwohner zählte, während jetzt die ganze Insel nur noch 1500 aufweisen könne. Diese haben sich indeß seitdem wieder inclusive 300 hierher geflüchteter Kretenser bis auf 2000 vermehrt, und die Aussichten für die Zukunft scheinen in mancher Hinsicht günstiger. So besitzt die Stadt außer dem eben genannten verdienstvollen Gouverneur — der sich schon früher in Santorin sehr auszeichnete, wo er blos durch freiwillige Subscriptionen ein höchst wohlthätiges Lazareth für Aussätzige gründete — auch einen vortrefflichen Dimarchen. Wir fanden diesen eben beim Bau einer neuen Straße beschäftigt, die vom Hafen nach der Stadt führen soll, welche ohngefähr eine Stunde von jenem entfernt ist, wobei er, um mit gutem Beispiel voranzugehn, sich nicht für zu vornehm hielt, selbst kräftig mit anzugreifen. Es wäre zu wünschen, daß bei vielen der faulen Beamten Griechenlands eine ähnliche gemeinnützige Thätigkeit gerühmt werden könnte.

Die Natur, welche immer möglichst zu compensiren sucht, hat diesem öden Eilande die schönsten Weiber des Archipels verliehen, die auch durch ihre nette, reinliche und ganz weiße Tracht auffallen. Tournefort erzählt, daß sie zu seiner Zeit kurze Beinkleider mit Strümpfen und Schuhen, und darüber nur eine

Art gefaltetes Hembe, das die Kniee nicht erreichte, getragen hätten; zugleich giebt er die höchst lächerliche Karrikatur einer solchen Schönheit in effigie. Davon zeigt sich jetzt indeß keine Spur mehr, und die übliche Kleidung gleicht mehr einem antiken Gewande.

Nachdem ich eine halbe Stunde beim Gouverneur im unterhaltenden Gespräche zugebracht, begab ich mich mit ihm und dem Dimarchen durch ein Labyrinth kaum zwei Fuß breiter Gassen, in denen man auf dem natürlichen Felsen emporklettert, auf die höchste Terrasse der Stadt. Hier bietet sich ein reiches Rundgemälde dar. Als äußerste Punkte desselben erblickt man im Norden die Bergspitzen von Epirus (Negropont) nebst der Küste von Attika; im Westen hinab verfolgt man die Grenzen des Peloponneses bis zur Insel Cerigo; im Süden sieht man den bläulichen Jda auf Kreta; und kehrt über Nio und Naxos im Osten und Syra im Nordost, nach dem Ausgangspunkte wieder zurück. Zwischen diesen Grenzfesten häufen sich rund umher die mannigfaltigsten Inselgruppen, und darüber hinaus dehnt sich noch bis an den fernsten Horizont ein weites Meer. Von hier wendeten wir unsere Schritte nach den Ruinen der alten Stadt, die unfern dem Pilotenneste in sehr vortheilhafter Lage über und an dem Meere stand. Sehr richtig fanden wir die früher gemachte Bemerkung, „daß Milo, durch und durchgearbeitet von unterirdischem Brande, einem großen Schwamme gleiche." Seine vielen Oeffnungen haben die Alten zu Gräbern für die Todten, deren Tausende sich hier vorfinden, die Neueren zum Theil zu Gräbern für die Lebenden benutzt, denn kaum verdienen diese elenden Höhlenwohnungen einen besseren Namen. Der Feldbau ist im Verhältniß der schwachen Bevölkerung nicht vernachläßigt, und im Frühjahr mag daher die Insel etwas weniger schauderhaft aussehen als jetzt, wo schmutzig Weiß und Grau die einzigen Farben waren, die unserem Auge begegneten; dazu sind die Linien der Berge keineswegs pittoresk, und nur höchst selten unterbricht an ihren Abhängen ein krüpplicher Oelbaum die widrige Einförmigkeit des Ganzen.

Bekannt ist das hiesige, dem Könige von Baiern gehörige, kleine, aber sehr wohl erhaltene und gut aufgeräumte römische Theater, welches freilich gegen den kolossalen Bau von Epidaurus nur wie ein artiges Spielwerk erscheint; doch sind die Stufen in derselben bequemen Art, wiewohl etwas weniger breit, von feinkörnigem weißen Marmor geformt. Wir fanden einige dieser Stufen in ihrer ganzen Länge frisch abgeschlagen, ein Vergnügen, was sich, nach des Gouverneurs

Bericht, mehrere betrunkene Engländer vor Kurzem hier verschafft hatten. Enthusiastische Kunstfreunde, welche ein Andenken wünschten, müßen es nicht gewesen seyn, denn die abgeschlagenen Stücke lagen noch sämmtlich ringsumher. Alle vom Könige angestellte Nachgrabungen haben bis jetzt nur einige gut gearbeitete Simse und andere Architekturzierden zu Tage gefördert, die man recht zierlich längs der ehemaligen Scene des Theaters aufgestellt hat, aber ganz nahe von hier fand man, neben einem schönen Specimen polygonischer Mauer, die berühmte Venus von Milos, welche jetzt zu den ersten Schätzen des Pariser Museums gehört. Der noch immer hier residirende französische Consul brachte sie für 100 Colonnaten an sich, und verschiffte sie sogleich nach Frankreich, wofür ihm sein dankbares Gouvernement eine lebenslängliche Pension verlieh. Dieser Mann hatte überhaupt Glück im Finden. Man zeigte uns eine kleine Höhle, in welcher er die Inschrift „$Χρυσοχέα$" (die Goldschütterin) entdeckte, darunter nachgrub und 300 Dram*) Gold in einem, dem Anschein nach, ganz unbedeutenden Grabe fand.

Links des Theaters steht ein malerischer, schwarz

---

*) 200 hiesige Dram betragen ohngefähr so viel als eins unsrer Pfunde.

angerauchter, über 30 Fuß hoher Mauerwinkel, welcher in der bereits angezogenen Relation, der einzigen neueren, die wir von dieser Insel haben, wahrscheinlich durch einen Schreibfehler, als cyklopisch aufgeführt wird; worauf er keinen Anspruch machen kann; denn da er aus regelmäßig horizontal gelegten Reihen viereckiger Quadern von gleicher Größe besteht, ist er nicht mehr zu den zwei, oder höchstens drei, noch cyklopisch zu nennenden Bauarten zu rechnen, obgleich die Mauer unzweifelhaft hellenisch ist. Unter dem Eliasfelsen (denn auch hier herrscht mein Heiliger) sieht man einige Mauern ähnlicher Construktion, einem Tempel oder einem andern großen Gebäude angehörend; und hier hat abermals der thätige französische Consul mehrere interessante Marmorfragmente ausgegraben, von denen noch ein Theil auf dem Felde daneben liegt. Am begierigsten war ich, den von Prokesch, als an dieser Stelle befindlich angegebenen Halbzirkel dicht neben einander stehenden Steinsitze zu betrachten, von denen damals noch 17 in statu quo erhalten, und nur drei herabgeworfen waren. Leider hat jetzt der Besitzer des Grundstücks, das er in Teraffen umgewandelt, dieses merkwürdige Monument zerstörte, und die zerschlagenen Stühle in seine Terraffenmauern mit verarbeitet, nur sechs derselben liegen noch zerstreut und beschädigt umher. Sie sind aus einem okkergelben Stein gehauen und einzelne, sehr alte Buchstaben hineingemeißelt, die keinen Sinn geben.

Den Rest des Tages benutzte ich zum Besuche vieler Gräber in der Umgebung der alten und neuen Stadt, die so erschöpfend von meines Vorgängers Meisterhand beschrieben sind, daß ich nichts darüber hinzuzusetzen weiß — bis etwa auf den einzigen Umstand, daß, nach Versicherung der Einwohner, man in denjenigen Steinsärgen, welche außer der Deckplatte noch besonders mit Mörtel oder Mauerwerk verwahrt waren, immer einige Kostbarkeiten fand, wogegen die andern nur verschiedene Thonwaaren enthielten. Ich habe übrigens keine Grabkammer hier gesehen, die an eleganter Arbeit mehreren in der Nähe von Delphi und einigen in Cephalonien gleich gekommen wären, gar manche mögen aber auch in diesen unterirdischen Felsengeweben bis jetzt noch unentdeckt geblieben seyn.

Die Türken behandelten Milo mit großer Milde, und die Insel scheint nie von den Barbaren Aehnliches erlitten zu haben, als früher von dem hoch civilisirten Athen, das nach der Eroberung durch Philokrates, Alle, die Waffen tragen konnten, niedermachen, Weiber und Kinder aber in die Sclaverei schleppen ließ. An der neuen griechischen Revolution hat Milo nur wenig Theil genommen.

Der artige Gouverneur begleitete uns bis ans Schiff und beschenkte mich zum Abschiede mit einem Bokal des berühmten Weichseleingemachten der Levante, und mit zwei Exemplaren des noch berühmteren, eben frisch gefangenen, Fisches Skaros, den Tiberius in das Thyrrenische Meer versetzt, und auf dessen ambrosianische Vortrefflichkeit noch einige römische Sonnette existiren.

Nach dem köstlichen Mahle, was uns dieser kaiserliche Fisch lieferte, der jedoch dem Pestropha des Alpheus immer noch weit nachsteht, ruderten wir, als Mitternacht schon vorüber war, wie verstohlen, aus dem weiten und einsamen Hafen hinaus, in dem wir zwölf Stunden lang die einzigen Gäste gewesen waren. Die fast ganz verlassene mittelalterliche Stadt Milo auf der andern Seite der Insel, nebst den natürlichen Schwitzbädern in ihrer Nähe, hatte ich ungesehen gelassen, da ich der traurigen Eindrücke schon genug mit hinfort nahm, und jener, nur noch von einigen auf der letzten Stufe des Elends angelangten Menschen bewohnte Ort, mir vom Gouverneur als das non plus ultra des Jammers geschildert worden war.

Antiparos.

Antiparos.

Als ich schon ziemlich spät am Morgen erwachte, ruhten wir bei hellem Sonnenschein, und in der vollständigsten Bonazza, auf dem spiegelglatten Meere, dicht vor der dürren Felseninsel Kemplos. Wir benutzten den gezwungenen Stillstand, um in der Barke dorthin zu fahren, die Matrosen in der Absicht, den kymolischen Stein, eine Art seifenartiger Kreide, die ihnen zur Reinigung der Segel dient und schon im Alterthum bekannt war, daselbst zu holen, wir, um wo möglich einige wilde Ziegen zu schießen, deren wir mehrere, schwarze und weiße, an den dürftig mit Haidekraut bewachsenen Lehnen weiden sahen. Die Jagd mißlang wegen der schroffen Felsen, auf welchen man den Ziegen nicht nachfolgen konnte, dagegen sammelten wir eine Schüssel voll kleiner, aber sehr schmackhafter Austern. Unterdessen hatte sich ein schwacher Wind erhoben, der bald frischer werdend, uns rasch dem Archipel entlang weiter führte. Nacheinander strichen wir bei dem Rest von Kemylos, welches Plinius die Insel der Vipern nennt, bei der nur von Ziegen bewohnten Polygo und bei Siphanto vorüber, das fünf gute Häfen zählt. In der Ferne nördlich erblickten wir die cirkelrunde Serpho, deren Einwohner Perseus mit dem Haupt der Gorgonen in Stein verwandelte; Syra, den jetzigen Hauptort der Cykladen, und das dem Apollo und der Diana heilige Delos; südlich Polykandros, die Eiseninsel, wegen ihres furchtbaren Felsenpanzers so genannt, und Nio, die schönweibige. Vor uns lagen das kleine Spotiko, oder Despotiko und Naros. Auf dem Gipfel von Siphanto (Syphnos) glänzte wieder ein kleiner Elias, und als ich auf dem Verdeck meine Cigarre rauchend, den Steuermann frug, warum dieser Heilige überall im Archipel, wie auf dem Festlande Griechenlands nur die Bergspitzen bewohne, gab er mir folgende Auskunft. „Der Heilige," sagte er, „war früher ein Matrose. Da er aber als solcher sehr lustig gelebt hatte, und zuletzt Reue darüber empfand, ward ihm das Meer gänzlich zuwider. Er nahm sein Ruder auf die Schulter und sprang an's Land, immer bergan steigend, und wenn er Einem begegnete, frug er ihn, was das sey, was er in der Hand trage? So lange man ihm nun antwortete: ein Ruder — stieg er immer höher, bis er endlich auf dem äußersten Gipfel Leute fand, welche auf dieselbe Frage nur erwiederten: ein Stück Holz. Da ward er inne, daß die nie vorher ein Ruder gesehen, und unter ihnen siedelte er sich auf dem höchsten Punkte an." *)

Der Gouverneur von Milo, der auch in Siphanto regiert, lobte den blühenden Zustand dieser Insel, und behauptete, daselbst den Eingang zu den alten Gold= und Silberbergwerken wieder entdeckt zu haben, worüber sein Rapport bereits nach Athen abgegangen sey. Ich fürchte aber, bei näherer Besichtigung wird sich nicht mehr von diesen Metallen hier vorfinden, als wenn man auf dem nahen Serpho den goldenen Regen aufsuchen wollte, den Zeus auf dieser Insel über Danae niederfallen ließ.

Man genoß heute bei dem schönen Wetter ein recht angenehmes dolce far niento auf dem Schiff. Bald ward eine halbe Stunde mit den Seeleuten verplaudert, bald das Perspectiv auf die entferntesten

---

*) Man sieht, wie das Volk hier seinen Helden Odysseus noch zum Christen gemacht hat.

Inseln gerichtet, deren oben nur aus dem Meer hervortauchende Berggipfel, wie z. B. die von Santorin uns blos segelnde Schiffe am äußersten Horizont zu seyn dünkten, bald wandte ich meine Blicke wieder auf die nächste Umgebung zurück und musterte meine Menagerie, die bereits, da ich sie mit den Matrosen getheilt, sehr zusammengeschmolzen war, und jetzt nur noch aus einer Ente, einer Trute und einem Hammel bestand. Die erste schien in einem gar nicht abreißenden Selbstgespräch mit dem bekannten Wohllaut dieses Vogels vorgetragen, ihre angefesselte Lage zu beklagen; die ehrwürdige Trute aber, welche erst gestern und heute wieder einen ihrer Gefährten hatte sterben sehen, ging blaß und verstört mit schwankenden Schritten, und in tiefem Stillschweigen auf den Bohlen des Verdecks umher. Wenn nun auch dieser Anblick schwermüthige Regungen hervorzubringen im Stande gewesen wäre, so konnte doch gewiß Niemand den gravitätischen Hammel ohne Lächeln betrachten, dem die Matrosen aus den Federn der bisher geschlachteten Vögel nicht nur eine Krone auf das majestätisch gehörnte Ammonshaupt gesetzt, sondern ihm auch aus den längsten derselben eine Glorie um den entgegengesetzten Theil seines Körpers angefertigt hatten, deren sich der heilige Elias selbst nicht zu schämen gebraucht hätte.

Hier muß ich aber nach den Unglücklichen, die zum Tode verurtheilt sind, auch eines andern, neu acquirirten Thieres meiner Umgebung erwähnen, das zum freudigen Leben bestimmt ist. Ich war nach und nach um alle meine griechischen Hunde gekommen, und empfand besonders über Aphroditis, der Unvergleichlichen, Verlust einen so tiefen Schmerz, daß ich mich lange zu keiner andern Anschaffung dieser Art verstehen mochte. Doch als in Kyparissia ein sehr muntrer, zuthulicher und spartanischer Hund meines Wirths mich täglich bei den dortigen Arbeiten begleitet hatte, und Herr Saltafernos mich nachher bat, ihn als ein Andenken der vergangenen Tage anzunehmen, konnte ich ein so freundliches Geschenk nicht ausschlagen. Ich unterfange mich daher, ihn auch dem Leser als meinen künftigen Lebensgefährten vorzustellen. Besagter Hund ist weiß und gelb gefleckt mit schwarzem Kopf und schwarzer schön behangener Schweifspitze, hat glänzend klare Augen, eine unverwüstliche Gesundheit, zeigt mehr Anhänglichkeit und Treue als seine Vorgänger, ist gut gezogen und hat originelle Manieren, die noch dadurch possirlicher werden, daß er nur ein langes Hühnerhundsohr besitzt, das andere aber kurz am Kopfe abgestutzt ist. In dem Rest dieses letzteren ließ ich ihm daher einen meiner Pariser Ohrringe befestigen, und ein gleich glänzendes Arm= oder vielmehr Beinband erwartet ihn in Kandia. Er heißt Susannis und scheint von einem Schäferhunde und einer Jagdhündin abzustammen. Auch kann er einige Künste und zeichnete sich in Milos schon durch eine kühne That aus; denn er sprang unsrer Barke nach vom Schiff ins Meer, und schwamm mehrerer 100 Schritte dem Kahne folgend, bis an die einzelnen Häuser des Landungs= platzes, wo er mit uns fast zugleich anlangte.

Während solcher unschuldigen Unterhaltungen kam die Nacht heran, wo mich der Gott des Schlafes in seine sanften Arme nahm und jedes Schwanken der hüpfenden Golette spurlos an mir vorüberging. Der Morgen aber leuchtete mir im Hafen von Antiparos, die Ufer von Paros dicht vor uns, und rechts über viele kleine Inselklippen hinweg, in einiger Entfernung Nio — das alte Jos, welches keine Tempel, keine Reste alter Kunst aufzuweisen hat, und dennoch vor allen übrig gebliebenen Bergspitzen dieses unterge= gangenen Kontinents die merkwürdigste ist, wenn wir der Nachricht Glauben beimessen dürfen, daß auf ihr Homer seine unsterbliche Laufbahn beschloß. Auch wird diese Insel für die Schönheit und das affable Beneh= men ihrer Weiber citirt.

Der Hauptort von Antiparos ist nur ein unan=

sehnliches Dorf, in welchem jedoch der Olmarch ein sehr gutes Haus bewohnt. Er selbst war in Athen, und wir wurden von seiner Frau, ihrer recht hübschen, etwas korpulenten Tochter, einer jungen Nichte und einem Verwandten des Hauses mit ehrwürdigem, weißem Barte, der noch die türkische Kleidung alten Styles trug, empfangen. Diese Vergünstigung einen Bart zu tragen, welches den Griechen im Allgemeinen verboten war, wurde dem Alten für geleistete Dienste vom Sultan persönlich verliehen, was in jener Zeit ohngefähr einem jetzigen Orden zweiter Kläffe bei uns gleichgekommen seyn mag. Die drei Damen hatten zu meiner Verwunderung die deutsche Sitte des Strickens angenommen, und jede derselben bearbeitete ihren Schicksalsstrumpf mit der Aemsigkeit der geschicktesten unsrer Kleinstädterinnen. Auch ihre Tracht war fast ganz Europäisch.

Nach dem Genuß der gewöhnlichen Erfrischungen, welche, der patriarchalischen Weise dieser Länder gemäß, dem Bauer, der uns hergewiesen, mit uns eingetreten war, und sich auch sans façon auf den gegenüberstehenden Divan niedergesetzt hatte, gleich uns von der jungen Nichte dargereicht wurden — machte ich mich mit Theolog, 6 Führern und 30 Wachslichtern sogleich nach der berühmten Höhle auf den Weg, die anderthalb Stunden vom Dorfe am Gipfel eines der höchsten Hügel dieser Insel liegt. Der Ritt dahin gewährte wenig Interesse, denn obgleich Antiparos etwas grüner und vegetabilischer aussieht als Milo, so hat es doch eben so wenig Bäume und bietet daher einen nicht viel erfreulicheren Anblick.

Ich bemerke hier im Voraus, daß ich zufällig weder Tourneforts, noch Choiseuls, noch irgend eines Andern Beschreibung der Höhle von Antiparos gelesen habe, und folglich nur den Eindruck wieder geben kann, den sie ohne alle vorgefaßte Meinung auf mich selbst gemacht hat.

Auffallend ist es, daß kein alter Schriftsteller der Höhle von Antiparos, sonst Olearos, erwähnt, was voraussetzen läßt, daß sie zu jener Zeit noch nicht entdeckt worden war. Dennoch findet man die Reste einer, wie es scheint, alter griechischen Inschrift an ihrem Eingang.

Sie ist ohne Zweifel die schönste und grandiöseste ihrer Art, die ich wenigstens gesehen habe, was jedoch nicht allzuviel sagen will, da mir sowohl die Wunderhöhle von Corneal und von Adelsberg bei Triest, als die von Apfeleck in Ober=Ungarn, und sogar die Baumannshöhle auf dem Harz, sämmtlich bis jetzt unbekannt geblieben sind. Schon der Eingang der

hiesigen, vor dem sich ein geebnetes Rondel mit einer
kleinen Kirche und einer anmuthigen Aussicht auf die
nahen Inseln befindet, ist imposant, denn unter einem
hohen, weit vorspringenden Halbgewölbe bilden bereits
von außen in freier Luft kolossale Tropfsteinfiguren,
von denen die eine einer Statüe, die andere einem
mit hieroglyphischen Zeichen bedeckten Thurme gleicht,
das Portal zum finstern klaffenden Munde dieses
wahren Tempels der Nacht.

Wenn man sich außer der gehörigen Anzahl von
Führern, Lichtern und Stricken, auch noch mit zwei
bis drei Leitern, jede wenigstens von zwölf Sprossen
vorsieht, kann man die Höhle in ihrem ganzen Umfange,
mit allen ihren verschiedenen Sälen und Gemächern
ohne Gefahr, ja sogar mit verhältnißmäßiger Be=
quemlichkeit besichtigen — wenn man aber, wie wir,
nur eine einzige morsche Leiter mit sechs Sproßen,
die, erst kürzlich reparirt, gleich im Anfange wieder
zerbrach, und nachher nicht mehr zu brauchen war,
sich verschaffen kann, so ist die Unternehmung nicht
nur gefährlich, sondern in fast unerträglichem Grade
erschöpfend, weil Einem nichts übrig bleibt, als sich
an zwölf bis sechszehn Fuß hohen glatten Felsen=
wänden, blos mit Hülfe der Taue hinab= und hinauf=
zuhelfen, was nur dem geübtesten Turner, wie den

hiesigen Führern leicht werden mag. Im Mai dieses Jahres fiel ein englischer Schiffsarzt an einer dieser Stellen herab und starb drei Tage darauf an den Folgen seines Sturzes. „Wenn das Kalb ersoffen ist, deckt man den Brunnen zu," sagt das Sprich=
wort — doch hier ist man noch nicht einmal so weit gekommen, und der Gouverneur in Naros, unter dem auch Paros und Antiparos steht, hat weder vor noch nach dieser traurigen Katastrophe je daran ge=
dacht, die weltberühmte Höhle zugänglicher zu machen, obgleich so viele Fremde sie fortwährend besuchen und die ganze Sache mit höchst geringen Kosten auf das leichteste zu bewerkstelligen wäre.

Die mannigfaltigen Gewölbe, welche die Höhle in sich schließt, sind von großer Ausdehnung und Höhe, und die Form der Stalaktiten von überraschender Abwechselung. Kannelirte und glatte Säulen, pracht=
volle Drapperien von der größten Ausdehnung, Thiere in seltsamen Formen, über denen Schwerd=
ter und Lanzen herabzuhängen scheinen, und andere barocke Gestaltungen sind häufig. Man zeigte mir auch den Altar, auf dem der Marquis de Nointel eine Messe lesen ließ, und den Namen unsers Herrn Christus eingeschrieben hat, neben welchem sich seitdem Tausende von Schächern, in Bleistift, Farbe

und eingemeißelter Schrift zu verewigen suchten; am Ende hat ein Franzose auch noch den Namen einer von ihm verehrten Jungfrau hinzugesetzt: „**Helene Tacher, l'incomparable femme!**" ein belustigender Schweif des Ganzen.

Was auf mich den stärksten Eindruck machte, war ein wohl 50 bis 60 Fuß hohes, weites Gewölbe, über 100 Klafter tief in den Eingeweiden der Erde, dessen wundersame Decke fallendem Schnee glich. Darunter glaubte man glänzend weiße Eisblöcke wild über einander geworfen zu sehen, in deren Zwischenräumen ich jetzt meine Lichter so auffstellen ließ, daß man diese selbst nicht, sondern nur den Schein, den sie von sich strahlten, gewahr werden konnte. Diese Beleuchtung wirkte um so magischer, da gegenüber sich ein dunkler, wie mit Schuppen überdeckter Vorhang hinzog, von dem, oberhalb aus dem Gestein dringend, eine schwarze Riesenfaust nach den schimmernden Eisklumpen unter ihr langen zu wollen schien.

Ich brachte ungefähr eine Stunde in der Höhle zu, wo eine heiße Stickluft herrschte, welche die Fatigue des Durchkletterns noch vermehrte. Zum Unglück hatte ich überdem, mit meiner gewöhnlichen Distraktion, früh ein paar Stiefel mit großen englischen Anschraub=sporen angelegt, die während des Reitens zwar noch nützlich waren, aber, da ich sie bei'm Eintritt in die Höhle, troß aller Mühe, nicht loszumachen vermochte, mich in dieser nicht wenig inkommodirten, abgerechnet die Lächerlichkeit, gewiß der Erste zu seyn, der die halsbrechende Grotte von Antiparos mit langen Sporen bestieg. Auch bedurfte ich, als ich in Schweiß gebadet, an das goldene Tageslicht wiedergekehrt war, einer langen Ruhe, ehe ich mich disponirt fühlte, den Rückweg nach dem Dorfe anzutreten. Theolog hatte schon bei der ersten schwierigen Stelle alle Neugier verloren, weiter vorzubringen, und sonnte sich, seinem Berufe gemäß, vor der Kirche, wo er erklärte: „Diese Höhle sey bereits ein Vorschmack der Hölle." Einer der Führer neckte ihn deshalb, lobte dagegen meine Ausdauer, und schloß, sich gegen mich wendend, mit dem seltsamen Compliment, daß, da ich so rüstig in die Vorhölle hinabgestiegen sey, ich auch gewiß ohne Schwierigkeit in die wirkliche gelangen werde. Es scheint, als wenn dieser Hellene mehr antike als christliche Nationen von der Unterwelt in sich aufgenommen hatte.

Man erzählt von Lord Byron, daß ihm bei seinem Besuch der Grotte die Lichter darin ausgingen, und verbindet damit die Idee einer großen Gefahr. Dies ist aber irrig; denn die Höhle ist kein Labyrinth, und jeder der Führer findet den Ausweg so gut im Dunkeln wie mit Lichtern, deren im schlimmsten Falle auch immer binnen einer Stunde frische leicht herbeizuschaffen sind. Alle Noth würde sich daher blos darauf beschränken, diese Zeit über in der Finsterniß verbleiben zu müssen, einer romantischen Situation, die, wenn sie wirklich stattgefunden, Lord Byron ohne Zweifel Gelegenheit zu einem schönen Gedichte mehr gegeben haben würde. Besuchte man aber die Höhle gar in Gesellschaft einer Dido, so müßte ja ein ähnlicher Unglücksfall nur noch anziehender werden, gleich den Zwischenakten bei den Ombres chinoises, wo Niemand sich über die eintretende Dunkelheit beschwert.

Ohngeachtet meiner Müdigkeit ging ich den größten Theil des Rückweges aus Ungeduld zu Fuß, weil die kleinen Esel, die wir im Dorfe gemiethet hatten, die Faulheit, welche ihr Geschlecht charakterisirt, in einem so unbesiegbaren Grade besaßen, daß kein Züchtigungsmittel ihren Schneckenschritt zu beschleunigen vermochte.

Die Frau des Dimarchen bot mir, als wir wieder in ihrem Hause anlangten, gastfreundlich dieses zum Nachtlager an, doch zog ich meine größere Bequemlichkeit auf dem Schiffe vor, wo wir die Nacht wegen eines drohenden Gewitters und Sturmes, die sich schon durch fernes Wetterleuchten ankündigten, im sichern Hafen verblieben. Die Matrosen hatten sich unterdessen mit Fischen beschäftigt und eine so große Anzahl gefangen, daß wir, wenn auch nicht Dreitausend, doch wenigstens Alles, was sich auf dem Schiffe befand, damit sättigen konnten, und noch einige Körbe davon übrig behielten. Dies war uns aber um so willkommener, da in dem elenden Antiparos nicht die geringste Provision hatte aufgetrieben werden können.

Paros.

Paros.

Der kurze Weg von Antiparos bis Parikia, der Hauptstadt der Insel Paros, ist zur See, wegen seichten Wassers und vieler Klippen, bei dem jetzt herrschenden starken Nordwinde nicht wohl passirbar, weshalb wir die Exkursion dahin zu Lande zu machen vorzogen. Wir fanden die Insel im äußeren Anblick kaum von Antiparos verschieden, mit sehr wenig Bäumen, und einem vielleicht noch betriebsameren Feldbau, der in Terrassen bis an die Spitzen der Berge steigt, in dieser Jahreszeit aber freilich nur geackerte Erde, aber kein Grünes sehen läßt. Kurz vor der Stadt kommt man bei malerischen Klippen vorbei, die einzeln aus dem Meere hervorragen, und an denen vor zwei Jahren ein französisches Linienschiff scheiterte. Ein spitzer weißer Würfel zeigt den Ort an, wo man die im Schiffbruch Umgekommenen begraben hat. Man erzählte uns, daß der französische Commissair, der zur Regulirung dieser Angelegenheit hierher geschickt wurde, seine Zeit sehr gut benutzt habe, denn er entführte die schönste Frau der Insel, welche durch einen eigenen Zufall die Schwiegertochter eben des alten Mannes mit dem weißen Ordensbarte ist, der uns in Antiparos empfing, und nur des aus dieser Sache entstandenen Prozesses wegen sich hier befand. Wenn im Mittelalter die französischen Ritter in diese Meere kamen, nahmen sie gleich ganze Inseln weg, die heutigen müssen sich schon mit einer hübschen Frau derselben begnügen.

Schon von Weitem macht Parikia mit seinen vielen Windmühlen, seinen frisch getünchten Häusern und seiner mehr als tausend Jahre alten, für Griechenland sehr ansehnlichen Kirche einen vortheilhaften Eindruck, der sich im Innern des Orts noch steigert. Es ist das freundlichste und reinlichste Städtchen, das ich mich in Griechenland gesehen zu haben erinnere, durchgängig gut gepflastert, von einer sehr pittoresken Bauart der Häuser, die meistens hohe Freitreppen, oft von Marmor, hübsche Portale, unten auf Säulen ruhende Arkaden, und oben Balkons haben, welche an vielen Orten, gleich den engen schottischen Straßen selbst, von höchst gracieusen Weinlauben überwölbt werden. Die Citadelle, von den Venetianern erbaut, kann einzig in ihrer Art genannt werden, denn diese Barbaren führten sie fast ganz aus dem zu solchem Behuf abgerissenen Marmortempel des Aeskulaps auf. Die prächtigsten Friese, Architrave, Kapitäle u. s. w. sind in ungeheurer Menge als bloße Mauersteine pêle mêle verbraucht, am Grunde sieht man Superporten von 18 Fuß Länge aus einem Stück, und in dem Hauptthurme wechseln Hunderte neben einander gelegter und durchgesägter Säulenstücke mit horizontalen Quadern ab, was bis oben hinauf ganz regelmäßig folgendes barrokke Mauerwerk bildet:

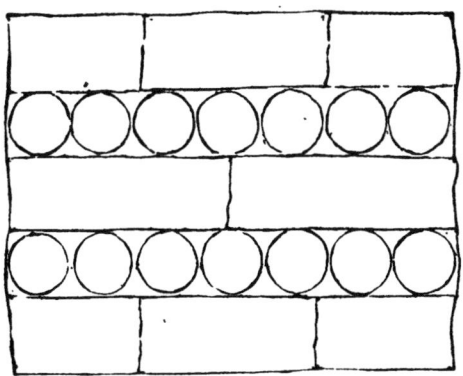

Auch die Kirche hat vom Raube des Tempels zwei sehr schöne Säulen einer jetzt ganz unbekannten Marmorart, die dem Agat ähnlich ist, nebst einigen alten Pilastern nnd Simsen davon getragen. Es ist eine stehende Erzählung bei dergleichen antiken Kostbarkeiten in den hiesigen Kirchen, daß einmal ein englischer Lord 1000 Pfund Sterling dafür geboten, sie aber dennoch nicht erhalten habe. Dasselbe wurde mir denn auch hier, wie schon an zehn andern Orten, mit großer Ernsthaftigkeit debütirt. Außer dem ebenfalls nie fehlenden, wunderthätigen Jungfraubilde verehren die Gläubigen hier noch den alterthümlichen Taufstein, in dem der heilige Basilius zu der Zeit taufte, als diese Ceremonie noch nicht mit den Kindern, sondern nur mit Erwachsenen vorgenommen wurde, die allerdings besser wissen mußten, warum sie sich derselben unterzogen. Den mit Mauern gepflasterten Hof der Kirche umgibt ein Viereck von Arkaden, was man im Französischen le Cloitre nennt, wo ehemals die Mönche wohnten, und das jetzt zweckmäßiger zu zwei Schulen eingerichtet worden ist.

Die Stadt, welche auf der Stelle des alten Paros steht, vor dem des großen Miltiades Ruhm erblich —*)

---

*) Nach der gänzlich mißlungenen Belagerung von Paros ward Miltiades bekanntlich angeklagt, zum Ersatz aller Kosten der Expedition verurtheilt und, nicht zahlungsfähig, in's Gefängniß geworfen, wo er an seinen vor Paros erhaltenen Wunden starb.

zählt 1850 Einwohner, und für die ganze Insel rechnet man 6400, nicht das Drittheil von der Zahl, die sie mit Leichtigkeit ernähren könnte. Die Insel hat 12 Stunden Umfang mit drei guten Häfen, unter denen der von Naussia der größte ist, und war, gegen Erlegung eines geringen Tributs, so gut wie ganz unabhängig von den Türken, deren Keiner hier wohnen, noch selbst sich hier verheirathen durfte. Man kann mit Recht sagen, daß mehrere dieser Inseln wahre Republiken unter türkischer Souverainetät waren, welche Alles, was ihre innere Regierung und Verwaltung betraf, durch ihre Primaten selbst besorgen lassen durften. Während des Revolutionskrieges landete eine türkische Flotte auf Paros, ohne jedoch die mindeste Handlung der Rache zu üben, noch irgend eine Contribution zu fordern, eine Mäßigung, die freilich sehr von den Gräueln auf Chios absticht.

Doch muß ich zur Ehre des türkischen Gouvernements auch hierüber mittheilen, was mir durch einen ganz glaubwürdigen Griechen, einen Primaten von Naxos, Herrn Frangopulo, später erzählt ward.

„Ich reiste damals," sagte dieser, „mit dem französischen Fregattenkapitain, Herrn .... nach Chios. Es war eine furchtbare Zeit! Alle Schiffe, denen wir begegneten, wie unsere Fregatte selbst, waren theils voll türkischer Weiber, die vor den Griechen flohen, welche in blinder Wuth alles den Muselmännern Gehörige niedermachten, theils griechischer, die der Schändung oder Sclaverei zu entgehen suchten. Alle waren jung und viele von der größten Schönheit, meistens aber nur leichtsinnige und leidenschaftliche Geschöpfe, ohne viel Sträuben sich hingebend, und schnell von Verzweiflung zu läppischer Ausgelassenheit und Possen übergehend. Unter den Türkinnen auf unsrem Schiff befand sich ein höchst reizendes Wesen, das der Kapitain mit seiner besondern Gunst beehrte, und im Laufe der Reise dieser jungen Frau versprach, sie mit sich nach Frankreich zu nehmen, von dessen Schönheit und der Freiheit des dortigen Lebens er ihr das anlockendste Bild entwarf. Ob ihn indeß dies Versprechen später gereute, oder ob es ihm zu erfüllen nicht möglich war, weiß ich nicht, aber als wir in der Nähe der Insel Chios ankamen, die uns schon lange vorher auf der See schwimmende Leichname ankündigten, erklärte er ihr, daß er sie jetzt, als Türkin, mit den übrigen Weibern an den Kapudan Pascha ausliefern müsse. Sie wollte eben eine Tasse Kaffee zum Munde führen, als ihr diese Nachricht ward. Einige Sekunden lang blieb sie sprachlos — dann warf sie klirrend die Tasse zur Erde, und überhäufte im heftigsten Zorn den Kapitain mit jeder Art von Verwünschungen. Da diese indeß nichts fruchteten, warf sie sich ihm zu Füßen, küßte diese unter einem Strome von Thränen, und beschwor ihn auf die rührendste Weise, sie nicht von Neuem der Sclaverei zu opfern, da er ihr so heilig zugesichert, sie mit sich nach dem freien Frankreich zu nehmen; ein Beweis, daß die türkischen Weiber doch ihre beschränkte Lage nicht so sehr lieben müssen, als uns manche Schriftsteller glauben machen wollen. Da sie auch hiermit den Kapitain nicht erweichen konnte, der die Unmöglichkeit — sie nach Kräften begütigend — vorschützte, zog sie endlich verzweiflungsvoll ihren Schleier über das Gesicht, und wir hörten noch ihr Wehklagen und Schluchzen, als sie auf der Embarkation Platz nehmen mußte, die der Kapudan Pascha, sehr erfreut über diese unerwartete Vermehrung seines Harems bei dem ersten Aviso nach der Fregatte gesandt hatte."

„Ich bat nun den Kapitain, an's Land steigen zu dürfen, kann aber, ohne alle übertriebene Sentimentalität meinerseits versichern, daß der furchtbare Anblick des Mordes und Brandes, wie der in Todesangst nach allen Seiten fliehenden, halb nackten Menge, unter die man noch immer mit Flintenschüssen feuerte, denen wir uns selbst ausgesetzt sahen, nebst der grenzenlosen schauderhaften Verheerung rund um uns her — mir fast eine körperliche Ohnmacht zuzogen; so daß ich mich eiligst zurückzukehren gezwungen fühlte, ohne einen Augenblick weiter an die Angelegenheit zu denken, welche mich hergeführt."

„Als der Kapitain hierauf dem Kapudan Pascha bittere Vorwürfe über solche Gräuel machte, erwiederte dieser: „„Man solle nicht so ungerecht „seyn, eine Begebenheit, die ihn mit dem „größten Schmerze erfülle, den Befehlen „der Pforte zuzuschreiben. Den besten Beweis „dafür wolle er sogleich dem Kapitain vorlegen;"" „und hiermit producirte er eine mit sich führende „Hattischerife des Sultans, nach deren Inhalt er dem „Pascha, welcher die verirrten Unterthanen Seiner „Hoheit in Chios, wie ein Kannibal behandelt habe, „sobald der hiesige Rhamasom*) vorüber sey, sogleich „den Kopf abschlagen und diesen nach Constantinopel „senden solle. Auch habe ich, setzte er hinzu, bereits „Alles gethan, um dem Blutvergießen, so viel ich es „auf geschärfte Befehle vermochte, ein Ende zu machen."

---

*) Die Türken sagen: „Rhamasom," die Araber: „Rhamadom."

„Es waren noch drei Tage bis zum Schluß des Rhamasom übrig, und sonderbarerweise ward am letzten derselben der Kapudan Pascha von Kanaris in die Luft gesprengt. So rettete durch eine wundersame Fügung des Schicksals Kanaris den Mörder der Bevölkerung von Chios, der mit einer unermeßlichen Beute, für deren bloße Ueberschiffung er einem **griechischen** Schiffseigenthümer 150000 Piaster zahlte, glücklich nach Klein-Asien entkam."

Die Einwohner der Insel Paros, die erste und mächtigste der Cykladen im Alterthum, waren hoch in Kunst nnd Wissenschaft berühmt, so daß die Mileter Männer von Paros wählten, um ihre durch Aufruhr zerrüttete Stadt von Neuem zu organisiren. Diese, unbekannt mit dem Charakter der Individuen, gingen hinaus auf's Land und bestimmten Diejenigen zu Vorstehern der Stadt, deren Besitzungen sie in dem blühendsten Zustande fanden, vielleicht nicht mit Unrecht voraussetzend, daß Solche, die ihr Eigenthum am besten zu verwalten verstünden, auch dem Anderer vorzustehen, am geschicktesten wären. Wie haben sich aber seitdem die Geschichten in diesem Punkte geändert! Die Theorien haben die Praxis besiegt, und ein von der Universität kommender Referendar wird häufig für geeigneter zum Regieren gehalten, als der weiseste Administrator seines eigenen Grund und Bodens.

Es war auf dieser Insel, wo man die berühmte Marmortafel entdeckte, die sich jetzt in Orford befindet, eins der merkwürdigsten chronologischen Monumente der Welt, auf der ein unbekannter Wohlthäter der Wissenschaft die denkwürdigsten Epochen der griechischen Geschichte von Kekrops bis Diognetes, einen Zeitraum von mehr als 1300 Jahren umfassend, eingraben ließ.

Wir wurden vom Dimarchen, der gut französisch sprach, gastfrei aufgenommen, und sein Schreiber begleitete uns nebst einigen subalternen Führern nach den antiken Marmorbrüchen, die sich anderthalb Stunden von der Stadt im Berge Marpesus befinden.

Nachdem ich gestern gelernt, wie man glatte Felsen an Stricken hinanklettert, wurde mir heute eine unerwartete Lektion anderer Art zu Theil. Wir waren, Jeder seine Wachskerze in der Hand, ohngefähr 10 Minuten lang ganz bequem in der alten Carriere vorgedrungen, als wir an eine sehr hoch ausgearbeitete Stelle kamen, die uns schon als das Ende der Promenade angekündigt war, denn, sagte man, es geht zwar noch weiter, aber um zu diesem Theil des Steinbruchs zu gelangen, muß man über 100 Schritte weit auf dem Bauche kriechen, ein Weg, den seit meh=

reren Jahren Niemand mehr unternommen hat. Hierbei wurde angeführt, daß der junge Prinz von Joinville, mit dem frischen Muthe, der seiner Familie eigen ist, den Durchgang habe versuchen wollen, ehe er aber noch die Hälfte erreicht, fast ohnmächtig geworden und nur mit Mühe wieder herausgebracht worden sey. Ob das Durchdringen überhaupt noch möglich sey, wußte man auch nicht gewiß, da im Winter die bis hierher bringenden Wassergüsse den Schutt von Jahr zu Jahr in dem engen Raume fortwährend erhöhten.

Wiewohl ich nicht ungern versuche, was Andern schwierig oder gar unthunlich vorkommt, so hatte ich doch diesmal, noch zu ermüdet von gestern, wenig Lust dazu, als einer der Führer äußerte: wenn man durch sey, komme man in einen Saal, in dem sich „Idola" befänden. Die Hoffnung, alte Skulpturen, gleich dem merkwürdigen Relief, das man weiter unten, außerhalb am Felsen sieht, hier zu entdecken, bewog mich nun sogleich, die unterirdische Reise anzutreten, und der Gedanke an diesen Fund stärkte mich auch unterwegs. Theolog entschloß sich auch diesmal, bravement mir zu folgen, und wir krochen nun in folgender Ordnung: Die zwei dicksten Führer voran, um wo möglich noch etwas auszuweiten; dicht hinter ihnen ich, hierauf der dritte Führer, und hinter diesem

Theolog als Schweif des vierköpfigen Ungeheuers.
Die drei dienenden Geister mußten die Lichter hand=
haben, so gut sie konnten, denn wir hatten zu viel mit
uns selbst zu thun, um uns damit zu befassen. Ich
gestehe auch, daß es mir in der Mitte, wo kaum noch
ein Fuß hoher Raum blieb, beinahe eben so wie dem
jungen Prinzen ergangen wäre, denn die Sache hat
nicht nur für die Imagination etwas Grauenerregen=
des, sondern ist auch physisch schwer zu bewerkstelligen,
und wird zuletzt zur wahren körperlichen Marter, da
man sich auf grobem Schutt und spitzen Marmor=
blöcken entweder mit Brust und Knieen, oder auf dem
Rücken fortschieben muß, eine Gangart, der Kleider
und Haut nur schlecht zu widerstehen im Stande sind.
Nicht nur Theolog's, sondern selbst der Führer schwere
Seufzer ertönten daher vielfach in dem schauderlichen
Grabe. Wir mußten oft ruhen, und dennoch fühlte
ich mich wie gerädert, als nach und nach die erdrück=
ende Felsendecke sich wieder etwas hob, man zuerst
auf Händen und Füßen, und zuletzt ganz aufrecht
gehen konnte, worauf wir denn auch bald in den ver=
beißenen schwer erkauften Saal gelangten. — *) Wäre

---

*) Ich habe später manche ägyptische Katakombe vom
übelsten Rufe durchkrochen, aber nie einen beschwerlicheren Weg
gemacht.

ich nun nicht der wahrhafteste aller Reisebeschreiber, hier gäbe es eine gute Gelegenheit, mir einige Freiheit anmuthiger Erfindungen zu gestatten. Aber ich bleibe meinen Grundsätzen getreu und melde beschämt, daß in der Wirklichkeit der gerühmte Saal nur zu einem unbedeutenden Gemach zusammenschrumpfte, in dem sich, statt der erwarteten Skulpturen keine andern Jdola als wenige nichts sagende, kleine Stalaktiken befanden. Außerdem waren mehrere Namen an den Wänden sichtbar, wovon das älteste Datum über ein Säkulum hinausreichte, das neueste von 1830 war. Als den interessantesten Namen bemerkte ich den des berühmten Reisenden Lord Prudhoc. Hier glaubte ich nun verdient zu haben, den meinigen, so unbedeutend er ist, ebenfalls hinzuschreiben, wäre es auch nur als freiwilliges Opfer, das Andern durch diese treue Beschreibung künftig die ganz unnütze Mühe wahrscheinlich ersparen wird.

Uebrigens bewunderte ich bei dieser Gelegenheit von Neuem, was selbst kurze Uebung und Gewohnheit thut! Hin, hatte ich über eine Viertelstunde gebraucht, zurück kam ich in weniger als 10 Minuten, und mit weniger Schmerz und Beschwerde, obgleich noch schlechter verwahrt als vorher, da meine Jnerpreſſibles an mehreren Stellen vom parischen Marmor gänzlich besiegt worden waren. Ich fand am Ende fast eine Art Vergnügen in der nun schon erlangten Geschicklichkeit, mich fortzuschnellen, und entdeckte Gelenke in meinem Körper, die ich vorher gar nicht geahnet, so daß es mir jetzt weit klarer ward, als bisher, wie Schlangen ohne Füße sich mit solcher Rapidität dem Boden entlang zu bewegen vermögen.

Der Steinbruch ist noch in mancher andern Art merkwürdig, namentlich frappirten mich die, wie mit dem Messer ausgeschnittenen, ungeheuren Stücke im Marmorfelsen, wozu die Alten jedenfalls uns ganz unbekannte Instrumente gehabt haben müssen. Das vorher erwähnte Relief am Eingang einer andern Oeffnung auf dem rohen Felsen ausgearbeitet, übergehe ich, da Herr von Prokesch eine so genaue Schilderung davon gegeben hat, daß ich sie hier nur unnütz abschreiben könnte. Ich bemerke blos, daß es Bacchus mit Eselsohren, auf dem Throne sitzend (oder vielleicht Silen), von allerlei andern Figuren umgeben, darstellt, welcher sich an einem Tanz der Nymphen ergötzt, wozu Tournefort die naive Bemerkung macht: „Anciennement, comme nous l'apprend Diodore de Sicile, les Demoiselles s'appellaient des Nymphes."

Oberhalb der Brüche befindet sich ein ehemaliges Kloster, jetzt das Eigenthum eines Gouvernements=

beamten, wo wir uns hinlänglich erholen und mit Kaffee erfrischen konnten, das heilsamste Getränk während großer Erhitzung in diesen Klimaten. Aus gleicher Rücksicht für meine Gesundheit legte ich auch hier den Rückweg nach der Stadt zu Fuß zurück; denn nach einer übergroßen Anstrengung thut man immer wohl, bald darauf eine minder starke folgen zu lassen, ehe man sich ganz der Ruhe hingiebt — eine Ansicht, auf die ich zuerst bei der Wartung meiner Pferde gekommen bin, der jedoch Theolog keineswegs beipflichten wollte. Den Weg von Parikia bis zum Schiff mußten wir mit der Laterne suchen, da die Nacht schon einbrach, ehe wir noch vom Steinbruch in die Stadt zurückgekommen waren. Dies nun zeigte sich als den unangenehmsten Theil des heutigen Tagewerks. Es war abscheulich kalt, mehrere Male verlöschte der Wind unsere Laterne, mein Maulesel wurde stätisch und biß mich, als ich ihm die Sporen geben wollte, in die Beine, die Barke, welche uns erwartete, war durch Mißverständniß nicht am rechten Ort, und die den Schluß machende lange Ueberfahrt (als wir sie endlich gefunden,) auf wogendem Meere in der eisigen Sturmesnacht, verursachte mir eine Erkältung, an der ich mehrere Tage litt.

In derselben Nacht noch schifften wir uns demohngeachtet, bei anhaltend contrairem Winde, nach Naros ein, und mußten daher fortwährend langweilig laviren, so daß wir erst am folgenden Nachmittag am Orte unsrer Bestimmung anlangten.

Naxos.

Naxos.

Als ich mich in meinem dreizehnten Jahre sterb=
lich in eine Aktrice verliebte, die Ariadne auf Naxos
sehr schlecht agirte, aber sehr hübsch war — hätte ich
nicht gedacht, auf dieser Insel einmal selbst in halbem
Sturme anzukommen. Der Anblick ihrer Felsen schien
mir noch rauher in dem grauen Wetter, als ihn mir
die Theaterdekoration früher vorgemalt hatte, und das
pittoreske, sich gegen die Luft scharf abschneidende
Portal eines Tempels des Bacchus, das auf der
isolirten, vom Meere umschäumten Klippe Strongilo
steht, war der erste Gegenstand, auf den mein Auge
fiel. Die Hauptstadt ist nicht empfehlend, schmutzig,
mit häßlichen, mühsam zu erklimmenden Gassen, am
Felsen hinaufgebaut. Der untere Theil nach dem
Lande zu gleicht, von einigen Palmen überragt, und
durch die Bauart seiner weißen Häuser einem mauri=

schen Flecken, den sogenannten Schloßberg nimmt aber fast ganz eine katholische Bevölkerung alten italienischen Adels ein, die von den größten Familien dieses Landes abstammt: Sommariva's, Barozzi's (deren Vorfahren Venedig gründeten), Grimaldi's, Girardini's, Malatesta's, Sforza's u. s. w. vegetiren hier in verhältnißmäßiger Armuth, mit Beibehaltung veralteter Sitten. Sie hatten von jeher das Vorrecht, europäische Kleidung, auch in Constantinopel, zu tragen, die sich jedoch bald von selbst halbtürkisch gestaltete. Ein altes Bild, das ich Herrn Grimaldi's, des schwedischen Consuls, Güte verdankte, stellt diese sonderbar gemischte Tracht ganz ergötzlich dar, den Herrn Katholiken als Halbtürken mit dreieckigem Hut, und die Frau Katholikin mit zwei Tändelschürzen, noch eine ganz kleine reizende auf der schon ganz kleinen, und breite gelbe seidene Eselinnenohren auf dem Kopfe. — Ich lernte mehrere der genannten Herren kennen, die mich, wie eine Erscheinung aus ganz verschollener Zeit, lebhaft ansprachen.

Naxos, das alte Dionisia, wo die Mythe den jungen Bacchus erziehen ließ, zählte in antiker Zeit über 100000 Einwohner, von denen jetzt nur noch der zehnte Theil sich ärmlich hier ernährt. Im Mittelalter ward es ein Raub der Abenteurer im Großen, welche damals ihr Wesen trieben, und blieb mehrere Jahrhunderte lang ein souveraines Herzogthum. Unter türkischer Botmäßigkeit stand es in demselben Unabhängigkeitsverhältniß zur Pforte wie Paros, ward von seinen eignen Primaten regiert und zahlte dem Großherrn nicht mehr als jährlich einen Tribut von 50000 türkischen Piastern, während jetzt alle indirekten Abgaben nicht mitgerechnet, schon die direkten, wie man mir versicherte, an 300000 Drachmen betragen. Von den drei Familien der 21 alten Herzöge der Insel, Sanudo, della Carcere und Crispo, existiren nur noch einige Nachkömmlinge der letzteren in größter Dürftigkeit, und ihr Haupt, ein alter Mann, ließ mich um ein Almosen bitten, indem er mir seinen Stammbaum hereinschickte, der mit einem griechischen Kaiser anfing!

Die Geschichte dieser Herzöge, über welche man mir ein Manuscript, von einem deutschen Jesuiten in französischer Sprache abgefaßt, und ein griechisches, von unbekannter Hand, mittheilte, ist nicht ohne Interesse, und einige große Verbrechen, die im Schooße der herrschenden Familien verübt wurden, könnten einen recht brauchbaren Romanenstoff abgeben. Die Zeit erlaubte mir nicht, die sehr eng und mit der blassesten Tinte geschriebenen Blätter genau durchzugehen, ich empfehle sie indessen meinen Nachfolgern, die deshalb nur Herrn Grimaldi's stets bereite Gefälligkeit in Anspruch zu nehmen haben. An einer Stelle der Schrift des Jesuiten eifert dieser gewaltig gegen die unerhörte Grausamkeit des Cäsar Galerius; „denn," sagt er, „dieser Tyrann ließ in Naxos, wie auf den übrigen Inseln, die Güter aller Einwohner vermessen, man zählte die Weinstöcke und die Olivenbäume, man hielt Register über die Bevölkerung und die Zahl der Nutzen bringenden Thiere und von Allem und Jedem mußten schwere Abgaben bezahlt werden. Die daraus entstehende viele Arbeit, wie die Nothwendigkeit unzähliger Deklarationen der Betheiligten, füllte Städte und Dörfer mit einem Heere kostspieliger, das geplagte Volk noch mehr drückender Beamten an, so daß man überall, wo man hinkam, nur auf Verzweiflung und Wehklagen stieß."

Schriebe der ehrliche Pater dies heute, er würde gewiß sofort als Libellist belangt werden; denn was er anführt, findet ja wörtlich Alles jetzt wieder hier und in ganz Griechenland eben so statt, und wird in unsern geduldigeren Zeiten nur: gute Ordnung — genannt.

Von Antiquitäten bietet Naxos wenig mehr. Man führte mich zu einem sogenannten Bade der Ariadne, eine kaum antike, kleine Cisterne, und 5 bis 6 Stunden von der Stadt liegt ein 25 Fuß langer Marmorblock, an dem Spuren vorhanden sind, daß eine Statüe, angeblich des Apollo, daraus angefertigt werden sollte; endlich findet man zwei Tagereisen weit im Innern einen hellenischen Thurmrest. Das ist Alles und nicht der Mühe des beschwerlichen Besuches werth. Eine moderne, vor 50 Jahren gebaute Kirche enthält acht schöne Granitsäulen aus dem Apollotempel zu Delos, deren Verhältnisse aber von falscher Art sind, daß man nur Theile der ursprünglichen Säulen angewandt haben kann, die überdem durch schlechte neue Kapitäle verunstaltet sind. Im Vorhofe der Kirche sieht man den aus einer früher zerstörten Kapelle hierhergebrachten Grabstein des ersten Herzogs von Naxos, Marc Sanudo, geschmückt mit seinem sehr einfachen Wappen und einer griechischen Inschrift.

Schließlich erwähne ich einer merkwürdigen silbernen Medaille, die kürzlich gefunden wurde, und ein einziges Exemplar zu seyn scheint, wenigstens wird sie in dem sehr vollständigen Werke des Herrn Mionnet nicht aufgeführt. Man sieht auf der einen Seite einen schönen Kopf des indischen Bacchus, auf der andern dagegen eine roh gearbeitete Karrikatur Jupiters, mit den Blitzen in der einen und dem Adler in der andern

Hand, der wie eine Gans aussieht. Darunter stehen die Worte: Ναξιος Μηχανη, wörtlich: Maschine von Naros, wovon die Bedeutung nicht recht deutlich zu verstehen ist. Der Besitzer forderte 500 Drachmen für diese Medaille, die zu bezahlen, ich einem größern Liebhaber, als ich bin, überlasse.

Der Gouverneur war abwesend, und der Dimarch logirte mich auf der Citadelle bei einem Kapuziner ein, der dort, als Missionair, ein der französischen Regierung zugehöriges, geräumiges altes Kloster bewohnt, das er zu einem recht guten Gasthof eingerichtet hat, wo zwar keine Rechnungen gemacht werden, aber nach Belieben gezahlt werden muß, was in der Regel mehr kostet. Dieser Mann kann füglich zu den Merkwürdigkeiten von Naros mitgerechnet werden, wie folgendes Gespräch, das zwischen uns stattfand, schon einigermaßen darthun wird. Ein stattlicher, nur durch Leben und Zeit etwas gebückter, schlank gewachsener Mann, mit langem röthlichen Bart und glänzenden, lebhaften kleinen Augen, in eine kurze zimmtbraune Jacke und weite Pantalons von gleicher Farbe gekleidet, eine Schnupftabaksdose in der Hand und einen türkischen rothen Fes auf dem Kopfe, kam mir mit gewandtem Anstande, aber etwas hinkend entgegen; als ich die ellenhohen Stufen der

Haustreppe langsam hinanstieg und annoncirte sich, mich in italienischer Sprache bewillkommnend, als den Padre Angelo. „Es thut mir leid, ehrwürdiger Vater," sagte ich, „daß Sie sich bis auf diese halsbrechende Treppe gewagt haben, denn Sie scheinen," setzte ich, auf sein lahmes Bein blickend, hinzu, „nicht ganz wohl auf zu seyn." „O, das ist schon ein altes Uebel," antwortete der Pater lachend, „eine Folge der Blessur, die ich in der Schlacht von Smolensk erhielt, und welche die Retirade von Moskau mir nicht ganz gründlich zu kuriren Zeit ließ." „Die Schlacht von Smolensk?" rief ich verwundert, „wie brachte Sie Ihr friedlicher Beruf dahin?" „Mein Beruf war damals nicht allzu friedlich," sagte der Kapuziner mit einem Anflug von Stolz, „denn ich war Unteroffizier in dem Elitencorps des Königreichs Italien." „Und wie ergriffen Sie nachher," frug ich, „ein so entgegengesetztes Metier?" „Per Dio" antwortete Padre Angelo, sich den Mönchsbart ganz militairisch streichend, „ich hatte mein ganzes Leben lang dem großen Napoleon gedient und sollte nun des Herzogs Ferdinand Soldat werden — das mochte ich nicht. Man wollte mich zwingen, aber damit kam man noch weniger weit mit mir, und um mich mit allen Ehren ganz kurz aus der Affaire zu ziehen, warb ich auf der Stelle Kapuziner.

Ein Gönner aus alter Zeit verschaffte mir bald darauf die Mission nach Constantinopel, wo ich ein Jahr lang, trotz einem älteren Pfaffen, predigte, später blieb ich, gleichfalls als Missionair, geraume Zeit in Smyrna, und seit sieben Jahren bin ich hier im Hafen der Ruhe eingelaufen, Padre Angelo für die Gläubigen und Pierre Croix für die Weltlichen, mein eigner Herr und — was nicht so übel ist, der einzige Kapuziner in Naxos."

Er führte mich nun in ein recht gutes Quartier im obern Stock mit umfassender Aussicht auf die Insel und den hohen Berg Dia in ihrer Mitte, versehen mit hinlänglichen Meublen und sogar einer Bibliothek, die eben so originell war, als ihr Besitzer: eine Menge geistlicher Werke, aber fast alle unvollständig, und in Sprachen, die der Kapuziner nicht verstand, lateinische, griechische u. s. w., ja selbst zwei deutsche Predigtbücher, die ich mir zu meiner eigenen Privaterbauung andächtig heraußholte. Zwischen diese legitime Heerde waren indeß verschiedene Wölfe und Füchse gerathen, und selbst Fragmente des ketzerischen Voltaire hatten sich darin eingenistet — gute und böse aber wurden gemeinschaftlich von Bücherwürmern auf eine Art zerfressen, die der ganzen Sammlung ein baldiges Ende prophezeiht.

Ich muß hinzufügen, daß ich in keinem Gasthof Griechenlands besser, mit mehr Aufmerksamkeit und gutem Willen bedient worden bin, als in diesem Kloster, ohne noch die mannigfaltige und oft pikante Unterhaltung des Paters in Anschlag zu bringen. So erzählte er mir heute von einem kürzlich hier gewesenen englischen Original, das, so lange er bei ihm logirte, nie ein anderes Getränk als Kaffee zu sich nehmen wollte. Dieses Individuum hatte in seinem Itinéraire gelesen: „Um dem Fieber in Griechenland zu entgehen, müsse man Wein und Wasser vermeiden und sich hauptsächlich an den Kaffee halten." Der um seine Gesundheit sehr besorgte Insulaner nahm dies so wörtlich, daß alle Bemühungen des Pater-Gastwirths, ihm seine verschiedenen Sorten Weine annehmlich zu machen, zu dessen großem Verdruß ganz vergeblich blieben. Dagegen war er kaum im Stande, zu jeder Tageszeit und bei allen Mahlzeiten Kaffee genug für den obstinaten Gast zu bereiten, der ganze Suppenterrinen davon austrank und durchaus seinen Durst mit nichts Anderem löschen zu wollen erklärte, so lange er auf griechischem Boden verweile. Seine Abreise ward nachher sehr jählings dadurch veranlaßt, daß er vom Pater eines Abends verlangte, er solle ihm augenblicklich eine Art Aphrodite schaffen, die er die Nacht verehren wolle. Da ihm nun dieser erwiederte, daß er zwar ein Kapuziner, aber kein ruffiano sey, befahl er sehr erzürnt, sogleich eine Barke bereit machen zu lassen, da er nothwendig einer weiblichen Gesellschaft bedürfe, und diese nun selbst in Syra aufsuchen werde. Viel von cattiva gente und damned papists murmelnd, eilte er auf und davon.

Ein anderesmal wohnte mehrere Wochen lang ein deutscher Poet, mit Namen Ludwig, bei ihm. Dieser liebte die Einsamkeit in solchem Grade, daß er nie mit den andern Gästen verkehren noch essen wollte, sondern sich stets auf seiner Stube allein serviren ließ, und den ganzen Tag von früh bis Abends, wie ein Tagelöhner, nur mit unaufhaltsamem Schreiben beschäftigt war.*) Abends pflegte Herr Ludwig, in Folge eines Gelübbes, vor dem Schlafengehen sich stets in einen großen Sack zu stecken, den er am Halse zuband und sich so auf's Bett legte. Als seine Abreise herannahte, zeigte sich der unangenehme Umstand für den Pater, daß der Poet kein

---

*) Es traf sich, als Theolog diese Stelle niederschrieb, daß ich demselben gerade acht Stunden lang ohne Rast diktirt hatte — und er lachte sehr!

Geld hatte, um sein obliegendes Geschenk zu bezahlen. Er kündigte seinem Wirth jedoch die unabwendbare Verlegenheit mit vieler Seelenruhe an, und eröffnete ihm dabei in barbarischem Italienisch: der Pater möge unbesorgt seyn, denn obgleich er ihn nicht mit baarem Gelde befriedigen könne, so überlasse er ihm hier einen von ihm componirten Operntext, dessen Werth seine Auslagen mit reichen Interessen bezahlen würde. Zugleich bat er ihn, als Andenken seine Silhouette anzunehmen, welche der Pater mir noch lachend vorwies. Dieser, wie er sich ausdrückte, stupefatto di questo regalo, erklärte dem Dichter, sein Buch zurückgebend, daß er ihn eines solchen Schatzes nicht berauben wolle, der seinem Lebenslauf zu heterogen sey, Herr Ludwig möge indeß nur friedlich ziehen, und wenn er sich einmal mit Baarem besser vorgesehen fände, nachträglich seine Munifizenz an ihm ausüben. Doch hat seitdem der arme Kapuziner nie etwas mehr vom deutschen Poeten vernommen.

Auch in die politischen Regionen schweifte zuweilen der Pater hinüber, und sehr gut war in der That seine Schilderung der Toskanischen Insurrektion im Jahre 1831, deren Details, wie er sagte, ihm ein Freund folgendermaßen mitgetheilt habe.

Als die Emeute in Florenz ausbrach, schrieb dieser, ernannte der Herzog einen Casanova, der unter Napoleon in Spanien als Oberst gedient, (vielleicht ein Neffe des durch seine Memoiren Berühmten) zum Generalissimus seiner Truppen. Dies war ein vernünftiger Mann. Lassen Eure Kaiserliche Hoheit die Leute gewähren, sagte er, ich werde für die Sicherheit Ihrer erlauchten Person und des Pallastes dergestalt sorgen, daß wenn die Meuterer dagegen etwas zu unternehmen wagen, sie sich die Köpfe schnell einrennen sollen; jetzt aber, statt mit Kartätschen auf sie zu feuern, rathe ich, ihnen so viel Essen und Trinken reichen zu lassen, als sie verzehren wollen. Man beherzigte diesen klugen Rath, und der Erfolg war, daß die guten Bürger und Studiosen, die früh nur Blut trinken wollten, und wüthend Tod oder Constitution schrieen, Abends, zur Hälfte in Wein und Branntwein betrunken, zur Hälfte beschwichtigt, ganz friedlich ihre Betten aufsuchten. Am andern Morgen ließ der Herzog durch Herolde überall bekannt machen, daß er zum Volke sprechen wolle, wozu nach alter Sitte ein Thron auf der piazza degli officii errichtet wurde. Eine ungeheure Menschenmenge versammelte sich und der Herzog hielt ihnen folgende kurze, aber eindringliche Rede: „Liebe Kinder! ich habe gehört, daß ihr eine Conſtitution verlangt. Ich bin von Herzen bereit, Euch ſo viel Conſtitutionen zu geben, als Ihr Luſt habt — aber bedenkt, daß, ſo wie das geſchehen iſt, 100000 Deutſche hierher kommen werden, das Land verheeren, in Eure Häuſer bringen, jeden Eurer jetzigen Rädelsführer todt ſchießen laſſen, und Euch mehr Geld koſten werden, als zehn Jahre Eurer Abgaben betragen, ohne daß Ich Euch dann zu ſchützen im Stande bin. Erklärt nun, Ihr lieben Leute, ob Ihr zu dieſem Preis die Conſtitution noch haben wollt, oder nicht? Im letzten Falle aber ſeyd verſichert, daß Alles vergeben und vergeſſen ſeyn ſoll, was geſchehen iſt." Ein Hurrah und ein wüthendes Geſchrei: „Keine Conſtitution! Es lebe Ferdinand!" war die allgemeine Antwort, und damit hatte die Sache für immer ein Ende. So erzählte der Kapuziner, ob es wahr iſt, weiß ich nicht, aber daß die Zeitungen es zu ſeiner Zeit nicht gemeldet, iſt kein Beweis dagegen; denn ich erinnere mich gar wohl, unter Napoleon dem Großen eine gewaltige Inſurrektion in Italien ſelbſt miterlebt zu haben, von der man in Deutſchland nie ein offizielles Wort vernommen hat, und die nur wenige Privatnachrichten meldeten, welche man allgemein für erlogen hielt. Die Reden des Livius ſind wahrſcheinlich auch nie gehalten worden wie er sie uns giebt, und so mag der Verston meines Kapuziners, der kein Livius zu seyn prätendirt, auch ihre Chance vergönnt seyn.

Ich büßte meine Höhlenvergnügungen und darauf folgende Erkältung hier in Naxos, blieb drei Tage im Bette liegen, diktirte und schrieb, wie bereits gemeldet, von früh bis Abend trotz dem Poeten Ludwig, und fand mich am vierten, als nach Sturm und Regen die Sonne wieder schien, die wir lange nicht mehr erblickt hatten, hinlänglich hergestellt zu neuer Thätigkeit. Da ich viel von den Reizen der Gegend gehört hatte, als deren Culminationspunkt das Thal von Melanes schon im Manuscript meines Jesuiten gerühmt wird, unternahm ich noch vor meiner Abreise noch eine Maulthiertour nach diesem Ort und den sehenswerthesten Gegenständen in der Nähe der Stadt.

Viel Neues bot sich mir auf derselben nicht dar, und ich begreife nicht recht, warum die Alten Naxos das kleine Sicilien nannten, mit dem es jetzt wenigstens keine Aehnlichkeit mehr hat. Graue Felsen über terrassirten Hügeln, die kleine Thäler mit Gemüse- und Fruchtgärten oder Oelbaumplantagen einschließen, sind das Charakteristische der Insel, mit Ausnahme einiger ausgedehnteren Ebenen am Meer, die mit Wein und Feldfrüchten auf das Sorgsamste angebaut sind. Aber auch in den Bergen fanden wir fast überall dankbaren Boden, der jedoch großentheils aus Mangel an Menschen unbenutzt bleibt, und jetzt nur als spärliche Weide dient. Zugleich liefert er einen röthlichen Stein „Smiriglio" genannt, von dem große Quantitäten nach England gehen. Er dient zum Putzen verschiedener Metalle, und ohne Zweifel stammt daher unser deutsches Wort: Schmergel.

Die weit größere Schönheit des Thales von Melanes wird dadurch hervorgebracht, daß hier die Berglehnen mit Oliven-, Orangen-, Citronen-, Cedratbäumen u. s. w., zwischen denen sich dunkle Cypressengruppen erheben, dicht besetzt sind, und hübsche weiße Landhäuser die Scene beleben — aber jedes Thal, das wir sahen, könnte, bei gleicher Kultur, auch denselben Anblick gewähren. Der ansehnlichste Garten in Melanes ist der des Herrn Frangopulo, von dem und dessen Familie wir mit ausgezeichneter Artigkeit empfangen, bewirthet und zum Abschiede noch mit einem Korbe der auserlesensten Südfrüchte beschenkt wurden, die man, um sie in höchster Vollkommenheit zu erhalten, auch hier zwei Jahre lang auf dem Baume hängen läßt, wie ich es schon in Poros gesehen. Wir kosteten in diesem Hause alten Wein von der geschätzten Sorte, die unter der Benennung:

„Wein des Bacchus" bekannt ist. Doch verdient er diesen stolzen Namen, meines Erachtens, nicht hinlänglich. Es giebt auch in Naros einen Wein, der so weiß wie klares Brunnenwasser aussieht und dennoch sehr stark ist. Die Alten nannten eine der Weinsorten dieser Insel wegen ihrer Vortrefflichkeit: Nektar. Herr Grimaldi behauptet, die Art wie dieser Wein aus besondern Traubenbeeren bereitet wurde, durch ein altes Manuscript wieder entdeckt zu haben, und wird bei der nächsten Weinlese den ersten praktischen Versuch damit machen.

Der zweite im Range unter den Gärten von Melanes ist der, der französischen Lazaristen, denen die Vorfahren der hiesigen Primaten sehr einträgliche Grundstücke mit dem Beding schenkten, für immer eine Schule und einen Arzt unentgeldlich für den Bedarf der Hauptstadt zu halten. Herr Frangopulo klagte bitter darüber, daß weder Eins noch das Andere mehr stattfinde, wohl aber von Zeit zu Zeit einige Individuen von Frankreich hergesandt würden, um die Einkünfte der Güter, die sich jährlich auf 15000 bis 20000 Drachmen belaufen sollen, in Empfang zu nehmen und dann mit dem Gelde wieder fortzugehen. Man hat jetzt deshalb bei dem französischen Gesandten in Athen dringende Klage geführt, und hofft, daß dieser

so gerecht seyn werde, die frommen Geistlichen ernst-
anzuhalten, in Zukunft ihre Pflicht besser zu erfüllen.
Es ist dies allerdings von nicht geringer Wichtigkeit
für die hiesigen Familienväter, da in der Hauptstadt
von Naros, wie in der ganzen Insel, seit der letzten
Revolution, außer einer höchst vernachläßigten Bettel-
anstalt für enseignement mutuel, gar keine Schule
mehr existirt! Eines Arztes müssen die Insulaner
auch entbehren, was ihnen jedoch wahrscheinlich weniger Nachtheil bringt.

Nach einem Spazierritt von circa 6 Stunden
kehrten wir durch die fruchtbare Ebene von Livadi,
recht sehr befriedigt, wenn auch nicht lebhaft erregt,
zu den Zellen unsres Kapuziners zurück. Unterwegs
vorher hatten wir mehrere einsame Schluchten und
Defileen passirt, was in der Morea ohne Waffen und
Bedeckung bedenklich gewesen wäre. Dieser Unterschied zwischen dem Festlande und den Inseln, wo
kaum ein Gensd'armes und noch weniger Militair
existiren, und wo dennoch für den Reisenden die aller-
größte Sicherheit herrscht, ist gewiß sehr auffallend,
um so mehr, da auch bei den Insulanern unter sich
Raub und Mord gar nicht selten sind, und z. B. eben
hier im Innern von Naros Beides erst den Tag vor
meiner Ankunft vorgefallen war, weshalb ich auch den

einzigen hier stationirten Gensd'armes-Offizier nicht in der Stadt gegenwärtig fand. Es ist noch eben so wenig als das Miasma der Cholera ergründet, was unter übrigens gleichen Verhältnissen doch so verschiedene Resultate in der Moralität der Völkerschaften hervorbringt. Im Ganzen werden die Eigenschaften der hiesigen ländlichen Population gelobt, und Naros scheint mir überhaupt ein sehr geeigneter Boden für Europäische Auswanderer zu seyn, die oft in dieser Hinsicht so unrichtige Wege einschlagen, und mit abenteuerlichem Sinn das entfernteste Land gewöhnlich auch für das beste halten.

Ich ward mehrere Tage durch heftige widrige Winde und sehr schlechtes Wetter, hier gefangen gehalten, wozu mich die feuchte Kellerluft des Klosters krank machte, so daß ich nur wenig ausgehen konnte. Doch besah ich heute eine Kirche mit mehreren alten Gräbern und Wappen der venetianischen Familien, besuchte meinen gütigen Freund, Herrn Grimaldi, in dessen alterthümlichem Hause die vom Regen durchdrungenen rohen Balken des Plafonds seines Staatszimmers seltsam mit weißen Sternen bemalt waren, und erstieg später die Schutthaufen eines Thurms des ehemaligen herzoglichen Schlosses, ein jetzt sehr ungeschmücktes Belvedere. Es war so verfallen, daß man kaum festen Fuß darauf zu fassen vermochte, aber desto romantischer war der Anblick des wilden Sturmes und des schwarzen mussirenden Meeres, auf dem bald da bald dort die schwankenden Vorhänge der Wolken eine Insel auf= oder zudeckten, und die Barken im Hafen ihre Masten wie im Tanze einander zuneigten.

Ariadne muß, in der Verzweiflung sich hier von Theseus verlassen zu sehen, einen Fluch über das weibliche Geschlecht zu Naros ausgesprochen haben, den Jupiter erhörte. Denn wohin wir uns auch wandten, immer begegneten wir nur häßlichen Gestalten. Dabei ist die Stadt ein wahrer Kloak und der durch Stimmenmehrheit erwählte Maire, ein unwissender Bauer, dessen gänzliche Unbekanntschaft mit gesitteten Gebräuchen zuweilen höchst possirlich ward. Die Etablirung der Dimarchieen kostet den Einwohnern jährlich zwei Procent ihrer Einnahmen, ohne jedoch an den meisten Orten viel entsprechenden Nutzen zu stiften, was wohl hauptsächlich von dem unzweckmäßigen Wahlverfahren herrührt, das nun geändert werden soll.*)

---

*) Jeder Einwohner des Bezirks ohne Ausnahme hat nämlich das Wahlrecht.

Herr Frangopulo theilte mir einen andern auffallenden Umstand mit, der nur aus einem Grundfehler bei der Regierung der hiesigen Insel entspringen kann. Er sagte mir, daß, ohngeachtet es hier so sehr an Menschen zur Bearbeitung der Grundstücke fehle, dennoch ein Drittheil der hiesigen Einwohner und Familienväter sich die meiste Zeit des Jahres über in Kleinasien zur Arbeit verdinge, wie es auch auf vielen der umliegenden Inseln stattfindet. Man kann überhaupt rechnen, daß noch immer fast eben so viel Griechen im Auslande leben, als in Griechenland selbst zu finden sind, was bei besseren und sichereren Aussichten in diesem Reiche wohl nicht in dem Maaße der Fall seyn könnte.

In des deutschen Jesuiten Nachrichten über Naros blätternd, las ich nachher Folgendes, was wenigstens beweis't, daß es Zeiten gab, die noch schlimmere Calamitäten mit sich führten, als die jetzigen, und daher als Trost hier stehen mag.

„Nachdem" sagt der Pater, „drei Jahre lang eine fürchterliche Pest Constantinopel und einen Theil des Archipel's dergestalt verheert hatte, daß die Häuser mehr Gräbern als menschlichen Wohnungen ähnlich sahen, schien im Jahr 763 ein Winter ohne Gleichen das Ende der Welt zu verkündigen. Vom Anfang des Oktobers fror das schwarze Meer bis über dreißig Stunden von seinen Ufern weit, 45 Fuß tief zu Eis, worauf 30 Fuß Schnee darauf fiel. Vom Chersones bis nach Mesembria in Thrazien hatte Meer und Land sich so vereinigt, daß vier Monate lang die schwersten Wagen diese Eisstraße passiren konnten. Im Februar des folgenden Jahres erst brachen die gefrornen Massen und wälzten, vom Winde getrieben, Eisberge bis in das ägäische Meer, dessen Inseln dadurch wie mit Mauern umgeben wurden. Und diesem Winter folgte eine so sengende Hitze und unnatürliche Dürre, daß alle Quellen davon austrockneten. In Naros aber beschloß das Trauerspiel noch die Eruption eines Vulkans, welche die halbe Insel zerstörte."

„Da," fährt unser Jesuit fort, „kam auf den Wellen ein Bild der heiligen Jungfrau herangeschwommen!" Man fischte es natürlich schleunig auf, und von diesem Augenblick an genoß die Insel viel segensvolle Jahre, bis die ungläubigen Mauren aus Spanien herschifften, Kandia eroberten und viele der Cykladen mit Naros grausam verheerten u. s. w. Den Grund, warum die heilige Jungfrau gegen diese Barbaren nichts mehr ausrichten konnte oder wollte, bleibt uns der fromme Vater schuldig. Man muß nicht Alles wissen!

Obgleich der stürmische Scirokko ohne Rast andauerte, fing doch die Unthätigkeit in Naros an mir unerträglich zu werden, und da der Meergott mich durchaus nicht nach Süden gehen lassen wollte, ging ich nach Norden, und schiffte mich, trotz des Capitains Bedenklichkeiten, nach Syra ein. Auf dem dunklen Meer weideten dessen weiße Schäfchen, gar munter darauf umherspringend, und außer Naros nebst dem gegenüber liegenden Paros waren alle Inseln umher durch graue Wolken verborgen, aber den Wind im Rücken, flogen wir desto pfeilschneller durch die Wogen. Zierlich lag die Golette mit vollgeblähten Segeln so niedrig auf der rechten Seite, daß ihr Rand fast dem Wasserspiegel gleich stand, während auf der linken die Wellen in Schaumfontainen in die Höhe spritzten, als sprudle sie ein Wallfisch aus seinem weiten Kiemen, worauf sie in Massen auf das Verdeck niederfielen, jedoch schnell, bei der hängenden Lage des Schiffes durch die kleinen Oeffnungen des Sabords wieder abflößen. Nicht lange aber konnte ich mich dieses Schauspiels erfreuen, denn eine, den ganzen Himmel jetzt in tiefes Schwarz hüllende Bouraske, mit einer herabfallenden Fluth verbunden, zwang mich, Schutz in der Kajüte zu suchen, wo ich mich auf mein Bett warf und bald unter wüsten Träumen entschlief. Sie

waren abenteuerlich genug — denn im letzten, dessen
ich mich erinnere, kaufte ich meinem seligen Vater
ein geflügeltes Himmelsroß ab, das er selbst im Stalle
putzte, was ihm viel Noth machte, da er sich sehr
ungeberbig dabei benahm. Als wir es endlich gebän-
digt, gesattelt und herausgeführt hatten, schwang ich
mich darauf, während mein Vater so gütig war, mir
den Steigbügel zu halten. Kaum war ich aber im
Sattel, als es sich mit solcher Blitzesschnelle in die
Wolken erhob, daß in wenig Minuten die Erde meinen
Blicken entschwand und der Mond in blendendem
Glanze und unermeßlicher Ausdehnung vor mir lag;
wo ich denn nachher noch viel wunderbarere Entdeckun-
gen machte, als neulich Pseudo-Herschel'sche vom Vor-
gebirge der guten Hoffnung uns mitgetheilt wurden.
Unter andern erfuhr ich, daß die Bewohner des Mondes, welche ich von überirdischer, schöner, ätherischer
Gestalt fand, und im Anfang alle für bezaubernde
Mädchen hielt, im Gegentheil sämmtlich Hermaphro-
diten seyen, und deshalb noch größere Egoisten, als
wir. Aus demselben Grunde giebt es auch im Monde
keine andere Regierungsform als nur republikanische.
Diese glücklichen Geschöpfe leben höchstens zwanzig
unsrer Jahre, kennen aber in ihrer feinen Atmosphäre,
und bei ihrer, dem Feuer mehr als den gröbern irdi-

schen Stoffen verwandten Organisation, die allmählige Decadence der unsrigen und das daraus hervorgehende Altwerden nicht.

Sehr begierig, naturwissenschaftlich zu ergründen, wie die fortschreitende Vermehrung hier eigentlich bewerkstelligt werde, hatte ich einem dieser reizenden Doppelwesen, das mir am besten gefiel, eben eine vertrauliche Eröffnung deshalb gemacht, und es schickte sich schon an, mir mit fast leichtfertig zu nennendem Lächeln die Antwort zu ertheilen, als — durch eine gröblich ungeschickte Bewegung des Schiffes — la Grèce en miniature, guide fidèle tant pour le continent, que pour les îles (ein sehr geniales Werk des geflüchteten Polenhäuptlings Srzwlrskrzly) mir empfindlich auf die Nase fiel, und meiner interessanten Vision ein schnelles Ende machte.

Der Regen hatte aufgehört, doch der Wind sauf'te noch nach wie vor. —

Ich kroch also wieder auf das Verdeck und dämpfte eine Anwandlung von Seekrankheit glücklich mit einem großen Glase Rak's. Da ich schon einigemal gute Rathschläge, dieses peinigende Uebel betreffend, ertheilte, so füge ich hier noch hinzu, daß, wenn man, wie ich jetzt, es schon halb überwunden hat, kein Mittel gegen flüchtige Rückfälle desselben besser an-

schlägt, als Essen und Trinken, vom ersten wenig auf
einmal, vom letzten: Wein oder Branntwein, soviel
als die Natur verlangt, um dem Magen Ton zu
geben. Ist man aber noch seekrank, so würde durch
ein ähnliches Regime die Krankheit nur vermehrt und
verlängert werden. In diesem Falle darf man die
Natur in keiner Art zwingen, bis sie selbst ein Ver=
langen nach irgend etwas anzeigt, dem man dann
aber auch blindlings und ohne Zögern folgen muß.
Im Allgemeinen anzuempfehlen, wie ich es so oft
hörte: Essen und Trinken sey gut, aber Fasten das
Beste, oder: Kaffee und rothen Wein müsse man ver=
meiden, dagegen viel Thee oder Limonade trinken u. s. w.,
ist ganz abgeschmackt — denn alles kommt hierbei allein
auf die individuelle Disposition und den Grad des
Uebels an. Auf sich und das Bedürfniß seiner Con=
stitution genau Acht zu geben, ist auch hier die beste
hygiäische Regel, die man befolgen kann. Als all=
gemein lindernde Dinge mögen jedoch mit Recht ge=
nannt werden: Horizontale Lage, möglichst viel frische
Luft, in eau de Cologne getauchtes Löschpapier auf
die Magengegend, und Citronenscheiben auf die Stirne
gelegt. Bei sehr heftigem Kopfschmerz ist der Ge=
brauch von Essigäther heilsam, und bei zu gewalt=
samem Erbrechen 10 bis 12 Tropfen Opiumtinktur

in Wasser zu nehmen. Wer das Leiden der Seekrankheit empfand, wird mir meine wiederholte Weitläuftigkeit über dieses Kapitel danken.

Doch der neu erbaute Leuchtthurm, eben angezündet, glänzt uns schon entgegen, hundert gedrängte Schiffe schaukeln sich vor uns im Hafen — wir sind angelangt.

Syra.

Syra.

Die Hauptstadt dieser Insel, wohin sich während der Revolution der ganze Handel Griechenlands zog, ist die größte und volkreichste Stadt des Königreichs. Sie hat gegen 20000 Einwohner, und ihre 4000 weißen Häuser, von denen der größte Theil erst seit 1821 entstand, breiten sich weit am Gestade zwischen dem Hafen und hohen Uferbergen hin, während die ältere, auf dem Hügel erbaute Stadt sich wie ein Kegel aus der Mitte erhebt. Der Anblick ist eben so originell als malerisch.

Obgleich es schon Nacht, d. h. sechs Uhr vorüber war, als wir in unserer Barke an der Treppe des neuen Quai landeten, fand ich dort den Mirarchen bereits vor, der mich erwartete, um mich in ein von ihm besorgtes Quartier zu führen. Ich war um so mehr überrascht von dieser Attention, da ich nur durch

Zufall nach Syra kam, was eigentlich ganz außer meinem Plane lag — aber der Chef der Gensd'armes in Athen, Herr Oberst Rosner, hatte auf jeden möglichen Fall, und mir ganz unbewußt, die Mirarchen aller vornehmsten griechischen Inseln meinetwegen avertiren und sie auffordern lassen, nach Kräften für mich zu sorgen; eine Galanterie, die ich nicht mit genug Dank erkennen kann, welche aber nur bestätigt, was ich schon einmal zum Lobe der ausgezeichneten Aufmerksamkeit anführte, deren sich die Fremden von den hiesigen Autoritäten in der Regel zu erfreuen haben.

Syra, wie uns der, jetzt nach dem Regen aufgehende Mond zeigte, ist gut gepflastert, ziemlich reinlich, und trägt überall den Charakter einer blühenden Handelsstadt, obgleich es seit der neuen Ordnung der Dinge nach und nach die Vortheile großentheils verlieren muß, die es auf Kosten des übrigen Landes, durch die Umstände so sehr begünstigt, eine Zeit lang allein genoß. Daher spürt man auch seit den letzten Jahren, wie man mir sagte, schon einigen Verfall, und mehrere der angesehensten und reichsten Besitzer wandern aus nach Nauplia, Athen, und vorzüglich Patras, das unfehlbar in Zukunft die erste Handelsrolle in Griechenland zu spielen bestimmt ist. Der einzige Artikel der Korinthen bestimmt dies schon, welche das umliegende Land dort selbst erzeugt, während Syra immer nur ein bloßes entrepôt fremder Waaren seyn konnte, und die Bilanz des hiesigen Handels Griechenland gegen 1500000 Drachmen baares Geld entzieht, für das fremde, besonders englische Waaren erkauft werden, welche man durch Tauschartikel nicht bezahlen kann. In dem für mich bestimmten Hause bemerkte ich fast nichts als englische Fabrikate.

Ehe ich mich in dieses begab, nahmen wir unser Mittagsmahl bei einem griechischen Restaurateur ein, den ersten dieser Art, den ich gesehen. Er war charakteristisch — eine vollkommene Figur von Gastwirth in Costüm und Benehmen. Die Serviette in der Hand, die rothe Mütze auf dem Kopfe, die runde Jacke, die kurze Schürze mit Taschen, die weiten hydriottischen Leinwandhosen, die nur bis über das Knie herabgehen, und weiße Strümpfe mit Schuhen formirten seinen passenden Anzug. Fett, und wie eine Wurst gebaut, d. h. fast gleich dick vom Kopf bis zum Fuß, war er dennoch so geschäftig und flink wie der Schmächtigste, voll verbindlicher Aufmerksamkeit und mit einem bejahenden Lächeln für jeden Befehl. Er allein bediente gegen 20 Personen (meistens

Militair) mit einer Promptitüde, die nichts zu wünschen übrig ließ, denn kaum hatte man etwas verlangt, so stand es auch schon auf dem Tische. Zu helfen wußte er sich ebenfalls, und zwar ächt griechisch; denn als er uns kleine Mandeln von Chios vorgesetzt hatte, die wir nicht aufmachen konnten, und wir ihm deshalb riefen, eilte er sogleich damit fort in die neben dem kleinen Eßsaal befindliche Küche, wo Theolog durch die nur angelehnte Thür gewahr wurde, daß er, seine Frau und der Küchenjunge sie alle mit ihren vortrefflichen Zähnen in größter Schnelligkeit aufknackten, und dann behutsam wieder auf den Teller legten. Von mir blieben sie nun freilich unangerührt. Die Preise erschienen uns, im Gegensatz zu unsern bisherigen griechischen Erfahrungen, äußerst billig, Tischzeug und Bestecke waren reinlich, und die Kost für das hiesige Land sehr gut, nur der Wein entweder gezuckerter Tinte an Geschmack und Aussehen gleich oder übermäßig razinirt. Tabak wurde auch im Eßzimmer geraucht und zwei offenstehende Schlafstuben, mit allen nöthigen Ingredienzen versehen, machten keinen angenehmen Effekt neben der Küche und dem Speisesaal.

Am Morgen, als ich noch im Bett lag, besuchte mich der Gouverneur, Herr Christidis, ein Mann von Welt und feinen Sitten, der wie ein geborner Franke französisch spricht. Ich fand seinen mit Zobelpelz verbrämten Nationalanzug so elegant, daß ich ihm ein scherzendes Compliment darüber machte, bei welcher Gelegenheit er äußerte, er habe sich früher immer den damaligen Befehlen, die Nationaltracht zu verlassen und eine baierische Uniform anzuziehen, standhaft wiedersetzt, wobei er jetzt wieder mit der Gesinnung des Gouvernements im Einklang stehe, da dies seine Ansicht über den fraglichen Gegenstand seitdem geändert habe. Als ein großer Verehrer aller Nationaltrachten, stimmte ich in Alles, was er zum Lobe einer solchen anführte, vollständig ein. Er versicherte, Leute gesehen zu haben, die früher ihrer Bravour wegen berühmt waren, und in dem neuen Rock isolirt und von ihren Gefährten verspottet, zu Feiglingen wurden. Das merkwürdigste Beispiel dieser Art lieferte der Capitain Velenza, welcher Jahre lang das Schrecken der Räuber und Insurgenten, so daß dessen Name allein hinreichte, eine ganze Bande in die Flucht zu jagen. Von dem Augenblick aber, wo diese ihn in der neuen Uniform sahen, hörte der Zauber auf, und sie schrieen bei der ersten Rencontre lachend, das sey nicht mehr der alte Velenza, sondern nur ein fremder Söldling, wie die Uebrigen, griffen ihn an, zersprengten sein Detachement und waren im Begriff, ihn selbst zusammenzuhauen, als er durch das halsbrechende Herabgleiten an einer Felsenwand sich das Leben rettete. Seit dieser Zeit war des Mannes Muth gänzlich gebrochen, und er wurde später wegen Verrätherei aus Poltronerie begrabirt und aus den Listen der Armee gestrichen. Ich kann mir bei einem ungebildeten Menschen, der nur Constitutionsmuth besitzt, eine solche Umwandlung durch äußere Eindrücke herbeigeführt, sehr wohl denken.

Da der Gouverneur meine Wohnung zu klein fand, wie es in der That für mich und meine Suite der Fall war, so drang er darauf, mich bei Herrn Prasakakis einzuquartiren, einer der reichsten Syrioten, der sich selbst gütig dazu erboten hatte. Ich fand hier ein Haus, wie ich es in Griechenland noch nicht gesehen, mit Marmortreppen sechzehn Fuß hohen Zimmern, zierlichen Gypsplafonds, englischen Meublen, langen Wandspiegeln, und von eben so akkurater Bauart als in Europa, so daß man hier keine jener schiefen und krummen Linien bemerkte, durch welche sich die neuere griechische Baukunst auszeichnet. Das Räthsel ward mir durch die Bekanntschaft des hiesigen Architekten erklärt, eines Mannes, von dem ich schon früher gehört, und der, wie Dr. Roß in Athen, zu den seltenen Offizianten gehört, die eine Regierung nicht fest genug halten kann, in welcher Hinsicht es denn hier auch nur folgerecht ist, daß er — disgustirt und vernachläßigt — in drei Monaten abgeht.

Ich besichtigte während des Vormittags mit ihm seine hier ausgeführten Bauten, und folgte mit dem höchsten Antheil seiner lehrreichen Unterhaltung. Er hat bereits vollendet: einen Leuchtthurm, das große Transitogebäude mit seiner Umgebung, und einen Theil des Quai, der den ganzen Hafen einschließen soll. Die Genauigkeit und Solidität dieser Arbeiten, und vor allem der Wasserbauten, könnten nirgends besser bewerkstelligt werden, und ich war sehr erfreut, von Herrn Erlacher zu vernehmen, daß er nicht nur besser, sondern auch wohlfeiler zu bauen vermöge, als in Baiern; denn bis jetzt hatte ich immer nur eine erdrückende Geldverschwendung, in jeder Hinsicht, bei dem griechischen Bauwesen, namentlich ganz unverhältnißmäßig heraufgeschraubte Löhne für höchst unwissende und unbrauchbare Arbeiter wahrgenommen. Herr Erlacher gab sich die Mühe, die Leute vorher zu instruiren, und für seine Zwecke abzurichten, wobei er auf so viel Intelligenz, Lernbegierde und guten Willen stieß, daß ich ihn jetzt ganz entschieden fand, im Fall er hier geblieben wäre, in Zukunft durchaus nur mit Eingebornen, ohne das Zuthun irgend eines Deutschen, alles zu vollenden, was ihm das Gouvernement aufzutragen beliebt haben würde. Ohngeachtet dieser erlangten Geschicklichkeit der Arbeiter brachte er die Löhne auf mehr als die Hälfte niedriger herab, als sie in Athen üblich sind, und wird doch fortwährend mit Fleiß und Sachkenntniß bedient, wie ich mich theils aus dem Augenschein dessen, was ich vor mir ausführen sah, theils durch die bereits früher erlangten Resultate hinlänglich überzeugte. Der geschmackvolle, eisenfest aus großen Quadern erbaute, säulenförmige Leuchtthurm mit einer Marmortreppe, hat mehr als 22000 Drachmen gekostet, grade dieselbe Summe, wie das nur zu zwei Drittheilen fertig gewordene zweistöckige Haus des Bischofs zu sechs Fenstern in Sparta kostete, und 6000 weniger als ein vor Herrn Erlachers Zeit aufgeführtes, höchst unansehnliches, kleines Pulvermagazin. Der Leuchtthurm kommt der Regierung eigentlich nur auf 4000 Drachmen zu stehen, denn, noch ehe je ein Licht darauf angezündet werden konnte, hatte man bereits die Abgabe für den Leuchtthurm eingeführt, und auch schon bis zu 18000 Drachmen erhoben, als er erst fertig wurde. Dies wenigstens muß man als eine vortheilhafte Finanzspekulation anerkennen.

Was Herrn Erlacher bei der Ausführung seiner Werke außerordentlich unterstützte, ja sie in dieser Art vielleicht allein möglich machte, ist die Auffindung und Anwendung der vulkanischen Puzzolanerde von Santorin, dem vortrefflichsten natürlichen hydraulischen Kalk, der vielleicht irgendwo angetroffen wird. Dieser gestattete ihm, die im Wasser stehenden Mauern ganz einfach von gesprengten Steinen, wie jede andere gewöhnliche Mauer aufzuführen; die Steine werden nur in jene Puzzolanerde eingelassen, welches Gemisch sich in ganz kurzer Zeit zu einer mehr als granitharten Masse verbindet, und nicht die Hälfte eines Quaderbaues, wie er sonst nöthig gewesen seyn würde, kostet.

Herr Erlacher hatte fortwährend in seinen Amtsverrichtungen mit Unannehmlichkeiten und Schwierigkeiten zu kämpfen, denn in Griechenland existirt bis jetzt weder ein Bauhandwerk, noch eine Bauschule, noch selbst Baugesetze, und alles ist in diesem Falle dem lieben Gott und der Willkür überlassen, woraus denn oft Dinge zum Weinen und zum Lachen entstehen, deren nachtheilige Folgen das Ganze aber tragen muß; wie z. B. daß man in Athen theilweise ohne Nivellement gebaut hat, und jetzt, wo man erst anfängt, die Straßen zu planiren, an einigen Orten, wie ich selbst gesehen, Häuser bis zum Grunde ihres

Fundaments frei werden, so daß sie, mit der Auftreppe in der Luft, den Einsturz drohen und wie barfuß dazustehen scheinen, andere aber fast bis an die untere Fensterreihe sich verkarrt finden — oder, wie hier vorfiel, der Hofarchitekt einen Plan für das Transitomagazin ausarbeitete, zu dem nach der Ausdehnung des Bodens gar kein Platz vorhanden war. Die Fundamente hatte er dabei zu 5 Fuß angegeben, zugleich aber verlangt, daß das davor liegende Wasserbassin 6 Fuß Tiefe haben solle!!

Hierher möchte auch noch die merkwürdige Instruktion gehören, welche Herr Erlacher, als man ihn hierher schickte, erhielt, nämlich: sich genau nach allen antiken Resten im Bereich von Syra zu erkundigen, um — die Steine davon zu den neuen Bauten zu verwenden.

Die meisten hiesigen Sparversuche sind von dieser Art, und überdem gewöhnlich denen der bouts de chandelle sehr ähnlich, oft gar wie die Schläge eines Blinden, die leicht auf den unrechten Gegenstand fallen.

Komisch war besonders das ganz neuerliche Resultat beim Subalternenpersonal des hiesigen Transito, in Folge einer über das ganze Land ausgedehnten Maaßregel, die eine neue allgemeine Organisation erforderte. In Syra gestaltete sich dasselbe so:

Monatliche Kosten vor dem Erſparungs-
  ſyſtem . . . . 680 Drachmen.
    nach demſelben . . 750   "

Mehrausgabe: 70 Drachmen.

Die 250 Wächter bei der Mauth, welche gegen den Schleichhandel angeſtellt waren, der hier mit Virtuoſität betrieben wird, und aus Lokalitätsgründen äußerſt ſchwer zu verhindern iſt, ſind auf 33 vermindert worden, eine Zahl, von der jeder Sachverſtändige behauptet, daß ſie ganz unzulänglich ſey, und das Gouvernement Tauſende und Abertauſende verlieren müſſe, weil er ſo viel Hunderte da erſparen wolle, wo man ſie nicht erſparen dürfe. Aber auch dieſer Wächter Beſoldung ward von 60 auf 30 Drachmen monatlich herabgeſetzt und der des Oberkaſſirers von 180 auf 80 — Gehalte, von denen dieſe Menſchen nicht leben können und ſo zur Selbſthülfe auf unrechtem Wege faſt angewieſen wurden. Daß ſie übrigens ihr Amt vorher als Sinekure verwalteten, erhellt hinlänglich daraus, daß ſie in einem einzigen Jahre für 80000 Drachmen Defraudationen entdeckten, die dem Staate zu gute kamen.

Mehrere andere Beiſpiele ähnlichen Stempels wurden mir mitgetheilt, die ich, um nicht zu ermüden, übergehe. Sie zeugen aber alle von einem im Dunkeln tappenden, stets schwankenden und unsichern Gange der Regierung, und begegnen Einem zu häufig in allen Branchen, um sich darüber täuschen zu können. Die Antwort ist zwar immer: Besseres sey schon vorbereitet und im Begriffe, ins Leben zu treten. — Die Geburt scheint aber schwer.

Ich setzte meine Promenade durch einen größern Theil der Stadt bis zu den Schiffswerften fort, wo viele und gute Fahrzeuge durch bloße Empiriker gebaut werden, denen aus Rußland und Kleinasien das Holz (meist vom Lerchenbaume) zugeführt wird, und erstieg dann den Windmühlenhügel, wo sich eine ansehnliche hellenische Mauer befindet. Man wird hier gewahr, daß die ältere Stadt auf dem Berge nicht mit der neuen, die erst in der Revolution entstand, zusammenhängt, wie es vom Meere aus erscheint, sondern ein schmales Thal vollständig trennt. In diesem Thal wurde, als die neuen Ansiedler zu bauen anfingen, eine kleine Schlacht zwischen diesen und den Einwohnern der alten Stadt, die sämmtlich Katholiken sind und die neuen Eindringlinge nicht leiden wollten, geliefert, in welcher jedoch die letzteren Sieger blieben. Ich werde später auf diese alte Stadt zurückkommen, jetzt muß ich aber noch einer andern Merkwürdigkeit des Windmühlenberges erwähnen, von der mich Theolog unterrichtete. Es befindet sich nämlich hier, wie in den orientalischen Städten, ein eigenes Viertel für die Bajaderen, die einzeln in kleinen Häuschen wohnen, welche früher noch besonders durch rothe Nummern ausgezeichnet wurden. Sie haben sich hier die luftige Nähe der Windmühlen ausgesucht, wo man eine schöne Aussicht auf Stadt und Umgegend hat. Man sieht das blühende Tinos, Delos öde und niedrige Ufer, Naxos, Paros und Mykonos, das mit Milos um den Rang der schönsten Weiber streitet, und mit so vielen Individuen des schönen Geschlechts gesegnet ist, daß man dort eilf Weiber auf einen Mann rechnet, welche Männlichen obendrein, wie schon im Alterthum, meistens Kahlköpfe sind. Unter Mykonos liegen auch die letzten der Giganten begraben, die Herkules erschlug.

Inmitten der Gesellschaft, die wir jetzt um uns sahen, mochte sich wohl keine Mykoneserin befinden, denn wir bemerkten auch nicht eine einzige, die hübsch zu nennen gewesen wäre, obgleich sich eine große Menge derselben vor einer Art Kaffeehaus versammelt hatte, welches eine dunkelgelbe Megäre aus Aegypten für sie hält. Man kann wahrlich nicht sagen, daß die Sünde hier in einer verführerischen Art auftrat,

Auf der alten Zigeunerin nackten Armen und Busen war eine ganze Mosaik grotesker und zum Theil nicht decenter robus mit Pulver eingebrannt, und bei ihr, wie bei den Damen, herrschte die degoutanteste Unreinlichkeit vor. Im Kaffeehause selbst, wo im Hintergrunde zwischen einer Batterie Branntweinflaschen ein alter Krüppel mit halb verbundenem Gesichte, die spirituosa austheilend, saß, und ein zerlumpter Araber aufspielte, tanzten in der Mitte, ohne Lustigkeit, aber ämsig, ein Matrose, ein betrunkener Gensdarmes, ein junger Mensch in griechischer Kleidung und zwei Mädchen, von denen die älteste noch kaum 14 Jahre zählen mochte. Alles strotzte von Schmutz, und die einzelnen Zellen der Mädchen, deren wir einige besahen, waren wo möglich noch hideuser. Bei alle dem war das Benehmen dieser unglücklichen Geschöpfe durchaus nicht frech, und man würde es anständig nennen können, im Vergleich des Betragens ihrer Schwestern in den vergoldeten Sälen von Coventgarden und Drurylane.

Das Hübscheste auf diesem Berge sind die Windmühlen, nach denen er genannt wird, welche, in Reihen stehend, mit Flügeln von 12 Armen, die einer strahlenden Sonne gleichen, sich vortrefflich ausnehmen, und, wie mir Herr Erlacher erzählte, schon einigemal bei Illuminationen mit großem Erfolg benutzt wurden. Im Bereich der ganzen Stadt, wie in der Umgegend, giebt es keine antiken Spuren mehr, als die bereits erwähnte Mauer, einen (römischen) Altar mit einer Guirlande von Ochsenköpfen, sehr passend bei der jetzigen Cholera-Quarantaine, vor dem Sanitätsbüreau aufgestellt, und ein liebliches Fragment eines griechischen Basreliefs, daß in der Ecke eines kleinen Hauses in der Vorstadt der eingewanderten Ipsarioten eingemauert ist.

Ich aß beim Gouverneur zu Mittag, der uns vortrefflich bewirthete. Auch lernte ich hier (und ich bleibe hartnäckig dabei, dergleichen nicht zu übergehen) eine neue Sauce zum Seekrebs, ferner einen, dem Häring nahe verwandten, aber weit delikateren Fisch, der von der Stadt Enos bei den Dardanellen herkommt, kennen, welche wissenschaftliche Bereicherung mir noch eindringlicher durch die Begleitung vortrefflichen Cypernweins gemacht wurde. Der Koch selbst war eine Merkwürdigkeit, ein Türke in ächtem orientalischem Küchencostüm, wobei statt der Europäischen weißen Nachtmütze ein schwarzseidener Turban dient, er ward zur Mittheilung des Saucenrecept's hereingerufen, das er mit unbeschreiblicher Würde und Ernsthaftigkeit detailirte.*) Der Gouverneur sagte: „Dieser Türke ist der beste Koch, den ich je gehabt, aber auch der kapriciöseste. Oft läuft er plötzlich davon und bleibt nach Gelegenheit drei bis vier Tage weg, wo ich sehen muß, wie ich mir helfe, aber was soll ich mit ihm anfangen? Strafte ich ihn, so verließe er mich ganz, und so fasse ich mich in Gedulb." Wir kamen alle überein, daß, wenn es ein Wesen in der Welt gäbe, welches man, außer einem constitutionellen König verantwortungslos erklären dürfe, dies ohne Zweifel nur ein guter Koch seyn könne.

Unter den Gästen befand sich ein militairisch schöner Phalanxoberst, der in aller Herren Ländern gedient hatte, mehrere Idiome mit Leichtigkeit sprach

---

*) Man mischt in einer Schüssel mit den Eiern des Seekrebses einen Kochlöffel voll Liebesäpfelsäure, den Saft von zwei Citronen, fünfzig Dram bestes Olivenöl, zehn Dram fleur de farine, drei Dram Rigani in Pulver und zwei Dram Zimmt bann zu dem Ganzen. Während des Umrührens fügt man nach und nach noch etwas feines Mehl hinzu, um der Sauce die gehörige Consistenz zu geben. Sie wird kalt bereitet. In Ermanglung des Rigani bient, vielleicht noch besser, Mullogatowny, und etwas zugesetzter Cayenne-Pfeffer thut keinen Schaden.

und einen halben Dalgetti hätte abgeben können; ferner ein Pariser, Herr Boujou, mit seiner griechischen Frau, einer geistreichen Stieftochter Koletti's, welches Paar beim Gouverneur im Hause wohnte, in vierzehn Tagen von Paris bis Syra gelangt war, und vortreffliche Europäische Früchte zu unserm Dessert lieferte. Als dieses auf den Tisch gesetzt ward, kam von der Post ein großes Paket für den Gouverneur von dem Minister des Innern an, und enthielt — — einen Käse vom Berg Parnassus! Alles mußte lachen über die so à tempo erscheinende Depesche, und sogleich ward des prevoyanten Staatsmanns Gesundheit in verdoppelten Rasaden Cypernweins getrunken. Ich habe mich selten besser unterhalten, als in dieser eben so gebildeten als jovialen Gesellschaft, und verließ den Gouverneur erst spät mit wahrer Dankbarkeit für das bei ihm genossene, Europäische Intermezzo auf orientalischem Untergrunde.

Einige Tage darauf, während denen ich ruhte, war es nach mehreren heftigen Gewittern und vielem Regen endlich wieder schön geworden, was mich nebst der Offerte eines guten Pferdes von Seiten des Herrn Salvakos zu einem Spazierritt bewog, um einige Gärten zu besehen, die man mir gerühmt hatte. Ich fand das Innere der Insel eben so kahl als ihre, und fast aller bisher gesehenen Eilande des Archipelagus Erscheinung von der Seeseite ist. Nur die genannten Gärten, in Terrassen an die Berge gelehnt, machten eine Ausnahme. Sie waren nach hiesiger Art zwar vernachläßigt und ohne geregelte Anordnung, aber voll mit Früchten bedeckter Orangen=, Limonien=, Granat= und anderer Obstbäume, wild durch einander mit Oliven, Cypressen und Gemüse gemischt. Hübsche Fernsichten auf den Hafen und die weiße Doppelstadt, mit dem Inselkranze rund um das blaue Meer, schimmerten anmuthig durch die hesperischen Goldäpfel, und pittoreske Mauerbögen mit einer darauf hinlaufenden Wasserleitung gaben einen guten Vordergrund.

Ich wollte mir von hier den Rückweg die Berge auf einer andern Seite allein suchen, was jedoch nicht gelang, da mir wahrscheinlich die Talente des Philosophen Pherekides nicht beiwohnen, der in alter Zeit zu Syra den Compas erfunden haben soll. Nach mehreren vergeblichen Versuchen sah ich mich genö= thigt, die frühere Straße am Meer hin wieder ein= zuschlagen, wandte mich dann aber links zur alten Stadt und ritt in dieser bis auf den Gipfel zur katholischen Kirche hinauf, die ihrer Form nach ganz einer Citadelle gleicht und früher wahrscheinlich auch zu diesem Zwecke gedient hat. Hier ist eine empfehlenswerthe Aussicht, aber der Weg hinauf — zu Pferde — lebensgefährlich, eigentlich nur für Menschen und Esel zugänglich. Man las eben Messe, es gab aber leider heute keine Predigt, auf die mich ein junger deutscher Schriftsteller aus Athen, Herr Feldmann, welcher den Abend vorher bei mir zubrachte, durch seine launige Erzählung sehr neugierig gemacht hatte. Als wir zu Fuße wieder hinabstiegen, begegneten wir dem Prediger, der einen großen Hühnerhund am Strick spazieren führte.

Ich gab heute dem Gouverneur ein bescheidenes Erwiederungsdiner, wo im Laufe des Gesprächs manches denkwürdige Thema berührt wurde. Man kam auch auf Herrn Thiersch, als den Don Quirotte-Gegner des großen Capodistria, zu sprechen, und ich wiederhole, zur belehrenden Unterhaltung unsrer Landsleute, wörtlich, was Herr Christidis, der damals eine Hauptrolle in Griechenland spielte, über ihn aussagte, ohne dieß weder bejahen noch verneinen zu wollen, denn wie sollte ich es? Geschichte, die wir nicht selbst vorgehen sahen, bleibt ja immer für uns nur mehr oder weniger glaubwürdige Erzählung Anderer — ja selbst der Augenschein trügt uns Aermste oft!

„Herr Thiersch," begann der Gouverneur, „kam von Nauplia zu uns nach Perachora, ursprünglich in der Absicht uns auszuforschen, als ich dort als Staatssekretair fungirte, während Koletti als das Haupt unserer Opposition (des Syntagma) angesehen wurde. Er äußerte gegen mich, daß er den Präsidenten zu sprechen wünsche, womit er, wie ich sogleich wahrnahm, um uns zu schmeicheln, nicht mehr den diesen Titel allein noch führenden Augustin, sondern Koletti meinte. Ich frug, was er von ihm wünsche? Genaue Nachricht, antwortete Herr Thiersch, über den Stand Ihrer Affairen; worauf er eine glänzende Beschreibung von dem machte, was er Griechenland und der Partei, von der er sich überzeuge, daß sie die solideste Macht mit den wohlthätigsten Absichten verbinde, versprechen zu dürfen ermächtigt sey. — Hier gilt es, dachte ich, diesem Manne, der mir nicht der Scharfsinnigste zu seyn scheint, Sand in die Augen zu streuen. Auf die naive Frage, über wie viel Truppen wir in Wahrheit zu disponiren hätten, erwiederte ich unbedenklich: Gegen 10000 Mann, (obgleich wir in der Realität kaum 2000 besaßen, auf welche überdies nur wenig Verlaß war) deren Standquartier ich ihm dann sämmtlich im größten imaginairen Detail anzeigte und ihm in derselben

Weise jede weitere geforderte Auskunft gab. Herr Thiersch, sehr dankbar, notirte alles eifrig in seine Schreibtafel, während ich diese Zeit benutzte, um Koletti mit wenig Worten von dem Vorgefallenen zu unterrichten, damit er, wenn Herr Thiersch sich bei ihm einfände, ganz dasselbe mit mir aussage. Dies geschah, und Herr Thiersch gab von da an keinem ferneren Zweifel an dem Vernommenen mehr Raum, doch verlangte er, das militairische Hauptquartier in Megara selbst zu besuchen. Wir wurden dadurch in einige Verlegenheit aus uns wohlbekannten Gründen gesetzt, doch halfen wir uns nach Kräften, weil wir jetzt unsern Mann bereits hinlänglich kennen gelernt hatten. Dieser Fremde, sagte ich zu Koletti, verspricht uns Geld, Truppen, einen König, kann schon jetzt seinen Einfluß auf die Agenten des Auslandes, und selbst bei unsern Landsleuten, wo jeder Fremde in diesem Augenblicke gilt, zu unserm Vortheil anwenden, und uns wesentlich behülflich seyn, den imbecillen Präsidenten zu stürzen, was zum Wohl des Ganzen à tout prix zu erreichen, bringend nöthig ist. Die Leichtigkeit des Individuums ist manifest, wir müssen ihm eine Komödie vorspielen."

„Auf der Stelle schickte ich Befehle nach Megara, alles, was von Truppen zusammen zu bringen sey, dort zu vereinigen, Vieh und Lebensmittel, soviel noch in der ganzen Gegend aufzutreiben wären, — denn wir litten an Allem den größten Mangel — in der Stadt zu vertheilen, und in jeder Hinsicht das Bild regen Verkehrs und herrschenden Ueberflusses aufzustellen. Man befolgte dies aufs Beste, das Volk selbst, Weiber und Kinder wurden zusammengerottet, um in der Ferne als Truppendetachements zu figuriren, ja ich erinnere mich, daß mit größter Mühe einige Dutzend Eier aufgekauft wurden, welche Knaben in dem Hause, wo Herr Thiersch abtrat, unter viel Lärmen und Geschrei für einen Lepta das Stück ausbieten mußten, während man sich in der Wirklichkeit vielleicht kein anderes für 10 Colonnaten hätte verschaffen können, und der regulaire Preis derselben schon seit lange bis auf 100 Lepta gestiegen war. Ich muß noch lachen, wenn ich daran denke, daß die erste Aeußerung, mit der Herr Thiersch auf mich zueilte, als ich nach ihm in Megara ankam, seine Verwunderung über die Wohlfeilheit der Eier war, die er mir als eine Neuigkeit mittheilte, voll Freude über den Ueberfluß, den er hier, selbst bis zu den kleinsten Dingen herab, allgemein antreffe."

„Indem ich ihm nun unsere Handvoll Soldaten zeigte, von denen viele im Hintergrunde mit den

Beinen aneinander gebunden waren, um sie am Fortlaufen zu verhindern, benachrichtigte ich ihn, daß er nur so wenige sehe, weil wir in Megara nicht mehr brauchten, die übrigen aber da und dort zu besserer militairischen Disposition vertheilt worden wären, wobei ich ihm die Volks- und Weiberlager in der Ferne nicht zu zeigen vergaß. Herr Thiersch, unser Schuldiplomat, seine Schreibtafel fortwährend in Bewegung setzend, gab ohne Unterlaß seine höchste Zufriedenheit und Ueberraschung zu erkennen, versprach, nun er alles dies selbst gesehen, goldne Berge, und ging mit einer so admirablen Zuversicht, mit einer so possirlichen Gravität, in alle ihm von uns gelegte Fallen ein, daß Herr Koletti oft die größte Mühe hatte, seine Ernsthaftigkeit zu behaupten. Er machte mir nachher fast Vorwürfe darüber und meinte, er begreife nicht, wie man nur auf den Gedanken so burlesker Stratageme fallen könne, als ich hier angewandt habe. Mein Gott, erwiederte ich, es ist ein gutes Mittel zum Zweck, und Jeder muß bedient werden, wir es für ihn paßt. Nicht ich von selbst kam darauf, die Originalität des Mannes hat mich darauf gebracht."

„Wir erfuhren nachher, daß alle Berichte des Herrn Thiersch unsern Vorspiegelungen bis auf die geringsten Umstände entsprochen hatten, was uns gar sehr zu Statten kam. Mehrmals forschte er nach unsern weitern Plänen, und ob wir mit Gewalt der Waffen, oder durch friedlichere Mittel der Ueberredung zum Ziele zu kommen beabsichtigten, worauf wir natürlich stets antworteten: „„que nôtre intention était, de venir partout l'olivier à la main."" Dies in Korinth und wo er hinkam, proklamirend, zog er vor uns her und entwaffnete dadurch Manche, die uns ohne dies kräftigen Widerstand geleistet haben würden; weshalb ihn später mehrere dieser Städte auch bitter anklagten. Herr Thiersch hatte aber überdies einer starken Velleität Raum gegeben, selbst unser Regent bis zur Ankunft eines Königs zu werden, eine glückliche Illusion, in welcher ihn zu stören Niemand von uns sich berufen fühlte, und die Herr Koletti so gut benutzte, daß er Herrn Thiersch zu einer Zahlung von 20000 Drachmen vermochte, die Thiersch gegen Wechsel auf München erhob, welche nachher protestirt wurden. Der Wahrheit zu Ehren muß ich aber bekennen, daß er, ohngeachtet dieser guten Dienste, von Anfang bis zu Ende nur ein Gegenstand des herbsten Spottes und der vollkommensten Geringschätzung für uns blieb."

Ich füge dieser Relation nur noch hinzu, daß

Calergi, und viele andere bedeutende Männer, theils von dieser nämlichen Begebenheit, theils von andern ähnlichen, bereits in demselben Sinne zu mir gesprochen hatten, und ohne mich einer gleichen Leichtgläubigkeit, als Herr Thiersch gezeigt, schuldig machen zu wollen, bin ich doch hier durch eigne Erfahrung ganz zu derselben Ueberzeugung gekommen, die mir schon früher das Werk des Herrn Thiersch über Griechenland theoretisch gegeben hatte, nämlich: daß sein ganzer hiesiger Aufenthalt eine fortgesetzte Mystification vice versa genannt werden kann, die sich später auch eine Zeit lang auf Deutschland und Frankreich ausgedehnt hat.

Wir schritten von diesen vergangenen Dingen zu der Gegenwart vor, wo der würdige Herr . . . . von der vor einigen Monaten erfolgten Rückkehr der Hellenenkinder aus Baiern erzählte, die er ankommen sah.

Diese Sendung der Söhne ausgezeichneter Griechen, die im Freiheitskampfe geblieben, wurde zu ihrer Zeit mit vielem Pompe angekündigt, da aber die Resultate, wie es scheint, der Erwartung nicht entsprachen, schickte man die Knaben jetzt wieder in ihr Vaterland zurück. Dies war aber mit so weniger Fürsorge bewerkstelligt worden, daß unter andern der Sohn des

berühmten Karaiskakis, der als edelstes Opfer für
Griechenlands Freiheit fiel, ohne Schuhe und in zer-
rißnen Kleidern, die kaum seine Blöße deckten, hier
anlangte, wie es auch mit mehreren der übrigen Kinder
der Fall war. Ihre Muttersprache hatten sie alle
ziemlich vergessen, aber die deutsch-baiernsche dafür
eingetauscht, im Uebrigen jedoch, wie es schien, keine
andere Kenntnisse als das Tanzen erlernt. Trauriges
Bild einer falschen Position! könnte der Tanzmeister
sagen.

Ein andrer Herr klagte, daß, obgleich die Regierung so streng auf die Ausführung ihres neuen Stem-
pelgesetzes halte, sie doch mit unbegreiflicher Nach-
läßigkeit versäumt habe, nur das nöthige Material
hinlänglich zur Befolgung desselben anzuschaffen —
denn überall reiche das gestempelte Papier nicht zu,
so daß an manchen Orten sich schon ein heimlicher
Wucherhandel damit organisirt habe, und der arme
Teufel, der eines Bogens für wenige Lepta bedürfe,
den er bei der Behörde nicht bekommen könne, ihn,
obgleich gesetzwidrig, mit drei Drachmen vom Spekulanten erkaufen müsse. Dies wurde durch Herrn
Prasakakis bestätigt, dem ein Handelsfreund schon
längst ein Schiff mit Waaren, die eines schnellen
Verkaufs bedürfen, zusandte, welche Waaren jetzt im

Hafen verfaulten, weil Jener sich noch immer nicht in Hydra den nöthigen Stempelbogen zur Anfertigung der Procura hatte verschaffen können *). Solche Dinge

---

*) Die Regierung publicirte nämlich das Gesetz vierzehn Tage früher, als sie, wenigstens in mehrere Exarchieen, das Stempelpapier und auch dann nicht zureichend sandte. In diesem Dilemma sahen sich die gescheidtesten Gouverneure endlich genöthigt, selbst ein provisorisches Gesetz zu geben. Sie autorisirten Jeden, auf einen gewöhnlichen Papierbogen seine Supplik zu schreiben, aber sich zugleich darauf als Schuldner des erforderlichen Stempelpreises zu bekennen. Das Stempelgesetz selbst aber hat noch außerdem einen großen Mangel; denn es erlaubt den Debit des Stempelpapiers nur den Kassirern der Exarchieen. Wenn also z. B. auf der Insel Rio Jemand einen Stempelbogen für 35 Lepta (Pfennig) braucht, muß er die Reise nach Santorin, wo seine Exarchie ist, antreten, um sich ihn zu verschaffen. Man hat zwar namhaften Negocianten, die sich dazu melden, nachgelassen, vom Kassirer eine Anzahl Stempelpapier kaufen und wieder im Detail ablassen zu dürfen, aber an vielen Orten in dem noch so unbevölkerten Griechenland giebt es gar keine dergleichen Negocianten, und wo es welche giebt, haben sich nur äußerst wenige zu einer solchen Unbequemlichkeit verstehen wollen, die ihnen gesetzlich keinen Nutzen bringt. Man wird gewiß diesen Uebelständen bald abhelfen müssen, immer bleibt es aber sehr tadelnswerth, sie nicht früher überlegt zu haben, und durch

erscheinen fast fabelhaft; doch konnte der Gouverneur selbst das ihm bekannte factum nicht bestreiten und erwiederte nur lächelnd, Herr Prasakakis dürfe nicht so ungeduldig seyn, da es auch ihm, trotz aller Erinnerungen, vierzehn Tage lang an den nöthigen Pässen gefehlt habe, und er sich genöthigt gesehen, einstweilen in den bringendsten Fällen bloße Interimscertifikate zu ertheilen.

Als uns die übrige Gesellschaft verlassen, blieb ich mit dem Architekten allein zurück, und in diesem Tete à Tete war ich am meisten in meinem Element. Die Conversation mit einem geistreichen Manne über Lieblingsgegenstände ist ein Genuß, und erregt zu neuen Ansichten. So kam ich, selbst nach Herrn Erlachers Entfernung, noch auf einige Gedanken, die mir der Aufmerksamkeit nicht ganz unwerth erscheinen.

Neigt man sich, sagte ich zu mir, nicht in der neueren Zeit viel zu viel der griechischen Baukunst zu, die, so schön sie auch seyn mag, doch nur eine todte Form für uns ist, und nicht im Geringsten mehr zu unsrem Clima paßt?

---

dergleichen Uebereilungen nicht nur viel gerechte Unzufriedenheit und wahre Noth zu erregen, sondern selbst die so nöthige Achtung für das Gesetzliche im Allgemeinen beim Volke dadurch zu schwächen.

Diesem Clima wenigstens — denn todt ist sie übrigens auch — entspricht die sogenannte gothische weit besser, und ihr wäre vielleicht auch noch etwas Lebendes anzureihen. Im Kirchenstyl vermögen wir sie nicht mehr anzuwenden. Dazu gehörten ver=
einte Kräfte und im Allgemeinen Religionsenthusias=
mus — käme aber dieser einmal wieder, so schaffte er sich gewiß auch einen ganz neuen Baustyl. Wenn demnach die gothische Baukunst im Heiligen als für erschöpft anzusehen ist, so darf man doch behaupten, **daß sie sich für den Privatgebrauch weit weniger ausgebildet hat.** Grade aber für diesen nur kann die heutige Zeit etwas Organisches gestalten. Alte Zeit und Mittelalter waren von Ideen der Religion oder des Patriotismus, die fast alle Individuen ohne Ausnahme damals durchdrangen, elektrisirt, und ihre Architektur sprach dies folgerecht auch nur in Monumenten für die Allgemeinheit aus — der heutigen Zeit Grundcharakter ist dagegen der der Selbstanbetung und innigsten Selbstliebe. Der Künst=
ler sollte daher nicht mehr wie sonst das Oeffentliche als Hauptgegenstand ansehen, sondern sein ganzes Erfindungsgenie fortan dem Privatbau „der Woh=
nung" widmen. Die Engländer allein haben, als die Hauptegoisten unserer Zeit, in Masse durch die

prachtvolle und mannigfaltige architektonische Behandlung solcher Art Gebäude schon diesen Weg ahnungsvoll vorgezeichnet; die Baukunst aber kann gewiß mehr als jede andere Kunst eine geschichtliche Hieroglyphenschrift im größten Maaßstabe genannt werden. In dieser lese ich nun z. B., daß schon seit lange Kirchen in der Regel als das Geschmackloseste in der Architektur Europa's dastehen, jetzt aber selbst die Schauspielhäuser nicht mehr gelingen wollen. Alles dies winkt nach derselben Richtung, und ich rathe daher Folgendes: Vom Oeffentlichen berücksichtige man künftig in künstlerischer Hinsicht und mit Liebe etwa nur noch Restaurationen, Ballsäle und Kaffeehäuser, die Hauptsache aber für den Künstler bleibe — wie schon der größte moderne Maler Englands, Lawrence, sich ausschließlich dem Portrait gewidmet hatte — nur die Privatwohnung, das Haus mit allen seinen Nutzen= und Bequemlichkeitsraffinements, mit aller seiner tausendfach möglichen, stets abwechselnden Ausschmückung im weitesten Sinne, wohin natürlich meine geliebte Gartenkunst ganz wesentlich mit gehört, nur muß man hier ebenfalls dem englischen Ausschließlichkeitssysteme mehr dabei huldigen, als bei uns Deutschen einige übrig gebliebene Bonhomie anjetzt noch zuläßt.

Gewiß, auch auf diesem Wege kann Erfreuliches geleistet werden. Die Kunst tritt immer mit Glanz auf, wenn sie das Zeitgemäße ergreift, vom Zeitgeist erschaffen wird und ihn weiter schafft — sey dieser an sich auch ein Lilliput. Wir aber sind nicht groß, warum uns auf die Zehen stellen; unsere ohnmächtige Versuche uns aufzuwecken, machen uns nur lächerlich.

Der Wind blieb noch immer ungünstig zur Reise nach Süden, was mir Gelegenheit gab, eine Vorstellung im hiesigen Theater mit anzusehen. Während Athen nur eine offene Breterbude mit Seiltänzern besitzt, giebt es hier ein eignes Schauspielhaus mit Parterre und zwei Reihen Logen, erleuchtet durch Kronleuchter vom buntem Glase. Es ist freilich im Uebrigen ärmlich, nur klein, und die Form unglücklich, nämlich folgende:

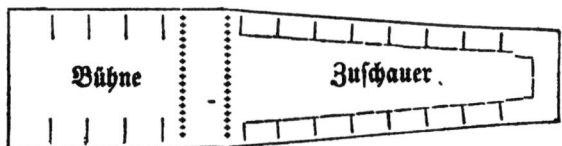

aber es ist doch ein Anfang. Garderoben und dergleichen Luxus existirt nicht; kaum bleibt ein schmaler Gang hinter den Coulissen, deren es nur eine Garnitur giebt, die vermöge der Umdrehung Wald oder eine Stube darstellt. Das Uebrige muß man sich, wie zu Shakespeare's Zeiten, hinzudenken. Die Costüme waren in hohem Grade das Zwerchfell erschütternd. Man gab eine Tragödie, Brutus betitelt. Der Vater dieses Namens, Chef des Senats, in einen Pudermantel gehüllt, glich durch seine gigantesse Wollperücke vollkommen einem Ziegenbock, während Brutus der Jüngere, in einem rosenrothen Domino und silbernem Papierhelm, einem Friseur auf der Redoute ähnlicher als dem römischen Helden sah. Die Tochter des Königs Tarquinius wurde von einem Knaben mit schelmischen schwarzen Augen gespielt, der mit durch die Haare geschlungenen falschen Goldtressen, ein braun seidnes Kleid mit Gigots, von einem breiten französischen Bande in der Taille zusammengehalten trug, nebst gewöhnlichen Damenschuhen und gestrickten, nicht mehr ganz weißen Handschuhen. Alle Weiberrollen werden in Griechenland noch von Knaben gespielt, und das Publikum interessirt sich eben so lebhaft für diese, als bei uns für eine Lieblingschauspielerin *). In der That agirte die heutige

---

*) Es ist eine authentische Griechische Anekdote, daß während der Revolution der Kriegsminister........, der sich in eine Schauspielerin dieser Art sterblich verliebt hatte, und seine

männliche Primadonna von allen am besten, nur hatte ihre Bemühung, den weiblichen Schritt nachzuahmen, zuweilen etwas Burleskes. Das Auditorium selbst war sehr anständig in Kleidung wie Benehmen, und in den Logen sah man viele hübsche Frauengesichter in guten Toiletten. Die griechische Tracht ist selten auf den Inseln, und Männer wie Weiber tragen fast alle die Europäische.

Den Tag darauf besuchten mich der Missionair, Herr Lindner, der Criminal-Untersuchungsrichter Herr Sandersky, und der Gymnasial-Professor Herr Fabrizius. Der Zweite, ein Baier, hat kürzlich eine hübsche Landsmännin geheirathet, die bei ihrer Ankunft in Athen einiges Aufsehen erregte, da sich ein junger Forsteleve, der die Reise mit ihr gemacht, als er erfuhr, daß sie schon versprochen sey, im Piräus erschoß. Ich war deshalb neugierig, sie zu sehen und fand sie auch in der That als das wahre Ebenbild von Werthers Lotte. Eine freundliche Hausfrau mit viel Ruhe, klaren Augen und rothen Backen, ohne

---

Bemühungen lange vergeblich sah, endlich an dem Tage wo sie ihn erhörte, in der Zufriedenheit seines Herzens den Befehl gab, alle Kanonen der Forts in der damaligen provisorischen Residenz als Freudensalve zu lösen.

eine Spur von Sentimentalität. Um solche eben erschießt sich, wer Anlage dazu hat. — Andere gewinnt man.

Herrn Lindners Schule ist musterhaft, und in der Hauptsache ganz der des, dem hiesigen Missionair befreundeten, Herrn Hill in Athen gleich. Sie zählte schon über 500 Schüler, als im Anfange dieses Jahres eine sonderbare Intrigue gegen dieselbe ins Werk gesetzt wurde. Während der Lektionen erschienen plötzlich eine Anzahl Ipsariotischer Weiber, die mit Ungestüm und Geschrei ihre Kinder wieder verlangten, welche man hier zu Freimaurern stempeln, und die sie, wie sie sich wunderlich ausdrückten, nicht versiegeln lassen wollten. Alles, was man that, um sie zu beschwichtigen, war vergeblich; sie rissen ihre Kinder von den Bänken, Lärm und Zulauf wurden immer größer, und die erschreckten Zöglinge nahmen zuletzt sämmtlich die Flucht. Am andern Tage versammelte sich nur ein kleines Häuflein der Getreusten wieder mit Furcht und Zagen, doch hat sich seitdem die Zahl der Schüler und Schülerinnen von Neuem bis gegen 300 vermehrt. Es ist traurig, daß man meistens mehr Mühe hat, den Menschen Gutes, als Böses zu thun!

Dasselbe Lob, was ich der Anstalt des Herrn

Hill in Athen ertheilte, gebührt auch dieser, und mag der englischen Missionsgesellschaft zu gute gerechnet werden für so manches Ueble, was ihr blinder Eifer, in die Hände Nichtswürdiger gefallen, an andern Orten verschuldet hat.

Tinos.

Tinos.

Bei schönem Wetter und einem linden Zephyr verließ ich am 27. November das gastfreundliche Syra, vielfach beschenkt von meinem gütigen Wirth, mit Früchten von Chios, mit Landesdelikatessen aller Art, und sogar mit antiken Medaillen, einer goldenen mit dem schönsten Frauenbilde, einer silbernen mit dem edelsten Herrscherhaupt, und einer kupfernen, auf welcher drei aufgerichtete Adler mit verschränkten Flügeln, gleich Hallenser Studenten auf dem breiten Steine, verwegen einherschreiten, als Krone des Ganzen endlich mit einem treuen Bilde Lord Byrons, welchen Herr Prasakakis früher persönlich gekannt hatte. Nachdem ich vom Gouverneur Abschied genommen, den ich in den einseifenden Armen seines Barbiers, orientalisch auf dem Sopha liegen fand, und ihn daher inständig bat, sich die freundlich offerirte Begleitung bis ans Schiff zu ersparen, wanderte ich mit Herrn Prasakakis und dem Mirarchen durch eine geputzte Menge Syraer Schönen (denn es war Sonntag) dem Hafen zu. Auf der Golette mußten wir, wie gewöhnlich, lange Zeit auf einige Traineurs der Matrosen warten, die das Vergnügen der Stadt nicht los lassen wollten, und keiner sehr strengen Disciplin von Seiten unsres Capitains unterworfen zu seyn schienen. Endlich war Alles in Ordnung, die Anker wurden unter dem üblichen Geschrei gelichtet, und während wir sanft auf der ebenen Fluth dahin glitten, erblickten wir nach und nach Zea, einst so bevölkert, daß ein dortiges Gesetz die über 60 Jahre Alten zum Giftbecher verurtheilte, um den Jüngeren Platz zu machen; das jetzt unbewohnte Jura, welches in der Römerzeit als Exil für Verbrecher diente; das weit hingestreckte Andros, wo vor allem der Seidenbau blüht; im Zwischenraum am fernen Horizont Negropont; und im Süden viele der uns schon früher bekannt gewordenen Inseln. Tinos selbst, in voller Klarheit vor uns liegend, schien man mit der Hand greifen zu können — dennoch erreichten wir, wegen einer eingetretenen Windstille, seinen kleinen und unsichern Hafen erst am späten Abend.

Aus Tinos war die schönste Frau gebürtig, die

ich je gesehen. In den Harem eines reichen Türken in Kleinasien in der zartesten Jugend abgeliefert, entführte sie von dort mit Lebensgefahr ein Italiener, der sie später an einen deutschen Fürsten verkaufte. In dessen Besitz lernte ich sie in Italien kennen, ein Geschöpf, das im Materiellen vollkommen und in seinem ganzen Wesen bezaubernd war — auch kannte sie wirkliche Zaubermittel geheimnißvoller Art, die Manche zu erlernen viel geopfert haben würden. Es war eigentlich nur um dieser unvergeßlichen Erinnerung willen, daß ich die Insel besuchte, welche sonst wenig Merkwürdiges darbietet.

Wir blieben die Nacht im Hafen, der ei h albe Stunde von der Stadt entfernt ist, und erst am Morgen nach dem Frühstück wanderte ich, unter heftigem Regen, an den Uferklippen hin nach Tinos Hauptstadt, von animirter freundlicher Art, überragt von seiner schönen Kirche, und umgeben von einigen andern weiß schimmernden Dörfern, die bis hoch zu den Bergspitzen hinan auf dem grauen, baumlosen Feldboden, gleich unregelmäßigen Spielsteinen auf einem Damenbret, ausgestreut sind. Wir waren kaum in die erste mit Arkaden eingefaßte Straße eingetreten, als uns kurz nach einander zwei äußerst hübsche und Europäisch gekleidete junge Damen begegneten, so daß wir bescheinigen können, Tinos habe in dieser Hinsicht nicht degenerirt. Wir fanden die Eine nachher unvermuthet als Tochter des Dimarchen wieder, mit Lippen, die eine aufgebrochene Kirsche beschämten, eine Art der Schönheit, welche hier sehr geschätzt wird und auch nicht selten ist, aber, wie ich schon öfters bemerkte, die jungen Damen mehr als anderwärts verleitet, sich fortwährend in die Lippen zu beißen.

Am Gouverneur fand ich einen wohlbeleibten jungen Mann, der mich sans façon im Schlafrock empfing, und im Aeußern viel Aehnliches mit einem säkularisirten Mönche hatte, demohngeachtet aber, als ehemaliger Berliner Studiosus, ein constitutioneller und starker Eiferer für die Einführung dieser Regierungsverfassung in Griechenland war. Er hatte, die Wahrheit zu ssagen, wenig Takt, und machte mir gleich beim Eintritt das ominöse Kompliment, ich sähe dem Herrn von Maurer sehr ähnlich, ja er fügte sogar die naive Frage hinzu: ob ich nicht mit ihm verwandt sey? Hier, gestehe ich, wandelte mich die Schwäche einer verächtlichen Hochmuthsmiene an, und ich dachte beschämt an Herrn Wiebrand — ja, mich zu bestrafen, erwiederte ich herzhaft: Sie haben es errathen, wir sind Geschwisterkind! Dies war eine der schönsten Thaten und remarkabelsten Selbstverleugnungen meines Lebens — ja, ich ward durch die Bewunderung meiner selbst so exaltirt, daß, hätte der Gouverneur weiter gefragt, ob ich vielleicht auch an dem miserablen Buche mit gearbeitet, welches besagter von Maurer gegen den Grafen Armansperg publicirt, ich es gewiß ebenfalls, nur mit geringerer Schamröthe bejaht haben würde.

Der Gouverneur machte eine sehr reizende Schilderung von dem angenehmen und harmlosen gesellschaftlichen Leben in Tinos, klagte aber über zu wenig Geschäfte, von welchem gezwungenen Müßiggange er sogar für seine Gesundheit Nachtheil besorgte, ich aber erkärte mir daraus seine angehende Korpulenz. Ich rieth ihm, Bäume zu pflanzen, er meinte aber, der Wind gestatte diesen hier nicht zu wachsen. Nach einer ziemlich langen Konversation, während der ich in meinen nassen Kleidern vom Froste stark geschüttelt wurde, hatte der Gouverneur endlich die Gewogenheit, seine Toilette zu machen, um mich nach der Kirche zu begleiten, die mich in hohem Grade überraschte. Es ist ein neuer, kaum fertig gewordener, nur von der Kommum und freiwilligen Beiträgen bestrittener Bau, ohne Plan, noch Zuziehung eines regulairen Architekten, in einem zwar etwas besonderen, aber höchst malerischen orientalischen Charakter aufgeführt, mit bunten Farben bemalt, mit hohen, transparenten Thürmen geziert, mit wirklich prächtigen Marmortreppen nach allen Richtungen hin seltsamlich durchschlungen und mit mehreren Höfen versehen, die von Arkaden umgeben sind. Eine breite Avenüe von Maulbeerbäumen führt zu dem bunt geschmückten Thor, vor welchem sich ein erhabener Platz befindet, dessen farbige Meerkiesel die eleganteste Mosaik bilden. Das Innere der Kirche ist von gleichem Reichthum, und nicht ohne geschmackvolle Anordnung mit vielen kostbaren Marmorarten, vergoldeten und bemalten Holzbildereien und sehr prachtvollen, in Rußland gefertigten und hierher geschenkten Darstellungen in Gold und Seide gestickt. Die wohl zusammengefügte Kanzel scheint aus einem Marmorstück zu seyn, und wird von einem glänzenden Sammt-Baldachin gekrönt, auch einige antike Säulen finden sich vor, kurz das Ganze, wenn es sich auch weder an alte, noch neue Regeln gebunden, macht um so mehr seinem Erbauer Ehre. Der Traum eines Eingebornen gab die erste Veranlassung zu dem Bau, auf einer Stelle, wo früher nur eine kleine souterraine, jetzt auch erneute und als Unterbau benutzte Kirche, und wo sich im Alterthum wahrscheinlich auch der gefeierte Dianentempel zu Ybrussa befand — denn man traf beim

Graben auf mehrere Säulen und andere Fragmente am Ort, wovon zwei gut gearbeitete Statüen in Faltengewändern, leider ohne Köpfe und Beine, nebst einem noch ziemlich wohl erhaltenen Löwen in einem der Klosterhöfe aufgestellt sind. In Folge des erwähnten Traumes also fand sich, nach alt hergebrachter Sitte, auch ohne Fehl das bereits reich gefaßte Wunderbild einer schwarzen Panagia in der Erde, der nun die Kirche geweiht ist. Am Tage der Verkündigung wallfahrten Pilger von allen Weltgegenden, wo der griechisch-christliche Glaube herrscht, hierher, und was noch verdienstlicher ist, sechs Schulen wurden mit dieser Kirche verbunden, das Ganze wird nicht von den Priestern, sondern von der Kommun selbst unter Aufsicht der Regierung verwaltet, und überall herrschte, was dem Gouverneur zur Ehre gereicht, eine musterhafte Ordnung und seltene Reinlichkeit. Es ist dies ohne Frage die schönste Kirche, die ich bis jetzt im griechischen Reiche gesehen habe, und auch eine der größten.

Nach einem Besuche beim Dimarchen, einem würdigen alten Manne in türkischer Kleidung, die von den französischen Toiletten seiner schönen Töchter auffallend genug abstach, kehrten wir gegen Mittag zum Schiffe zurück und setzten sogleich unsern Weg nach Delos fort, in dessen weitem Hafenkanal wir mit Sonnenuntergang Anker warfen. *)

---

*) Statistische Nachrichten über Tinos, wie über andere, nur flüchtig von mir berührte Inseln, bitte ich in einer speciellen Geographie nachzulesen. Man weiß, daß ich nur für Unterhaltung zu schreiben gesonnen bin, und wenn einmal ein unterrichtender Brocken in meine Olla potrida hineinfällt, dies nur ein Zufall ist. Wie mehrere unsrer gelehrten Reisebeschreiber eine wahre Furcht und heilige Scheu haben, unversehens einmal amusant zu werden, so fürchte ich stets das Gegentheil.

Delos.

Delos.

Man begreift unter diesem gemeinschaftlichen Namen zwei, nur durch einen Kanal getrennte Inseln, die eigentliche alte Delos und die gegenüber liegende Rhénia, früher die Todtenstadt, der Kirchhof der heiligen Delos, auf welcher selbst weder ein Mensch begraben werden, noch ein Hund sich aufhalten durfte. Diese Insel Rhénia, auf der nur einige Hütten stehen, ist seit Kurzem unter bittern Klagen der Kaufleute zu einem Quarantaineort bestimmt worden, wohin man neulich mehrere Schiffe von Athen schickte, obgleich sich hier bis jetzt weder Magazin noch irgend eine der nöthigsten Anstalten für ein solches Etablissement vorfinden.

Delos, jetzt gänzlich unbewohnt, bietet nur eine tief ergreifende Scene der Zerstörung dar — dieses Wunder der alten Welt, wo unter unzähligen Prachtgebäuden und Tempeln auch jener Riesentempel Apollo's stand, der für eins der ersten Bauwerke der Erde galt — was ist von so viel Glanz übrig geblieben!

Man denke sich eine Insel von ohngefähr zwei Stunden Umfang, ohne allen Anbau irgend einer Art, ohne einen einzigen Baum, nur voll nackter Felsen und herumgestürzter Trümmer, ein gutes Drittheil des ganzen Eilandes mit Ruinen wie besät. Ueberall zeigen theils liegende, theils noch aufrecht stehende Säulen, Pfeiler, Blöcke, Simse ꝛc. geringere Gebäude an, die grandiösesten Ueberreste aber sind folgende. Zunächst das Theater, welches dem von Epidaurus an Größe nichts nachgiebt, und einst gewiß auch nicht an Pracht. Er scheint mit einer Akropolis in Verbindung gestanden zu haben, und zeichnet sich durch eine ungewöhnliche Stärke der Seitenmauern aus, an denen außerdem noch Spuren von Nebenwerken bemerklich werden, deren Zweck nicht mehr erhellt. Ohngefähr tausend Schritte davon ziehen das Auge die Ueberreste zwei kolossaler, nahe am Meer liegender Tempel auf sich, welche noch ein dritter zu e i n e r großen Gruppe vereinigt zu haben scheint. Ohne Zweifel ist der größte der des Apollo, der andere vielleicht der Latona, welcher beiden Strabo erwähnt, denn in Delos gebar bekanntlich nach der Fabel Latona den Apollo und die Artemis (Diana). Daneben befin=

bet sich der Portikus des Königs Philipp. Der Peribolus dieses imposanten Monuments wird fast von den Meereswellen bespült. Es ist aus einem hellgrauen Marmor ohne Adern von herrlicher Kryſtalliſation erbaut, und einige zwanzig, ſämmtlich umgeſtürzte, doriſche Säulen, die nur aus einem oder zwei Stücken beſtanden, und mit verſchiedener Kannelirung, wie eine Eichel aus ihrer Schale, hervorwachſen, die untere flacher, die obere tiefer ausgehöhlt, liegen nebſt ungeheuren Geſimsblöcken wild durch einander geworfen, in einer ununterbrochenen Reihe da, welche über 150 Schritte lang ist. Die Säulen haben einen Fuß über ihrer Baſis noch an drei Fuß im Durchmeſſer.

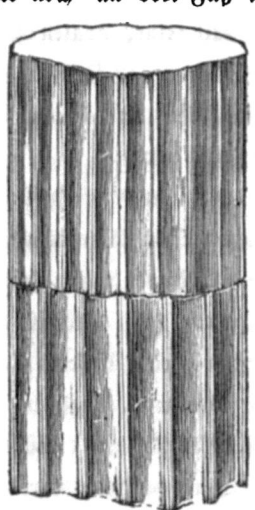

Einer der Blöcke, 11½ Fuß lang, trägt die wohl erhaltene Inschrift:

ΒΑΣΙΛΕΩΣ (des Königs.)

Doch weit mächtiger noch erscheint der zuerst erwähnte ohnfern auf einer kleinen Erhöhung stehende Apollotempel, dessen Säulen 3½ Fuß im Durchmesser haben. Auch ist der Stein kostbarer, ganz dem parischen Marmor gleich, und höchst auffallend seine, nach mehr als zwei Jahrtausenden noch immer milchweiße Farbe, selbst an Stellen, die beständig allen Wirkungen der Atmosphäre ausgesetzt seyn müssen. Im Bereich dieses Tempels sieht man eine gewaltige Steinmasse aus einem einzigen oben abgeplatteten und polirten Stück, mit einer ovalen Oeffnung in der Mitte. Dieser Stein ist 18 Fuß lang, 11 Fuß breit und 3½ Fuß dick. Auf der östlichen seiner aufrecht stehenden Seiten lies't man:

ΑΠΟΛΛΩΝ (Apollon.)

Auch auf seiner Oberfläche befindet sich eine jetzt nicht mehr zu bechiffrirende antike Inschrift, nebst vielen englischen, griechischen, lateinischen und französischen aus moderner Zeit. Unsere Begleiter nannten diesen Stein ein Grabmal, obgleich er offenbar als Plinthe für das Piedestal der kolossalen Apollostatüe diente, welche die Bewohner von Naxos hier errichteten, und die, nach Plutarch, ein Palmbaum von Bronze, den Nikias nach Delos geweiht hatte, von einem Sturm umgeworfen, zerschmetterte. Tournefort sah noch Fragmente dieser Statüe. An großen und schönen niedergeworfenen Säulenstücken und Blöcken fehlt es diesem Tempel nicht, doch wird man leider bald inne, daß von den feiner ausgearbeiteten und transportableren Ornamenten alles weggeschleppt worden ist, denn jedes Schiff, das hierher kam, nahm früher seinen Theil, und jeder Baulustige der benachbarten Inseln plünderte hier.

Ueberdem fanden wir mitten zwischen den genannten beiden Tempeln einen stattlichen Kalkofen angelegt, vor dem noch ein großer, ganz frisch aussehender Haufen pulverisirten Marmors, weiß wie Schnee lag. Unser Führer versicherte zwar, seit mehreren Jahren sey der Ofen nicht mehr im Gebrauch, der Augenschein deutete aber auf das Gegentheil.

Nicht weit von diesen Tempeln entdeckt man tiefe und gewiß weit ausgedehnte, aber nie untersuchte antike Cisternen, die noch immer voll guten Wassers sind, und deren Wände ich mit einem eben so vortrefflichen Putze überzogen fand, als ich ihn bei ähnlichen Bauwerken in Carthago antraf. Eine Viertelstunde nordwestlich von hier, stößt man auf eine andere Ruine mit Säulen und engen Wasserleitungen, die ohne Zweifel ein Bad speisten. In zweien der Säulen von einem flammigen Marmor bemerkte ich grüne Bronzestücke eingelassen, wovon ich ein kleines Fragment ausbrechen ließ und mitnahm, um später einmal seine Composition zu ermitteln, da mir die Masse ungewöhnlicher Art zu seyn schien.

Uns nun wieder rechts und südlich wendend, verfolgten wir ganze Linien von Steinhaufen in fast gleicher Höhe — es müssen zusammenhängende Häuser einer Gasse, oder Fundamente einer sehr breiten Mauer gewesen seyn; sie bestehen nicht aus großen Blöcken, wie die Tempelruinen, sondern aus kleineren, nachläßig behauenen Steinen, wie z. B. auch die Ueberreste der Akropolis von Phigalia sie darbieten, und sie dieser Art noch bei einigen andern Bauten hellenischen Ursprungs, wiewohl nicht häufig, gefunden werden. Vielleicht sind sie auch nur römisch. Aus derselben Art Steine ist die Ringmauer aufgeführt, die noch von dem sehr ausgedehnten Amphitheater oder Hippodrom übrig ist, dessen ganz ebner feuchter Sandboden von ferne einem kleinen ausgetrockneten See gleicht. An diesen Mauern fanden sich ebenfalls einzelne Stellen gut erhaltenen sehr festen Putzes, und aus dem Sande ragten einige Fragmente ganz mü=

tilirter Statüen hervor. Susannis jagte in dieser Gegend viele Waldschnepfen und Rebhühner auf, welche die Hauptbevölkerung der Insel auszumachen scheinen.

Setzt man seinen Weg noch eine Strecke weiter westlich fort, so gelangt man über unzählige geringere Trümmer wieder an einen andern großen Steinhaufen, welcher einen tiefen Kessel füllt, aus dem ein Kreis von Säulen in halber Höhe hervorsteht, was auch hier einen ansehnlichen Tempel vermuthen läßt. Doch sind weder die Säulen von Marmor, noch verräth die Arbeit einen hellenischen Bau. Hier stand wahrscheinlich der geringere und neuere Theil der Stadt.

Dies sind die bedeutendsten der in Delos jetzt noch vorhandenen Alterthümer, deren es zu Tournefort's Zeiten eine weit größere Menge gab. Es wäre zu wünschen, daß Jemand eine gründliche Untersuchung derselben unternähme, da sie von späteren Reisenden, meines Wissens, kaum berührt worden sind. Ich wenigstens konnte mir keine neueren Nachrichten der Art verschaffen.*) Auch Nachgrabungen

*) Wie ich eben mit Freuden höre, hat Herr von Prokesch im vorigen Jahre Delos besucht und sich fünf Tage unausgesetzt mit der Erforschung seiner Alterthümer beschäftigt. Wir dürfen also bald etwas Erschöpfendes darüber zu lesen hoffen.

müßten lohnen. Wir selbst fanden mit Hülfe unsres hier gut Bescheid wissenden Cicerone, des Herrn Kallias, Aufsehers der künftigen Bauten zum Behuf der dekretirten Quarantaine-Anstalt, einige artige Sachen auf. Unter andern stießen wir, tief im Schutt vergraben, auf die Hälfte eines alten Postamentes, auf dem sich beim Umkehren desselben das Fragment einer Inschrift zeigte. Ein Ziegenhirt, der in einer Felsenhöhle der Insel jetzt provisorisch hauste, um den zweiten griechischen Frühling, so ärmlich er hier auch erschien, doch seiner Heerde nicht entgehen zu lassen, mußte uns sein aus Essig bestehendes Getränk ablassen, womit wir die Buchstaben von Moos und Erde zu reinigen suchten. Es war aber leider schon zu viel davon zerstört, um ihre Bedeutung ganz zu entziffern; auch scheint der Inhalt keineswegs wichtig, doch setze ich für die Liebhaber ein genaues Facsimile dessen hin, was wir vorfanden:

ΕΠΙ ΕΠΙΜΕΛΗΤΟΥ ΤΗΣ ΝΗΣΟΥ.....
ΑΛΕΞΑΝΔΡΟΥ ΤΟΥ ΕΩ..............
ΛΑΜΩΝΟΣ ΤΟΥ ΦΙΛΟΚ.............
ΚΑΙ ΑΠΟΛΛΟΦΑΝΟΥ ΤΟΥ...........

Vergebens suchten wir die Quelle Inopus auf, von der Plinius behauptet, daß sie mit dem Nil falle und steige, und beschlossen unsere Tour mit Ersteigung des Cynthischen Hügels, der dem Apoll einen Beinamen gab, um uns noch eine Totalüberſicht des weiten Feldes der Zerſtörung zu verſchaffen, das uns auf allen Seiten umgab.

Delos, welches ſeit dem heroiſchen Alterthum nur durch ſeine Heiligthümer berühmt war, ward unter den Römern, nach der Zerſtörung von Korinth, eine florirende Handelsſtadt, wozu es ſein vortrefflicher Hafen und ſeine günſtige Lage zwiſchen Kleinaſien und Europa ſo ſehr eignet, daß ich überzeugt bin, es muß mit der Zeit und des neuen Griechenlands Proſperität ebenfalls wieder ein bedeutender Platz werden. Vielleicht findet man dann auch ein vergrabenes Bild der Panagia auf und ſieht Apollo's und Dianens gewaltige Tempel durch eine moderne Weihnachtsbude erſetzt.

Ehe ich dieſe in ſo ſchauerlicher Einſamkeit modernden Ruinen verließ, kniete ich auf Apollo's weißem Steine nieder, und bat den jugendlichen Gott um geneigte Verwendung bei Poſeidon für einen günſtigen Wind und ſiehe — ehe eine halbe Stunde verging, theilten ſich die Wolken, ein klarer prächtiger Himmel ſpannte ſich über uns aus, und die friſcheſte Tramontana trieb uns auf dem ſchäumenden Meere, wie mit

Adlersfittigen zwischen Naros und Paros, Rio und Polyandro hinburch, nach dem vulkanischen Santorin, das mit der Sonne Aufgang, von ihr vergoldet, vor uns lag.

Santorin.

Santorin.

Von allen Inseln des Archipels ist ohne Widerspruch Santorin die pittoreskeste, und originellste in ihrer äußeren Erscheinung — die Spitze eines Aetna aus der Urwelt, dessen einstiger Krater der jetzige Hafen ist. Die senkrechten, abgerissenen Lavawände rund um diesen her, auf dem hoch oben erst die weißgetünchten Häuser der Stadt erscheinen, sind bis hinauf voller Höhlen und Spalten, die das betriebsame Volk zu Wohnungen, Magazinen, Weinkellern, Viehställen u. s. w. benutzt hat, was den wunderbarsten Anblick hervorbringt.

In der Mitte des Kraterhafens befindet sich eine dreifach getheilte Inselgruppe, wovon die eine im ersten Jahre der 145sten Olympiade, 196 Jahr vor Christi Geburt, während zwei auf einander folgender Nächte aus dem Meeresgrunde hervorstieg, begleitet von einem Erdbeben und einer Eruption des Berges unter den Wassern, worauf sie dem Gott Pluto geweiht ward. Die zweite erschien im Jahr 226 nach Christi Geburt unter ähnlichen Umständen, welche Theophanes erzählt. Die letzte und größte datirt erst vom Jahr 1707. Bei ihrer Entstehung, am Festtage der Jungfrau Maria, nahm das Meer eine ganz weiße Farbe an, von dem Rauch des feierspeienden Berges in der Tiefe, der sich aufblähend, die kochenden Fluthen durchbrang und glühende Steine bis hoch über Santorin hinwegschleuderte. In dieser Insel sieht man jetzt eine kleine Bucht, deren Wasser von röthlicher Farbe erscheint, die sich beim starken Südwinde verdunkelt und dann oft noch viel weiter im Hafen ausbreitet. Hierher fahren die Schiffe, um das Kupfer, mit dem sie beschlagen sind, zu reinigen, welche Operation das Meer in 24 Stunden auf das Vollständigste bewerkstelligt; blieben sie noch einmal so lange, so würde die Kraft des Wassers das Kupfer ganz auflösen. Es dient im Sommer auch als mineralisches Bad und wird besonders gegen Obstruktionen des Unterleibes und Rheumatismen als heilsam gerühmt.

In alter Zeit ward Thera — eine Kolonie von Sparta, und das Mutterland des mächtigen Kyrene an Afrika's Küste — zu den Sporaden gerechnet, jetzt begreift man alle zu Griechenland gehörigen Inseln unter dem allgemeinen Namen der Cykladen, und wendet jenen nur für die asiatischen, den Türken unterthänigen an. Santorin ist, hauptsächlich durch seinen Weinbau, in einem sehr blühenden Zustande, denn an der östlichen Seite und an der südwestlichen Spitze dacht sich die Insel flach gegen das Meer ab, und bildet dort weite fruchtbare Ebenen, die ganz mit Weinreben bedeckt sind. Man pflanzt diese hier auf sehr eigenthümliche Weise, in einzelnen geraden Reihen, wie die Oelbäume, zehn Fuß eine jede von der andern abstehend, beschneidet sie wenig oder gar nicht, bindet aber statt dessen die Ranken sorgfältig wie ein Netz zusammen, was den jüngeren Pflanzen das Ansehen gekräuselter Perücken, den älteren hoher, dicht geflochtener Körbe giebt. In diesem letzteren Zustande tragen sie dann Trauben, die oft ein Gewicht von zehn Pfund erreichen. Die Weinfelder werden nicht mit der Hand umgegraben, sondern gleich Getreidefeldern gepflügt, und zwar durchgängig mit Eseln statt des Rindviehes deffen es hier nur sehr wenig giebt; denn fast alles Terrain wird ausschließlich zum Weinbau verwandt, so daß beinahe keine Weide, selbst nur eine geringe Anzah Gemüsegärten vorhan=

ben sind, doch liefern die umherliegenden Inseln die=
sen Bedarf wohlfeil und hinlänglich. Die Weinpro=
duktion auf Santorin beträgt jetzt jährlich 80,000
Baril's, das Baril zu 50 Okta, circa 60 Maß.

Wenn man im Hafen landet, kann man kaum be=
greifen, wie es möglich ist, zur Stadt hinaufzukom=
men, denn man sieht keinen Weg, der sich nur verbor=
gen durch die Abgründe hindurch schlängelt. Auch ist
er halsbrechend und außer den Fußgängern nur für
gut daran gewöhnte Maulthiere passirbar, wird auch
häufig von herabfallenden Lavablöcken ganz unbrauch=
bar gemacht. Wir sahen deren einige, die sich erst
kürzlich losgelöf't, und kaum zur Hälfte wieder weg=
geräumt worden waren. Der Gouverneur, Herr Ni=
kolo Poniropulo, ein höchst thätiger und ausgezeich=
neter Mann, sandte schon seit drei Monaten ein de=
tailirtes Projekt zu einer neuen praktikablern Straße,
mit allen betreffenden Plänen und der erlangten Ein=
willigung der Kommune die Kosten zu tragen, an
das Gouvernement zu Athen ein, befindet sich aber
noch ohne Antwort darauf. Er selbst ist erst seit vier
Monaten hier angestellt, und hat dennoch in dieser
kurzen Zeit eine Popularität zu gewinnen gewußt, die
wahrlich ihm und der Bevölkerung gleiche Ehre macht;
denn selten fand ich eine so aufrichtige, sich überall

und bei jeder Gelegenheit herzlich darthuende Union zwischen dem Befehlenden und seinen Untergebenen. Was früher stets gescheitert war und unmöglich schien, hat er durch bloße mündliche Unterredung und siegende Gründe in einer Versammlung der vorzüglichsten Grundbesitzer (über 150 an der Zahl) in wenigen Stunden durchgesetzt — nämlich: sämmtliche Weinbergseigenthümer zu vermögen, in Zukunft den Handel mit ihrem Erzeugniß, statt ihn speciell und unsicher wie bis jetzt zu betreiben, einer allgemeinen, von ihnen selbst nach Stimmenmehrheit erwählten Handels-Kompagnie anzuvertrauen, welche ihn nur zum Nutzen Aller im Großen dirigiren wird.

Im Mai des nächsten Jahres soll, als erster Schritt zum Besseren, ein in der Weinbehandlung gründlich erfahrener Mann aus Europa verschrieben und hier angestellt werden, um diesem Handelszweige das zu verschaffen, was ihm bis jetzt noch in ganz Griechenland fehlt — die gehörige Sortirung der verschiedenen Trauben und kunstgemäße Bereitung nach erprobten Grundsätzen, mit besonderer Rücksicht auf Gewinnung veredelter Weinsorten, und hauptsächlich auf eine sichere Dauer des Produkts. Bis jetzt beschränkte sich fast der ganze Absatz auf Rußland und die Häfen des schwarzen Meeres, was es den russischen Kaufleuten oft leicht machte, den Preis beliebig herunterzudrücken. Die Insel besitzt 40 Schiffe, mit denen die Weinbauer bisher auch selbst den Debit ihrer Waare betrieben, häufig zum größten Nachtheil ihrer Besitzungen bei unvorhergesehener langer Abwesenheit, und da sie Alle nur immer denselben, einmal gewohnten, Weg giengen, auch zum Nachtheil des Absatzes ihrer Waare; ja im Fall einer plötzlichen Schließung des schwarzen Meeres, würde vielleicht ein allgemeiner Bankrott, oder wenigstens ein sehr herber Verlust die unmittelbare Folge davon gewesen seyn. Der Kompagnie, mit größeren Mitteln und größerer Einsicht ausgestattet, muß es leicht werden, für die schon an sich (bei eigentlich ungeschickter, ganz naturalistischer Behandlung) dennoch sehr vorzüglichen Weine der Insel, in später noch veredelter Qualität einen hinlänglichen Absatz in verschiedenen Gegenden Europa's sich zu verschaffen, was bei der großen Wohlfeilheit der hiesigen Weine um so eher zu erwarten steht.

Es ist auch nicht zu bezweifeln, daß man diesem guten Beispiele bald auf den übrigen Inseln, wie auf mehreren Theilen des griechischen Kontinents folgen wird, wenn man erst den außerordentlichen Vortheil einsehen lernt, der später für ganz Griechenland daraus hervorwachsen kann, das vielleicht keinem anderen Lande in der Fähigkeit starke Liqueurweine zu produciren nachsteht, bei welcher es nur Spanien, Ungarn, einen Theil des mittäglichen Frankreichs und die Insel Madeira mit dem Kap der guten Hoffnung *) zu Konkurrenten hat.

Man empfing mich in Santorin, der letzten griechischen Insel, auf der ich jetzt von diesem Reiche Abschied nehme, mit einer so liebenswürdigen Aufmerksamkeit, als hätten seine Bewohner selbst diesen Umstand im Auge gehabt. Und im Interesse der Wahrheit muß ich dabei anführen, daß bei diesem schmeichelhaften und ehrenvollen Empfange sehr wenig Rücksicht auf meine geringe Rangstellung in der bürgerlichen Gesellschaft genommen zu werden schien, denn die Meisten wußten durchaus nicht, ob und welche Titel mir etwa gebühren könnten, aber fast Alle äußerten sich gegen mich über zwei Dinge, die ihnen am Herzen lagen, erstens: dem Könige zu bescheinigen, wie sehr er hier geliebt werde; zweitens: daß ich Anlaß finden möchte, in meinen Schriften Santorin's freundlich zu gedenken — ein Gegenstand, der sogar in

---

*) Es ist bekannt, daß der Kapwein sich von griechischen Reben herschreibt, welche die Portugiesen dort pflanzten.

einem der officiellen Circularempfehlungsschreiben der Ministerien, die ich mit mir führe, berührt wird. Dies waren die einzigen Motiven der vielfachen Attentionen, mit denen man mich hier überhäufte, und wenn ich ihrer dankbar erwähne, geschieht es wahrlich nicht aus Eitelkeit, sondern aus Respect vor der Macht der Intelligenz in unserem Zeitalter, die selbst den Schein ihrer schwächsten Strahlen bis an so entlegne Orte zu verbreiten fähig ist.

Der Hafenkapitain holte mich auf seiner Barke von der Golette ab, und am Ufer fand ich den Sekretair des Gouverneurs mit zwei stattlich harnaschirten Maulthieren nebst einer Anzahl Gensb'armes auf mich warten. Im Angesicht der ganzen Stadtbevölkerung, die sich oben auf den unzähligen Terrassen in bunter Menge gruppirt hatte, kletterten wir nun in Procession den langen, steilen Zickzack zwischen Sand, Lava und Felswänden mühsam hinan. Oben am Eingang der Stadt empfingen mich der Dimarch mit der Municipalität, und am Hause des Gouverneurs, wo ich abtrat, dieser selbst mit den sämmtlichen Consuln in Uniform, welche Letztere ihre Flaggen aufgezogen hatten. Hierauf stellte man mir gegen 40 Honoratioren des Orts vor, eine ehrenwerthe Gesellschaft, die später alle vom Gouverneur zu einem splendiden Mittagsmahle vereinigt wurden, bei welchem einige zwanzig verschiedene Jahrgänge des Inselweines nicht die unbedeutendste Rolle spielten. Der weiße vino santo von 1828, dem Tokaier ähnlich, schien mir der beste. In den Itineraires fabelt man von einem sogenannten vino di notte, dessen Beeren nur bei Nacht gepflückt werden sollen; auf meine Nachfrage erklärte man dies lachend für ein Mährchen. Man tafelte ziemlich lange, und nachdem der Gouverneur unsres geliebten Königs Gesundheit ausgebracht, welche ich durch die des nicht minder von seinem Volke geliebten Königs Otto erwiederte, ward fast eines jeden der anwesenden Gäste Gesundheit angereiht, so daß ich Mühe hatte, allen diesen Pflichten gerecht zu werden, ohne das Gleichgewicht dabei zu verlieren.

Ich vergaß zu erzählen, daß ich, noch ehe wir zu Tisch gingen, bei Gelegenheit der Gegenvisiten beim Dimarchen und den Consuln einen ziemlich langen Spaziergang ins Freie unternahm, der mir eine Menge der prachtvollsten Aussichtspunkte bot.

Von wunderbarer Wirkung ist der Kontrast der fruchtbaren östlichen Ebne, nebst dem Kranze der nahen Inseln von Anaphi, Amorgo, Nio und Stampylea auf der einen Seite, mit dem schaumerregenden Meerkrater auf der andern, wo nur zerrißne, grab' aufstei-

genbe Klippen in schwarzen, rothen, grünen und gel=
ben Lagen sich über einander thürmen, die letzteren
aus festem Sande bestehend, auf welchem Feuer, Luft
und Wasser die heterogensten Formen, bald gothischen
Zierrathen der verschiedensten Zeichnung, bald einem
verworrenen Abergeflechte ähnlich, in scharf hervor=
tretenden Reliefs abgedruckt haben. Felsengipfel mit
weißen Häusern, Kirchen und Thürmen gesäumt, die
kaum darauf Platz findend, halb in der Luft zu schwe=
ben scheinen, ziehen sich längs des Meeres hin; dane=
ben gegen Norden erblickt man eine abgesonderte
Stadt, welche in Ruinen liegt, weil der in ihrer
Mitte, gleich Eblis schwarzer Krone, hervorragende
Lavafelsen jährlich riesige Blöcke niederstürzte, die
das Leben der Einwohner gefährdeten, ihre Wohnun=
gen zertrümmerten, und sie zuletzt zur Flucht zwan=
gen; in der Tiefe weilt das Auge auf der Basaltinsel
in des Hafens grundlosem Becken, mit vielen, ihr
Kupfer reinigenden Schiffen in der röthlichen Bucht,
und dem gleich einem Schornstein sich erhebenden
Aschenkegel, in dessen Nachbarschaft man bald eine
neue Geburt des Feuers erwartet, deren Wachsthum
unter dem Meere die Kundigen schon genau beobach=
ten zu können behaupten. Darüber hinaus verfolgt
man den unermeßlichen nur von den Wolken des Him=

mels begrenzten Seespiegel, und ruht endlich nach so viel tausend abwechselnden, eigenthümlichen Details, die über diese großartige Landschaft verstreut sind, im Süden auf einem majestätischen Berge aus, den ein Kloster des heiligen Elias auf seiner höchsten Spitze krönt. Gewiß, wenig Flecke in der Welt können die Einbildungskraft lebhafter in Anspruch nehmen.

Der Weg, auf welchem ich mit meiner Begleitung durch die Weinfelder schritt, war so zierlich aufgeräumt, wie in einem Garten, und der Grund dieser Seltenheit in den hiesigen Gegenden, den ich auf Befragen erfuhr, hatte etwas Rührendes. Es ist eine schöne Sitte der Landleute in Santorin, wenn ihnen eine liebe Person stirbt, durch Geldgeschenke an Arme, oder andere Wohlthaten, die man Bedürftigen erweist, gewissermaßen zu sühnen, was das abgeschiedene Wesen etwa verschuldet haben könnte. Ein armer Bauer, dessen Frau vor einigen Wochen starb, und der kein Geld hatte, der erwähnten Sitte zu genügen, beschloß, den Weg von seinem Dorfe bis zur Stadt von allen Steinen zu reinigen, um so nach seinen schwachen Kräften doch etwas Gemeinnütziges zu thun — und dieser ächten, menschenfreundlichen Frömmigkeit verdanken wir jetzt die bequeme Promenade.

Am nächsten Morgen begann ich um 9 Uhr, in Gesellschaft des Gouverneurs, des Dimarchen und fünf bis sechs andrer Herren meine Tour durch die Insel.

Ihr Anblick von den Höhen, wo ich sie ganz übersehen konnte, setzte mich durch die außerordentliche Kultur, die hier jedem Fleckchen abgewonnen ist, eben so sehr in Erstaunen, als später — sowohl am heutigen Tage, wie während meines ganzen längeren Aufenthaltes in Santorin — das affable Benehmen, die fortgeschrittene Bildung und die freundlich wohlwollende Gesinnung der Einwohner von Stadt und Land. Ich hatte, wie gesagt, schon heute einige Gelegenheit zu Beobachtungen dieser Art, denn in jedem Dorfe, durch das wir kamen (Dörfer, die alle durch Umfang und Nettigkeit ihrer massiven Häuser eben so gut darauf Ansprüche machen könnten, Städte zu heißen) wurden wir, wie in der Hauptstadt selbst, stets von der ganzen Bevölkerung, in den Straßen und auf den platten Dächern vertheilt, unter dem Geläute der Glocken mit Freudenschüssen und Hurrah empfangen, nachdem uns vorher schon hundert Schritt vor dem Orte die Behörde nebst den Primaten, und die reinlich gekleidete Schuljugend, von ihrem Meister angeführt, mit einer blau und weiß gestreiften Fahne entgegen gegangen waren, und uns dort,

unter Anstimmung eines kurzen Liedes bewillkomm=
net hatten.

Ueberall zeigte sich dieselbe freimüthige Herzlich=
keit, ja man hätte glauben mögen, der Gouverneur
sey mit jedem der uns Begegnenden persönlich be=
freundet, so ausnehmend freundliche und zutrauliche
Blicke erhielt er von Allen, häufig von schmeichelnden
und ihn segnenden Worten begleitet. Ein allgemei=
ner Wohlstand, der schon eine gewisse Achtung seiner
selbst, wie des eignen Besitzes, durch die elegantere
äußere Erscheinung beider dokumentirt, machte sich
überall bemerkbar, und so lange ich auf der Insel
verweilte, habe ich nie daselbst einen Bettler, noch zu=
bringlich sich zum Gewinn herandrängende Leute ge=
sehen, wohl aber stets die größte Bereitwilligkeit bei
Jedermann zu unentgeldlicher Hülfsleistung angetroffen.
Die Primaten (wie man die Wohlhabendsten nennt),
welche sonst überall in Griechenland sich unter ein=
ander neidisch anzufeinden pflegen, leben hier in voll=
kommenster Harmonie, sowohl unter sich, als mit den
Consuln und fremden Ansiedlern, was gewiß viel dazu
beigetragen hat, auch dem Volke diesen vorherrschend
friedlichen, einträchtigen und ordnungsliebenden Cha=
rakter zu eigen zu machen.

Man kann mit Recht von Santorin sagen, daß

es — ein vollkommenes Gegenstück zum Festlande, und auch den andern Inseln weit voraus — an Kultur des Bodens selbst Malta und Gozo gleich kommt, weshalb es auch bei nur 5—6 Stunden Umfang 12,000 Menschen gut zu nähren im Stande ist, an ächter Civilisation seiner Bewohner aber die genannten Orte entschieden übertrifft. Ich empfand hier einen wahren philantropischen Genuß, denn ich glaubte manchmal die Träume philosophischer Menschenfreunde verwirklicht vor mir zu sehen. Ich nahm weder Luxus noch Dürftigkeit wahr, weder Hohe noch Niedere, schroff von einander Geschiedene, weder Strafe noch Furcht — Alles wandelte in Ruhe und liebender Eintracht, mit Thätigkeit und Frohsinn die reelle goldne Mittelstraße.

Wir kamen jetzt an ein isolirtes Gebäude, das einen geräumigen Hof umgab, und fast einem kleinen Schlosse glich. Man sah, daß es ganz neu aufgeführt worden war, demohngeachtet stand es leer. Auf meine deßhalb an den Gouverneur gerichtete Frage erwiederte dieser seufzend: „Es ist dieß Haus auf Kosten dreier umliegenden Gemeinden erbaut worden, und für eine höhere Schule bestimmt. Seit sieben Monaten haben diese Gemeinden in Athen supplicirt, um einen Vorsteher für die Anstalt zu erhalten, den sich selbst zu wählen ihnen nicht verstattet ist — doch haben ihre und meine Bemühungen bis jetzt keine Resolution extrahiren können. Eben so verhält es sich mit der gleichen Bitte für vier andere geringere Schulen und einem halben Dutzend dringenden Vorschlägen, die ich selbst gemacht." — „Ja," fügte er lachend hinzu, „Sie werden es kaum glauben, wenn ich Ihnen sage, daß ich nun vier Monate hier Gouverneur bin und noch auf keinen einzigen meiner vielfachen Berichte, trotz der dringendsten Erinnerungen irgend eine Resolution, ja nur eine Antwort erhalten konnte!"

Es ist merkwürdig, daß alle Gouverneurs ohne Ausnahme, so wie auch einige andere mit dem Gouvernement direkt kommunicirende Beamte, von welcher Nüance sie auch seyn mochten, sämmtlich sich über diese nachtheilige Indolenz der Regierung zu Athen gegen mich klagend äußerten, so wie über die hemmende Restriktion ihrer Autorität in Dingen, die theils eine schnelle Decision verlangen, theils nur an Ort und Stelle richtig beurtheilt werden können, so daß, wie Mehrere sagten, ein Provinzial-Gouverneur zwar viele Mittel besäße, Uebles — aber sehr wenige, Gutes zu thun. Ueberhaupt fand ich durch das ganze neue Königreich Griechenland diese oberen Funktionen, wie die Häuptlinge und die Pluralität des Volkes in drei Sachen fast unanim: 1) in der enthusiastischen Liebe für den König, sowohl persönlich, als wesentlich aus Verehrung der Idee des Königthums, 2) in der entschiedenen Abneigung gegen das Gouvernement der Fremden, 3) in der Meinung, daß, wenn sie dieses nicht los werden, und durch eine rein griechische Regierung unter dem Könige, den sie Alle als Griechen ansähen, dirigirt werden könnten, der Graf Armansperg ihnen immer noch lieber als jedes neue Experiment dieser Art sey. Dieß ist die nackte Wahrheit sine ira et studio — nicht m e i n e Ansicht, der über diese Gegenstände zu urtheilen sich nicht anmaßen will, aber die der Griechen.*)

———

*) Nur ein oberer Funktionär äußerte sich nie, weder im Tadel noch Lobe, über das Gouvernement, und diesen allgemein hochgeachteten Mann entsetzte man seines Postens als Gouverneur von Patras auf die unconsequenteste und eine vom ganzen Lande getadelte Weise, bei einer Gelegenheit, wo er, wie immer nur seine Pflicht erfüllt hatte. Da ich mich mit Herrn Glaraki persönlich befreundet, weil ich ihn sehr hoch schätzte, hielt ich es für meine Schuldigkeit, beim Grafen Armansperg eine Fürbitte für ihn einzulegen, die jedoch ohne Erfolg blieb. Glaraki sey ein Trinker und träge, erwiederte Graf Armansperg. Als ich dies dem braven Kanaris erzählte,

Auch die frohen Mönche empfingen uns auf ihrem Felsengipfel mit dem lustigen Geläute aller Glocken, und hielten dann einen kurzen Gottesdienst in ihrer schön geschmückten Kirche, verbunden mit einem feierlich vom Higumenos gesprochenen Gebet für mein Glück und langes Leben, während dem ich mich innerlich dem Heiligen der Höhe, dem Hochstrebenden, dem Feuergeist im neueren Glauben, meinem geliebten Elias-Helios ganz und unwiederbringlich zu eigen gab. Und andächtig küßte ich nachher sein schwarzes Gesicht, welches mit glühenden Augen aus einem starrenden Gewande von vergoldetem Silber hervorschaute. Dann begaben wir uns auf die oberste Terrasse des Klosters, um der herrlichen Aussicht von diesem begünstigten Punkte zu genießen, wobei wir auch die weitläuftigen, in diesem Jahre erst veranstalteten Ausgrabungen eines von der Oberfläche der Erde längst verschwundenen Ortes, wie ein

---

der Glaraki seit Kindheit an genau kennt, sagte er lächelnd: „Ich habe Glaraki nie Wein trinken sehen, als wenn er einen Freund bewirthete, und nie träge, als wenn man ihn zu Intriguen verwenden wollte." Ich erwähne dieser kleinen Anekdote, weil sie für alle betreffende Personen ungemein charakteristisch ist.

Schachbrett in grüner Einfassung, tief unter uns inmitten der Saatfelder erblickten.

Dieses Kloster ist von allen, die ich in Griechenland sah, das erste, welches unsern Europäischen Ansprüchen an Reinlichkeit des äußern Menschen, wie anständiger Bildung des innern, und eines bescheidnen Comforts der Umgebung, gleichmäßig entspricht. Es ist überdies berühmt für seine Gastfreiheit, deren Ausübung auch die ganzen Einkünfte desselben gewidmet sind, und fast alle Fremde schlagen hier bei Besichtigung der nahen Alterthümer einen oder mehrere Tage lang ihr Quartier auf. Wir begnügten uns mit Annahme einiger vortrefflichen Erfrischungen, und kletterten dann, unsere Maulthiere verlassend, und von einem der Mönche geführt, über rauhe Felsen und schlüpfrigen Rasen nach den Ruinen von Oea, der alten Hauptstadt der Insel. Diese Trümmer befinden sich auf einem noch kahleren Felsenberge, dem Promontorium agiu Stephanu, dicht am Meer. Sie sind ziemlich weitläuftig, wurden aber in späteren Zeiten wieder zu christlichen Kirchen nnd andern Gebäuden theilweise verwendet. Unten über der Klippenbrandung bemerkt man ein zweites kleines Kloster, das nur von drei Eremiten bewohnt wird, welche das Gouvernement neuerlich wegen der Beschuldigung eines Einverständnisses mit den Seeräubern in Untersuchung zog, doch konnte ihnen nichts bewiesen werden.

Die Reste der alten Oea bieten jetzt nur noch einzelne Säulenstücke und Mauern dar. Von den letzteren sind aber mehrere von Interesse, da sie eine wahre Mustercharte aller verschiedenen hellenischen Bauarten in schönen Exemplaren aufstellen. Zuerst kann man diesen Cursus mit einer Wand beginnen, die in der urältesten cyklopischen Manier aufgeführt ist, und noch eine Thüre zeigt, welche in einen kleinen, ehemals geschloßnen, Raum führt, den Borg de St. Vincent, als er hier war, scherzend das Studienkabinet des Membliarus taufte.*) Nicht viel jünger und gewiß noch der lacedämonischen Kolonie zuzuschreiben ist eine andere prächtige Mauer, wahrscheinlich zur Akropolis gehörig, die bei 30 Fuß Höhe und 9 Fuß oberer Dicke noch 150 Fuß in ununterbrochener Länge mißt. Ein Drittheil derselben ist altcyklopisch, das Ganze mit imposanter Wirkung über dem jähen Abhang des Felsens aufgethürmt. In den Resten eines mehr westlich gelegenen Gebäudes findet man den untern Theil der vordern Wand aus der Zeit, wo die polygonische Bauart ihre höchste Vollendung und

---

*) Siehe Herodot über Thera IV. 147—154.

Zierlichkeit erhielt, den obern Theil aber, wie die Seiten, von großen, auf das Genauste zusammengefüg=
ten, horizontal liegenden Quadratblöcken aufgeführt, die der Periode letzter Blüthe griechischer Baukunst angehören. Nicht weit davon stehen die Stufen eines Monuments, welches ein Achteck bildete; daneben lie=
gen einige Säulenstücke, und viel andrer Raub des Alterthums ist hier abermals zu einer kleinen christ=
lichen Kirche verwendet worden.

Auf der entgegengesetzten südöstlichen Seite des Felsenberges befinden sich die Rudera mehrerer Tem=
pel von geringem Umfange, die mit Grotten in Ver=
bindung standen. In einer dieser Höhlen, wo eine erstickende Hitze herrschte, sieht man am Ende ein dickes Gemäuer wie zur Stütze aufgeführt, das nähere Untersuchung verdiente, denn obgleich nirgends eine Kommunikation der Grotte mit der freien Luft von jener Seite zu entdecken ist, strömt dennoch durch eine untere Oeffnung der schadhaft gewordenen Wand ein heftiger Luftzug hinein, dessen Ursache jetzt nicht zu erklären ist.

Andere Säulen und Mauerreste scheinen die Pro=
pyläen der alten Stadt anzudeuten. Hier erblickt man schon die gegenüberliegende Gräberstätte auf Mesa=
vuno, wo alle die eigenthümlich bemalten Vasen aus=

gegraben wurden, derengleichen man bis jetzt nur auf
Santorin angetroffen hat. Herr von Prokesch und
Dr. Roß entdeckten hier einige interessante Inschriften,
die der gelehrten Welt bereits im Kunstblatt bekannt
gemacht worden sind. Dem Dr. Roß verdankt man
auch die erste Idee zu der Ausgrabung auf den wei=
ter hinab liegenden Feldern am Meeresufer, unge=
fähr drei Viertelstunden von hier entfernt. Es wäre
aber vielleicht noch nicht sobald dazu gekommen, wenn
nicht einer der Besitzer der dortigen Weingärten den
gescheidten Traum gehabt hätte, daß ein heiliges
Kreuz unter den Ruinen vergraben läge, welches sich
nachher auch wirklich vorfand, und ehe es von der
Behörde beseitigt wurde, eine Menge Wunder that.
Sobald der Traum bekannt geworden war, standen
Viele, die durch freiwillige fromme Gaben den glück=
lichen Träumer für sein Grundstück reichlich entschä=
digten, und an 4000 Menschen versammelten sich zur
Arbeit, die in wenigen Tagen mehr als einen Mor=
gen Landes aufdeckten. Man stieß zuerst auf das
Bruchstück eines antiken, auf Stufen stehenden, halb=
oder vielleicht einst ganz zirkelförmigen, eleganten Mo=
numents, das aber leider schon in frühster Zeit, um
eine Kirche daraus zu machen, verunstaltet worden
war. Daneben sieht man die weitläuftigen Ruinen

eines der primitiven Klöster, oder vielmehr, wie ich glaube, einer christlichen Kolonie nach Art der heutigen Herrnhuter. 'Es sind lauter kleine Zellen zu ebener Erde mit einigen reich verzierten Kapellen von geringer Dimension, zur Hälfte aus den Trümmern verschiedener Jahrhunderte erbaut und dann selbst wieder in Trümmer zerfallen, die theils vom Sande des Meeres, theils von dem Erdreich, daß die Berge herabgeschwemmt, Jahrhunderte lang gänzlich verdeckt wurden. Mehrere lange Inschriften auf Steinen, die da liegen, enthielten in korrumpirten und unorthographischem Griechisch Listen der Einkünfte der Kommune an Oel, Getreide und Viehheerden, welche auf einen sehr blühenden Zustand derselben, wie der ganzen Insel zu jener Zeit, schließen lassen. Ein anderer Stein dieser Art stellt den rohen Grundplan des Klosters sehr deutlich dar. Aber unter diesen Ueberresten einer schon entarteten Zeit bemerkt man auch noch einige dorische Säulen und einen schön bearbeiteten Block in edleren Verhältnissen mit einer andern Inschrift, die folgendermaßen lautet:

ΟΔΑΜΟΣ ΑΦΗΡΩΞΕ
ΕΡΑΣΙΚΛΕΙΑΝ ΕΡΑΤΟΚΡΑ=
ΤΟΥΣ ΑΡΕΤΑΣ ΕΝΕΚΑ
ΚΑΙ ΣΩΦΡΟΣΥΝΑΣ.

(Das Volk hat als Heldin geheiligt Erasikleia, Tochter des Eratokrates, wegen ihrer Tugend und Keuschheit. *)

Es ist höchst wahrscheinlich, daß dieser keuschen Jungfrau ursprünglich das schöne Monument, dessen ich schon erwähnt, gewidmet war und vielleicht ihr Bild auf dem runden Unterbaue stand. Nicht weit davon fand sich auch das geträumte heilige Kreuz aus Bronze und Herr Avjerinos, ein eifriger Alterthums= forscher und ein sehr freisinniger Mann, welcher als Beamter des Gouvernements die ganze Expedition leitete, versicherte, ein seltsames Phänomen bei dieser Gelegenheit erlebt zu haben, daß er sich nicht zu er=

---

*) Also die „Weisheit" der Weiber ist die Keuschheit, vor= zugsweise der Schönen; Erasikleia muß also sehr schön gewesen seyn! oder die Weisheit sehr selten. Erasikleia, schlafe wohl!

klären vermöge. Als man in bedeutender Tiefe jenem Kreuze, das nachher zum Tageslicht emporstieg, nahe kam, verbreitete sich über die ganze Fläche ein starker, aber höchst lieblicher aromatischer Geruch, der über zehn Minuten lang anhielt, immer stärker ward, je tiefer man grub und dann nur langsam wieder entschwand. In der Erde war durchaus nichts zu finden, was Ursache hierzu hätte geben können, noch zeigte sich diese Erde selbst irgendwo wohlriechend. Groß aber war der Jubel des Volks, wenn nicht ad oculos, doch ad nasum das Wunder unwidersprechlich constatirt wurde.

Wir aßen bei dem Manne, der den glücklichen Traum gehabt, vortreffliche, eben gefangene und schnell in Oel gebratene Fische, und tranken dazu einen sehr guten jungen Landwein; denn wir hatten des Tages Last und Hitze nicht in geringem Grade getragen, und Jeder schien einer materiellen Stärkung am heiligen Orte zu bedürfen, der, beiläufig gesagt, aus sichtlichen Gründen jetzt lange nicht mehr so gut duftete als ehemals. Kurz darauf bestiegen wir wieder unsere Thiere, und ließen uns von einigen hiesigen Gutsbesitzern, die kleine Fohlen von anderthalb Jahren ritten, und von denen einer dem spanischen Don Quixotte ungemein ähnlich sah, am Meeresgestade entlang, eine ſtarke halbe Stunde weit bis an eine Einbiegung der See führen, wo man unter den Wellen noch einen ſehr ſtarken und tief in das Meer hineinreichenden antiken Molo findet, der, wieder hergeſtellt, dieſem Theil der Inſel den vortheilhafteſten Hafen verſchaffen würde. An derſelben Stelle landete der König von Baiern, der nicht wenig verwundert war, als ihn die enthuſiaſtiſche Menge ſammt ſeiner Barke mitten im Meere ergriff, auf die Schultern lud und ſo, hoch in der Luft, laufend an's Ufer brachte.

Einige tauſend Fuß abgelegen von den Sanddünen erhebt ſich, als Stütze des vom höheren Gebürge abfallenden Terrains, eine lang hingebreitete Felſenwand, die aus einer Art bunten Muſchelmarmors beſteht und voll ausgehauener Grabmonumente iſt. Eins derſelben, in Form eines kleinen Tempels, und ein anderes daneben, als Sarkophag geſtaltet, ſind die anſehnlichſten und von guter Ausführung; über ihnen kriecht am Felſen eine ſich windende Schlange hinan.

Nach einer Stunde erreichten wir abermals ein ſchönes Dorf, das kompakt auf einem Hügel zuſammengebaut, und von einem feſten Thurme aus der Zeit der Sarazenen flankirt, ganz einer weitläuftigen

Ritterburg gleicht. Aus demselben wurde ein wohlgenährtes Feuer aus großen Tromplons eine halbe Stunde lang unterhalten, und die hinter ihrer Fahne aufmarschirte Schuljugend von 15= bis 5jährigen Kindern, gleich Orgelpfeifen herabsteigend, war hier besonders brillant. Der Gouverneur versicherte mich, bei einem neulich angestellten Examen in dieser Schule mehrere kleine Buben unter sieben Jahren angetroffen zu haben, die binnen sechs Monaten nicht nur lesen und schreiben, sondern auch den größten Theil des neuen Testaments auswendig gelernt hatten. Das Dorf, welches diese gelehrigen Knaben producirt, heißt Emporion, und die Weinfelder, die es umgeben, liefern hauptsächlich den berühmten vino santo. Die ehrwürdigen alten Weinstöcke bieten den barocksten Anblick, wo gewiß Jeder, der nicht schon vorher wüßte, was er vor sich hat, nur so viel Reihen hoher Körbe zu sehen glauben würde, die man in einem wohlgepflügten Felde systematisch aufgestellt.

Der Abend dämmerte schon, als wir in einem andern Weinfelde den sogenannten heiligen Nikolaus besichtigten, ein vollkommen erhaltenes römisches Gebäude, wahrscheinlich ein Grabmal oder Heroon, das ebenfalls den Weg alles Heidenthums hat gehen müssen, und in Folge dessen, statt des alten weggenommenen Sarkophags, in seinem Innern nun einen schmutzigen Altar und eine übelriechende Oellampe beherbergt. Aber schon läuteten die Glocken eines vierten großen Dorfes, dem stattlichsten von allen, aus der Ferne, und wir ritten im Galopp darauf zu. Wir bemerkten darin eine größere Menge schöner Weiber als wir bisher gesehen, welche dem hier noch affabler grüßenden Gouverneur nicht minder zugethan schienen, als die Männer. Von diesem Ort führte uns der Weg wieder dem Gestade des Meeres zu, und seinen chaotischen Wänden entlang, von deren Höhe ich, allein vorausgeritten, jetzt die Sonne in rother Glorie untertauchen sah, während eine kohlschwarze Regenwolke sich auf der Aschenfeueresse der Kaimenie so tief niedergelassen hatte, daß sie aus ihr selbst hervorzubringen schien. Die Dunkelheit brach schnell ein, und ein kalter Wind durchwehte unangenehm meine noch von der angreifenden Fußpromenade und den Folgen der drückenden Hitze halbnassen Gewänder, so daß ich mit großer Genugthuung die Glocken des letzten Dorfes vernahm, wo der russische Konsul, der die schöne Reputation genießt, die besten Weine der Insel zu besitzen, die ganze Gesellschaft zum Diner bei sich erwartete. Er rechtfertigte seinen Ruf auch so vollständig, daß ich bekennen muß, für meine Person, nach gehöriger Prüfung seines Kellers, einen Zwischenakt der Ruhe unumgänglich nöthig gefunden zu haben. Nach diesem wohlthätigen Schlaf à conto bestieg ich erst um 4 Uhr in der Nacht wieder mein Maulthier, um die definitive Schlußscene dieses mannigfaltig abwechselnden Tages in meinem eignen Bette aufzusuchen.

Ich brachte fast eine ganze Woche in Santorin zu, und erst, als ich das gastfreie Haus meines Wirthes nach dem herzlichsten Abschiede, wahrscheinlich auf immer verlassen hatte, besuchte ich in der Abenddämmerung die Kaimeni, um die Wirkung ihres vulkanischen Ursprungs von Nahem zu betrachten — ein Grauen erregender Anblick! Wie an den schroffen Kalkufern der englischen Küste an einigen Orten weiße phantastisch gestaltete Felsen, gleich in lange Leichentücher gewickelten Gespenstern, aus den Fluthen steigen, so erscheinen auch ihre Geschwister hier, aber höllische Feuergeister sind diese, schwarz wie die Nacht und glänzend wie polirter Stahl. Die roth gefärbte Bucht, in die wir bei hochgehendem Meere mühsam einfuhren, war von unzähligen Basalttrümmern solcher Art, die in tausend Spitzen emporstarrten, rings umgeben, bis dahin, wo der gewaltige Aschenkegel sich erhob, den ich früher einem Schornsteine verglich,

der mir jetzt aber mehr einem riesenhaften Schmelz-
ofen oder einem Kohlenmeiler der Cyklopen ähnlich
schien, längst ausgebrannt und ruhig zwar, doch drohend selbst als Leiche noch. Wir blieben die halbe
Nacht mit der Golette an seinem Fuße geankert, bei
flimmerndem Sternenlicht, und trotz der schneidenden
Kälte verweilte ich bis zur Abfahrt auf dem Verdeck,
mich ganz dem wunderbaren Eindruck überlassend,
den ein so ungewohntes Schauspiel bei mir hervor=
rief. Es schien schon die Vorhalle der Unterwelt hier
zu beginnen, wo nichts Lebendes mehr existirt, und
und ich würde mich zuletzt nicht allzu sehr verwundert
haben, wenn die Reise, statt auf der schäumenden
Fluth hin, abwärts in der Erde Schooß gegangen
wäre. Am nächsten Tage konnte ich mich von dem
Reinigungseffekt des hiesigen Wassers selbst überzeu=
gen; denn schon unser kurzer Aufenthalt darin hatte
an mehreren Stellen das Kupfer des Schiffs so glän=
zend wieder hergestellt, als habe man es eben frisch
gescheuert. Ich kostete das Wasser ehe wir abfuhren,
und fand es von einem stark salzigen, aber zugleich
sehr metallischen, zusammenziehenden Geschmack.

Kandia.

Kandia.

Der Wind war höchst ungestüm, aber so günstig, daß wir schon gegen Mittag in der Rhede von Suda anlangten, nachdem wir einem österreichischen Kutter vorbeigefahren waren, dem dieser halbe Sturm der Nacht einen seiner Maste zerbrochen hatte. Wir erfuhren hier, daß alle Schiffe, welche von Griechenland oder dem Archipel kämen, mehrere Tage Quarantaine halten müßten, eine um so unangenehmere Nachricht, da die zur Kontumaz bestimmten nicht sehr ansehnlichen Gebäude schon ganz besetzt durch gemeines Volk voll Ungeziefers waren, das alle Stuben verunreinigt hatte. Wir blieben daher auf unsere Golette reducirt, die sich auf ihrem Ankerplatz noch immer sehr stark bewegte. Wir hätten es weit bequemer gehabt, wenn wir mit dem günstigen Winde gleich nach dem Hafen von Kanea gesegelt wären, aber unser Capitain, der in dem hiesigen Meere nicht sehr bekannt schien, hatte von irgend jemand in Santorin gehört, daß man bei der Tramontana (Nordwind) in den Hafen von Kanea nicht ohne große Gefahr einlaufen könne, eine, wie ich nachher erfuhr, ganz ungegründete Angabe. Ich sandte sogleich einen Boten mit Briefen an die Konsule von Frankreich und Griechenland ab, Herrn Fabreguettes, meinen gütigen Freund aus Athen, und Herrn Peroglu, dem ich durch den griechischen Minister des Auswärtigen empfohlen war. Zugleich schrieb ich an den Oberst Kaporal, einen Franzosen im Dienste des Vicekönigs, Chef aller Sanitäts=Anstalten, und des Seraskier's rechte Hand in Kandia, an welchen ich ebenfalls Empfehlungsschreiben hatte. Ich bat ihn, wenn es möglich sey, um Erlaß der lästigen Quarantaine, da ich keinen einzigen Ort, wo eine epidemische Krankheit herrsche, berührt, Athen selbst aber schon seit anderthalb Monaten verlassen habe. Unterdessen stieg ich, so weit es vergönnt war, bei der Inselfestung von Suda an's Land, wo mir der Kontumazbeamte einstweilen sein kleines Dienstlokal einräumte, und der kommandirende Bey mit großer Bereitwilligkeit und Höflichkeit für meinen Lebensunterhalt sorgte. Schon konnte ich von hier den silberströmenden Ida sehen, dessen pyramidalische Spitze hinter einem dunkel=

blauen, schroff abstürzenden Vorgebürge hervorschaute; vor mir lag die lange Kette der weißen Berge gleichfalls dicht mit Schnee bedeckt. Die Rhede ist sicher und tief, geräumig genug, die größten Flotten zu fassen, die meist kahlen Felsen aber, welche sie umgeben, sind nicht sehr malerisch. Doch sieht man hier und da einige Baumgruppen, einige verfallene venetianische oder türkische Warten und zwei oder drei weiße Landhäuser in der Ferne.

Am andern Morgen erst erhielt sich die schriftliche Antwort der genannten Herren von Kanea, das nur drei Stunden von Suda entfernt ist, zugleich aber auch die Botschaft, daß sie selbst bereits angekommen seyen, und mich alle drei beim Kotumazaufseher erwarteten, meine eigene Gefangenschaft aber mit der nächsten Morgensonne schon ein Ende haben solle, da man mir die auf der See zugebrachte Zeit anrechne, wonach drei Tage für mich als hinlänglich festgesetzt worden wären.

Es würde mir schwer werden, die außerordentliche Artigkeit, die unausgesetzte Sorgfalt, Gastfreundschaft und die Attentionen aller Art zu schildern, mit denen der Oberst Kaporal — einer der ausgezeichnetsten und auch gewürdigtsten Beamten des Vicekönigs — mich von dem Augenblicke an, wo ich ihn zum erstenmal sah, bis zu meiner Abreise nach Alexandrien fortwährend überhäufte. Viel Dankbarkeit bin ich ebenfalls Herrn Fabreguettes für täglich erfahrene Güte und liebenswürdige Gastfreundschaft schuldig, und auch Herr Peroglu bemühte sich, wo er nur Gelegenheit dazu fand, mir nützlich und gefällig zu seyn. Es ist das Geringste, was ich thun kann, diese Anerkenntniß und meinen Dank dafür hier auszusprechen, unbedeutend allerdings für die genannten Herren, aber mir ein Bedürfniß.

Mit der gehörigen Vorsicht, Niemand zu berühren, gestattete man mir, begleitet vom Obersten, den Konsuln und dem Bey, die Festung zu besuchen, welche sich in leidlichem Stande befindet, jetzt aber nicht vollständig armirt ist. Das Geschütz war, bis auf einen ganz neuen englischen Mörser, meistens noch aus venetianischer Zeit, und es ist ein erwähnenswerther Umstand, daß diese kleine Festung — nur tausend Schritt vom festen Lande der Insel entfernt — noch gegen fünfzig Jahre nach der Eroberung von Kandia durch die Türken, im Besitz der Venetianer blieb. Ich fand die hiesigen ägyptischen Soldaten sehr gut gekleidet und nicht übel europäisch dressirt. Wie bei den Orientalen die Pferde immer gesattelt im Stalle stehen, so steht auch der Soldat hier stets völlig gepackt auf der Wache, ein zweckmäßiges Reglement, weil sich die Leute desto leichter an die Last gewöhnen, und es für Soldaten wie für Philosophen immer ersprießlich ist, wenn sie in Wahrheit ausrufen können: Omnia mea mecum porto. Das Kostüm des Obersten war nicht nur im höchsten Grade bequem, sondern auch elegant, und ich wünschte sehr, wir adoptirten ein ähnliches, weshalb ich es in Kürze beschreiben will.

Es bestand aus einer Aermeljacke von blauem Tuch, die bis an den stehenden Halskragen zugeknöpft ist. Dieser, wie die Aufschläge, haben eine einfache, aber sehr geschmackvolle goldene Stickerei. Die Pantalons, aus demselben Tuch, sind von mäßiger Weite, nur unten am Knöchel eng anschließend, was die unbequemen und unsichern Souspieds unnütz macht. Darunter trug der Oberst kurze Stiefel und Sporen nach Europäischer Art. Infanterie=Officiere trugen Schuhe. Um den Leib hatte er eine breite Binde von Goldstoff oder Seite gewunden, die warm und beim Reiten den Unterleib zusammen hält, zugleich aber als eine schöne Zierde dient. Darüber war ein schwarzes Wehrgehänge von Glanzleder mit Löwenköpfen, gleich den unsrigen, geschnallt, an dem der Säbel oder beim Negligee ein kleiner Dolch hängt, wie ihn die französischen Offiziere jetzt auch fast all-

gemein zu tragen pflegen. Den Kopf bedte der rothe
Fes mit blauer Quaste, der hier nie wie in Griechen=
land abgenommen wird. Ueber die Schultern hing
ein sogenannter langer Mantelkragen mit einer Kapuze,
der beliebig offen gelassen, vorn zugeknöpft oder ganz
abgelegt wird, nachdem die Witterung seinen Gebrauch
erfordert. Derselbe Uniformsschnitt existirt in der
Hauptsache für alle Waffengattungen, auch für die
Marine, und es möchte in der That schwer seyn, sich
eine der Gesundheit zuträglichere, einfachere und be=
quemere Tracht auszudenken, die überdies ein künst=
lerisches Auge nirgends beleidigt. Das Zeichen des
Grades wird wie eine Dekoration auf der rechten
Brust getragen, ist sehr verschiedener Art und nicht
nur für das Militair, sondern auch für das Civil
eingeführt, welches, wie in Rußland, ebenfalls nach
militairischem Rang geregelt wird.

Beim Militair finden folgende Zeichen statt:
der Souslieutenant — einen kleinen silbernen Stern,
der Lieutenant — einen silbernen Halbmond,
der Capitain — silbernen Halbmond und Stern,
Adjutant major — silbernen Halbmond und golde=
   nen Stern,
Chef de bataillon — goldenen Halbmond und
   Stern,

Oberstlieutenant — goldenen Halbmond und Stern in Diamanten,

Oberst — beides, Halbmond und Stern in Diamanten,

Brigadegeneral — Halbmond und zwei Sterne in Diamanten,

Divisionsgeneral — Halbmond und drei Sterne in Diamanten,

Marschall — Halbmond und vier Sterne in Diamanten.

Die Militairärzte sind in demselben Verhältniß dekorirt, tragen aber statt Halbmond und Stern die Keule und Schlange Aeskulaps in zwei Lorbeerästen eingeschlossen, eine höchst geschmackvolle Dekoration, die ebenfalls in Silber, Gold und Diamanten variirt.

Beim Civil, obgleich auch hier demselben System gefolgt wird, sind die Zeichen abermals verschieden und der Beschäftigung analog. Die Commis z. B. tragen eine Feder mit einer Rolle Papier, ein Rath eine Spane u. s. w. *)

---

*) Wie viel Sonnen würden uns in Europa aufgehen, wenn wir dasselbe Dekorationssystem annähmen! Bei den Millionen von Beamten könnte man sich die artigsten Dinge ausdenken, eine ganz neue Hieroglyphenschrift — deren Figuren bekannt sind, aber nicht ausreichen können. Ich würde

Bei der Marine geht der Anker durch sämmtliche Grade, und die Civil=Ingenieurs tragen einen Cirkel und Richtscheit im Kranz von Gold oder Diamanten. Der sinnige Zweck des Ganzen ist, daß stets die Form die Beschäftigung, und der Stoff den Grad anzeige. Wir haben uns zu einer so feinen Distinktion bei unsern Ordens- und Gradezeichen noch nicht erhoben.

Nachdem wir die sämmtlichen Befestigungswerke gehörig in Augenschein genommen, lichtete die Golette zum Letztenmale für mich die Anker, um uns bis an das äußerste Ende der Bucht zu bringen, was wegen des heftigen und jetzt ganz kontrairen Windes ein langweiliges Laviren viele Stunden nöthig machte. Die schöne rothe Flagge der Türken mit dem weißen Halbmond und Stern wehte unterdessen von der Festung, deren Kanonenschüsse wir von der Golette nur mit Aufziehung der griechischen Flagge erwiedern konnten. Am Saume der Bucht angelangt, wo das Meer keine Wellen mehr schlug, und wir hoffen durften, eine ruhige Nacht ohne Schaukeln zuzubringen, zeigte sich eine lachende Landschaft, mit weit sich hinziehenden

---

mich sehr geschmeichelt fühlen, wenn man mir den Auftrag gäbe, diesen Gegenstand auszuarbeiten.

Olivenwäldern, fruchtbaren hellgrünen Fluren, und wohlgebauten, nur zum Theil noch vom Kriege her zerstörten Dörfern, überragt vom glänzenden Schnee der weißen Berge.

Die Sonne der Freiheit ging am nächsten Morgen hellstrahlend über uns auf, ich ward ihrer aber erst um 9 Uhr gewahr, zugleich mit dem gütigen Oberst, der mir wieder entgegengekommen war, und alles mitgebracht hatte, dessen ich beburfte, um mich nach Kanea zu begeben. Zwölf Maulthiere des Gouvernements trugen meine Effekten, und ein prächtig mit Sammt und Gold geschmücktes Roß des Seraskiers erwartete mich am Ufer. Der Weg nach Kanea ist angenehm, und führt zum Theil auf einer gut gepflasterten Chaussee, welche der Vicekönig bauen ließ. Unterwegs begegnete mir ein eigner Zufall. Während ich mit dem Oberst sprach, ohne auf mein ziemlich lebhaftes Pferd Acht zu geben, warf dieses, ich weiß nicht wie, seinen gestickten, weder durch Kehl- noch Nasenriemen festgehaltenen Zaum ab, und benutzte seine Freiheit sogleich zu einigen Bocksprüngen, nach welchen es, der Stute des Obersten zu Liebe, kerzengerade in die Höhe stieg. Da ich sein Ueberschlagen oder eine noch bedenklichere Operation befürchtete, und es nicht mehr zu regieren wußte, ließ ich mich sanft hinabgleiten, wozu mir der von Mehemed Ali in Aegypten eingeführte Sattel, welcher nur aus einem breiten ganz ebenen Sammtkissen besteht, so behülflich war, daß ich ganz bequem auf meinen Füßen stehen blieb, und das Pferd in demselben Augenblicke schon bei der Mähne festhalten konnte, als die uns zu Fuße begleitenden Araber erst zur Hülfe herbeisprangen. Beim Einzug in die Stadt machte das Schießen und Heraustreten der Wache meinen Schimmel von Neuem wild, und da der Untugend des Bäumens nicht viel entgegenzusetzen ist, so war mir nicht wenig bange, der hiesigen Bevölkerung gleich zu Anfang eine schlechte Idee von meinen Reitkünsten zu geben, der ich mich, matt und nervös von der schaukelnden Meerfahrt, auf dem ungewohnten und durch einen losen Gurt kaum im Gleichgewicht zu erhaltenden Sattel, nicht allzusicher fühlte. Doch ging alles aufs Beste ab, und ich gelangte, fortwährend karakolirend, ohne weitern Unfall an das Palais des abwesenden Seraskiers, das mir durch die freundschaftliche Vermittelung des Oberst Kaporal eingeräumt worden war. Hier ward ich während der ganzen Zeit meines Aufenthalts in Kanea wie der Besitzer selbst behandelt, und auf dessen Kosten glänzend bewirthet. Nach einiger Ruhe beehrte mich der Gouverneur und Präsident des Conseils nebst dem

ganzen Personal des letzteren, wie dem Kadi, mit
ihrem Besuche. Diese Behörde besorgt mit fast pa-
triarchalischer Einfachheit unter dem Pascha-Seraskier
die Administration, wie die Justizpflege für Stadt und
Provinz. Stimmenmehrheit bedingt die Entscheidung,
und die Fürsorge des Vicekönigs hat dem aus 18 Personen bestehenden Conseil 6 griechische Mitglieder bei-
gegeben, damit seine Unterthanen dieser Nation und
dieses Glaubens natürliche Vertheidiger nicht entbehren möchten. Ich werde später auf diese Behörde
zurückkommen, und erwähne hier nur so viel, daß
alles Verfahren größtentheils mündlich und ganz
öffentlich ist, diese glückliche Insel aber den Segen
genießt, k e i n e n e i n z i g e n A d v o k a t e n z u b e-
s i t z e n! weshalb auch kein Prozeß die Dauer einiger
Sitzungen überschreitet.

Alle Consule versicherten mich, daß wer Kandia
vor des Vicekönigs Regierung gekannt, nur mit Staunen die Veränderung betrachten könne, welche diese
hervorgebracht. Die größten Geldsummen werden
jetzt ohne alle Bedeckung sorglos durch das ganze
Land gesandt, welches früher den Ruf des unsichersten
der Levante hatte. Nirgends war die Tyrannei der
Türken gegen fremde, wie einheimische Christen un-
gestrafter und zügelloser; jetzt darf kein Türke mehr

Waffen tragen, und vollkommen gleiche Gerechtigkeit wird dem Muselmann, wie dem Christen, zu Theil. Sklaverei und Leibeigenschaft sind gänzlich abolirt, dabei jedoch auf allen früheren rechtmäßigen Besitz sorgsam Rücksicht genommen worden, so daß z. B. in Kandia das Gouvernement fast gar keine Staats-Domainen besitzt, während im griechischen Königreiche der Regierung eine unermeßliche Menge Landes als Kroneigenthum gehört. Die nähere Erläuterung dieses Umstandes überraschte mich nicht wenig, und macht wahrlich Mehemed Ali die höchste Ehre. Wie in Griechenland fast alles türkische Eigenthum confiscirt wurde, so hier das aller griechischen Flüchtlinge. Aber durch ein Gesetz gab der Vicekönig — dieser in Europa so falsch beurtheilte Regent — allen vertriebenen Griechen, die sich zur Rückkehr nach Kandia bereit erklärten, ihr vom Gouvernement confiscirtes Eigenthum unentgeltlich zurück. War solches Eigenthum schon an türkische Privatleute verkauft, so mußten diese es gegen Erstattung der ausgelegten, meistentheils sehr unbedeutenden Summen ebenfalls ohne Weigerung zurückgeben. Hatten sie den Werth des Grundstücks unterdessen vermehrt, so tarirte eine aus Türken und Griechen gewählte Deputation des Conseils diese Melioration, und der alte

Eigenthümer oder seine Erben vergütigten dem neuen nur die Hälfte dieses ausgemittelten Tarwerthes. Konnten die türkischen Käufer nicht ihren schriftlichen Besitztitel beibringen, so mußte das Grundstück dem früheren Besitzer unentgeltlich wiedererstattet werden. Wo neu contrahirte Schulden auf dergleichen Gütern hafteten, wurden die Käufer verpflichtet, dafür gerecht zu werden, existirten sie aus älterer Zeit, die wieder eingesetzten Besitzer. Dies Gesetz ist noch in voller Kraft, und findet fortwährend seine Anwendung.

Wie auffallend ist der Contrast dieser Maßregel mit dem, was in Griechenland vorgeht! Daß die dortige Regierung den vertriebenen Türken nicht zurück giebt, was ihnen einst gehörte, ist zwar in der Ordnung und auf eine Uebereinkunft mit dem Sultan gegründet, die ihr das vollkommenste Recht dazu giebt. Ueberdies wäre sie, um des Vicekönigs Generosität nachzuahmen, nicht reich genug. Aber daß diese Regierung selbst denjenigen ihrer eigenen griechischen Unterthanen, die auf dergleichen frühere türkische Besitzungen den ehemaligen Eigenthümern Geld geliehen haben, dieses nicht wiedererstattet, obgleich er sich in den vollen Genuß der Grundstücke gesetzt hat, noch die Stadtgemeinden, welche dergleichen Eigenthum besitzen, zwingt, die früher darauf contrahirten und rechtlich begründeten Schulden zu bezahlen, scheint mir eine schreiende Ungerechtigkeit. Capo b'Istria versprach es zwar feierlich, doch es kam nie zum Halten des Versprechens. Ich selbst supplicirte, im Verein mit dem preußischen Gesandten, in Athen für einen Gläubiger solcher Art, dessen ganzes Vermögen in dieser Weise zu Grunde ging, dem preußischen Consul, Herrn Conboguri, in Patras — doch waren unsere Bemühungen beim Grafen Armansperg stets vergebens.

Selbst die Rechte der Klöster, deren man in Griechenland 500 aufgehoben hat, ehrte Mehemed Ali's Gerechtigkeit und schenkte ihnen sogar noch Glocken, deren Gebrauch in der Türkei den Christen bekanntlich nirgends gestattet ist. Dennoch würde hier, wo ganz andere Verhältnisse als in Griechenland herrschen, die Aufhebung der Klöster dem Lande Nutzen bringen, da ein solches Kloster, das nur noch 3 bis 4 Mönche enthält, dennoch so ausgedehnte Besitzungen hat, daß der größte Theil derselben aus Mangel an Händen zur Bebauung, ungenützt liegen bleiben muß, und z. B. in guten Jahren oft Millionen von Oliven verfaulen, weil sie nicht aufgelesen werden können. Einziehung dieser Grundstücke und Ersetzung der Mönche durch Kolonisten würde diesem Uebel bald abhelfen.

Mustapha Pascha, der die Insel regiert, und dafür von Mehemed Ali mit hunderttausend Kolonnaten jährlicher Einkünfte belohnt wird, genießt die allgemeine Liebe und den Ruf eines eben so menschenfreundlichen als gerechten Mannes, wozu das unbedingte Vertrauen, das er der höhern Bildung und den umfassendern Kenntnissen des Oberst Kaporal schenkt, nicht wenig beiträgt. Er gab kürzlich einen merkwürdigen Beweis seiner Liberalität für einen Türken dadurch, daß er allen Weibern seines Harems frei stellte, diesen zu verlassen, wenn sie es wünschten. Nur wenige indeß machten Gebrauch davon. Diesen aber gab er sogleich anständig eingerichtete Häuser, und zahlt ihnen eine lebenslängliche Pension, während er die bleibenden mit verdoppelten Wohlthaten überhäuft. Mustapha Pascha residirt gewöhnlich in Kandia, seltner in Kanea, bereist aber häufig alle Theile der Insel.

Ich folgte am ersten Abend einer Einladung des französischen Consuls, wo ich eine sehr ausgewählte und angenehme Gesellschaft fand. Hervorstechend war die Wirthin selbst, eine Pariserin von der angenehmsten Bildung und von mannigfachem Wissen ohne alle Affektation der Gelehrsamkeit. Der Consul besitzt ganz die Liebenswürdigkeit seiner lebhaften Nation mit so viel Geist und unerschöpflichen Erinnerungen aus seinem sehr bewegten Leben verbunden, daß man nicht leicht eine anziehendere Unterhaltung als die seinige finden kann; Herr Kaporal, von ernsterem Gepräge, bleibt immer gediegen in Allem, was er sagt und thut, ein Mann in vollster Würde des Wortes, und den lieblichsten Contrast zu dieser strengeren Natur bietet seine achtzehnjährige Gemahlin, wie er der französischen Nation angehörig, obgleich Beide im Orient geboren wurden, die eben so ausgezeichnet durch ihre äußere Anmuth, als durch die Milde und Güte ihres Charakters ist. Interessant war mir außerdem noch ein junger St. Simonianer, jetzt Militairarzt im Dienst des Vicekönigs, Herr Charpin, ein eifriger, wiewohl sehr toleranter Apostel seines Glaubens, mit dem Lockenkopf eines christlichen Cherubs. Er lebt in St. Simonistischer Ehe mit der Tochter eines Bankiers, die er in Marseille bekehrt hat, und das artige Paar ist hier allgemein beliebt.

Man wundert sich in Europa oft, daß so viele der freisinnigen industriellen St. Simonianer einem orientalischen Despoten dienen — aber wahrlich, wenn man diese Despotie und ihr wohlthätiges Wirken von nahem erblickt, sieht man ein, daß sie dermalen hier besser als in Europa an ihrem Platze sind, und was den Regenten betrifft, so hat ein Fürst, wie Mehemed Ali, weder St. Simonianer, noch Jesuiten, noch selbst englisch-protestantische Missionaire zu fürchten. Es war natürlich viel von diesem merkwürdigen Manne in einer Gesellschaft die Rede, deren Mitglieder ihn alle mehr oder weniger genau kannten. Einige Anekdoten schienen mir des Aufzeichnens werth, da die Glaubwürdigkeit der Erzähler keinem Zweifel unterworfen ist.

Der Consul Rosetti beklagte es einst gegen Mehemed Ali, daß Aegypten keine Minen besäßen. „Wie," erwiederte der Vicekönig, „Sie sind so lange in Aegypten, und kennen meine Minen nicht?" Rosetti blickte ihn verwundert an. „Schauen Sie doch um sich," fuhr Mehemed Ali lächelnd fort, „betrachten Sie den überschwemmenden wohlthätigen Nil, die fruchtbaren Fluren, die er bewässert, den arbeitenden Fellah, meine Baumwollenpflanzungen, meine Fabriken — sind das nicht reichhaltigere Goldminen als die von Peru und Mexico?"

„Ich habe wenig gelernt," sagte er einst zu Herrn Kaporal, „meine Erziehung war nicht darnach, und ich mußte mich selbst erziehen. *) Auch jetzt habe

---

*) Mehemed Ali ist in Macedonien, dem Vaterlande Alexanders 1769 geboren und ruderte in seiner Jugend

ich zu viel zu handeln, um viel zu lesen, aber ich sehe viele Leute und höre aufmerksam auf Alles, was sie sagen. Die Zungen der Menschen sind meine Bibliothek."

Er ist indeß doch aufrichtig genug zu gestehen, daß er zuweilen seinen Macchiavell und viel über Napoleon gelesen habe. Der Letztere ist sein Held und sein Modell, auch äußert er oft: „Wenn ich Syrien erobert habe, danke ich es nur dem, was ich von Napoleon gelernt." Der Vicekönig war schon 38 Jahre alt und zwei Jahre lang Pascha, als er erst anfing lesen und schreiben zu lernen.

„In der That," fuhr Herr Kaporal fort, „hört der Vicekönig viel, denn, gleich Napoleon, will er von Allem wissen, und läßt sich regelmäßige Rapporte auch von den scheinbar unbedeutendsten Gegenständen machen, während er ruhig dazu seine Pfeife raucht, und oft dabei nur zu träumen oder zu schlafen scheint. Es wäre aber sehr unsicher hierauf zu rechnen, denn oft kommt er mit einer Frage über Dinge der Queere, die der Vortragende seit Wochen ververgessen und übersehen glaubt.

---

eine kleine Barke. Seitdem hat er ein stolzes Schiff zu führen gewußt.

Nach dem Desastre von Navarin zeigte Mehemed Ali nicht die mindeste üble Laune. „Was thut das?" rief er aus. „Es fehlt mir nicht an Geld, um andre Schiffe zu bauen, und sie sollen besser als die früheren werden, die ohnedies mehrere Fehler hatten." Diese Worte charakterisiren Mehemed Ali als einen **großen Mann**. Was aber auch den **humanen** Mann charakterisirt, ist Folgendes.

Herr Kaporal fand, als er eines Abends in das Palais ging, um seine Cour zu machen, mit Verwunderung an der Wand des Audienzsaales, zwischen zwei in England gemalten Bildern in prachtvollen Rahmen, eine elende Carrikatur aufgehangen, aus der man nur mit Mühe erkennen konnte, daß hier Menschen, Pferde, Schiffe, Kanonen, und eine Stadt dargestellt werden sollten. Der Vicekönig, dem nicht leicht etwas entgeht, gewahrte sogleich Herrn Kaporal's fast unmerkbares Lächeln und rief ihn zu sich. „Ich sehe," sagte er, „daß Sie meine neue Acquisition in Verwunderung setzt und Ihnen vielleicht eine schlechte Idee von meinem türkischen Geschmacke giebt. Man muß aber nie über Dinge urtheilen bis man sie genau kennt. Was Sie sehen, soll die Einnahme von St. Jean d'Acre bedeuten, und der arme Teufel, der das Bild verfertigt hat, glaubte mir damit ein großes Vergnügen zu machen. Ich habe ihm nun zwar einige Piaster auszahlen lassen, aber die gute Intention verdiente außerdem auch eine Freundlichkeit von meiner Seite, und so habe ich befohlen, sein Machwerk in meinem Audienzsaal aufzuhängen. Er wird hören, welche Ehre seinem Bilde widerfuhr, und gewiß weit mehr dadurch erfreut werden, als durch mein Geldgeschenk."

Hier höre ich nun schon unsere Philantropen von Profession mit Indignation ausrufen: Wie, wegen einer solchen Kleinigkeit nennen Sie den Henker der Mammeluken human? — Allerdings, denn das Geschrei über diese That ist eine Albernheit. Die Noth zwang ihn dazu, eben so gut, wie Buonaparte, zur Niedermetzelung der gefangenen Türken, und den Sultan zur Vernichtung der Janitscharen. Dort war Mehemed Ali nur ein Instrument in der Hand des Schicksals, hier handelte er aus dem Herzen, und — ich habe es oft gesagt — die kleinen Züge des alltäglichen Lebens, nicht die Haupt= und Staats=Aktionen, sind es, welche den sichersten Schlüssel zu dem Charakter eines Menschen geben.

Meine hiesigen Freunde wissen meine Zeit mit soviel Annehmlichkeit auszufüllen, daß mir, wenn es so fortgeht, keine mehr zur Arbeit übrig bleibt; und doch ist gerade einem schreibenden Reisenden meiner Art, so superficiell er auch Manchem erscheinen mag, wirklich eiserner Fleiß vonnöthen. Wer ein wissenschaftliches Werk zu liefern beabsichtigt, braucht während der Reise nur Noten zu nehmen, um sie in späteren Zeiten bei ungestörter Muße auszuarbeiten — wer aber ein frisches, lebendiges Bild der Gegenwart, des Gesehenen und des Sehenden zugleich sich vorgenommen hat, der muß alle Arbeit auf der Stelle thun. Dies kleine Verdienst suche ich mir immer zu erwerben, und ich verlasse deshalb nicht gerne einen Ort, ohne mein daselbst Erlebtes schon ausführlich niedergeschrieben im Portefeuille mit mir zu führen. Vor der Absendung findet sich immer noch mancher Augenblick zur Feile und Verbesserung, doch dieß ist nur Toilette, der Körper muß schon da seyn, vollendet und lebenswarm. Man möge mir diese etwas naive Ergießung über meine Schriftsteller-Mechanik um ihrer Kürze willen verzeihen.

Für den heutigen Abend (es war der 9te December) hatte mich Herr Kaporal in Beschlag genommen und bewirthete uns mit solchem Europäischen Luxus, daß die frischen grünen Erbsen in diesem Wintermonat allein verriethen, daß wir uns auf der Insel Kandia und nicht in Paris befanden. Vorher hatte mich mein gefälliger Wirth in seiner Gondel im Hafen umhergeführt, wo des Vicekönigs thätiges Walten vielfach sichtbar war. Mehemed Ali ließ bereits den von den Venetianern erbauten und seitdem fast ganz zerstörten Molo nicht nur wieder herstellen, und den Hafen reinigen, sondern jenem auch ein bedeutendes Stück ansetzen, an dessen Ende sich jetzt ein aus Quadern schön gebauter Leuchtthurm erhebt, der seiner Vollendung nahe ist. Die Puzzolanerde von Santorin ist hier, wie in Syra, mit dem besten Erfolge angewendet, und der ganze Bau von einem jonischen Architekten, Herrn Kantrick, mit vieler Umsicht ausgeführt worden, ohne die Gefälligkeit der Verhältnisse und den architektonischen Schmuck aus den Augen zu setzen. Mehemed Ali's Stern ist in dieser letzten Hinsicht sinnig benutzt worden, so wie auch eine Inschrift aus vergoldeten Buchstaben den Stifter zu feiern bestimmt ist. Der Vicekönig würde noch weit mehr Meliorationen in Kandia anordnen, obgleich schon jetzt nicht nur die ganzen Revenüen auf diese selbst verwandt, sondern sogar von Aegypten aus noch bedeutend zugeschossen wird — wenn nicht schon so große Werke in jenem Lande, wie in Syrien, schon alle seine Kräfte in Anspruch nähmen und vielleicht auch manche andern **arrière pensée** seine Hand

hier noch zurückhält. Die zahlreichen und prachtvollen Gewölbe, welche die Venetianer für ihre Ga-
leeren errichtet hatten, wurden einstweilen mit geringen
Kosten zu Magazinen für den Civil= und Militair-
gebrauch umgeschaffen, so wie auch die Kontumaz-
anstalt sehr anständig eingerichtet worden ist. An
einem der Fenster dieses Gebäudes erblickten wir eine
ältliche Dame mit zwei hübschen jungen Mädchen.
Ich erfuhr auf Befragen, daß es des Obersten eigne
Schwiegermutter mit ihren Töchtern sey, denen eben
deshalb seine Gewissenhaftigkeit keinen Tag der Haft
schenken wollte, obgleich die Beklagenswerthen, die
eine Vergnügungsreise nach Constantinopel beabsichtigt
hatten, von dieser Stadt durch die Pest zurückgeschreckt,
nur eine wahre Quarantainereise — an drei verschiednen Orten, wie hier gefangen — zurückgelegt
hatten. Die Besorgnisse vor den Quarantainegefahren
scheinen jetzt vollkommen die Stelle der Furcht vor
den Seeräubern im Mittelmeere eingenommen zu
haben.

Nach zwei Tagen, welche ich fast allein dem
anziehenden Umgang mit der hier angetroffenen Gesellschaft widmete, unternahm ich mit dem Oberst und
Herrn Fabreguettes eine Excursion nach Platania.
Leider war weder die Jahreszeit, noch das regnerische

Wetter, welches mich alle entfernteren Gegenstände oft nur, wie in einem trüben Wasser abgespiegelt, erblicken ließ, so günstig, als es die paradiesische Gegend verdient hätte.

Nachdem wir einige Stunden durch wohlangebaute und reich bewaldete Berggegenden geritten waren, wo uns häufig Lorbeer= und Orangengruppen mitten in einem Rübenfelde überraschten, kamen wir in das Thal der Myrthen, eine weite Plaine, die ganz mit diesem lieblichen Strauch von allen Sorten und Größen angefüllt ist, bald voll Blüthen hängend, bald unter einer Anzahl blauer Beeren niedergedrückt. Von hier führte uns der schmale Fußsteig in ausgedehnte Olivenpflanzungen, zwischen welchen mehrere Dörfer liegen. Von den Höfen darüber eröffnen sich die mannigfaltigsten Prospekte, nur nach und nach wird die Gegend einsamer, bleibt jedoch nicht immer üppig, dann treffen die Felsen näher zusammen, man sieht das Flußbett tief zu seinen Füßen, und nun erst ist man am Ziel. Der prächtige Wein= und Platanenwald, den wir jetzt jenseits und diesseits des Flusses im Thale vor uns ausgebreitet sahen, hatte schon den größten Theil seines Laubes verloren, und sein grüner Teppich, den im Frühjahr und Sommer Tausende von Blumen schmücken, bot deren jetzt nur

noch wenige dar. Dennoch war der Anblick einzig
in seiner Art. Ich bediene mich des Ausdrucks „Wein-
und Platanenwald," weil fast alle seine Riesenbäume
mit Weinstöcken, eben so alt als jene, überhangen und
durchflochten sind, im Herbst aber mit ellenlangen
Trauben der kostbarsten Sorten und verschiedensten
Farben an ihren Wipfeln bedeckt seyn sollen, zu deren
Genuß jedoch nur die geflügelten Bewohner der
Lüfte und die verwegensten Kletterer gelangen können.
Es war merkwürdig, manche dieser Weinstöcke zu
verfolgen, die oft zwanzig bis dreißig Fuß in einem
graden Stamm von ungewöhnlicher Dicke empor-
stiegen, dann erst in den wunderbarsten Schlangen-
windungen drei bis vier Platanen in allen Richtungen umklammerten, von Baum zu Baum in allen
Richtungen unzählige Festons aller Formen bildeten,
und zuletzt sich in verworrenen Knoten wieder auf den
Mutterstamm zurückzogen. Die Lianen der Tropen
können nicht mehr gewähren, nicht luxuriöser treiben,
noch in seltsameren Gestalten sich darstellen. Rosen-
lorbeer, Myrten, Mastir, üppig wuchernde Cratägus-
arten und Dornsträucher aller Art, bildeten den Unter-
grund dieser schönen Wildniß, welche der erwähnte
Fluß Platania und mehrere Quellen reichlich bewäs-
sern. Auf zwei Seiten begrenzen felsige Hügelzüge

den Wald, meistens mit Oelbäumen bewachsen, zwischen denen einzelne zerstreute Wohnungen durchschimmern; auf den andern Seiten aber, da, wo sich die Schlucht nach Nord und Süden öffnet, formen sich, im Rahmen der Baumkronen eingefaßt, die bezauberndsten Bilder, bald auf das Meer mit romantischen Ufern, bald auf die reichen stets variirten und mit dichter Vegetation geschmückten Thäler des innern Gebirges, tief hinein sich windend, bis an die Schneegipfel der weißen Berge. Der einzige Nachtheil dieser herrlichen Landschaft, welche wir heute, am 10ten December, noch reichlich mit Schmetterlingen, Rothkehlchen, andern kleinen Singvögeln und einer Unzahl Eidechsen, die geschäftig durch die Gebüsche raschelten, bevölkert fanden, besteht darin, daß die Luft einige Monate des Jahres über hier sehr ungesund ist. Keine Rosen ohne Dornen!

Auf dem Rückwege, den wir zum Theil längs des Seeufers nahmen, kamen wir bei der jetzt unbewohnten Insel St. Theodora vorbei, wo sonst zwei kleine Forts standen, und im Jahre 1645 die türkische Armee, ohne vorhergegangene Kriegserklärung, zuerst einer Felsenhöhle, die sich dem Festlande grade gegenüber befindet, behaupten die Türken: sie sey durch die Kanonenschüsse entstanden, mit welchen die venetianischen Batterieen die gelandeten Türken vergebens wieder zu vertreiben gesucht — eine ächt türkische Fabel! Aber auch eine viel ältere noch knüpft sich an diese Felsen. Denn hier war der Schauplatz jenes berühmten musikalischen Kampfes, zu dem die Sirenen die Musen herausforderten, und, schmählich besiegt, verzweiflungsvoll sich in's Meer stürzten. Zwei freundliche Dörfer, Platania selbst und San Marina, liegen an diesem Ufer in der Gegend des alten Kydonia, von dem man bis jetzt auch nicht die geringste Spur auffinden konnte, obgleich es, den besten Autoritäten zufolge, hier gestanden haben muß. Tournefort und Savary (der Jenen immer schaamlos ausschreibt,) hielten fälschlich Kanea für Kydonia. San Marina ist von einem Hain dunkler Oliven umgeben, derengleichen wir überhaupt heute eine Menge vereinzelter Exemplare von der außerordentlichsten Größe antrafen. Man nennt diese, sich vor den andern in jeder Weise auszeichnende Art, die venetianische, vielleicht nur aus Erinnerung an eine Zeit, wo die Insel, seit dem Verlust ihrer antiken Freiheit, ihre blühendste Epoche genoß; denn 550 Jahre lang regierten die Venetianer Kandia mit Weisheit und Mäßigung, nur rücksichtlich der Alterthümer der Insel zeigten sie sich als Barbaren.

Uns von hier wieder öſtlich in das Innere
des Landes wendend, ritten wir queerfeldein nach
einigen Hügeln mit renommirten Ausſichtspunkten, die
auch ein weit ſchönerer Abend begünſtigte, als der
Tag geweſen war, ſo daß die Pracht der mit Früchten
überladenen Orangengärten von Babakópulo und
Pellekapina, der Golf und die Stadt, wie das weiß-
glänzende Kap Melecka, die ſich nach einander vor
unſern Blicken entfalteten, der erwünſchteſten Beleuchtung nicht entbehrten. Leider tragen auch dieſe Orte
die traurigen Wahrzeichen der Verwüſtungen des
Krieges. Eine der größten Beſitzungen machte ſich
durch mehr als gewöhnlich geſchmückte Portale bemerkbar, über welche die Sage unter den Landleuten
herrſcht, daß ein Türke die Griechen mit Gewalt zu
ihrer Eroberung gezwungen habe, ohne ihnen während
dem auch nur die nöthige Nahrung reichen zu wollen.
Oft ſaß er ſelbſt, ſeine Pfeife gemächlich rauchend
dabei, und befahl die Saumſeligen zu züchtigen, indem
er ihnen zurief: „Arbeitet, Hunde!" Da nahm ſich
Einer das Herz zu erwiedern: „Arbeitet, Hunde!
Gut, Effendi! Aber ſage uns auch einmal: eßt,
Hunde!" „Arbeitet und hungert!" war die grauſame
Replik. Dieſer Trait charakteriſirt treffend die faſt
unerträgliche Bedrückung, welche die armen Griechen

früher hier ausstehen mußten. Es war nichts sehr Seltenes, daß türkische Wachen, die einen Griechen vorbeikommen sahen, um eine Kleinigkeit wetteten, wer ihn zuerst mit seiner langen Flinte treffen, und ob er dann rechts oder links fallen würde, ohne daß, wenn der Grieche getödtet war, die geringste Untersuchung erfolgte. Selbst ein Erzbischof lief Gefahr gesteinigt zu werden, wenn er es wagte im Bezirk einer Stadt sich zu Pferde blicken zu lassen, und auch dem englischen Consul, Herrn Capogrosso, den ich in Kanea kennen lernte, ward in jener Zeit, als er eine Reise nach Retimo machte, dort von den Janitscharen am Thore zugemuthet, von seinem Maulthiere abzusteigen. Um dieser Demüthigung zu entgehen, sah er sich gezwungen, unverrichteter Sache wieder nach Kanea zurückzukehren. Die Griechen durften nur in schwarzer Farbe erscheinen und keine Strümpfe tragen. Das Gegentheil brachte Todesgefahr, ja selbst ein neuer Fes, irgend etwas Prunkendes an ihrem Anzuge setzte sie den gröbsten Mißhandlungen aus. An türkischen Festtagen durften sich keine Griechen auf der Straße blicken lassen, und öfters erhielten die Wohlhabenden unter ihnen die Sendung eines Tuches, in dem sich ein halbes Dutzend Flintenkugeln befanden, mit dem mündlichen Zusatz des Ueberbringers: „Wir haben gehört, daß du 500 Piaster für diese Kugeln zu zahlen bereit bist." Erfolgten diese nicht, so konnte der Unglückliche darauf rechnen, die Kugeln bald auf sich, wie auf ein Stück Wild, abgefeuert zu sehen.

Wie müssen diese geplagten Geschöpfe die Veränderungen in ihrem traurigen Loose segnen, die sie ihrem Herrscher und dem rapiden Fortschritt eines gerechteren Zeitgeistes verdanken!

Ohnfern Pellekapina erregte eine Wasserleitung eigener Art meine Aufmerksamkeit. Man nennt sie im Türkischen Su terrasi (balance d'eau, wie es der Oberst übersetzte). Alle hundert Schritt in der Plaine, welche das Wasser unterirdisch durchläuft, ist ein circa 12 Fuß hoher, viereckiger Thurm angebracht, in dem sich zwei Röhren befinden. In der einen dringt das Wasser durch die Kraft seines früheren Falles empor, und in der andern fällt es wieder herab. Durch diese Operation erhält es, so zu sagen, neue Kräfte zum ferneren Lauf, und kann weiter durch die wagerechte Ebene gebracht werden, als es ohnedies möglich wäre. Wenn ich nicht irre, hat der General Andreossy in einer Beschreibung der Türkei eine ausführliche Erklärung dieses Hydraulischen Phänomens gegeben.

Ehe wir die Stadt erreichten, deren Thore auch hier, wie im ganzen Orient, früh geschlossen werden,

passirten wir einen schauderhaften Ort, eine Reihe
kleiner Häuser, die den aus dem neuen Testament
bekannten unheilbaren Aussätzigen (lepreux) ange=
wiesen sind. Die Unglücklichen saßen, zum Theil in
gräßlichen Gestalten, an den Thüren und baten um
ein Almosen, das sie auf dem Boden der Straße ab=
zuholen warteten, bis man vorüber ist. Herr Fabre=
guettes erzählte mir, daß vor einiger Zeit eins der
schönsten Mädchen der Stadt von dieser schrecklichen
Krankheit, die man für contagieus hält, ergriffen
ward. Sie mußte ihre Wohnung in einem der erwähnten kleinen Häuser aufschlagen, und da sich wie
gewöhnlich, ihr unseliges Uebel nur auf den unsicht=
baren Fußsohlen zeigte, so hat ihre, der Natur wie
heilige, reine, vollendete Schönheit, doch noch unbe=
sonnen, nicht Gefahr, ja Tod nicht achtende, von ihr
bezauberte Liebhaber weinend zu der Weinenden hin=
gerissen; und das arme, arme lebendige Kind des
Todes, hoffnungslos und liebeschwer im Herzen, hat
sie mit Schaudern ergriffen — wie die blasse, noch
aus dem Grabe nach ihrem Geliebten verlangende
Braut von Korinth. — Ein hoffnungloses Leben bei
Fülle der Jugend und Schönheit mag wohl verzwei=
felt seyn! ein brennender Wahnsinn bei Liebe und
Vernunft! Und wie selten ist wohl „die Tugend

ganz ohne Aussicht," auf das geringste Leben, die gleichsam verdammte Tugend Himmel der Erde.

Ein betäubender Kanonendonner verkündigte am nächsten Abend den Eintritt des Rhamaban's, was immer eine große Bewegung unter der Muselmännischen Bevölkerung in allen Straßen und auf allen Plätzen der Stadt zu veranlassen pflegt. Obgleich die Türken während dieser Zeit einem peniblen Fasten während des Tages, wo nicht einmal Wasser getrunken noch geraucht werden darf, unterworfen sind, sehen sie sie doch als ein Fest an, da sie sich in der Nacht desto reichlicher für die vorhergegangene Entbehrung in jeder Weise zu entschädigen wissen. Muhamed wollte seine Anhänger ohne Zweifel auf gut soldatisch dadurch gewöhnen, in der Nacht wie am Tage ein geschäftiges Leben führen zu können, wenn es die Noth erforderte; denn seine religiösen Vorschriften haben fast immer einen politischen oder hygieischen Zweck.

Da also die Geschäfte jetzt auch in der Nacht abgethan werden müssen, was mir so gut als einem Türken convenirt, benutzte ich dies, um gegen Mitternacht einer Sitzung des Conseils beizuwohnen. Das Lokal war imposanter, als ich erwartete. Nachdem wir im Rez der Chaussee ein Zimmer passirt hatten, wo sich die Schreiber aufhalten, und ein anderes, das dem Arsochaldgi (Empfänger der Petitionen) eingeräumt ist, gingen wir eine Treppe durch eine Vorhalle, in der die Parteien warten, und traten nun in einen großen Saal mit bunter und vergoldeter Decke, dessen Boden zur Hälfte durch eine Estrade erhöht war. An der Stufe dieser standen zwei Huissiers, große Stäbe mit silbernen Knöpfen in der Hand hinter ihnen die zur Vernehmung Eingelassenen. Auf der Estrade selbst befanden sich zwei Postamente mit enormen Pariser Astrallampen. Weiterhin standen vier Kirchenkerzen in metallenen Leuchtern auf dem Teppich am Boden. An den drei Wänden hin zogen sich geräumige Divans, auf denen die achtzehn Mitglieder des Conseils und der Präsident saßen, die Türken auf ihren gekreuzten Beinen, die Griechen auf Europäische Weise; nur einer der Räthe, der die Funktion des Secretairs versieht, hatte einen kleinen Tisch, ein Buch, Papier, Tinte und Federn vor sich. Außerordentlich gefiel mir die schon früher von mir berührte Einfachheit, ich möchte fast sagen, Traulichkeit des Geschäftsganges. Wer etwas vorzubringen hat, präsentirt seine Eingabe zuvörderst dem Pascha, oder wenn dieser nicht hier ist, dem Präsidenten, die Beide zu bestimmten Stunden des Tages zu sprechen sind, und die Supplifen auf der Stelle dem Conseil übermachen müssen. Nun verhört der Arsochaldgi vorläufig die Partheien, schreibt ihre Aussagen in kurzen Worten auf die Rückseite der Petition und sendet sie an den versammelten Conseil zurück. Dieser expedirt sie sogleich nach der Reihe, zu welchem Behuf er die Parteien vor seine Schranken citiren läßt. Beide Theile können hier nochmals entweder selbst ihren Fall vortragen, oder einer der Räthe dient ihnen als Advocat. Jetzt beginnt die laute Debatte, bei der die Betreffenden jederzeit einfallen dürfen, wenn sie glauben, es geschähe ihnen Unrecht, oder das für sie sprechende Mitglied des Conseils irre sich bei irgend einem Umstande. Ist man endlich am Schluß der Berathung und hat jeder der Räthe seine Meinung abgegeben, die der Sekretair aufzeichnet, so liest er noch einmal die Rekapitulation des Ganzen vor, und nach der Stimmenmehrheit wird das Urtheil gesprochen, wobei der Präsident und selbst der Pascha, wenn er gegenwärtig ist, nur eine Stimme, gleich den Andern haben. Man kann an den Pascha außerdem noch einmal appelliren. Ist dieser dann andrer Meinung als der Conseil, so caffirt er zwar das Urtheil desselben, aber nur in so fern, als er es einer neuen Revision und Debatte unterwirft. Bleibt der Conseil bei seiner ersten Entscheidung, so kann sich der Pascha ihr nicht mehr entgegensetzen, die Partei aber noch in letzter Instanz an den Vicekönig appelliren, der dann die Sache durch einen eigenen Conseil in Cairo definitiv auburtheln läßt, ein Recurs, der jedoch selten und nur in sehr wichtigen Fällen eintritt.

Ich muß hier erwähnen, daß zwar nicht gesetz= lich, aber durch die That und zwar hauptsächlich auf Herrn Kaporals Anstiften, die Bastonnade schon seit zwei Jahren nicht mehr in Anwendung gebracht wird. Ein interessanter Fall, diesen Gegenstand betreffend, kam in derselben Nacht vor. Ein Grieche klagte einen andern Griechen an, sein Kind brutal geschlagen zu haben, und erwies es, worauf der Schuldige zu einem 14tägigen Gefängniß verurtheilt wurde. Kläger wollte jedoch damit nicht zufrieden seyn, er berief sich auf Mehemed Ali's Worte: „Wer Schläge austheilt, soll wieder geschlagen werden, wer Blut vergießt, dessen Blut soll wieder vergossen werden," und drohte, wenn man ihm nicht gerecht werden wolle, beim Pascha und beim Vicekönig selbst Hülfe zu suchen. Herr Kaporal, der, ohne Mitglied des Conseils zu seyn, überall in Kandia eine wohlthätige Stimme hat, nahm diese Gelegenheit wahr, dem Manne eine sehr eindringliche Rede zu halten. „Mehemed Ali," sagte er, „hat die Worte, die du anführst, in Bezug auf die Türken gesprochen, die Euch Griechen bisher ungestraft mißhandelten, oder gar tödteten. Wenn wir sie aus Milde nicht auch auf Euch selbst anwenden, wollt Ihr uns deshalb anklagen? Seyd Ihr denn so niedrig gesinnt, daß Ihr durchaus gleich dem Vieh mit Schlägen behandelt seyn wollt, wo eine weniger entehrende Strafe hinreicht? Denkt aber dein Gegner wie du, so wird er viel weniger von einigen Schlägen leiden, als von der ihm durch den meschlisch (conseil) auferlegten Strafe, die ihm vierzehn Tage lang alle Mittel des Erwerbes entzieht und ihm zugleich so lange seine Freiheit raubt, das Erste aller Güter!"

Der Mann nahm Vernunft an, mir aber war es wohl erlaubt, etwas erstaunt zu seyn, eine solche Sprache in einem türkischen Gerichtshofe zu hören.

Eine andere Sache, die hierauf verhandelt wurde, zeugte von der Wachsamkeit der Behörde. Nach altem Brauch ist bei der Douane ein kupfernes Regulativmaaß für den Mistasch Oel (ziemlich neun Okka) aufgestellt, um dem verkaufenden Landmann als Schutz zu dienen. Denn, wenn er sein Oel in der Stadt verkauft, mißt es ihm der Kaufmann mit seinem Mistasch, wo er denn leicht ein größers falsches Maaß haben könnte. Schöpft der Verkäufer einen solchen Argwohn, so ist er berechtigt, die augenblickliche Vergleichung mit dem Mistasch der Douane zu verlangen, und die Behörde selbst veranlaßt zuweilen, wiewohl selten, die Kaufleute ihre Maaße einzusenden, um sie zu revidiren. Dies Letztere war eben vor einigen Tagen geschehen, und zur nicht geringen Verwunderung der Behörde fand man alle Mistasch der Kaufleute, bis auf einen einzigen, der übereinstimmte, kleiner als den Regulator der Douane. Man zerbrach sich lange den Kopf über den Grund dieses auffallenden Umstandes, bis durch den Verrath eines Theilnehmers der Betrug entdeckt wurde. Derjenige, welcher den Plan dazu gefaßt, hatte gleich nach der vorletzten Visitation sich den Mistasch der Douane ausgebeten, angeblich, um sich einen neuen für eignen Gebrauch darnach anfertigen zu lassen. Sobald er ihn aber in seinem Hause hatte, ließ er Kanonenkugeln hineinfüllen, ihn dann schließen und fortwährend umherrollen, was, ohne Spuren zurückzulassen, ihn fast um ein Viertel-Okka erweiterte. Dann ließ er sein eignes Maaß darnach fertigen, gab das Modell zurück, und war jetzt sicher, wenn ein Verkäufer die Vergleichung verlangte, Recht zu behalten. Der Profit, den er nach und nach auf diese Weise gemacht, muß ziemlich bedeutend gewesen seyn, da er 6 Procent auf allen Einkauf betrug.

Ich habe schon gesagt, daß die Landplage der Advokaten hier nicht existirt, und es durchaus keine Gerichtskosten giebt, als die, welche dem Kläger das gesetzlich gebotne Aufsetzen seiner Eingabe durch die öffentlichen Schreiber kostet. Diese dürfen aber, zur Sicherung des Volks, nicht über 7 Sous nach französischem Gelde für eine Klage oder Supplik, sie sey lang oder kurz, annehmen. Selbst das Papier ꝛc., soviel auch davon im Verfolg der Sache verbraucht werden könnte, liefert das Gouvernement unentgeltlich, und bis zum Austrag derselben bleiben die 7 Sous für die erste Requete die einzige Ausgabe der Parteien. Obgleich also auf diese Weise die Justiz so gut als völlig gratis für Alle verwaltet wird, bezahlt dennoch der Vicekönig die Beamten sehr hoch (der Präsident unter andern bezieht jährlich eine Besoldung von 24000 Franken), damit sie in keiner Weise der Verführung ausgesetzt seyn mögen, sich bestechen zu lassen. Geschieht dies dennoch, so werden sie mit unerbittlicher Strenge bestraft und auf der Stelle destituirt. Beispiele dieser Art sind daher schon außerordentlich selten geworden. Drei Conseils, alle gleich organisirt, erwiesen sich bis jetzt für die Regierung der ganzen

Infel hinlänglich, einer in Kandia, einer in Kanea, und der letzte in Rétimo, vor welchem in der Regel nur Sachen von geringerer Wichtigkeit verhandelt werden. Nur in Sfakia (dem Innern des Gebirges) besteht eine Art Friedensgericht, aus vier der dortigen griechischen Primaten und dem türkischen Aga componirt. Es kann nur gütlich den Streit schlichten; ist eine oder die andere Partei unzufrieden, so steht ihr frei, sich an den Conseil in Kanea zu wenden.

Alles, was die Religion betrifft, wozu bei den Türken auch alle Erbangelegenheiten u. s. w. gehören, entscheidet, wie früher, der Kadi mit seinem aus Schriftgelehrten bestehenden Rath, dem aber jetzt ebenfalls ein griechisches Mitglied für Collisionsfälle an die Seite gesetzt ist.

Betrifft eine religiöse Angelegenheit nur Christen, so entscheidet sie der griechische Bischof ganz allein nach seinem Gutdünken. Ist sie gemischt, d. h. interessirt sie einen Türken und Griechen zugleich, so wird sie im Beisehn einer gleichen Anzahl Geistlichen beider Religionen debattirt und nach ganz parteilosen Grundsätzen entschieden; so daß z. B. wenn ein Christ die Ehe mit einer Türkin gebrochen hat, wornach, dem türkischen Gesetz zu Folge, der Schuldige entweder sterben oder die muhamedanische Religion annehmen muß, jetzt dennoch niemals mehr auf den Tod erkannt, noch die Religionsveränderung verlangt wird, sondern den Christen nur dieselbe Strafe trifft, welche der Türke erleiden müßte, wenn er desgleichen Verbrechens mit einer Christin überführt würde.

Dies sind die humanen Einrichtungen, welche Kandia Mehemed Ali verdankt, die Ruhe, Zufriedenheit und Wohlstand im Lande täglich mehr befestigen, und von denen wir Europäer Vieles nicht mit Unrecht beneiden möchten. Wenn nun derselbe Fürst in Aegypten in mehreren Dingen auf andere Weise verfährt, unter andern dort das System des Monopols eingeführt hat, von dem man hier keine Spur sieht, so darf man wohl annehmen, daß er wichtige Gründe dazu hat, weil er keiner von den fabrikmäßigen Staatsmännern ist, die nur einen Leisten kennen, und in diesen Alles spannen zu müssen glauben. Universalmedizinen giebt es aber weder für Menschen, noch Länder, und was hier Gift seyn würde, kann dort vielleicht als wohlthätiges Heilmittel wirken. Daß dem auch wirklich so ist, werden wir vielleicht später Gelegenheit finden, weitläuftiger zu erörtern, so viel beweist die Regierungsweise und der dadurch hervorgebrachte Zustand Kandia's, wie ich ihn während eines monatlichen Aufenthaltes auf dieser Insel kennen lernte, wenigstens unwidersprechlich, daß Mehemed Ali kein einseitiger Regent ist, und weder blinden Theorieen, noch einer rücksichtslosen Habsucht huldigt. Ich machte im Lauf der Woche noch mehrere kleinere Ausflüge in der Umgegend, unter andern nach dem Landhause des Obersten, das in der Architektur denen von Algier gleicht. Es liegt mit seinem zierlichen Garten mitten in einem dichtgeschlossenen Olivenwalde, der von bedeutender Ausdehnung ist und sich gracieus an die felsige Bergkette lehnt, die das Thal von Kanea östlich begrenzt.*) Nach vorn beherrscht das Haus die weite Meeraussicht mit Kanea und Suda, hinter sich hat es eine alte venetianische Feste, und rechts und links erheben sich fast symmetrisch zwei ansehnliche Dörfer an dem Abhang des Gebirges über dem Walde. Beim Untergang der Sonne, während der Mond schon schien, ward dieser Anblick noch anziehender durch die zum Feste erleuchteten Minarets der Stadt, zu welchen wir in der dreifachen Beleuchtung zurückeilten, um dem Thorschluß zuvorzukommen, — denn diese unbequeme orientalische Sitte herrscht,

---

*) Man rechnet, beiläufig erwähnt, den reinen Ertrag eines Olivenbaums in Kandia, nach Abzug aller Kosten, auf 3 Franken.

wie schon gesagt, auch hier mit aller Strenge. Wir fanden bei Madame Kaporal drei verheirathete Jüdinnen im größten Schmuck, wovon die älteste noch nicht 17 Jahre zählte, die mittelste aber schön wie Bathseba war, so daß selbst die barbarische und karikaturartige Tracht sie nicht zu entstellen vermochte. Daß die Damen verheirathet waren, konnte man an ihrem Kopfputz gewahr werden, denn verehlichte Jüdinnen im Orient dürfen ihr Haar nicht mehr sehen lassen. Falsche Locken und Perücken sind ihnen zwar erlaubt, werden aber in der Regel nur von den Aeltern benutzt. Der Oberst erzählte mir, er habe in Smyrna häufig Jüdinnen angetroffen, die statt der falschen Locken — gekräuselte Hahnenfedern getragen hätten. —

Eine interessantere Bekanntschaft war die der Madame Henriette W...., eine jener Frauen, welchen die Natur zuviel magnetische Kraft in die Augen gelegt hat, um ungestraft sich ihrer Wirkung lange auszusetzen. Viele Unglückliche sollen dies empfunden haben; ich, der ich sie blos einmal, und den Abend vor meiner Abreise sah, konnte ich nur ihrer Schönheit, ihrem Geist, der Grazie ihres einfachen und natürlichen Benehmens Gerechtigkeit wiederfahren lassen, und ein liebliches Andenken davon mit mir hinweg nehmen. So, würde ein Dichter sagen, verbreitet die einladende Flamme im Anfang nur wohlthätige Wärme, die später sengend und peinvoll das Leben verzehrt. Ich hatte Aehnliches früher erfahren.

Nach acht angenehm verlebten Tagen sagte ich Kanea und seinen gastfreien Bewohnern endlich Lebewohl, um die merkwürdigsten Gegenden des Innern zu bereisen. Wenige Orte der Welt bieten uns wohl größere Erinnerungen dar, denn der Strom ältester Mythologie entspringt ja, so zu sagen, in Kreta. Wer kann das Vaterland Saturn's und der Titanen — wer den ehrwürdigen Jda ohne Bewegung ansehen, in dessen Höhlen der Herrscher über die Götter, von Rhea verborgen, mit der Milch der Ziege Amalthea und dem Honig wilder Bienen aufgezogen wurde, den heiligen Berg, an dessen Fuß die Kureten zuerst den bewaffneten Kriegstanz erfanden, welcher Saturn verhinderte, des kleinen Jupiter's Geschrei zu vernehmen, und von dessen Felsengipfel Dädalus, klirrend wie Erz, mit seinem Sohne in den Lüften davon flog. Wer mag ohne einige poetische Regung den Boden betreten, wo Jupiter's Hochzeit mit Juno gefeiert wurde, und später der Gott, mit andern Halbgöttern und Heroen, dem Minos und Rhadamanth das Leben gab, wo Minerva seinem Haupte entsprang, und die entführte

Europa vom Rücken des Stieres zuerst wieder an's Land stieg, wo Orpheus Gesang und Leierspiel von jenen Daktylen, oder Kureten, den Zauberern im Gebürge, erlernte; wo Theseus den Minotaurus erschlug; von wo Idomeneus 80 Schiffe nach Troja führte, aus Kreta, der herrlichen Insel „mit hundert Städten und unzähligem Volk," wie Homer uns berichtet — Kreta, wo Minos und Thales die weisesten Gesetze gaben, und Lykurg die seinigen schöpfte; wo Wissenschaft und Kunst in höchster Blüthe standen, und dessen Bewohner, obgleich durch ihre Tapferkeit und als die besten Bogenschützen berühmt,*) doch auch den Genuß so hoch schätzten, daß sie, die guten wie die bösen Tage genau aufzeichnend, nach dem Tode nur die erstern der Benennung des Lebens werth achteten. „Er hat," sagten sie von einem Verstorbenen, „so viel Jahre gelebt, und so viel mehr gedauert." Ktesiphon, ein Kretenser, erbaute eines der Wunder der alten Welt, den Tempel der Diana zu Ephesus, und von allen griechischen Staaten bewahrte Kreta durch die Kraft seiner Verfassung am längsten die Freiheit — bis unter der Römer allmächtigem Arm auch dieses letzte ihrer Bollwerke sank. Rom hatte

---

*) Bei dem Rückzug der 10000 zeichneten sich die Kretischen Scharfschützen unter Stratokles besonders aus.

keinen andern Grund zum Kriege, als den Verdruß der Weltherrscherin, dem Geburtslande des Donnerers nicht unumschränkt zu gebieten, und es sandte seine Legionen zur Unterjochung der Insel ab; doch nicht ohne Ruhm, nicht ohne tapfre Gegenwehr fielen die letzten Freien in Kreta.

Unter den Gesetzen des Minos war eins, dessen Plato mit Lob gedenkt, und das nicht übel auf die heutigen Zeiten anzuwenden wäre. „Die jungen Leute," verordnet es, „sollen sich keine indiskrete Beurtheilung der Staatsgesetze, nicht sich zu untersuchen erlauben, ob der Gesetzgeber Recht oder Unrecht gehabt, sie zu erlassen — sondern einstimmig sollen sie ausrufen: sie sind gut, weil sie von den Göttern kommen. Findet aber ein Verständiger reiferen Alters, daß sich Mißbräuche eingeschlichen, so berathschlage er darüber mit seines Gleichen, oder theile den Regierenden seine Ansicht mit, doch nie in Gegenwart der turbulenten und voreiligen Jugend."

Mir fiel dabei Frau von Staël ein, die aus der Deputirtenkammer zurückkommend sagte: „Ich überzeuge mich, daß die Gesetze den Gerichten einer guten Küche gleichen: man muß ihrer genießen, aber nicht mit ansehen, wie sie gemacht werden."

Sendschreiben

an den

Herrn Ritter

Prokesch von Osten,

Kaiserlich Oesterreich'schen Gesandten in Griechenland.

Reschorio den 15. December 1836.

Mein verehrtester Freund!

Ich muß damit anfangen, Ihnen großen Dank für Ihre vortreffliche Charte und für Ihr noch werthvolleres Tagebuch zu sagen, mit denen ausgerüstet, ich die Bereisung des Innern der Insel fast auf demselben Flecke begann, wo Sie landeten. Bis jetzt hatte ich indeß günstigeres Wetter, als Ihnen zu Theil ward. Ihr Journal ist so gehaltreich, daß es mich entmuthigen könnte, nach Ihnen dieselben Gegenstände zu beschreiben, und noch obendrein diese Beschreibung Ihnen selbst zu adressiren — aber mehrere Jahre liegen dazwischen, und nach ihrem Verlauf sieht man manchmal das alt Bekannte fast mit mehr Vergnügen, als das Neue, wieder; endlich spiegeln sich die Dinge auch in allen Individualitäten verschieden ab, Jeder sieht durch eine etwas anders gefärbte Brille — und somit fange ich denn herzhaft an ohne weitere Vorrede.

Die Sonne war schon den Schneegipfeln der weißen Berge nahe, als ich in Begleitung des Oberst Kaporal und einer gehörigen Anzahl Türken, Neger und Christen zu unserer Bedienung, an der ersten venetianischen Vigie ankam, die sich aus der kahlen Umgebung der Felsenberge erhebt, welche Sie Puppa nennen. Aber nur ein kleiner Hügel am Meer heißt eigentlich so, der heutige Name des ganzen Bergzugs ist Mabara. Ihre gelehrte Untersuchung, ob er der Berg Tityros des Strabo, oder etwas Anderes sey, ließ ich dahin gestellt; ich dachte im Gegentheil beim Anblick des verfallenen Thurmes über dem Meer, hinter dem sich in der Ferne die Spitze des Vorgebürges Meleka erhob, an die ganz moderne Vigie de Koutven, und beschwor die schöne Spanierin herauf mit ihrem eben so liebenswürdigen als treulosen Verführer. Auch diese Zeiten sind dahin, und die jetzigen wenigstens tugendhafter. Selbst die Türken moralisiren sich; besonders in Kandia unter ihrem neuen Nomos, wovon ich später noch Manches anzuführen haben werde. Jetzt aber, da wir eben von ihnen sprechen, will ich einstweilen einige ihrer charakteristiſchen Sprüchwörter niederſchreiben, die ich unterwegs auflas, und die Ihnen vielleicht noch nicht bekannt ſind.

1) „Der Eſel ſagte: gieb mir zu eſſen und ich will ſelbſt die Nacht hindurch wachen, um für dich zu arbeiten. Das Maulthier ſagte: gieb mir zu eſſen, und wenn es ſeyn muß, werde ich dich und deine ganze Familie davontragen. Das Pferd aber ſagte: gieb mir zu eſſen, und am Tage der Noth rette ich dich aus der Gefahr."

2) „Ein ſchwarzes Roß mit einem weißen Fuß, eine Börſe; ein ſchwarzes Roß mit zwei weißen Füßen, zwei Börſen; ein ſchwarzes Roß mit drei weißen Füßen, drei Börſen; ein ſchwarzes Roß mit vier weißen Füßen — fünf Para."

3) „Kaufe keinen Fuchs, verkaufe den Rappen, füttre den Schimmel, und reite den Braunen!"

Aller guten Dinge ſind drei! Es mag daher mit dieſen genug ſeyn, in denen ſämmtlich das Pferd die Hauptrolle ſpielt, die aber noch einen tieferen Nebenſinn haben, den ſich Jeder auslegen mag. Ich würde nicht in Verlegenheit ſeyn, eine Sonntagspredigt darüber zu halten.

Da wir so spät ausgeritten waren, denn wir verließen Kanea erst um 2 Uhr Nachmittags, mußten wir die erste Tagreise sehr kurz einrichten. Wir warfen nur einige flüchtige Blicke auf Paláo Kastro, wie die Griechen alle antiken Städte zu nennen pflegen, wahrscheinlich Aptera, obwohl Neuere dies bezweifeln wollen, und Kanea dafür ansehen, Bestimmungen, die bei der Ungenauigkeit der meisten alten Geographen immer nur Probabilitäten bleiben müssen. Sie wissen besser als ich, daß Aptera „ungeflügelt" bedeutet, und sich auf den Kampf der Musen und Sirenen im Singen bezieht, worin die Sirenen unterlagen, und, sich verzweiflungsvoll ins Meer stürzend, ihre Flügel einbüßten. Doch wird der Schauplatz des Kampfes an verschiedene Orte gelegt. Wir betraten bald nachher auf einem griechischen Steinwege, womit alles gesagt ist, die Grenze der Provinz Apokoróna, besichtigten die gleich darauf folgenden alten Kirchen in dem freundlichen Thal, dem die Revolution nur die Hälfte seiner Oelbäume gekostet hat, und stiegen dann zum Dorfe Neochorio hinauf, wo unser Nachtlager bereitet war. Neochorio hatte vor dem Kriege 80 Häuser, ward ganz zerstört und zählt jetzt bereits wieder 50. Ich fand mehr Wohlstand, mehr Reinlichkeit, bessere Kleidung hier als in der Morea. Der Buluk

Baschi (Kapitain) einer Kompagnie irregulairer Truppen, der als Polizeiaufseher über einige Dörfer gesetzt ist, aber keine andere Strafe als Arrest verhängen kann, und bei wichtigeren Fällen an den Konseil in Kanea berichten muß, empfing uns in eleganter albanesischer Tracht, ein schöner Mann von degagirtem und angenehmen Wesen. Man darf hier nicht wie in der Berberei requiriren, Alles, was wir brauchten, ward auf Rechnung des Pascha gekauft, und baar bezahlt. Auch die Civilisation der Bauern scheint etwas vorgeschrittener, als im griechischen Reich. Die Häuser sind dichter und besser, und in mehreren fand ich Tische und Strohstühle. Wir ließen einige der letztern nebst einem Teppich herbeibringen und setzten uns an dem höchsten Orte des Dorfes auf einer Terrasse im Freien nieder, rauchten unsre Pfeifen, tranken Kaffee und genossen bis zum Einbruch der Nacht der schönen Aussicht, die von diesem Fleck das ganze Thal, mehrere Dörfer und einen Theil des Meeres umfaßte. Die Einwohner benutzten diese Zeit, um Herrn Kaporal's ärztliche Hülfe in Anspruch zu nehmen, der Alle mit großer Freundlichkeit empfing und Keinen ohne guten Rath entließ. So hoch gestellt, als Herr Kaporal hier ist, konnte das herablassende Benehmen gegen die armen

Leute, wie das kindliche Zutrauen, das sie ihm von ihrer Seite bezeigten, nur meine Achtung für einen Mann vermehren, dem Kanbia so viel Gutes, in den größten Verhältnissen, wie im kleinsten Detail verdankt.

So ging der Tag zu Ende, die Nachtluft wehte schaurig und ich suchte meine warme Hütte auf, wo ich, ehe wir uns zu Tische setzten, Ihnen diese unbedeutenden Zeilen schrieb. Sie müssen es dennoch menschlich verzeihen, wenn ich, ohne etwas Interessanteres hinzufügen zu können, Sie jetzt schon einem gebratenen Kapaun zu Liebe verlasse, der uns allzu einladend entgegen duftet, um ihn kalt werden zu lassen.

Den 16.

Der Menschen Gesetze und Religionen verbieten Blutvergießen, die Natur aber gestattet es desto freigebiger, wovon mich eine Legion Flöhe, von der Größe kleiner Käfer, diese Nacht auf eine Weise überzeugten, die mir acht Stunden Zeit zu philosophischen Reflexionen gab, ohne mir auch nur eine Minute davon durch den Schlaf zu rauben. Gern hätte ich gelesen oder geschrieben, aber das Licht war verlöscht, und zu Viele schliefen in der Hütte, um ihre glücklichere Disposition zu stören. Der Eine schnarchte sorglos, der Andere jammerte im Schlaf laut über seine Pein, ohne doch davon zu erwachen, der Dritte seufzete im Stillen und warf sich umher, gleich mir sein Schicksal in Gebuld ertragend. Ich dankte dem Himmel, als endlich die Thüre knarrte, und mit dem Eintritt meines Kammerdieners das Morgenlicht hereinbrach. Der Aga hatte sich mit Ackermann in eine griechische Conversation eingelassen, die mit einiger Schwierigkeit von Seiten des Würtembergers geführt wurde. Jener erkundigte sich nach mir und frug, wie viel Soldaten ich in meinem Vaterlande hielte? Ackermann warf sich in die Brust und erwiederte unbedenklich: Zwischen 4= und 5mal hundert tausend. Der Aga starrte ihn sprachlos an, und ich sprang laut lachend aus dem Bett. Während man unsere Sachen zusammenpackte, und ich mich anzog, ward uns ein Lamm auf Palikarenmanier gebraten, für welche Galanterie ich dem Aga nachher eine pariser Tabaksdose verehrte; allerdings nur ein schwaches Geschenk für den Gebieter so vieler Soldaten, das aber dennoch mit nicht weniger Vergnügen angenommen wurde.

Bei schönem Wetter, mit einer Hitze, wie sie bei uns nur im August zu herrschen pflegt, setzten wir um 10 Uhr unsern Marsch nach Retimo fort. Die erste Hälfte des Weges ist angenehm. Ein lachendes Thal glich dem gestern durchrittenen, und zeigte sich zuvörderst mit einigen Dörfern. Das eine derselben, Makerus, liegt mit seinem zerstörten Kloster höchst malerisch am Fuße eines von Epheu überwachsenen schwarzen Felsens; zwei andere von Olivenhainen umgeben, schauen aus der Ebene herauf, welche junge Flachssaaten zum größten Theil in schimmerndes Grün gekleidet hatten, und am Ende einer Schlucht ruhte auf einem andern Felsengipfel, wie eine Krone, Melibon. Kandia zählt jetzt 800 Dörfer, aber statt seiner berühmten 100 Städte von ehemals hat es nur noch drei aufzuweisen, die wohl sehr bettelhaft gegen die alten abstechen mögen.

Nach einigen Stunden kommt man am Ausgang des genannten Thales an die „hellenische Brücke", die über einen in schroffen Felsengrenzen laufenden Bergbach führt. Der Bogen dieser Brücke mit seiner nächsten Umkleidung ist antik, so wie die Reste einer am Ufer sich herabziehenden Mauer; das Uebrige scheint Werk der Venetianer zu seyn. So weit der Weg das ziemlich reichlich fließende und silberhelle Wasser cotoyirt, ist fortwährend die Vegetation mannigfaltig und frisch. Später bedecken sich die Ufer des Baches noch mit Platanen, und eine mit Myrthen und Schlingpflanzen schön dekorirte, dunkle Felsenwand, in der man einige Höhlen bemerkt, überhängt wohl eine Viertelstunde lang die Straße, bis sich in der anmuthigsten Perspektive eine verfallne venetianische Festung, nebst den Ruinen einer Mühle und eines, noch in seiner Zerstörung zierlichen türkischen Schlosses, mit einer weiten Meeraussicht, im Hintergrunde zeigen. Diese Gruppe heißt Almirò, von mehreren Salzquellen, die hier entspringen, und nach kurzem Lauf ihren kleinen Vorrath in das große Seemagazin abliefern.

Kandia zwängt sich hier so gewaltsam eng vom vom ägäischen nach dem libyschen Meer zusammen, daß wir es in scherzender Laune mit der geschnürten Taille eines Dandy-Riesen im Kostüm der weiland russischen Garde verglichen, der seine Siesta auf blauseidnem schwellenden Lager hält. Seinen Kopf ließen wir durch Grabusa repräsentiren, die Beine sich lang gestreckt bis Spina longa dehnen, die weißen Berge die wattirte Gänsebrust formiren, und tiefer unter ihr der emporsteigende Ida — mag bedeuten, was die schönen Leserinnen daraus zu machen belieben.

Von hier sieht man schon in unsichrer Ferne Retimo, hinter dem der Monte della Madonna mit mehreren Gipfeln weit ins Meer vorgreift; links in größerer Nähe bildet seinen Pendant das schwarze, wie eine viereckige Wand vorstehende Cap Drepanum. Die Vegetation hört aber bei Almiró fast gänzlich auf, und anderthalb Stunden bietet die auf dem kahlen Meersande fortführende Straße keine andere Unterhaltung mehr, als das bunte Farbenspiel der Kiesel und das einförmige Rauschen der Wogen. Eine steinerne Säule zeigt den Beginn der Provinz Retimo an, und hier rivalisirte Theolog mit Flankoni, indem er von seinem sich scheuenden Maulesel, durch einen Kobolz in der Luft, über den Kopf des Thieres hinweg, sich mit vielem Aplomb vor Herrn Kaporal im Sande niederließ. Der in keiner Jahreszeit ganz unbedeutende Bergstrom Pétre schließt, längs zerfressenen Kalkfelsenwänden hinströmend, diese Scene, deren ober Eindruck noch durch einen kühnen halb eingestürzten Brückenbogen vermehrt wird, welchen Sie so treffend „das Diadem über der finstern Felsenkluft" nennen. Steinwände, an denen Jahrtausende genagt, zerbröckeln wie der Urwelt morsches Gebein. Sie schreiben aber die Zerstörung dieser Brücke fälschlich den Griechen zu. Sie war schon eingefallen, als Savary, wie er behauptet, schwimmend den Fluß passirte; seitdem reparirte sie ein Pascha, sie stürzte jedoch noch vor der Revolution von Neuem zusammen. Aberglaube hindert jetzt vielleicht ihre abermalige Instandsetzung. Ohnfern dieser Stelle bemerkte ich am Saume des Meeres einen merkwürdigen Stein, der auf der einen Seite einem Seelöwen, auf der andern eben so vollkommen einen Widder darstellte. Diese Küste, viele Stunden lang ein fortwährendes Bild der Zerstörung und des Kampfes wüthender Elemente ist jetzt (wie es auch rund um die ganze Insel stattfindet), auf Anordnung Herrn Kaporal's, mit vielen Warten besetzt worden, um die Quarantaine zu sichern; sie dienen aber zugleich dazu, die Contrebande zu hindern. Zwei bis drei Personen halten die Wache in jedem Thurme, wozu die nöthige Mannschaft zu stellen der Bevölkerung obliegt. Die Tour trifft indeß jedes Individuum nur alle 40 Tage und das Remplacement ist für eine sehr geringe Geldsumme gestattet. Des Nachts brennen Feuer auf diesen Warten, die heute eine schöne Wirkung im Verein mit den erleuchteten Minarets der Stadt hervorbrachten, als die Sonne gesunken war; denn wir erreichten Retimo erst lange nach dem Thorschlusse, hatten uns aber des Einlasses vorher versichert. Den Ida verbarg uns während des Tages stets eine neidische Wolke, aber den Rückblick auf die 23 Spitzen der weißen Berge genoßen wir in seiner ganzen Klarheit, am schönsten von der Brücke, die in zwei Bogenetagen einen Gießbach anderthalb Stunden vor Retimo überspannt, deffen perpendikulaire 50 bis 60 Fuß tiefe Ufer, mit dem Olivenwalde darüber, mitten zwischen unwirthbare Felsen geklemmt, einen höchst originellen Anblick gewähren. Ihre Vermuthung, daß die weißen Berge höher seyen als der Taygetos, muß ich bestreiten, ich halte sie für wenigstens 1000 Fuß niedriger als den Agios Elias.

Ihnen kam vor der Stadt ein glänzender Zug kriegerischer Aegyptier, mit Mustapha Bey an ihrer Spitze, im Licht des Morgens entgegen; uns empfingen prosaischer nur ein halbes Dutzend europäisch gekleideter Herren im Nachtdunkel, von denen Einer uns sein Haus gastlich anbot. Obgleich des Seraskiers Palais für meinen Empfang bereitet war, zog ich doch, aus Furcht vor den Peinigern der vorigen Nacht, das Privatquartier dem unbewohnten Hause vor, und ich hatte alle Ursach, meine Wahl nicht zu bereuen. Herr St. Antonio mit seiner hübschen Frau bewirthete uns vortrefflich, und beide erschöpften sich in der freundlichsten Fürsorge. Das einzige Unangenehme im Verlauf des Abends war die Ankunft einiger zwanzig Türken, die, um mich zu besuchen, ungenirt während unserer Mahlzeit eintraten, ihre Pfeifen anzündeten, und, ihre Augen unverwandt auf mich gerichtet, die Stube in undurchbringliche Rauchwolken hüllten. Dem Oberst war die Sache sichtlich unangenehm, weil er vielleicht glaubte, ich fühle mich dadurch inkommodirt, oder könne gar denken, daß man mich durch eine so ungehobelte Familiarität beleidigen wolle; aber er markirte es doch nur durch ein sehr kaltes Betragen gegen die Eindringlinge; denn es herrscht zu viel Liberalität in diesem Lande, das uns in Europa als so barbarisch behandelt dargestellt wird, um Leute geringeren Standes entweder in so demüthiger Distance zu halten, oder sie so hart zu behandeln, als es bei uns in ähnlichem Falle gewiß geschehen seyn würde. Wie sehr, und wie angenehm mich also diese humane Gesinnung grade hier überraschte, brauche ich Ihnen nicht zu versichern. Ueberdem war die ganze Darstellung burlesk-national, und die Akteurs nicht minder. Zwei der Türken konnten Riesen genannt werden, eben so merkwürdig durch Dicke als Höhe, und ihr Phlegma, ihre imperturbable Ruhe, ihr barokes Kostüm (denn diese waren noch nicht im Geringsten modernisirt), gaben ihnen ganz das Ansehen des Automaten der Kempel'schen Schachmaschine in dreifachem Volumen. Sie sprachen eben

so wenig, als sie sich bewegten, nur Einer spuckte mit
Gravität fortwährend auf meinen Teppich, wie ein
Amerikaner.

Den 17.

Herr St. Antonio ist nicht Napolitain pour rien,
und regalirte uns daher diesen Morgen beim Früh=
stück mit Macaroni, bei welcher Gelegenheit ich zum
erstenmal die Etymologie dieses Wortes erfuhr, die
Ihnen vielleicht auch noch unbekannt geblieben ist. Ein
Kardinal liebte, wie billig, einen guten Tisch, und
besaß den vortrefflichsten sicilianischen Koch, der nicht
nur alles Bekannte mit Meisterhand zubereitete, son=
dern im Schöpfungsdrange häufig auch selbst neue
Schüsseln erfand; der Herr aber war difficil, und 2
bis 3 Versuche nach einander hatten kürzlich keinen
Beifall erhalten können. Da — alle seine Geistes=
Kräfte zusammennehmend — schuf das Genie des
Koch's die Macaroni. Als die neue Speise mit dem
besten Parmesankäse und einer Sauce au boeuf à la
mode vermählt, (wie man noch heut zu Tage die
Macaroni in Sicilien servirt,) dem Kardinal vorge=
setzt wurden, und er einige Mundvoll davon zu sich

genommen hatte, erheiterten sich die Züge Seiner
Eminenz und sie geruhten mit billigender Gebehrde
zu äußern: „Cari!" Immer schneller folgten indeß
Bissen auf Bissen und bald darauf hörte man die in gestei-
gerter Zufriedenheit wiederholten Worte: „ma cari!"
Doch zuletzt ging das frühere bloße Wohlgefallen des
Kenners in wahren Enthusiasmus über, und mit
glänzenden Augen seinen Teller von Neuem füllend,
rief er triumphirend aus: „Ma caroni!" Und verewigt blieb von da an dieser Name.

Retimo ist eine hübschere Stadt als Kanea, mit
hohen oft sehr zierlichen türkischen Häusern, deren ver-
gitterte Fenster schon an mehreren Orten Europäischen
Platz machen mußten. Auf den schön dekorirten Resten eines venetianischen Pallastes ist noch der stark
mutilirte „christliche Hund"*) oder Löwe von St.
Marco zu sehen, und über ihm das Bruchstück eines
sehr künstlich in Stein gearbeiteten Zifferblattes. Der
kleine, aber sichere Hafen, der ganz versandet war,
wird jetzt auf Mehemed Ali's Befehl mit großen Kosten gereinigt, und auch hier ist, wie in Kanea, ein
neuer solider Molo mit einem Leuchtthurm im Bau
begriffen und fast vollendet. Es traf sich, daß Herr

---

*) Siehe mein früheres Werk über Griechenland.

Kantzuck, der den hiesigen Bau ebenfalls leitet, grade anwesend war, und mir daher wieder gefällig als Führer dienen konnte. Der Vicekönig hat alle Ursache, sich zur Acquisition dieses thätigen Mannes zu gratuliren, der, obgleich weit mehr Praktiker als Theoretiker, sein Fach dennoch vollkommen ausfüllt, viel Geschmack besitzt und selbst leidenschaftlich dafür eingenommen ist, was ihm die Pflichterfüllung zum Genuß macht. Die Aussicht von der Plateform des Kanals ist sehr anmuthig; auch war der bisher beständig verhüllte Ida so artig, in demselben Augenblick, als ich aus der Wendeltreppe hervortrat, seine Wolkenkappe einige Minuten lang vor mir abzunehmen.

Auf der Citadelle, die nicht viel bedeutet, begegnete ich einem Detachement Soldaten von einem neu errichteten arabischen Regiment, dessen gutes Ansehen und militairische Haltung mir angenehm auffielen. Der Offizier, welcher die Leute führte, war ebenfalls ein ägyptischer Araber, eine Neuerung, die Mehemed Ali erst seit Kurzem gewagt hat, die sich aber wahrscheinlich bald weiter ausdehnen wird. Bisher waren nämlich alle Offiziere Türken, und vom Capitain an inclusive sind sie es auch noch jetzt.

Den 18.

Wir verließen Retimo erſt gegen ein Uhr Nach=
mittag bei abwechſelndem Sonnenſchein, ſchwarzen
Wolken und ſtarkem Winde. Nicht weit von der
Stadt, in deren Nähe während der Revolution alle
Bäume im Kriege raſirt wurden, lag ein Dorf, das
man Perivolia (die Gärten) wegen ſeiner reizenden
Umgebung nannte. Jetzt bietet es nur noch eine
lange Reihe Ruinen dar. Seine gänzliche Zerſtörung
ward durch folgende Begebenheit herbeigeführt.

Ein Hannoveraner, mit Namen Hähne, komman=
dirte die Griechen und beſchloß, Retimo durch einen
coup de main zu nehmen. Zu dieſem Behufe ver=
barg er den Kern ſeiner Truppen in dem genannten
Dorfe, während er die übrigen einen falſchen An=
griff in der Plaine machen ließ. Dieſe ſollten nach
kurzem Gefecht die Flucht ergreifen, um eine Sortie
der Türken zu veranlaſſen, während welcher Hähne
aus ſeinem Hinterhalt hervorbrechen und die Stadt
auf ihrer ſchwächſten Seite zu erſtürmen verſuchen
wollte. Die Dispoſition war gut und wäre auch
wahrſcheinlich gelungen, wenn nicht die kopfloſen
Griechen in Perivolia zu plündern, und ſich dabei
entzweiend, ſogar auf einander zu feuern begonnen
hätten. Der in Retimo kommandirende Mehemed

Pascha, dadurch aufmerkſam gemacht, erfuhr bald durch ſeine Spione die Wahrheit, und ging nun ſcheinbar in die Falle. Kaum war er aber aus dem Thore, als er, ſtatt die verſtellten Flüchtlinge zu verfolgen, im vollen Lauf ſeiner Pferde ſich auf Perivolia warf, das Dorf anzündete und den größten Theil der darin überraſchten Griechen niederhieb oder zu Gefangenen machte. Hähne ſelbſt rettete ſich nur mit genauer Noth und verwünſchte es, das Kommando ſolcher indisciplinirter Horden übernommen zu haben. *)

Statt von hier auf dem Meerſande weiter zu reiten, wählten wir einen höheren Weg, der uns grade auf den Ida zuführte (von den Kandioten „Pſiloryti“, der hohe Berg, genannt), deſſen ſpitzer weißer Gipfel von dieſer Seite aus täuſchend einer durch Menſchen gebauten Pyramide glich. Auch verſicherte mich der Oberſt, daß die wirklichen Pyramiden von Dſchiſch in der Ferne ganz denſelben Effekt machten, und oft im Sonnenlicht oben ſo weiß ſchim-

---

*) Hähne, jetzt Major im Generalſtabe, iſt von den 123 Philhellenen, die im Jahre 1822 am Theater zu Argos ein feierliches Gelübde zur Vertheidigung griechiſcher Freiheit ablegten, der einzige Uebriggebliebene!

merkten, als seyen sie mit Schnee bedeckt. Uebrigens muß ich hier bemerken, daß ich, gegen Ihre Meinung, den Ida so gut wie die weißen Berge für niedriger als den Taygetos halte, obgleich der Ida, wegen der viel geringeren Vorberge, die ihn umgeben, und weil er sich ganz einzeln aus ihnen erhebt, höher erscheint, als er in Wahrheit ist. Eine Stunde von Retimo betritt man die Provinz Milopotamos, welche ihren Namen von einem Thal mit mehreren Mühlen erhielt, das wir später durchschritten. Die Mühlen sind aber jetzt verlassen und in Ruinen, weil das Wasser sich in dieser Gegend nach und nach ganz verloren hat. Obgleich die Straße immer in angenehmer Umgebung hinführte, steigerte sich doch die Schönheit derselben überraschend, als wir auf der Höhe ankamen, von der man das weite Thal von Margarites übersieht. Vor sich am Horizont hat man die Berge der Panagia, nördlich durch gezackte Felsen einige Silberblicke auf das Meer, südöstlich den Ida, und in der Tiefe breitet sich gleich einer Stickerei in allen Farben ein bewegtes Terrain, voll der mannigfaltigsten Gegenstände und reichsten Vegetation aus, mit Tausenden hoher Bäumen von allen Arten, mit Weinbergen, grünen Saatfeldern und ansehnlichen Dörfern bedeckt und vom platanenbekränzten Fluß Perama durchflochten, der sich in jählingen Biegungen mitten durch diese bunten Fluren windet. Noch belohnender ist der Ritt durch das Thal selbst, bald im dunklen Dickicht luxurieuser Pflanzendome, bald längs schroffer Abgründe hin, an deren Fuß sich der Perama wie eine Schlange krümmt, während über ihm die Bilder fortwährend wechseln, jetzt über, dann unter oder zwischen dem Grün der Büsche sich reizend entfaltend. Der Ida präsentirt sich am Vortheilhaftesten von dem Dorfe Perama selbst, wo im Vorgrunde eine neue sehr hübsche Kirche steht, deren blendender Schein sie schon aus großer Ferne sichtbar werden läßt. Da wir in Milidoni, einem Flecken, der eine halbe Stunde abwärts der Straße liegt, übernachten wollten, schlugen wir von hier aus einen andern Weg ein, als Sie nahmen, mein verehrter Freund, verirrten uns aber in der Folge, weil der Führer die Kirchhöfe zweier Orte, die ihm als Wahrzeichen dienen sollten, verwechselt hatte. Dies verschaffte uns indeß eine sehr pittoreske Mondscheinpromenade auf Bergstegen, die nur unsre Maulthiere passiren konnten. Oft nahmen wir eine Cypresse für einen Kirchthurm, oder eine zerstörte Kapelle für den Anfang des gesuchten Dorfes, bis es Nacht wurde und Niemand mehr aus noch ein wußte. Nach vielem Hin=

und Herirren ward das ersehnte Ziel dennoch aufge=
funden und der Ortsvorsteher herausgeklopft. Er
wies uns ein halb verfallnes, unbewohntes venetiani=
sches Haus an, das bessere Zeiten gesehen hatte, und
in seinem Kontrast von alter Pracht und jetziger Bau=
fälligkeit mit berußten Wänden, und in ihren ver=
rosteten Angeln seufzenden Flügelthüren, der Einbil=
dungskraft einen weiten Spielraum darbot. Ich
wählte mir einen Salon zum Schlafzimmer aus, wo
sich ein hohes Kamin befand, das man so selten in
diesen Ländern antrifft und bald erleuchtete ein flack=
erndes Feuer das dunkelbraune Holzwerk der Wände
und Decke, an denen sich noch einige Spuren von
Vergoldung und Farben erhalten hatten, während wir
die vom Wind umhergeworfenen Fensterladen durch
Vorlegung großer Steine festzuhalten suchten. Wenn
die alten Mauern Stimmen gehabt hätten, wie die
Wände Ohren haben sollten, Gott weiß, welche selt=
same Kunde sie mir über Nacht hätten erzählen
können!

Den 19.

Ich stand mit der Sonne auf, um mich vor der
Abreise noch etwas im Orte umzusehen, der nur von

Griechen bewohnt wird. Dabei fand ich Gelegenheit, mit mehreren der Einwohner über allerlei sie Betreffendes zu sprechen, und frug sie unter andern, ob sie in irgend einer Hinsicht Klage zu führen hätten, da ich ihnen vielleicht beim Pascha nützlich werden könnte. Theolog diente mir als Dolmetscher. Alle diese Leute versicherten einstimmig, früher wäre es schlimm hier gewesen, jetzt aber seyen sie sehr zufrieden. Niemand dürfe ihnen mehr etwas zu Leide thun, im entgegengesetzten Falle fänden sie Gerechtigkeit und auch ihre Abgaben wären mäßig. Diese bestehen in ganz Kandia in dem siebenten Theil der Erndte, was der Eigenthümer beliebig in natura oder im Gelde nach den Marktpreisen abtragen kann — und einer sehr geringen Taxe auf das Vieh. Pferde, Maulthiere, Esel, Schweine, Federvieh, sind tarfrei. Für Ochsen und Kälber wird nur dann etwas entrichtet, wenn man sie schlachten läßt, zwei Franken für den Ochsen, und einen Franken für das Kalb. Für Schaafe ist ohngefähr ein Sous nach französischem Gelde jährlich pro Stück festgesetzt, und findet keine andere Abgabe für den Verkauf von Butter und Käse statt. Für das Schlachten eines Schaafes zahlt der Besitzer sieben Sous, für ein Lamm fünf. Stempelpapier, Accise, Postporto, Kosten für ausgestellte Pässe, Justizkosten,

Extrasteuern, existiren nicht, und überhaupt keine Art
indirekter Abgaben, als die sogenannten Apalte. Diese
bestehen in Folgendem. Jemand, der z. B. mehr
Wein oder Branntwein gewinnt, als er selbst consu=
miren kann, mag davon an Privatleute zu ihrem eige=
nen Gebrauch so viel verkaufen als er will, ohne
eine Abgabe dafür schuldig zu seyn; ist aber der
Käufer ein Gastwirth, Caffetier, Weinhändler u. s. w.,
der im Detail wieder verkauft, so müssen 12 Para
(1½ Sous) für die Okta (Kanne) dem Gouvernement
bezahlt werden. Dies wird hier vom Landmann bezo=
gen, hauptsächlich um den Conflikt mit den Europäischen
Handelsleuten zu vermeiden, der unangenehme Weit=
läuftigkeiten erregen könnte, weil diese, unter dem Schutz
der fremden Consuln stehend, den Landgerichten sich
oft entgegenzusetzen suchen und die Politik des Vice=
königs sie überall so viel als nur möglich schonen
will. Es springt in die Augen, daß die Abgabe, wenn
sie gleich vom ersten Verkäufer der Kürze wegen er=
hoben wird, doch eigentlich vom Kaufmann gezahlt
werden muß, da der erste unter den gegebenen Um=
ständen so viel auf seine Waare aufschlägt; da aber
auch der Kaufmann dasselbe gegen das Publikum
thut, so fällt in letzter Instanz die Abgabe eigentlich
auf dieses im Allgemeinen, oder, richtiger gesagt: auf

den Verbraucher. Daſſelbe Verhältniß findet bei dem Salz, den Häuten und dem Tabak ſtatt. Dieſe Re=venüe wird gewöhnlich vom Gouvernement verpachtet, während es den Zehnten, oder vielmehr den Siebenten, direkt durch ſeine Beamten einziehen läßt. Endlich hat Jeder, Nichttürke, Jude oder Chriſt, noch den Ha=ratſch an den Sultan abzutragen, ein Kopfgeld, das in drei Klaſſen getheilt iſt, ähnlich der preußiſchen Klaſſenſteuer und ſich bisher nur zum Belauf von 1 bis 2 und 4 Franken für die Perſon jährlich erſtreckte, was jedoch ſeit Kurzem der Sultan, trotz aller Vor=ſtellungen Mehemed Ali's vervierfacht hat. Bei uns in Preußen ſteigt dieſe Abgabe von 5 bis auf 400 Franken pro Kopf.

In der Nähe von Melidoni, das in einem be=zaubernd ſchönen Thale zwiſchen hohen Bergen liegt, und von den Grundfeſten des Ida bekränzt wird, der hier ſeine frühere Form gänzlich verändert, und jetzt einen breiten Rücken mit mehreren Gipfeln darbietet, befindet ſich eine Höhle von großer Tiefe und bedeu=tendem Umfange. Sie enthält fließendes Waſſer, aber keine Stalaktiten, noch ſonſtige Naturmerkwürdigkeiten, doch erlangte ſie während der Revolution eine andere Art trauriger Celebrität. 250 Griechen, welche die Waffen gegen die Türken ergriffen hatten, flüchteten

ſich mit ihrem Vieh und ihrer übrigen Habe in dieſe
unterirdiſchen Räume, wo ſie von den Türken
fünf Monate lang blokirt gehalten wurden. Huſ=
ſein Paſcha ſandte mehreremale Parlamantaire an
ſie ab, um ſie zur Uebergabe zu bewegen, wobei er
ihnen ihr Leben garantirte. Sie wollten aber von
nichts hören, verſpotteten zuerſt die Abgeſandten, und
empfingen ſie zuletzt mit Piſtolenſchüſſen, während die
Uebrigen beim Klang einer Violine im Innern tanz=
ten, um durch ein ſolches Beginnen den Feind zu
höhnen, von dem ſie über kurz und lang befreit zu
werden hofften; in der Höhle ſelbſt aber litten ſie
weder Noth, noch konnten ſie mit Erfolg angegriffen
werden. Endlich verlor Huſſein Paſcha die Geduld,
ließ vor dem Eingang einen ungeheuren Holzſtoß
aufführen, und zündete dort, als ein ſtarker Wind
grade in die Oeffnung hineinblies, eine ſolche Hölle
an, daß der in ſchwarzen Wolken eindringende Rauch
alles, was in der Höhle athmete, in wenigen Stun=
den erſtickte. Am andern Tage fand man die Opfer,
die ſich meiſtens paarweis umarmt hatten, bis in die
entfernteſten Grenzen zerſtreut umherliegen, aber kein
Einziger konnte ins Leben zurückgerufen werden.

Man ſieht eine lange Inſchrift in dieſer Höhle,
deren ſchon Tournefort erwähnt, und worin des nahen

Berges Tallea, der dem Jupiter einen Beinamen gab, als der Wohnung des wohlthätigen Merkur gedacht wird. Wahrscheinlich war dies der östlich vor Meliboni emporsteigende kahle Felsengipfel, auf dem jetzt eine kleine Kapelle steht, und den die Eingebornen „Kalep" nennen.

Es wird nicht uninteressant seyn, indem man sich der heutigen behaglichen Sicherheit erfreut, die der Reisende in Kandia genießt, zum Vergleich des Sonst und Jetzt, mit wenig Worten anzuführen, wie es Tournefort hier erging. „Wir schliefen bei einem Papa," erzählt dieser Reisende, „der versprach uns am nächsten Morgen nach der Höhle zu führen, die zu sehen ich sehr begierig war. Unglücklicherweise war eben ein Türke anwesend, der kaum mein Vorhaben erfahren hatte, als er herbeikam, und dem Papa, wie sämmtlichen griechischen Einwohnern des Dorfes, die wie Verbrecher vor ihm zitterten, mit der Bastonade drohte, wenn sie sich unterstünden den fremden Giaurs die Höhle zu zeigen, um darin Prophezeihungen zu lesen, die sich alle auf das Schicksal des Großherrn bezögen."

Alle Mühe den Türken zu beschwichtigen war vergebens, und Tournefort bekam die Inschrift, nach der er so großes Verlangen trug, erst in der Pariser

Bibliothek zu sehen, wo sie sich in Gruters Inscrip=
tionen vorfand. Tournefort ärgert sich sehr über die
Tyrannei der Türken, und noch mehr über die Feig=
heit des Papa, doch setzt er, sich tröstend, hinzu: „que
peut on attendre des serviteurs d'une église, dont
le chef, au lieu d'être designé par le St. Esprit,
est nommé par le Grand Seigneur!"

Die ganze heutige Tagreise von hier aus war
nur eine fortgesetzte Lustpartie — ein Spazierritt im
anmuthigsten Naturgarten. Jede Jahreszeit hat hier
ihre Blumen, und in den letzten Tagen waren deren
eine Unzahl aufgeblüht. Wir fanden daher den saft=
grünen Rasen überall mit dem Geschlecht der Ane=
monen in jeder Nüance von Blau und Roth ge=
schmückt, dazwischen gelbe und bunt gestreifte Mar=
gueriten, sechsmal größer als die unsrigen, ferner
eine schneeweiße Blume, die Hasenkopf genannt wird,
weil sie wirklich der Form eines solchen sehr nahe
kommt, ferner große Sträußer wildwachsender Nar=
zissen, welche die ganze Luft umher parfümirten, und
endlich die Blüthen des breitblättrigen Mabragon,
eine Solanum=Art, und eine Pflanze, mit deren An=
blick man sich begnügen muß, denn ihr Genuß erregt
Wahnsinn. Herr Kaporal erlebte vor Kurzem ein
merkwürdiges Beispiel hievon. Die Mannschaft eines

genuesischen Schiffes hatte, in der Meinung, es sey eine wilde Salatsorte, eine große Menge der giftigen Stauden gepflückt, und zu ihrem Mittagsmahl mit Fleisch gekocht. Nur der Capitain, der sich unwohl fühlte, aß nicht davon, die Andern fanden das frische Gemüse so gut, daß sie nichts davon übrig ließen. Einige Stunden darauf fühlten sie heftige Kolikschmerzen, und kurz nachher trat, bei einigen früher, bei andern später, der vollständigste Wahnsinn ein. Die noch nicht Ergriffenen mußten die Andern halten, die sich ins Meer stürzen wollten, und der Tumult hatte den höchsten Grad erreicht, als die französische Fregatte Syrene auf die vom Capitain gegebenen Nothzeichen herbeikam. Durch die schnelle Hülfe, welche der Schiffsarzt den Patienten gewaltsam administrirte, wurden zwar Alle am Leben erhalten, doch empfanden Viele die Folgen noch lange Zeit in erneuten schwächeren Anfällen, aber ohne die Dazwischenkunft der Syrene wäre ohne Zweifel die ganze toll gewordene Schiffsequipage zu Grunde gegangen.

Außer den Oel- und Johannisbrodbäumen, Cypressen, Pinien und Ilerarten, die in der lieblichen Gegend des Dorfes Daphne auf allen Seiten um uns wucherten, und auf dem vortrefflichen Boden eine seltene Größe erreichten, zeigten sich auch nun immer häufiger die schönsten Exemplare verschiedener Eichensorten; und als die andern Baumarten allmählig alle verschwanden, behaupteten diese zuletzt allein das Feld, in lockere Gruppen auf einem Bett von Farrenkraut, und dem noch hie und da blühenden officinellen Labanum ganz kunstgemäß von der Natur vertheilt. Gleich dem Pflanzenreich veränderte sich auch fortwährend Form und Ansehen der Hügel und Berge um uns her, an welchen zuweilen abgerissene Stellen einer fast scharlachrothen Erde sichtbar wurden, die in ihrer grünen Einfassung den auffallendsten Effekt hervorbrachten. Zahlreiche Heerden von Schaafen und Ziegen, seltner Rindvieh, weideten an den Abhängen, oft durch strahlenweis von den Bergen herablaufende Mauern getrennt, welche die verschiedenen Weidedistrikte anzeigten, deren Behauptung nicht selten blutige Fehden unter den Einwohnern hervorruft.

Wo sich auf unsrem Wege Strauchdickichte fanden, trieb der unermüdliche Susannis immer eine Unzahl von Krammetsvögeln, schwarzen Amseln, zuweilen auch Waldschnepfen heraus; selbst an Singvögeln fehlte es nicht ganz, und wir hörten einigemal deutlich den sanftklagenden Laut eines dieser Sänger, den die Franzosen „le moineau solitaire" nennen. Er ist sehr eitel und singt am schönsten in der Gefangenschaft, weil man ihm da einen Spiegel in seinem Bauer vorzuhängen pflegt — es giebt also auch Dandy's unter den Vögeln.

An einer der romantischesten Stellen der Gegend fanden wir einen Galgen von gebrechlichen Stangen aufgerichtet, an den man vor einigen Jahren einen Moreoten aufgehangen hatte, der einen Kandioten umgebracht. Der Oberst beendete eben die Erzählung dieser Begebenheit, als ein andrer Mörder athemlos herbeieilte und sich bluttriefend und um Gnade flehend, zu unsern Füßen niederwarf.

Es war Susannis, der Abscheuliche, der ein armes Zicklein gejagt, und trotz unsres Rufens den Flüchtling ohne Erbarmen gewürgt hatte. Er erhielt seine Strafe, aber die That war nicht ungeschehen zu machen, und selbst nicht möglich auszumitteln, wem die Entschädigung gebühre, da keine menschliche Seele sich in der Wildniß sehen ließ.

Die Steinhütte des von Ihnen erwähnten Regerräubers am Scheidewege, dessen nie irrende Flinte hier nach beiden Seiten ihre Opfer suchte, existirt noch in der wilden Schlucht, und ist so gut im Stand erhalten, daß ich vermuthe, sie dient jetzt zu friedlicheren Zwecken. Kurz nachdem wir sie verlassen hatten, begegneten wir einem reich gekleideten Abgesandten des Pascha, den er mir mit artiger Attention entgegen gesandt hatte, um Quartier für mich im Dorfe Damasta (dem alten Thenä) zu bereiten, das wir späterhin wie ein Adlernest am Felsen liegen sahen. Da ich aber eine andere Route einzuschlagen beschlossen hatte, mußte ich das gütige Anerbieten ablehnen.

Eine Zeitlang durchstrichen wir jetzt öde Marmorfelsen (und es macht einen eigenen Eindruck, die Bauerhäuser von diesem Stein erbaut und darüber mit Kalk angestrichen zu sehen), bis ein tiefer Kessel mit erneuter Vegetation und einem schönen Haine immergrüner Eichen sich vor uns aufthat, aus dem die weitläuftigen Gebäude des Klosters Pantaleone hervorschauten, welches wir zu unsrem Nachtlager erwählt hatten. Der Igúmenos war avertirt, und gastlicher Rauch wirbelte schon vor uns aus den Kronen der uralten Bäumen in die klare Luft empor. Der Mond stand am blauen Himmel und die sinkende Sonne überlieferte ihm, sich in Flammen begrabend, für die Nacht die Herrschaft der Erde. Die ehrwürdigen Papa's empfingen uns in seinem blassen Strahl, brachten sogleich Erfrischungen herbei und breiteten

Teppiche auf ihre Terrasse, wo wir im traulichen Gespräch die Ankunft unsrer Maulthiere und das Abendessen erwarteten. Einer dieser Papa's hatte seit 1769 — beiläufig gesagt, das Jahr der Geburt Mehemed Ali's — und der Seeschlacht von Tschesme nie außer dem Kloster geschlafen! Er unterhielt Herrn Kaporal lange von seiner Krankheit, deren Relation ein seltsames Gemisch von Ignoranz und Aberglaube war. Er hielt sich für verzaubert von einer Eidechse. Vergebens, sagte er, habe er sie getödtet, und dann, gehörig exorcirt, auf das ihn quälende Geschwür gelegt, was sonst immer zu helfen pflege, vergebens habe er selbst in vorgeschriebener Form, und mit Hersagung aller in diesem Falle nöthigen Gebete, einen Appell an das ganze Geschlecht der Eidechsen im Allgemeinen ergehen lassen, es bliebe immer beim Alten, und er bitte jetzt den berühmten Arzt, ihm, wenn es möglich sey, zu helfen; denn er fürchte, setzte er hinzu, die Krankheit könne ihm einen oder den andern Tag einen bösen Streich spielen, ja vielleicht gar sein Leben gefährden. Der Mann war 80 Jahre alt, und Herr Kaporal frug ihn, ob er sich denn so sehr vor dem Tode fürchte? „Wer fürchtet den Tod nicht!" war seine seufzend gegebene Antwort — und doch scheint das Leben dieses Greises so leer gewesen zu seyn, wie das der Kohlstaube, die er in seinem Garten pflegte. So scheint es, doch darf Keiner wagen, eines Andern innre Welt zu beurtheilen.

———

Den 20.

Unser Stern blieb uns treu, trotz der ungünstigen Jahreszeit, die gewöhnlich in diesem Monat alles mit Regen überschwemmt. Kein Wölkchen trübte den krystallnen Himmel, als wir am Morgen die guten Väter verließen, um, während unsre Saumthiere die grade Straße verfolgten, einen Umweg durch das reizende Thal von Phobales zu nehmen

Dort ziehen sich in einem bewaldeten höchst romantisch geformten Bergkessel, auf den beiden Seiten eines über Felsen brausenden Baches, wohl über eine halbe Stunde weit dicht gepflanzten Orangengärten hin, die ohne Mauereinfassung bis hart an das Wasser reichen, dessen Ufer mit alten, weinbekränzten Platanen bewachsen sind. Die meisten dieser schönen Bäume hatten noch ihr volles, nur zum Theil roth und gelb gefärbtes Laub. Jenseits der Orangen standen an den Bergabhängen hohe Piniengruppen auf hellgrünem Untergrunde, und im Schatten der Gärten erblickte man, von einzelnen Palmen überragt, die Häuser des Dorfes malerisch vertheilt. Nicht nur alle Orangen= und Citronenbäume dieser, einem ausgedehnten Walde gleichenden Gärten, sondern auch ihr Boden, waren mit Früchten bedeckt, wovon die obern blendend im Schein der Sonne glänzten, die herabgefallnen aber in der dunklen Umgebung unten, wie Glühwürmer, ihr eignes Goldlicht auszuströmen schienen. Ich war entzückt von dieser hier so wenig erwarteten Scene und pries die Menschen glücklich, welche ein solches Paradies bewohnten. Der Oberst lächelte über meinen Enthusiasmus und sagte: „Auch hier giebt es Torys und Radikale. Ich schlief einmal die Nacht in diesem Dorfe, wo ich mit Verwunderung sah, daß die Bewohner des Westendes mit größter Geringschätzung auf die der östlichen Seite herabschauten, weil sie eine weit schönere und größere Kirche besitzen als diese. „Woran weiß sich der Menschen Hochmuth nicht zu hängen!

Wir mußten von nun an auf mühsamen Stegen sehr lange Zeit bergan klimmen, und oft machte ich einen kurzen Halt, um noch eine der wechselnden Ansichten des herrlichen Thales von Phobales in mein Gedächtnißbuch einzuschreiben. Mit dem letzten Blick in seine grüne Tiefe, auf seine hesperischen Aepfel und seine gelockten Hügel verschwand aber auch das Liebliche für heute, und die wildeste Berg- und Felsennatur allein nahm seine Stelle ein. Aller Raum, der nicht Stein war, zeigte sich mit einer unermeßlichen Menge von Ladanum bedeckt, dessen in keiner Provinz der Insel mehr gewonnen wird, als in Milopotamos. Das Ladanum (Ledon des Dioskorides) ist eine niedrige, röthlich blühende Pflanze, deren Blätter eine Art Harz ausschwitzen, welches theils als Medicin, theils als Weihrauch, theils als Präservativ gegen die Pest und andere epidemische Krankheiten gebraucht wird. Ein fleißiger Arbeiter kann täglich zwei Pfund davon sammeln, was ihm drei Franken einbringt. Die Art der Gewinnung ist eigenthümlich und wird schon von Tournefort sehr umständlich beschrieben. Mit einer Art Geißel, aus zwanzig verschiedenen Riemen bestehend, peitscht man sanft die Blätter, wodurch das feine ausgeschwitzte Harz an den Riemen hängen bleibt.

Jetzt erschien auch, als die geringeren Höhen alle schon unter uns lagen, nach langer Abwesenheit der Ida wieder über ihren Häuptern, gleich einer weißen Wolke am azurnen Himmel. Er zeigte hier fünf Spitzen, von denen die mittelste die höchste ist, und um ihn sanken und stiegen wie Wogen unzählige andere

Berge im abstufenden Licht der verschiedensten Beleuchtung. Auf einer graden Felsenkuppe des Strombolo grade vor uns, welche nach allen Seiten freie Aussicht gewährt, erblickten wir zwei obeliskenartige Steinmassen, welche von den Griechen errichtet wurden, die hier in der Revolution einen Wachtposten aufgestellt hatten. Sie nennen in Ihrem Tagebuche diese Gebirgsabtheilung „Niba," allen unsern Erkundigungen nach befindet sich aber der Niba südlich vom Ida und kann nirgends von der Straße, die von Retimo nach Kandia führt, gesehen werden. Auf der Charte finde ich den Niba gar nicht, wohl aber die richtige Benennung „Strombolo" für die sich vor Kandia abdachende Bergscheide.

Bald darauf erreichten wir, immer das Meer tief unter uns zur Seite, den Saum der Kette, von wo man Kandia, „Mocenigo's unsterbliches Denkmal," wie Sie es wohl mit höhem Rechte bezeichnen, und das weite, baumleere Thal, das sich von ihm landeinwärts erstreckt, zum erstenmal erblickt. Einst war auch diese Ebene ein unabsehbarer Olivengarten, doch seit der Verheerung jener, ein Viertel=Jahrhundert dauernden Belagerung, ward es nie wieder angepflanzt. Die Revolution fand hier nichts mehr zu zerstören.

Am Abhang des Bergrückens, dessen Hinabsteigen nicht viel weniger Zeit als das Emporklettern hinwegnahm, hat sich der Vicekönig ein einfaches Landhaus bauen lassen, das, gegen die hiesige Sitte, mit hohen Dächern versehen, ganz einer nordischen Amtspächterwohnung gleicht.

Weiter unten entsprangen salzige Quellen, die sogleich einen ansehnlichen Strom bilden, und schon bei ihrem ersten Erscheinen mehrere Mühlen treiben. Hier machten wir einen kurzen Halt, den ich benutzte, meine allzueinfache Reisetoilette einigermaßen zur feierlichen Entrée in die Stadt zu arrangiren.

Schon eine halbe Stunde vor derselben, an der klassischen Stelle des Bächleins Triton, wo nach Einigen die Hochzeit Jupiter's mit Juno gefeiert, nach Andern Minerva geboren wurde — kamen uns die Consule entgegen. Einige hundert Schritte weiter fanden wir mehrere Garden und zwei Stallmeister des Pascha mit prachtvoll geschmückten Pferden unsrer wartend, die, voll Feuer und Muth, kaum von den originell kostümirten Reitknechten gehalten werden konnten. Diese waren in Himmelbau gekleidet, und trugen dazu die scharlachrothen Pferdedecken, welche über die gestickten Sättel und Schabraken gelegt wer=

den, wenn man die Pferde herumführt, vorläufig selbst, wie ein Gewand über die Schultern drappirt. Sie reiten nicht, wie die unsern, hinterher, sondern laufen zu Fuß den Pferden voraus. Mehrere dieser Thiere, kürzlich aus Syrien gekommen, und alle von der tribu Amasi erkauft, waren von außerordentlicher Schönheit, auffallend starken Knochen und hoher Taille für arabische Pferde. Besonders ein Schimmel, nahe 15 Hand hoch, den der Erste Stallmeister ritt, und auf einem tiefen Sturzacker neben der Straße während unsres Marsches rastlos umherjagte, und dann abwechselnd jähling parirte, ohne daß das Pferd im Mindesten dadurch angestrengt oder esouflirt zu werden schien, nur sein Maul triefte mit Blut von der rüden Behandlung. Die Schweife der Pferde waren alle am Ende der Riebe, die sehr kurz ist, abgeschnitten, so daß sie vollkommen englischen Blutpferden glichen. Aegyptische Sättel, nach der Mode Mehemed Ali's, von denen ich schon in Kanea gesprochen, waren auch hier allgemein. Sie haben Steigbügel in Form der Europäischen, aber auf der innern Seite derselben sind lange Sporen angeschweißt, weil die Türken meistens in Schuhen reiten.

Die ganze Bevölkerung hatte sich wie ein bunter Blumenflor auf den Wällen und in den Straßen aufgestellt, unter ihnen auch eine große Menge verschleierter und unverschleierter Weiber, alle Wachen, von reichgekleideten Offizieren befehligt, traten in's Gewehr, die Kanonen salutirten, kurz, man ließ es an keiner Attention für mich fehlen. Sobald ich in dem für mich bereiteten geräumigen Hause abgestiegen, und mir dort artig eine Stunde Ruhe vergönnt worden war, erschien kurz nach dem Kanonenschuß bei Sonnenuntergang (den alle Türken mit offenem Munde vernehmen, weil sie bis dahin fasten müssen), der Schwager und einige obere Offiziere des Serasckiers, um mich zu komplimentiren und mir allerlei verbindliche Aeußerungen Seiner Erzellenz zu überbringen. Eine halbe Stunde darauf kam der Paschá selbst zu Pferde, von vielem Gefolge umgeben, und von vier brennenden Kienkörben, an eisernen Spießen befestigt, präcedirt, welche Straße, Hof und Zimmer wie eine regelmäßige Illumination erhellten. Mustapha Pascha ist ein Mann von circa 38 Jahren, angenehmem Aeußern, sehr bescheidenem gentlemanartigen Benehmen, mit klugen, sprechenden Augen, und in Wahrheit in Nichts, als durch seine türkische, übrigens sehr einfache Tracht von einem wohlerzogenen Europäer verschieden. Unsere Unterhaltung, welche der Oberst verdolmetschte, dauerte mehrere Pfeifen lang, und die

Feinheit seiner Antworten, wie sein gesundes Urtheil frappirten mich mehr als einmal.

Ich ward in dem mir angewiesenen Hause ganz auf Europäische Weise bewirthet. Ein Haushofmeister und mehrere Leute des Seraskiers besorgten den Dienst. Wir speisten auf englischer Vaiselle beim Schein von zwölf Wachskerzen, die auf reichen Girandolen brannten, das Geräth in meinem Schlafzimmer war gleichfalls von Silber und in meinem Bett hätte eine Pariser petite maitresse schlafen können. Der türkische, etwas französische Koch gehörte zu den Künstlern seines Fachs, und wir mußten seinen Produktionen, besonders bei den süßen entremets des zweiten Ganges und den Patisserien von ätherischer Leichtigkeit oft den Vorzug vor den vaterländischen Produktionen dieser Art einräumen. Frankreich lieferte uns die ächtesten und feinsten Weine, Mokka den Kaffee und Latakia den vortrefflichsten Tabak nach der Mahlzeit. Der Luxus der Pfeifen fiel mir am meisten auf. Die meinigen — denn man wechselt sie hier fortwährend, und ist eine ausgeraucht, so stopft man nicht dieselbe wieder mit Europäischer Parsimonie, sondern der Pfeifendiener, dem kein anderes Geschäft obliegt, präsentirt ehrerbietig, die Hand auf die Brust gelegt, eine neue, und sofort, bis man nicht mehr rauchen will — die meinigen also, sage ich, waren nicht nur von der recherchirtesten Eleganz, mit enormen Bernsteinspitzen aus Einem Stück, sondern auch alle reich mit Diamanten besetzt, und mit Gold und kostbarem Email verziert. Der Kopf ruhte auf dem Boden in einem façonnirten silbernen Becken mit niedrigem Rande, um die Teppiche zu schützen. Man muß gestehen, daß ein civilisirter Türke mit 100000 Kolonnaten Einkünfte das Leben fast eben so gut zu genießen versteht als ein englischer Nobleman. Wer beide Weisen kennt, und Geld genug besitzt, sie in Anwendung zu bringen, mag indeß in der genannten Kunst noch höher als beide steigen.

Den 21.

Auch dieser Tag ging größtentheils mit dem Empfang einer Menge Besuche hin, unter denen mich die Ankunft der drei Söhne des Seraskiers, Vely Bey, Kherim Bey und Hassan Bey, von denen der älteste, der sich bald verheirathen wird, 12, und der jüngste 7 Jahre alt sind, am lebhaftesten interessirten. Es waren allerliebste Knaben, gar herzig anzusehen in ihren goldbedeckten Uniformen mit großen Säbeln, wovon der des Siebenjährigen nur um einige Zoll der Länge des Trägers nachstand. Der Mittelste mit schalkhaften schwarzen Augen schien mir der Loseste zu seyn, was der Hofmeister der kleinen Bey's, der Oberstlieutenant Lescures, ein Spanier, lachend bestätigte. „Als der junge Sohn unsres Herrn, des Vicekönigs, Huffein Bey, sich hier aufhielt," erzählte er uns hierauf, „hatte er eine besondere Neigung für Kherim Bey gefaßt, und als dieser einmal in ihren kindischen Gesprächen äußerte, er wolle, da er nur klein von Statur sey, den Seedienst wählen, wo er sich dann im Schiffsraum nicht zu bücken brauche, erwiederte Mehemed Ali's Sohn, er werde ihn in diesem Falle zum Admiral machen. An einem andern Tage aber entzweiten sie sich, und im Verfolge des Streits rief der junge Prinz entrüstet: „Ich mache dich nun nicht mehr zum Admiral!" — „Was sprichst du von Admiral?" erwiederte der Kleine mit verächtlichem Lächeln. „Mehemed Ali ist unser Herr und macht Admiräle, aber du noch lange nicht. Sieh' her, in meinen Kopf geht noch ein halbmal so viel Gehirn als in den deinen, und wenn wir beide groß sind, wer weiß, wer dann dem Andern zu befehlen haben wird!" —

Ich habe dieses Kindergeschwätz hierher gesetzt, weil es von türkischen Kindern herrührt, und einen persönlichen Unabhängigkeitsfinn von zartester Jugend an verräth, der in Deutschland z. B., obgleich vielleicht bei weniger Gehorsam, keineswegs so gäng und gäbe ist. Ich bezweifle wirklich, daß irgend ein deutscher Knabe dem Sohne seines Souverains so zu antworten wagen möchte, und geschähe es, die Eltern würden es für nicht weniger als Hochverrath ansehen. Hier lachte man darüber und sagte dem jungen Prinzen, er habe nur erhalten, was er verdient hätte. Mehemed Ali würde ihn vielleicht noch obendrein haben züchtigen lassen. Wie streng dieser jede Art von Uebermuth des Stärkern gegen den Schwächern unterdrückt wissen will, gab er erst kürzlich bei einem allerdings etwas ernsteren Falle hinlänglich zu erkennen. Einer der reichsten und angesehensten Bey's der Insel, ein noch ganz junger Mensch, erlaubte sich gegen einen Griechen, mit dem er in Wortwechsel gerieth, die Aeußerung: er wisse, wie man jetzt die Christen protegire, doch würde vielleicht bald eine Zeit kommen, wo man weniger Umstände mit ihnen zu machen nöthig haben werde. Der Grieche klagte darüber beim Seraskier, der der Familie des jungen Bey's nahe befreundet und verwandt ist. Der Pascha frug, ob er Zeugen habe, und der Grieche producirte einige der eignen Leute des Pascha's. Dieser ließ den Schuldigen kommen, der seine unvorsichtige Rede nicht leugnen konnte.

„Wie," rief der Pascha, „Mehemed Ali und ich, nach seinem Befehl, wenden Alles an, was in unsern Kräften steht, um jede Scheidewand zwischen Türken und Christen fallen zu machen, und du wagst es, mit einem andern Zustand der Dinge zu drohen? Ich werde dir Zeit geben, ein nächstesmal besser nachzudenken, ehe du sprichst." Trotz aller Bitten der Familie und der Thränen seiner Mutter ward der Bey eingeschifft und zu einem dreimonatlichen Arrest in Grabusa verurtheilt, dem Vicekönig aber sogleich Rapport von der Sache abgestattet. Dieser erwiederte: der Pascha habe vollkommen seiner Ansicht gemäß gehandelt, und er verbiete Ibrahim Bey aus seiner Haft bis auf weitere Ordre von ihm selbst zu entlassen. Den Pascha beunruhigte diese Antwort, da er nicht die Absicht hatte, die Strafe so streng einzurichten, und er bemühte sich, den Vicekönig zur Milde zu stimmen. Doch Mehemed Ali war unerbittlich, und der junge Mann, den diese Lektion wahrscheinlich radikal kurirt haben wird, blieb ein volles Jahr als Gefangener in Grabusa.

Um 8 Uhr Abends begab ich mich ebenfalls zu Pferde und von zwei hochlobernden Kienkörben präcedirt, in Ceremonie zur Gegenvisite nach dem Palais des Seraskiers. Er empfing mich im Vorsaal und führte mich in sein Arz Odassi (Audienzgemach), in dem sich vor dem gewöhnlichen, auf drei Seiten die Stube umfassenden Divan mit zwei durch reichere Extrakissen und eine Decke gezierten Ehrenplätzen und in den Ecken (die aber aus Courtoisie immer leer gelassen werden), ein viereckiger Wasserbehälter befand, in dem Goldfische umherschwammen. Zwei thurmartige silberne Leuchter, jeder mit einer Riesenkerze, gleich der Blüthe der Aloe, besteckt, erleuchteten das Gemach, wo zwischen uns und dem Wasser, am Fuß der Estrade, auf der wir saßen, der Hofstaat des Seraskiers ehrfurchtsvoll stehen blieb. Der Reichthum der mit Edelsteinen besetzten Pfeifen und Kaffeebecher stieg hier noch um einen Grad höher als in meiner eignen Behausung, und wir rauchten jeder wenigstens 1/8 Pfund Latakia, ehe der Besuch sein Ende erreichte. Ich bemerkte dabei, daß nur dem Seraskier ganz einfache und schmucklose Pfeifen gereicht wurden, wie er auch in seiner Tracht der Einfachste war. Die Simplicität wird oft ein Mittel raffinirter Auszeichnung, wenn man hoch steht, es gehört aber schon ein bedeutender Grad von Bildung dazu, um dies einzusehen. Der Pascha sprach durchaus sehr verständig, aber mit der sorglichsten Behutsamkeit über Europa, die griechischen Zustände und die neue französische Expedition in Algier.

Obgleich das Dolmetschen hinderlich ist, auch wenn es so geschickt, wie durch Herrn Kaporal, behandelt wird, verging mir doch eine Stunde fast ohne daß ich es bemerkte, und ich verließ Mustapha Pascha nicht ohne Bewunderung, um seinen Söhnen meine Gegenvisite abzustatten. Ich sage Bewunderung, denn der Seraskier ist ein Sohn des Krieges, und obgleich durch große natürliche Gaben ausgezeichnet, war er doch früher ein so unwissender Türke, daß er bei Herrn Kaporal's Ankunft in Kandia vor zehn Jahren noch die feste Ueberzeugung hegte, der Sultan setze alle Souveraine Europa's ein, und bei einer Sonnenfinsterniß, gleich den übrigen kandiotischen Türken, auf den Drachen feuern ließ, der die Sonne verschlingen wolle — ein allgemeiner Gebrauch, den er selbst erst, später besser unterrichtet, hier abschaffte. Derselbe Mann ist jetzt so aufgeklärt als wir, und verbindet mit dieser Cultur die Eigenschaften eines weisen und gerechten Regenten, der das ihm anvertraute Land durch seinen rastlosen Eifer täglich blühender, reicher und glücklicher werden sieht. Diesen weiten Weg aber in so kurzer Zeit aus eignem Antrieb zurückzulegen, halte ich für bewundernswürdiger als die Laufbahn gar mancher unsrer gefeierten Sommitäten. Es ist wahr, daß er bei allen diesem Herrn Kaporal unendlich viel verdankt, aber es ist schon das Zeichen einer hohen Intelligenz, seine Rathgeber richtig zu wählen, und dann den gegebenen Rath auch befolgen zu wollen.

———

Den 23.

Nachdem ich einen Tag einsamer Arbeit gewidmet, umritt ich heute die Wälle der Stadt und besichtigte die Festungswerke, die sich in ziemlich delabrirten Umständen befanden. Es wäre wohl auch kaum der Mühe werth, Geld darauf zu verwenden, da bei dem jetzigen Stande der Politik der Besitz Kandia's für den Vicekönig mehr von der diplomatischen Feder als vom Degen abhängt. Dagegen läßt er auch hier den ganz unbrauchbar gewordenen Hafen reinigen und durch zweckmäßige Bauten schützen, was dem Lande, wie ihm, größeren Vortheil bringt, als die kostspielige Reparatur der Festung, deren Vertheidigung, wie ich aus Ihren Papieren ersehe, den Venetianern einst 167 Millionen, das Leben von 282 Patriziern, und 30000 Soldaten kostete, den Türken aber die Eroberung mehr als noch einmal so viel. Fest ist der Platz noch durch Natur und Kunst, doch selbst in den vollkommensten Stand gesetzt, würde man heute freilich schneller damit fertig werden.

Da Ihr Journal die genausten Details über sämmtliche Fortifikationen enthält, so wäre es unnütz, sie Ihnen hier zu wiederholen. Sie wissen, so gut wie ich, daß die Cavaliere schlecht conservirt sind, daß die Bollwerke: heilige Jungfrau, Bethlehem und St. Johannes etwas mehr vom Zahn der Zeit gelitten haben, als St. Andreas und Mocenigo, daß endlich der geflügelte Löwe überall verwischt und unkenntlich geworden ist — und mehr brauche ich also nicht hinzuzusetzen.

Die Stadt mit ihren Palmen und Minarets, dem Strombolo westlich, dem Jukta, und dem Bergzuge Laschiti im Osten, welche die Ebene auf beiden Seiten begrenzen, des Meeres vom Winde gekräuselte Wellen, aus denen die der Stadt gegenüber liegende Insel Déa hervorsteigt, nehmen sich sehr gut von den Wällen aus, und in den Gräben gedeiht, zwar weniger romantisches, aber vortreffliches Gemüse. Auf dem Rückwege besuchte ich die Ställe des Seraskiers, welche viele schöne Pferde enthalten, die nicht zum besten gepflegt werden. Das Aussehen dieser Ställe ist wenig besser, als bei unsern Bauern, keine Spur von Sorgfalt und Reinlichkeit, keine Stände, nicht einmal Stangen, um die Pferde zu separiren, die mit Stricken an allen vier Füßen gefesselt, nicht einmal

aus den zerbrochnen Krippen, sondern wie Fiaker=
pferde selbst im Stall ihre Gerste aus angehangenen
Säckchen fressen mußten. Der Contrast dieser Aerm=
lichkeit mit den stolzen Rossen selbst und ihrem pracht=
vollen Putz, wenn sie geritten werden, ist einem Euro=
päer fast unbegreiflich. Eine uralte Nedschbi=Stute
zeigte von allen die edelste Abkunft, und noch die Reste
einer früher tadellosen Schönheit. Die Pferde des
letzten Transport's, sämmtlich vom Stamme Annasi
erkauft, zeichnen sich, wie ich schon erwähnt, sehr durch
Höhe und starke Knochen mit wohl proportionirten,
eher kurzen als langen Fesselgelenken aus, und stan=
den nur in der seidenartigen Feinheit des Mähnen=
und Schweifhaares, und in der idealischen Schönheit
des Kopfes jener Nedschbi=Stute nach.

Aus den Ställen begaben wir uns in die Kirche
des griechischen Erzbischofs, der uns selbst darin umher=
führte. Das Erste, was mir hier auffiel, war ein
heiliger Geist, dessen buntes Gefieder sich stark zu den
Farben des Papageies hinneigte. Er saß, mit den
Klauen festgeklammert, auf dem Pultrande der Kanzel
grade vor der Mitte, hielt eine silberne Lampe
im Schnabel, und trug auf dem Kopfe ein Wachs=
licht wie einen Federbusch — eine in der That
so viel Licht als möglich verbreitende Anordnung.

Die Gemälde waren de la même force, unter andern eine Anbetung der Könige, wo man einen Stern in Form eines großen Rabes am Himmel sah, von dem sich an einem dicken Stricke ein anderer von geringerer Dimension herablies, um sich auf des kleinen Jesus Haupt zu setzen. Neben diesem stand ein Baum und auf einem Ast desselben, der das Christuskind beschattete, befand sich ein Stieglitz, der den Heiland im Vordergrunde gut um ein Drittheil an Größe übertraf, und selbst dem riesigen Mohrenkönige nur wenig nachgab. Der Kirche Patron ist der heilige Minos, wobei der Oberst die Bemerkung machte: das arme Kreta, nur von den Alten „die glückliche Insel" benannt, habe gar lange seinen Minos entbehren müssen, aber an den Minotauren habe es ihm nie gefehlt.

Bei der Visitenrunde, die ich den Consuln abstattete, fand ich den französischen, Herrn Godebout, in einem hübschen türkischen Gartensaal, dessen eine Wand bemalt war und Constantinopel vorstellte. Das Bild konnte nur hinsichtlich seiner baroken Ausführung die Aufmerksamkeit erregen, aber die Finesse der Sache war, daß, als noch der Türke dies Haus bewohnte, hinter der Malerei sich ein Zimmer des Harems befand, und aus den Kanonenlöchern der Schiffe, aus den Schießscharten der Festungswerke, und den schwarz vergitterten Fenstern der Häuser, überall schöne Augen ungesehen hervorlauschten. Und so geschickt waren die perfiden Oeffnungen angebracht, daß ich Stundenlang die Wand hätte betrachten können, ohne sie gewahr zu werden, wenn man mich nicht vorher in das Geheimniß eingeweiht. In dem Zeughause der Venetianer, mit dem wir unsern Cursus schlossen, lagen, total verrostet und in Schmutz begraben, noch eine große Menge zum Theil kostbare alte Waffen, hinlänglich, um wenigstens einen der Säle reich und geschmackvoll damit dekoriren zu können. Es sind türkische Bogen, kretische Pfeile, leicht wie Federn, aus Weidenruthen geflochtene Schilde, sarazenische Säbel, herrliche spanische Klingen von Toledo, damascirte, mit Gold ausgelegte Feldzeichen der Janitscharen-Orta's, venetianische roth bemalte Schützenscheiben mit lateinischen Inschriften, alte Luntenflinten von den seltsamsten Formen, vermoderte Fahnen und Zelte, alles in einem, bei jeder Berührung von Staubwolken verhüllten Chaos, über und durch einander geworfen. Oberhalb des Eingangs dieses alten Gebäudes, das im Styl des San Sovino aufgeführt ist, hat sich (hier allein) der geflügelte Löwe von S. Marco noch ganz intakt erhalten, mit der Umschrift: „Regnum Cretae protego."

Den 23.

Ich hatte gestern den Wunsch geäußert, das Bataillon regulaire Infanterie, welches hier garnisonirt, exerziren zu sehen, und der Seraskier mit seiner gewöhnlichen Artigkeit, ließ mir heute früh sagen, daß die Truppen meine Befehle erwarteten, und ich nur die mir bequeme Stunde zu ihrer Inspektion bestimmen möge. Um 2 Uhr begab ich mich daher mit dem Oberst und meinem Feldprediger Theolog auf den Exerzirplatz am Ufer des Meeres, westlich von der Stadt, wo ich den Pascha mit seinen Offizieren und das Bataillon (jedes Aegyptische Regiment hat 4 Bataillone, das Bataillon au complet 902 Mann, inclusive Offiziere, Sapeurs und Musikbande) en bataille aufmarschirt fand, nebst der halben Stadtbevölkerung, darum hergereiht. Die weiße Uniform, mit rother Binde und rothem Fes, nimmt sich in Masse besonders gut aus, und die Haltung der Truppen war militairischer, als ich sie zuweilen sogar in Europa angetroffen habe, obgleich nur die Hälfte des Bataillons aus alten Soldaten, die andere aus bloßen Rekruten bestand. Alle Griffe wurden mit großer Präcision und Uniformität gemacht, und die späteren Evolutionen, obgleich schwieriger Art, ohne alle Confusion, nur etwas zu langsam und schläfrig, ausgeführt. Das Alignement war gut und das Feuer aller Art untadelhaft, bis auf eine ebenfalls zu große Langsamkeit des Ladens. Im Ganzen fand ich die Dressur dieser Truppen, die Mehemed Ali, so zu sagen, aus dem Nichts hervorgerufen hat, über meine Erwartung, um so mehr, da ihr Tagwerk doppelt schwierig dadurch wurde, daß die armen Teufel seit der Morgensonne dem strengsten Fasten unterworfen gewesen waren, das nicht einmal einen Tropfen Wasser zur Stärkung gestattet.

Als das Bataillon ein Quarrée formirt hatte, in dessen Mitte wir uns befanden, belustigte uns ein komisches Intermezzo. Bekanntlich respektiren die Muselmänner alle des Verstandes Beraubte, gleich halben Heiligen, weshalb man denn auch heute eine alte Närrin, die sich mit dem Pascha unterhalten wollte, und dicht an sein Pferd gestellt hatte, in das Quarrée mit einschloß. Als das Feuern begann, entsetzte sie sich davor, und verlangte, der Pascha solle Befehl geben, dies ihr unangenehme Schießen einzustellen. Da es nicht geschah, gerieth sie in den größten Zorn, und drohte unter den eloquentesten Schimpfworten dem Seraskier endlich, ihn noch heute bei dem Meschlisch (Conseil) zu verklagen, wo sie sehen würde, ob es wirklich so viel Gerechtigkeit in Kandia jetzt gäbe, als man ihr gesagt habe. Der Pascha lachte wie ein Kind über diese burleske Scene, und wir konnten nicht umhin, einzustimmen, doch Niemand dachte daran, die Frau mit Gewalt zu entfernen, bis sie endlich im Verfolge der Manöver sich von selbst dem ihr zu unbequemen Bereich der Soldaten entzog.

Bei der Rückkehr in die Stadt fanden wir die Wälle noch reicher mit bunten Toiletten dekorirt, als bei meinem ersten Einzug, und ich bemerkte bald unter den vordersten Reihen die drei kleinen Bey's, alle in Schwarz und Gold, fast im Schnitt der ehemaligen venetianischen Tracht gekleidet, und da sie zugleich zufällig gerade über einem der alten Löwenfragmente am Saum des Walles standen, kamen sie mir vor wie eine Geistererscheinung aus verschollener Zeit, die sich mitten zwischen dem Gewühl der modernen Volksmenge noch einmal drohend aus den alten Mauern erhoben habe. Sie beachteten, wohlerzogen und aufmerksam, wie sie sind, auf der Stelle meinen Gruß, und erwiederten ihn mit vieler Grazie, denn der Anstand dieser hübschen Kinder übertraf den vieler Europäischer von gleichem Stande.

Obgleich täglich der Gast des Seraskiers in dem mir von ihm angewiesenen Hause, bat er mich doch heute zur Veränderung einmal mit ihm in dem seinigen zu speisen. Sobald also der Kanonenschuß bei Sonnenuntergang fiel, fand ich mich im Palais, wie gewöhnlich zu Pferde ein, denn vom Fußgehen ist hier für die Vornehmen nie die Rede.

Wir wurden vortrefflich bewirthet, doch als ein Raffinement seiner Attention muß ich es bemerken, daß, während ich bei mir immer auf Silber servirt werde, beim Seraskier selbst das Service nur aus einfachem Porzellain bestand. Die Diener waren meistens eben so gewandt, als die besten unsrer Bedienten. Ueberhaupt hatte das Ganze die Allüre eines Hauses, wo der solide, aber in Nichts übertriebene Luxus eines reichen Mannes an der Tagesordnung ist, und der scrupuleuseste Engländer hätte an der Art des Pascha, Messer und Gabel zu halten und mit Europäischem Anstande zu essen, nicht das Mindeste aussetzen können. Während des Diner enthielt sich unser Wirth, wegen des heiligen Rhamadans, des Weines, beim Dessert aber, als sich die Diener entfernt hatten, that er uns ohne Affektation mit einigen Gläsern vortrefflichen Chateau Margeaux Bescheid. Ehe wir in den Salon zurückgingen, wohnten wir dem Gottesdienst in seiner Kapelle bei, ganz ungenirt, und ohne daß die fromme Menge, die sich nach dem Beispiel des Priesters unzähligemal mit dem

Antlitz zur Erde warf, weder vom Pascha, noch von uns Giauren die mindeste Notiz nahm. In Kandia hat der Bigottismus aufgehört, und die Verschiedenheit des religieusen Glaubens bringt keinen gesellschaftlichen Unterschied, keinen irdischen Vortheil oder Nachtheil mehr hervor. Wirklich die kandiotischen Muselmänner beschämen uns, und ich konnte in diesem Augenblick nicht ohne Lachen daran denken, daß, während die Türken mit Riesenschritten vorwärts schreiten, die zum bloßen Macchiavellismus herabgesunkene, täglich reducirtere römische Secte sich eifrig bemüht, uns wieder rückwärts zu stoßen, um im Mittelalter Posto zu fassen, wo doch den frömmelnden Schwächlingen unserer Zeit kaum eine andere Rolle als die: gemißhandelter Sklaven der Priester oder Ritter zu Theil werden würde. Aber die Unterhaltung während des übrigen Theiles des Abends war voller Belehrung für mich. Der Pascha sprach über seine Regierungsgrundsätze, über die ehemalige und jetzige Verfassung des Landes mit einer Sachkenntniß, Freimüthigkeit und Liberalität, die mich in Erstaunen setzte. „Mein Hauptaugenmerk," sagte er unter andern, „war: das Eigenthum in Kandia heilig zu machen, und allen Religions- und Meinungshaß daselbst zu dämpfen, überzeugt, daß nur auf dieser Basis Ordnung, Ruhe und Wohlstand erwachsen können. Was mich selbst betrifft, so habe ich die Strenge nur da angewandt, wo sie unumgänglich nöthig war, und mich im Uebrigen stets mehr bestrebt, durch Liebe als durch Furcht zu regieren. Ich darf sagen, daß es mir auf diese Weise gelungen ist, das allgemeine Zutrauen zu erlangen, und jedem Individuum das Gefühl der Sicherheit zu gewähren. Ich habe übrigens hiemit nur die Instruktionen und den Willen Mehemed Ali's befolgt; „und wäre," setzte er hinzu, „Kandia stets vom Großherren nach solchen Grundsätzen regiert worden, es müßte jetzt eins der reichsten und blühendsten Länder des Orients seyn. Unter dem frühern Gouvernement ward jeder Besitz versteckt, weil keiner sicher war, jetzt haben wir bereits mehrere Gutsbesitzer auf der Insel, die eine reine Revenüe von 20—30000 Colonnaten jährlich realisiren, und der Oberst kann Ihnen sagen, daß ihm selbst ein Bauer bei Kanea sein Landhaus für 50,000 Piaster abgekauft hat, der unter dem alten Regime nie gewagt haben würde, wissen zu lassen, daß er nur den fünften Theil dieser Summe besitze. „Was auch Mehemed Ali," fuhr er fort, „als allgemeine politische Maßregel für nöthig erachten mag, Ehrfurcht für das Privateigenthum ist immer einer seiner festesten Regierungsgrundsätze gewesen, der Tausende vermocht hat, für ihn Partei zu nehmen, und den Aufenthalt unter seinem Schutze ihren früheren Verhältnissen in der Türkei vorzuziehen. Erst ganz kürzlich hatten wir hiervon ein auffallendes Beispiel. Ein Christ im Dienst des Vicekönigs, dessen Verwandte sich alle in Constantinopel befanden, starb im Anfang dieses Jahres in Yemen, und übermachte auf seinem Todtenbette zwei Millionen Piaster dem dort kommandirenden Neffen des Vicekönigs, Ibrahim Pascha, mit der Bitte, seine designirten Erben zu veranlassen, heimlich nach Aegypten zu kommen, um dort das Geld in Empfang zu nehmen. Mehemed Ali respektirte diesen letzten Willen des Verstorbenen mit religiöser Genauigkeit und die Erben befinden sich jetzt im Genuß ihres Vermögens zu Kairo."

Bei diesem Gespräch wurde auch einer Begebenheit erwähnt, die vor einigen Jahren zu vielem Geschrei in Europa und zu vielen absurden Artikeln im Courier de Smyrne gegen Mehemed Ali Gelegenheit gab.

Ich meine die letzte partielle Insurrektion der Griechen in Kandia, ein ganz unsinniges, jedes vernünftigen Motives entbehrendes Unternehmen, das einige tausend Schwärmer für griechische Unabhängig-

keit, durch herübergekommene Moreoten verführt, zu
den traurigsten Excessen trieb. Der Hauptgrund dieses
Aufruhrs war höchst sonderbar, und wohl geeignet,
des Vicekönigs Zorn zu verdoppeln. Dieser hatte angeordnet, daß auf seine Kosten vier Erziehungsinstitute auf der Insel errichtet werden sollten, wo eine
Anzahl junger Leute, wie in Aegypten, unentgeltlich
vom Gouvernement, sogar genährt und gekleidet, ihren
Unterricht erhalten sollten. Eine so wohlthätige Absicht brachte 5000 Verblendete zum Aufstand, welche
einstimmig erklärten, sie würden nie zugeben, daß
ihre Kinder gewaltsam zu — Soldaten erzogen würden. Es ist eine ganz ähnliche Tollheit, welche die
Griechen zu thätlichen Reaktionen gegen die Schulen
der Missionaire in Athen und Spra veranlaßte, wo,
wie man gelesen hat, die alten Weiber ihre Kinder
ebenfalls nicht versiegeln, d. h. in ihrer Sprache,
nicht zu Freimaurern machen lassen wollten.

Die Bewegung ward schnell unterdrückt, und
dreißig Rädelsführer eingezogen, für deren Begna-
digung, da sie im Ganzen doch nur wenig Schaden
angerichtet, sich Mustapha Pascha und der damals
hieher gesandte Admiral Osman Pascha lebhaft bei
Mehemed Ali verwendeten. Osman Pascha hatte
ihnen, während man noch parlamentirte, als maxi-

mum der Strafe nur angedroht, daß die Rädelsführer, wenn sie sich nicht augenblicklich unterwürfen, eine zehnjährige Verurtheilung zu öffentlichen Arbeiten zu erwarten haben würden, doch der Vicekönig nahm hierauf keine Rücksicht und befahl die unverzügliche Hinrichtung sämmtlicher festgenommenen Chefs der Empörung. Man jammerte über die Grausamkeit dieser Entscheidung, obgleich das Recht dazu jedem Souverain (und de facto wenigstens ist es Mehemed Ali) gegen Rebellen auch in Europa zugestanden werden muß. Früher wären ohne Umstände zehnmal mehr gespießt worden. Osman Pascha aber ward so unwillig über das ihm gegebene Démenti, daß er seines Wohlthäters Dienst verließ und nach Constantinopel ging, wo er bald darauf an der Pest starb. Ist eine solche Defektion überhaupt je zu entschuldigen, so könnte man hier dazu versucht werden, denn Osman Pascha war ein edler Mann, der nur mit dem tiefsten Kummer sich zu dem entscheidenden Schritte entschloß, weil er seine Ehre, mit Recht oder Unrecht, gefährdet glaubte; auch ließ er Alles zurück, was er dem Vicekönig verdankte, arm, wie er ging und stand, segelte er von Kandia ab, und als er in Constantinopel ankam, schlug er jede Anerbietung des Sultans, ihn bei sich anzustellen, standhaft aus. Als Mehemed Ali, der

Osman Pascha wie einen Sohn liebte, seine Desertion und die näheren Umstände derselben erfuhr, schwieg er lange und sagte dann mit bewegter Stimme: „Ich habe ihn wie meinen Sohn gehalten! Sein Kopf hat mich verlassen, nicht sein Herz. Aber er hätte mich doch wenigstens bitten sollen, seine Zukunft zu sichern, damit er nicht nöthig gehabt, als ein Bettler vor dem Sultan zu erscheinen!"

So unzufrieden nun alle fremden Mächte und des Vicekönigs eigne Diener ob seiner scheinbaren Härte mit ihm waren, so hat doch die Folge gezeigt, daß er die Menschen besser kannte, und mit Weisheit Macchiavell's Ausspruch beherzigte: daß bei einer durch aufreizende Zeitumstände zum Aufruhr geneigten Population grausame Strenge bei der ersten Regung eine Wohlthat für die Zukunft sey. Seit dem abschreckenden Beispiel ist jeder Gedanke an Widerstand verschwunden, die Blindesten sind sehend geworden, und da sie in der That mit Gerechtigkeit und Milde regiert werden, so haben sie jetzt einstimmig mit Ueberzeugung und mit Dank die heilsame Realität anerkannt, welche man ihnen für theoretische Phantome gewährt hat.

Was sehen wir aber gleich daneben für Resultate aus einer angeblich auf Europäische Liberalität und Philantropie gegründeten, alle Strafe möglichst

vermeidenden Regierung entstehen! Kandia ist nach
dieser Begebenheit seit mehreren Jahren vollkommen
ruhig, und der einsame Wandrer kann, mit Geld be-
laden, sicher unter einem Baume im Freien schlafen.
In Griechenland ist kaum ein halbes Jahr seit der
neuen Insurrektion verflossen, die letzte in der Serie
verschiedner andern, welche die ganze Existenz des
Staates in Gefahr brachte, und nur durch außerordentliche Mittel und vieles Blutvergießen gedämpft
werden konnte, ohne doch eine wahrhaft feste Autorität
der Regierung zu begründen. Fast keine Woche vergeht
noch bis heute ohne Räuberei, der Mord ist nichts
Seltenes und alle Gefängnisse sind mit auf den Tod
angeklagten Verbrechern vollgepfropft, die man nicht
hinzurichten wagt. *) Hier sind sie leer, oder beher-
bergen nur momentan einige Defraudanten oder Ruhe-
störer, sämmtlich für leichte Vergehen, und in den
letzten vier Jahren ward nur ein einziges Verbrechen
begangen, auf das die Todesstrafe gesetzt ist, dies aber
von einem Fremden verübt, der seinen Herrn umbrachte.

Mehemed Ali's grausame Strenge zur rechten

---

*)(Dies ward im Dec. des Jahres 1836 geschrieben, und
leider soll sich auch seitdem noch nicht viel in dem erwähnten
Zustande Griechenlands geändert haben.

Zeit erscheint also, wenn man das Facit beider Rechnungen zieht, als wahrhafte Milde der griechischen Regierung zur unrechten Zeit aber als wahrhafte Grausamkeit.

Mustapha Pascha's Erscheinung hatte so viel Interesse für mich, daß ich nicht zweifle, Sie werden es mit mir theilen, mein verehrter Freund, Sie, bei dem alles Ausgezeichnete von jeher die vollste Anerkennung fand, und wo die Gelegenheit sich darbot, so oft nicht blos Ihren Antheil, sondern auch Ihren Schutz erhielt. Ich gebe Ihnen also eine kurze Skizze des gehaltreichen Lebens dieses chevaleresten Türken.

Der Seraskier (derselbe Mann, der Ihnen damals vor Retimo als Mustapha Bey begegnete) ist in Albanien im Jahre 1214 der Hedschira geboren. Nachdem er dürftig lesen gelernt, ward er im 12ten Jahr nach Aegypten gesandt, wo sein Vater nur als Hauptmann einer Kompagnie irregulairer Reiterei fungirte, seine mütterlichen Oheime aber höhere Chargen bekleideten. Zwei derselben wurden später Pascha's, einer von drei Roßschweifen, und Seraskier in der türkischen Armee. Die ersten zwei Jahre seines Aufenthalts in Aegypten wurden der Fortsetzung seiner Studien gewidmet, und am Ende derselben konnte er fertig lesen und schreiben, das höchste Ziel damaliger türkischer Instruktion. Jetzt folgte er seinen Verwandten nach dem Hedschas und sah den Krieg gegen die Wechabiten, an dem er jedoch wegen seines zarten Alters nur noch wenig Theil nehmen konnte, doch übte er sich schon im Handwerk der Waffen, worin er später eine so große Fertigkeit erlangte, daß er, wie Herr Kaporal oft Zeuge war, einen selbst in die Luft geworfenen Stein oder andern Gegenstand mit einer langen orientalischen Kugelflinte, a detente dure fast jedesmal mit Sicherheit zu treffen vermochte.

In dieser Zeit starb sein Vater, er blieb aber der Schützling und Favorit seiner Oheime, da er sich von jeher durch einen liebenswürdigen Charakter ausgezeichnet zu haben scheint. Nach Kairo zurückgekehrt, blieb er dort vier Jahre, und warb zum Serschermé, an die Stelle eines seiner verstorbenen Oheime avancirt, ein Grad, der dem eines Chef de bataillon gleich kommt. Als die für Kreta bestimmte ägyptische Armee seinem Onkel Hassan Pascha anvertraut worden war, folgte ihm Mustapha Bey dorthin im 22sten Jahre seines Alters und ohngeachtet seiner Jugend, der Licenz jener Zeit und seiner leicht zu mißbrauchenden Verhältnisse, hat nie eine vorwurfsvolle That seinen Ruf in Kreta befleckt. Obgleich höchst thätig und von feurigem Temperament, zeigte sich bei ihm von frühester Zeit an eine Mäßigung und Unterordnung seiner Leidenschaften unter die Gesetze der Vernunft, die sein Alter weit überstieg. Tapferkeit und Gerechtigkeit waren in der That die Idole, denen er aus eigenem Antrieb einer glücklichen Disposition huldigte, und diesen edlen Zwecken sein Leben aufrichtig widmete. Seine ersten Kriegesthaten, die er sich allein überlassen ausführte, fanden auf den Bergen von Malinpia statt, wo er mit 800 Mann 4000 Griechen zurückschlug und ihnen einen großen Verlust an Todten und Gefangenen beibrachte. Auch die Insel Tighani bei Karabusa war Zeuge seiner Tapferkeit, ohne vieler geringerer Gefechte zu „erwähnen; doch den größten Ruhm erwarb ihm der Kampf gegen den gefürchteten Hadschi Michali bei Franko Kastello di Sphakia im Kampf auf Leben und Tod, wo Mustapha, in ein Defilée eindringend, alles aufs Spiel setzte, entschlossen zu siegen oder zu sterben, da im Fall des Mißlingens ihm Rückkehr nicht mehr möglich gewesen wäre. Hadschi Michali, wiewohl an Truppen doppelt überlegen, blieb in diesem mörderischen Gefecht, und wenig seiner Leute entkamen. Mustapha, der kurz vor dieser Expedition, und drei und ein halbes Jahr nach seiner Ankunft in Candia, nach dem in dieser Periode erfolgten Tode seines Onkels, schon zum Pascha und oberen Befehlshaber der ägyptischen Armee auf der Insel ernannt worden war, fuhr auch im ferneren Verlauf des Krieges mit regem Eifer fort, das ihm von Mehemed Ali geschenkte Vertrauen glänzend zu rechtfertigen. Als ihm jedoch die Schlacht von Navarin bewiesen hatte, daß die Eroberungen seines Herrn den Willen der alliirten Mächte nicht ändern und ohne ihre Genehmigung kein bleibendes Resultat gewähren könnten, beschränkte er sich, im Einverständniß mit seinem treusten Rathgeber, den er sich in der Person des Herrn Kaporal zu gewinnen gewußt hatte, von diesem Augenblicke an, nur auf ein System der Vertheidigung. Diese eben so kluge, als menschenfreundliche Maßregel, die unendliches Blutvergießen verhindert und seine große Popularität in Kandia bei der Bevölkerung jeden Glaubens hauptsächlich begründet hat, wird Mustapha Pascha's Weisheit und Humanität zur ewigen Ehre gereichen. Er überließ nun den Griechen das freie Land, und begnügte sich mit der bloßen Erhaltung aller festen Plätze, wodurch jener unnützen und grausamen Zerstörung der Insel, wie sie die Morea und Rumelien erfuhren, zum größten Theile vorgebeugt ward.

Sobald Mustapha Pascha sich auf die höchste Stufe der Macht erhoben, hatte er gefühlt, daß sein eigener Ruhm, wie das wahre Interesse seines Herrn ihm jetzt noch weit mehr, als früher gebiete, den Eifer des Dienstes mit der unparteiischsten Gerechtigkeit, wie mit der möglichsten Milde zu verbinden, und er führte dies mit dem schönen Ehrgeiz eines Mannes aus, der die Billigung und die Achtung des civilisirten Europa's als seine höchste Belohnung ansieht. Thätig und überall gegenwärtig, gab er auch überall das Beispiel einer früher den Türken unbekannten Menschlichkeit. Niemand hat ihn einer grausamen Handlung während der langen Zeit seines Oberbefehls zeihen können, und selbst die griechischen Insurgenten setzten ein so großes Vertrauen in ihn, daß, als zweimal nach einander französische Schiffkapitaine nach Kreta gesandt wurden, um mit einigen Chefs der Insurgenten zu conferiren, diese Leute auf wenige Worte von Muſtapha's Hand, ſich ohne Furcht nach Kanea begaben, wo die Unterredung mit den französischen Befehlshabern stattfand. Nicht ohne Verwunderung erklärten diese später, daß sie gegen alle ihre Erwartung nur das Lob Mustaphas von den Lippen der Griechen vernommen hätten.

Der Mangel an Disciplin, welcher unter irregulairen Soldaten, die man nicht bezahlte, und von denen man dennoch den schwersten Dienst verlangte, so natürlich ist, hat sich unter den Truppen Mustapha's nie gezeigt. Sie sind zweiunddreißig Monate lang ohne Sold geblieben, ihr Chef hat ihnen die schwersten Entbehrungen auferlegt, z. B. nach einem glücklichen Gefecht alle gemachten Sclaven frei zu geben, etwas damals Unerhörtes bei den Türken — dennoch hat diese untergeordnete Miliz alles geduldig ertragen, ohne nur eine Klage zu wagen. Das Lieblingswort des Pascha war: „Jeder, der sich nicht geneigt fühlt, meinen Befehlen blindlings zu gehorchen, soll mich nur vorher davon avertiren, und ich werde ihn in Frieden ziehen lassen; wer aber bleibt, für den soll mir mein Säbel einstehen, daß er mir Gehorsam leiste." Dies bewies er durch die That, indem er einen Fähnrich, der im Augenblick der Gefahr Schwierigkeiten machte, zu avanciren, und dadurch schon Kleinmuth unter den Truppen erregte, mit eigner Hand niederschoß, einem seiner Adjutanten die Fahne übergab, und sich selbst an die Spitze setzend, den Feind über den Haufen warf.

Indessen hatte Mustapha Pascha damals immer noch nur über die Truppen, nicht über die Insel zu gebieten, welche durch einen Vezier des Sultans beherrscht wurde, der in Kandia residirte, während Mustapha sein Hauptquartier in Kanea aufgeschlagen hatte.

Dort hatte er eine so strenge Zucht eingeführt, daß beide Städte, obgleich nur einige Tagereisen von einander entfernt, Antipoden zu seyn schienen. In Kandia waren die Metzeleien an der Tagesordnung, und Herr Kaporal erzählte mir, daß er selbst dort Augenzenge der Ermordung von 300 Christen war, Gräuel, die seltsamer Weise grade in der Nacht des St. Bartholomäus stattfanden. „Durch ein halbes Wunder," fuhr der Oberst fort, „rettete sich der griechische Erzbischof in den Pallast, wo wir ihn eine Zeit lang versteckt hielten, worauf ich ihn in einer armirten Golette Mustapha's selbst nach Kanea brachte. Einige Monate später hatte ich die Freude, den ehrwürdigen Greis im Schmuck seiner Amtskleidung in der kleinen Kirche zu Kanea, wo Niemand ihn mehr zu belästigen wagen durfte, das Osterfest feiern zu sehen."

Obgleich Mustapha auch in Kanea mit der Civilverwaltung eigentlich nichts zu schaffen hatte, die einem Musselim des Sultans übertragen war, und des ägyptischen Pascha's Autorität nur auf den rein militairischen Wirkungskreis beschränkt blieb, so wagte er doch auf eigne Verantwortung in dem Bezirk, den seine Truppen einnahmen, eine Proklamation ergehen zu lassen, durch welche jeder Türke, der einen Christen umbrächte, des Todes schuldig erklärt, und allen sich flüchtenden Griechen ein sichrer Zufluchtsort in Kanea verheißen wurde. Des Pascha's Festigkeit ward schnell auf die Probe gestellt. Der Diener und Günstling ermordete eine griechische Frau und ward festgenommen. Sein Herr, einer der angesehensten und reichsten Aga's der Stadt, begab sich sogleich, von mehreren andern vornehmen Türken begleitet, zum Pascha und bat mit Zuversicht, seinen Angehörigen frei zu geben, für dessen bessere Aufführung er sich für die Zukunft verbürge, den er aber nicht entbehren könne. Herr Kaporal war Zeuge dieser denkwürdigen Scene, die eine neue Aera für Kandia begründete. „Aga," erwiederte Mustapha, „alle Türken haben meinen Willen vernommen, uud Alle, die es wagen, ihn gering zu achten, sind zweimal straffällig, einmal, weil sie Uebles thun, und zweitens, weil sie mir trotzen wollen. Du weißt, Aga, daß ich dich meinen Vater nenne, und daß in Wahrheit ich dich immer als Solchen geehrt, aber — solltest du selbst das Unglück haben, einen Griechen zu tödten, so schwöre ich dir bei dem Haupte meines Herrn Mehemed Ali, daß ich dich eine Stunde darauf aufhängen lassen würde. Man vollstrecke augenblicklich die Exekution des Verbrechers!" rief er jetzt mit donnernder Stimme, „und stelle den Leichnam öffentlich im Bazar aus, damit

Jedermann sehe, wie ich Gerechtigkeit übe." Es ist nicht
überflüssig, hinzuzusetzen, daß der Mörder selbst einen
angesehenen Posten begleitete, obgleich er von niedriger
Geburt war, und von der ganzen Stadt gefürchtet
wurde, so daß Niemand und er selbst am wenigsten
glaubte, daß der Pascha sich getrauen würde, an ihm
ein erstes Beispiel zu statuiren.

Jeder kennt die einige Zeit darauf erfolgte Ueber=
lieferung der Insel an Mehemed Ali, und erst seit
diesem Augenblick wurde Mustapha Pascha zu dem
hohen Posten erhoben, den er jetzt einnimmt, als
Gouverneur und oberster Gebieter in Kandia unter
der alleinigen Kontrolle des Vicekönigs.

Die vielfache Berührung, in welche der Pascha
während seines Aufenthalts in Kandia mit Europäern
gerieth, zeigte ihm bald, wie sehr seine türkische Bil=
dung in mancher Hinsicht der unsrigen nachstand, und
er hat sich mit großem Erfolg bemüht, diesem Man=
gel abzuhelfen. Er hat die lächerlichen Vorurtheile
seiner Erziehung abgestreift und den Bigottismus sei=
ner Religion der Prüfung einer gesunden Philosophie
unterworfen. Ohne seine Nationalität aufzugeben,
hat er mehrere Europäische Sitten angenommen, und
erkennt, fast mit zu viel Enthusiasmus, alles Das=
jenige, worin die Europäer seiner Nation wirklich

überlegen sind, ja es vergnügt ihn zuweilen, gegen die stolzen und anmaßenden Muselmänner alten Schlages zu äußern: "Ich fürchte, daß der Unwissendste der Europäer noch immer dem gelehrtesten Türken als Professor dienen kann, und glaube, daß, wenn man die Europäischen Narrenhäuser durchsuchte, man vielleicht noch Leute darin auffinden würde, die hier als Weise figuriren könnten."

Man sieht, daß der gute Pascha in seinem jungen Enthusiasmus uns noch durch eine rosenrothe Brille betrachtet. Andere, nicht Sie, werden mich vielleicht eines ähnlichen Irrthums hinsichtlich der Orientalen anklagen. Aber sey dem, wie ihm wolle, es ist gut so; es ist ein Zeichen der Zeit und der im Himmel beschlossenen gegenseitigen Annäherung des Orients und Occidents, zu der sein Scherflein beizutragen verdienstlich ist.

Um 10 Uhr Abends ist die Stunde, wo jetzt im Rhamadan der Seraskier die Supplifen empfängt, und ein Journal der bedeutendsten Vorfälle des Tages zu diktiren pflegt, das er, seit er die Insel regiert, mit großer Pünktlichkeit hält. Ich wartete einige Bittsteller ab, unter denen sich auch eine geborne Türkin befand, die Christin geworden war, und dennoch zu gleichen Theilen mit ihren Geschwistern die

Erbschaft ihres verstorbenen Vaters anzutreten verlangte, was ihr später durch des Pascha Vermittelung auch durchzusetzen gelungen ist. Dann glaubte ich mich endlich beurlauben zu müssen und beschloß meinen Abend im Conseil, den ich mit immer erneutem Interesse auch hier schon mehrere Male besuchte. Heute beschäftigte ihn ein sehr verwickelter Fall, zu der Art Processen gehörig, die unsre Advokaten Goldminen zu nennen pflegen, und der selbst hier immer neue ungewöhnlich lange Debatten veranlaßte, obgleich wegen einer nöthigen Lokaluntersuchung die Sache schon eine ganze Woche lang anstand, und bereits mehrere Male weitläuftig verhandelt worden war. Die Parteien bestanden von beiden Seiten nur aus Türken — und demohngeachtet wurde die Entscheidung nicht durch die türkischen Räthe herbeigeführt, sondern die Mehrzahl des Conseils trat der Meinung eines der **griechischen christlichen** Mitglieder bei, und zuletzt ward unanim nach ihr entschieden — wie mir schien, mit eben so viel Scharfsinn als Billigkeit. Ich bin kein Jurist, obgleich ich in Leipzig einmal Jura studirt habe, aber ich lernte doch, wie ich mir schmeichle, mit ziemlicher Sicherheit, Rechts und Links zu unterscheiden. Als ein solcher Laie nun kann ich wenigstens versichern, daß, wenn ich selbst in den wichtigsten Prozeß verstrickt wäre, in welchem ich das Recht auf meiner Seite glaubte, und mir die Wahl zwischen einem unsrer deutschrömischen Tribunäle und dem hiesigen Meschlisch, als entscheidende Behörde, frei stünde, ich mit vollständigem Vertrauen unbedenklich den Letzteren vorziehen würde. Verlöre ich dennoch, so wäre es wenigstens unentgeltlich, und mein Schicksal, wo nicht denselben Abend, doch jedenfalls in so kurzer Zeit entschieden, als es die Natur der Sache nur gestatten könnte. Hätte ich aber die Absicht, einen ungerechten Prozeß zu führen, meinen Gegner auszuhungern, oder zehn Jahre Zeit zu gewinnen, um mich meinen Verpflichtungen zu entziehen, wie schnell würde ich da den Meschlisch fliehen, und gleich vertrauensvoll an manchen Europäischen Gerichtshof mich wenden können, aber nicht mögen.

Man wählt sehr weise zu Mitgliedern des Conseils vorzugsweise die reichsten und angesehensten Primaten, d. h. Gutsbesitzer der Insel, die zugleich in dem Ruf eines achtungswürdigen Charakters stehen. Es sind Leute darunter, die ihren ganzen Gehalt den Armen überlassen, sich eine Anstellung dieser Art aber zur höchsten Ehre anrechnen. Man kann auf die Rechtlichkeit und Unparteilichkeit solcher Männer sicher zählen, was Mehemed Ali höher anschlägt als bloßes

Handwerkswissen und Federfuchserei, die bei unserem Systeme vorgezogen werden, wo man in der Regel ein Amt nur des Einkommens wegen sucht, aber trotz der Lasten, welche die Justiz dem Volke aufbürdet, die Beamten dennoch, im Vergleich mit den hiesigen, nur ärmlich bezahlt werden. Freilich braucht man dort fünfzig dergleichen, wo hier Einer ausreicht. Uebrigens will ich mit dem Gesagten durchaus nicht die Partei der Ignoranz nehmen, noch behaupten, daß die Mitglieder des hiesigen Regierungsconseils unwissende Menschen seyen, obgleich sie nicht Gelehrte genannt werden können. Der gesunde Menschenverstand ist nur bei ihnen noch nicht gänzlich in Formeln untergegangen, und sie brauchen, Gott Lob! nicht, um zu erfahren, was Recht oder Unrecht sey, in hundert Büchern nachzuschlagen, und tausend Gesetze, Kabinetsordres und Ministerialrescripte zu vergleichen, von denen viele oft in direktem Widerspruche mit einander stehen, so daß zuletzt nur das Datum und der glückliche Finder entscheidet. Die Würde und das Talent geläufiger Rede, mit der ich hier von Allen, die Theil an den Debatten nahmen, diese führen hörte, die ungemeine Gewandtheit und Präcision, mit der vom Sekretair schriftlich resumirt wurde, möchten oft bei uns kaum gleich geschickte Nachahmer finden.

Auffallend ist einem Europäer dabei die Art der Türken zu schreiben. Sie brauchen weder Tisch noch Pult dazu, sondern schreiben so schnell wie wir, schön wie gedruckt, indem sie das Blatt und auch das Tintenfaß frei in der linken Hand halten, und das Papier mit den Fingern fortwährend bewegend, gleich einer Schraube hinauftreiben, so wie eine Zeile fertig ist.

Wenn das Urtheil definitiv gesprochen, wird ein sehr stattliches Dokument von den Schauspielern des Gerichts auf einem Riesenbogen ausgefertigt, welches jeder Rath unterschreiben und untersiegeln, und im Fall er für seine Person nicht damit übereinstimmen sollte, seine beßfallsigen Gründe beifügen muß. Dies wird dem Seraskier zugesandt, dessen gleichfallsige Unterschrift und Besiegelung der Entscheidung des Conseils erst die Vollziehungskraft geben, worauf es dann den Parteien publicirt und das Original im Archiv aufbewahrt wird. Alle diese Sachen werden immer ohne Aufenthalt expedirt, und können nie in den Büreaux vergraben liegen bleiben, bis man sich gelegentlich ihrer wieder zu erinnern beliebt.

Dorf **Venerato** den 25. Decbr.

Wir verließen gegen Mittag Kandia, um einige Tage den Ida zu umschwärmen, Cnossus zu sehen, mit anmuthiger Einbildung Jupiters Grab und die Grotte aufzusuchen, in der er erzogen ward, und zuletzt, nicht im, aber mit dem weltberühmten Labyrinth zu enden.

Der gütige Pascha gab uns seinen Haushofmeister und mehrere Leute mit, die schon vor uns aufbrachen, um überall Quartier und Unterhalt zu besorgen, meine eignen Leute wurden beritten gemacht, und für mich zur beliebigen Abwechselung ein schönes Maulthier nebst meinem arabischen Schimmelhengst bestimmt. Selbst Windhunde begleiteten mich, im Fall ich zu jagen wünschte.

Die Ebne von Kandia, welche von der Straße von Retimo aus, und von Kandia selbst gesehen, fast baumlos und nur mit Feldern bedeckt erscheint, ändert ihren Anblick überraschend, wenn man weiter hineinbringt, und dort viele Gründe und vertiefte Schluchten entdeckt, welche gleich Gärten voller Bäume sind, die mit den grünen Saaten auf das Lieblichste sich vermählen. Dazu ist das Terrain weich und ohne Felsen, die Straße verhältnißmäßig breit, nicht mit losen Steinen übersäet und mit weiten Huthungen daneben, so daß ich mein arabisches Roß nach Herzenslust umhergaloppiren konnte, ein Genuß, den ich seit meinem erzwungenen Abschied von Ali Pascha *) in der Morea immer entbehrt hatte.

Neben den lachenden Fluren fanden wir fortwährend auch eine große Menge unbebautes Land, obgleich von derselben Güte, denn hier, wie in Griechenland, mangelt es noch immer sehr an Menschen, und eben so wie dort wäre für den Spekulanten zu gewinnen, wobei man noch hier den Vortheil einer weit geregelteren Regierung und vollkommener Sicherheit hat. Wie angenehm aber ist es, sich in einem Lande zu etabliren, wo man für Alles, was zum eigenen Gebrauch gehört, nie einen Pfennig Abgabe zu zahlen hat, und von allen Schätzen und Produkten der ganzen Erde sein Theil beziehen kann, ohne mit Douane — Zoll — Accise oder andern Erpressungen dieser Art etwas zu schaffen zu haben, die nur den Handelsmann, und auch diesen nur sehr mäßig treffen; denn fremde Waaren, welcher Art sie seyn mögen, zahlen nicht mehr als drei Procent. **) Dazu kommt, daß

---

*) Ein Lieblings-Pferd, das ich in Griechenland besaß.

**) Früher zahlten die Türken zwei, die Europäer drei und die Griechen vier Procent. Auf Mustapha Pascha's Vorschlag ist dieß jetzt für Alle egalisirt worden, bis auf einige

man hier Landgüter allgemein zu acht Procent Nu=
tzung kauft, und nach diesem Maßstab ein Gut erhält,
das man jungfräulich nennen kann, jeder Melioration
und Verdoppelung des Werths durch rationellere
Cultur empfänglich.

Der Jukta, ein schroffes, einzeln stehendes Ge=
bürge, machte einen grandieusen Effekt in der Land=
schaft, und nachdem wir einen langen Kirchhof mit
tausend Turbanen passirt hatten, erreichten wir bald,
am Fuße des Hügels Jkarus, die Ruinen von Cnos=
sus, nur noch wenig Massen von Mauerwerk dar=
bietend, das aus kleinen, durch Cement verbundenen
Steinen besteht, ohne Quadern, ohne Säulen, noch irgend
eine Bauzierde, das Grab Jupiters (ob des Ersten oder
Dritten, denn es gab nach Cicero drei dieses Namens — *)
wird von den alten Autoren nicht angegeben) be=
fand sich in Cnossus, und man kann daher beliebig
annehmen, daß diese oder jene Trümmer die Reste
des merkwürdigen Monuments enthalten. Die Form
einer der Ruine, lang und schmal, und wie die Ar=

Artikel, die in Constantinopel regulirt werden. Alles, was
eßbar ist, Getreide ꝛc. zahlt nichts, eben so wenig wie das Holz.

*) „Principio Joves tres numerant ii, qui theologi
appellantur." De nat. Deor. lib. III.

chitektur anzudeuten scheint, nicht mit vielen Säulen geziert, hat in der That etwas so sehr von dem Gewöhnlichen Abweichendes, daß man sich das Vergnügen einer Hypothese nicht ohne alle Wahrscheinlichkeit dabei erlauben darf. Der Tempel, so wie Jupiters angebliches Grab waren noch zu Plato's Zeit vollkommen erhalten.

Schlimmer steht es mit der Grotte, am Ida, von der man zwar immer behauptet, daß eine solche wirklich noch vorhanden sey, die aber bis jetzt kein Reisender aufgefunden hat, wie denn überhaupt der Ida und ganz Kreta zu dem bisher am wenigsten gründlich untersuchten klassischen Boden gehören.

Wir schlugen unser Nachtlager in Venerato auf, das in einem blühenden Thal zwischen schön gruppirten Bergen liegt. Dicht neben dem Dorfe senkt sich auf der östlichen Seite aus diesem Thale noch ein tieferer Kessel nieder, in dem sich ein kleiner Fluß, durch einen Wald von Oelbäumen, auf die man à vol d'oiseau von der schroffen Wand hinabsieht, in vielen Windungen schlängelt. Ein Frauenkloster hängt an der Abdachung der gegenüberstehenden Bergwand, und ein Regenbogen überspannte bei untergehender Sonne das Ganze. Ich sah den letzteren mit Besorgniß, mich an die Vierzig erinnernd, die Ihnen an ein und demselben Tage in Kandia erschienen, und so andauernd schlechtes Wetter mit sich brachten. In der That entluden sich auch bald darauf einige dunkle Regenwolken, und nöthigten mich, meinen Spaziergang ganz schnell abzubrechen.

Ehe ich Ihnen jetzt gute Nacht sage, benutze ich meine Prärogative, abrupt zu schreiben, um Ihnen drei arabische Arkana mitzutheilen, die ich heute erlernte, und die bei der im Orient üblichen Art, stets zu Pferde zu reisen, von Wichtigkeit sind:

1) ein infaillibles Mittel gedrückte Pferde zu heilen. Es besteht in der einfachen Anwendung der Myrrhe, die man pulverisirt auf die gut ausgewaschene Wunde streut. Der schlimmste Druck schließt sich nach wenig Tagen ohne die mindeste üble Folge;

2) um scheue Pferde zu curiren. Man braucht ihnen nur die langen Haare an den Augen auszureißen;

3) eine Verwundung im Augapfel, selbst wenn sie schon hornartig zu werden anfängt, zu heilen. Hiergegen wendet man pulverisirten Tintenfisch fast immer mit glücklichem Erfolg an, wie denn auch die Tinte selbst oft Menschen, die schon ganz blind waren, sehend gemacht hat.

„J'ai l'honneur d'être" würde Savary schließen, dessen Relationen von Kandia durch diese bei keinem seiner Briefe ausgelassene Phrase, zuweilen durch den Bezug auf das Vorhergehende sehr possirlich werden — ich wünsche Ihnen nur **auf gut Deutsch** wohl zu schlafen.

———

Den 26.

Ein sehr windiger, aber klarer Morgen ließ mich die herrliche Umgebung von Venerato heute noch deutlicher erkennen und genießen, als es in der Crepúscule des gestrigen Abends möglich war, und ich markirte Venerato in meinem Memorandumbuch als einen von den Orten, die ich mir zur Niederlassung ausgewählt habe, wenn ich einmal den ernstlichen Entschluß fassen sollte, mich auf immer von der Welt in eine liebliche Einsamkeit zurückzuziehen, ein Gedanke, der mir gar oft freundlich zulächelt. Ehe wir es für diesmal verließen, ereignete sich eine kleine Scene, die ich als charakteristisch nicht übergehen darf. Mein Kammerdiener bemerkte, daß man ihm zwei der großen Wachskerzen, deren wir mehrere zur Exploration des Labyrinths mitgenommen, gestohlen hatte. Der Oberst, sehr entrüstet darüber, versammelte die Geistlichkeit

und äußerte ihr sein Bedauern, daß Griechen (denn
es giebt keine Türken hier) denen man das vollkommenste
Vertrauen geschenkt, und folglich nichts vor ihnen verschlossen hätte, dieses so schamlos hätten mißbrauchen
können, um einen angesehenen Fremden, der von fern
her gekommen sey, ihr Land zu besuchen, auf diese
gemeine Art zu bestehlen. Die Papa's versprachen
ihr Mögliches zu thun, den entwendeten Gegenstand aus-
zukundschaften, der an sich zwar wenig bedeutete, aber
in unsrer Lage nicht ganz unwichtig war, da man sich
hier und weiterhin keine dergleichen Kerzen mehr verschaffen konnte. Doch kamen sie nach einer Stunde
unverrichteter Sache wieder zurück. „Es bleibt uns
nun nichts mehr übrig," sagte der vornehmste Papa,
„als zu der großen Maßregel zu schreiten." Der
Oberst frug ihn, was er unter dieser verstehe. „Nun
was anders," erwiederte der Papa, „als den Thäter,
der diese Schande über uns bringt, von unsrem Erzbischof excommuniciren zu lassen, er wird dann
freilich sterben müssen und zum Teufel
fahren, aber mag er!" Bei diesen Worten schlug
ich mich lachend ins Mittel, und erklärte: que c'était
trop de bruit pour une chandelle, mit der Bitte, den
Dieb seinen eigenen Gewissensbissen zu überlassen, ihn
aber doch meinetwegen ja nicht der ewigen Verdammniß

zu überliefern — worin die Priester endlich, jedoch nur mit sichtlicher Abneigung einwilligten.

Kurz darauf machten wir uns auf den Weg. Im Anfang längs des Ida hinreitend, dessen Vorberge selbst schon weiße Kuppeln zeigten, und uns dann westlich von der graben Straße abwendend, gelangten wir nach einigen Stunden in das Felsenthal von St. Thomas, das Tournefort und Savary nicht sahen, und das auch Ihnen unbekannt blieb, obgleich es einer der merkwürdigsten Orte der ganzen Insel ist. Es wird großentheils von Eichwald bedeckt, der sich hier im ungewöhnlichen Verein mit Oelbäumen mischt, und liegt hoch genug, um an einigen Stellen wieder das Meer und selbst die Spitzen des Minarets von Kandia erblicken zu lassen, wovon es an 7 Stunden entfernt liegt. Im Westen begrenzt es eine hohe Felsenmauer, von der eine mehr als 1000 Fuß lange Strecke durch Erderschütterungen eingestürzt ist, was einen unbeschreiblichen Effekt hervorbringt; denn die herabgefallenen Steinmassen haben sich in so wunderbaren Lagen über einander gethürmt, eine solche Profusion von Epheu sie überzogen, und hohe Bäume sich so malerisch darin gruppirt, daß man erstaunt vor dem imposanten Naturspiel stehen bleibt. Immediat an diese Steincolosse schließt sich das terrassenförmig am

Abhange des Berges aufgebaute Dorf, wo man unser Frühstück im Hause des griechischen Kapitano bereite hatte, denn den nur von Griechen bewohnten Dörfern hat der Pascha auch griechische Chefs gegeben.

Das Umherklettern in dem Gewirr der abgelös'ten Felstrümmer, durch die sich eine alte Wasserleitung windet, und die häufig Ruinen zierlicher Gebäude aus venetianischer Zeit unterbrechen, würde einem Landschaftszeichner ein ganzes Cahier voll Studien haben liefern können. Was aber das Interesse doppelt vermehrt, ist der sonderbare Umstand, daß der größte Theil dieser haushohen Steinblöcke die besterhaltensten und mit unsäglicher Mühe ausgehauenen Grabkammern enthält. Ihre meist ganz verdrehte Lage — denn einige stehen auf dem Kopfe, einige auf der Seite, andere in beiden durchgebrochenen Hälften neben einander, noch andere sind von oben oder von unten nur geborsten — beweis't, daß sie erst nach ihrer Vollendung im noch früheren natürlichen Zustande der Felsenmauer durch das Erdbeben herabgestürzt wurden. Sie sind sehr geräumig und der größte Theil mit einer ziemlich hohen Thüröffnung versehen, das Innere aber gewöhnlich zu drei großen Sarko=
phagen eingerichtet, einer der Thür gegenüber, und einer auf jeder Seite. Einige haben auch noch Gräber=

räume im Boden, aber nirgends war mehr ein Sarkophag oder auch nur ein Bruchstück davon vorhanden. Auf drei Wänden entdeckten wir Inschriften in sehr alten Buchstaben. Die eine war gewaltsam beschädiget worden und unlesbar, aber auch die andern würden wir schwerlich entziffert haben, wenn nicht der uns begleitende Kapitano die Industrie angewandt hätte, mit nassem Lehm, den er in die Hand nahm, jeden Buchstaben mit dem eingetunkten Finger nachzuziehen, was bei der ziemlichen Größe der Lettern die Worte so deutlich in gelber Farbe herstellte, als habe man sie eben erst auf den Stein gemalt, ein antiquarisches Hausmittel, das ich gewiß nicht wieder vergessen werde.

Die erste Inschrift bestand nur aus dem einzigen Worte:

KYΛIAC (Kylias);

die zweite lautete folgendermaßen:

ΘΕΛΙΣ ΔΗΜΗΤΡΗ ΚΑΙ
ΚΟΡΙ ΛΑΡΚΙΑ ΑΡΤΕΜΕΙΣ
ΕΚ ΤΩΝ ΙΔΙΩΝ.

Wir lasen es: Thelis Dymptri Kai Kori Larkia Artemis Et Ton Idion, und konnten keinen andern Sinn herausfinden, als:

„Der Thelis Dimitri und ihrer Tochter hat Larkia dies Denkmal auf ihre Kosten gesetzt."

Gelehrtere Ausleger mögen sich weiter daran üben; denn Larkia kann auch ein uns unbekanntes Adjektiv seyn, Artemis kein Name, sondern mehrere Worte, und das Ganze dann etwas sehr Verschiednes bedeuten. Dazu kommen die Abbreviaturen, ja sogar die von Silvestre de Sacy nachgewiesene Versetzung der Buchstaben bei gewissen Worten, was oft dergleichen antike Inschriften zu nahen Verwandten der Hieroglyphen macht.

In mehrere Felsen waren Stufen gehauen und in einer andern dieser enormen Steinmassen befand sich ein rundes ganz hindurchgehendes Loch von 20 Fuß Diameter, dessen Zweck mir nicht klar ward. Einige Ruinen wurden uns als hellenische gezeigt, die ich jedoch, gleich den übrigen dieser Art in der Umgegend, nur für venetianisch, obgleich mit Steinen von antiken Gebäuden aufgeführt, halte. Der Kapitano erzählte uns, daß er sich noch sehr wohl erinnern könne, wie eines der alten, damals noch in seiner früheren Lage befindlichen, Gräber mit dem es umschließenden Felsenblock in einer stürmischen Nacht herabgefallen sey, nachdem es schon seit Menschengedenken immer den Sturz gedroht habe, weshalb häufig in der Kirche Gebete um Abwendung dieses Unheils an den Himmel gerichtet wurden. Der Block folgte aber dem Gesetze der Schwerkraft, und zerstörte, als seine Zeit gekommen war, dieselbe Kirche nebst mehreren daneben liegenden Häusern, als er mit gräßlichem Krachen herabrollte.

Hier fand ich zum erstenmal den berühmten, Kreta eigenthümlichen Dyktam in den Felsschluchten wachsen, welchem das Alterthum fast wunderbare Kräfte beimaß, während die neuere Medizin ihn fast gänzlich bei Seite gesetzt hat. Es ist eine Fettpflanze mit klebrigen Blättern, von der Savary behauptet, daß der Aufguß weit besser schmecke als chinesischer Thee, worin wenige seinen Geschmack theilen werden. Man gebraucht den Dyktam hier hauptsächlich für gewisse Frauenübel, und hält ihn auch für ein wirksames Magenmittel; ob aber noch immer der alte Glaube herrscht, daß das verwundete Wild sich durch den Genuß dieser Pflanze wieder herstelle, ist mir nicht bekannt worden.

Erst nach einigen Stunden setzten wir unsern Weg fort, der bis zum ersten Erscheinen der Ebne von Messara wenig der Erwähnung Werthes darbot, während ein heftiger Wind uns fast von den Pferden warf. Der plötzliche Anblick der ausgedehnten Plaine ist angenehm überraschend, doch zog sich die Straße bald wieder in die Berge und zeigte uns hier zwei Schneegipfel des Nida, eine Gegend, die ihrer gesunden Luft im Sommer, ihres vortrefflichen Wassers, und ihrer guten Käse wegen, gleich sehr gerühmt wird. Wir fanden hierdurch bestätigt, was ich Ihnen über die wahre Lage dieses Bergzuges schon früher schrieb, der nur ein Zweig und Fuß des Ida selbst ist. Von Vegetation war jetzt nicht viel mehr zu suchen, und endlich gelangten wir über dürre Steinberge in eine ganz kahle, schauerliche Felsschlucht, schwarz, als sey sie aus Eisen geformt, und so senkrecht aufsteigend, daß uns die Sonne nicht mehr schien. Tief unten erblickten wir das Bett eines ziemlich wasserreichen Bergstroms, und vor uns auf unwirthbarer Spitze die hellenischen Mauern der alten Akropolis von Gortyna. Die einzeln zerstreuten Ruinen dieser Stadt wurden eine Viertelstunde später sichtbar, als wir kurz vor beginnender Dunkelheit in die reiche und lachende Ebene, die sie umgiebt, hinabstiegen. Hier bemerkten wir erst, daß der erwähnte Bergstrom, den wir früher so wenig beachtet, kein geringerer als der Lethe selbst war, welchen berühmten Namen freilich, nach Strabo, noch drei andere Flüsse tragen, einer bei Magnesia, ein zweiter bei Trikka und einer im westlichen Afrika, dem man allenfalls noch den vierten bei Livadia zusetzen könnte, obgleich dieser eigentlich nur eine Quelle ist.

Wir fanden in Ambelusa, einem freundlichen und

mit sehr großen Platanen ganz durchzogenen Dorfe, unser Nachtlager im Hause des Provinzial-Gouverneurs aufgeschlagen, und meine Stube bereits durch ein wohlthätiges Kaminfeuer von langen Olivenzweigen auf das Gastlichste erleuchtet. An dieser wohlthätigen Flamme, die meine vom eisigen Wind gelähmten Glieder bald wieder mit behaglicher Wärme durchströmte, genügte ich den Pflichten meiner Correspondenz, und hoffe nun auch eine desto bessere Ruhe, da ich die Hälfte des heutigen Weges, der Kälte wegen zu Fuße machte.

Den 27.

Gortyna, von deren Größe und festen Mauern schon Homer spricht, und die nach Einigen dem Taurus, Räuber der Europa, nach Anderen Gortyn, dem Sohne des Rhadamanth, ihre Entstehung verdanken soll, mag wohl eine der ältesten Städte in Kandia gewesen seyn, da die Ebene Messara durch ihre außerordentliche Fruchtbarkeit die Ansiedler vor allen andern Orten einlud. Sie hatte vrrschiedene Epochen der Blüthe, rivalisirte lange mit Cnossus, und behauptete zuletzt durch die Protektion der Römer ein unbestrittenes Uebergewicht. Hannibal hielt sich eine Zeit lang hier auf, und hinterließ den Gortynern, die ihn zu berauben Lust bezeigten, jenen bekannten Beweis seiner überlegnen List. Aber zu noch größerem Ruhme gereichte es Gortyna, daß einer der ersten christlichen Bischöffe, an den ein Brief des heil. Paulus existirt, mit Namen Titus, hier residirte. Die Mauern der Stadt umfaßten einen Raum von 3 Stunden, und der Ruf ihrer Pracht erschallte fern und nah. Doch von alle Dem ist bis auf einige Trümmer, nebst einigen darniederliegenden Granit- und Marmorsäulen nichts mehr übrig. Ueberall haben wohlbebaute Felder die Stelle ihrer Straßen und Palläste eingenommen, und man sieht wörtlich den Pflug fortwährend seine Furchen darüber hinziehen. Zwei andere Dörfer sind indeß auf dem Terrain der alten Gortyna jetzt wieder erwachsen, Metropolis, durch das der Lethe fließt, und Agios Deka, welches seinen Namen von zehn Märtyrern herleitet, die unter dem Kaiser Decius hier hingerichtet wurden. In der Kirche des Dorfes, welche durch die Revolution zerstört wurde, blieb der Boden von weißem Marmor und verde antico, dessen Sie gedenken, bis jetzt intakt und sind die sechs Marmorsäulen noch vorhanden, und trotz des mangelnden Daches selbst die Bilder der zehn steif da stehenden Heiligen in himmelblauen Gewändern, die sich auf der linken Wand befinden, noch ganz frisch. Viel Namen sind auf den Säulen eingekritzelt, unter welchen ich den der lieblichen Henriette B......... mit so viel Vergnügen auffand, daß ich mich fast dadurch mit der kindischen Mode dergleichen Inschriften zurückzulassen, ausgesöhnt hätte. Bei dieser Gelegenheit erzählte mir der Oberst, er habe, als er mit jenen Damen hier war, durch die Charte verführt, einen andern Fluß für den Lethe ausgegeben, worauf mehrere von der Gesellschaft andächtig von seinem trüben Wasser tranken. Wir frugen jetzt unsern Führer, wie dieser Fluß denn eigentlich hieße, und erfuhren mit Lachen: sein Name sey Skatulilis.

Ich sah in dieser Kirche zum erstenmal das Simandron in natura, ein Bogen von Metall, gleich dem Stück eines eisernen Radringes, an den man mit einem Hammer schlägt; der dadurch hervorgebrachte Ton gleicht vollkommen dem Klang einer Glocke, die dem Griechen so streng verboten war, daß sie sich dafür dieses Auskunftsmittels bedienten.

Sie suchten umsonst, wie ich aus ihrem Tagebuch ersehe, die von Tournefort, als in einem Felde liegend, angeführte Statüe, deren kunstreiches Faltengewand und schön gearbeiteten Fuß er rühmt. Sie war lange verschwunden, und ist erst ganz kürzlich wieder aufgefunden worden, da die Pflugschaar sie von Neuem bedeckt und dadurch wahrscheinlich vor weiterer Zerstörung gerettet hatte. Sie verdient übrigens das Lob, welches Tournefort ihr spendet. Auch eine Platane entdeckten wir, die, trotz des Winters, ihr grünes Laub erhalten hatte, so daß es scheint, die Fortpflanzung jenes ähnlichen antiken Baumes, der durch mehrere Münzen verewigt wurde, und an dessen Vermehrung Plinius verzweifelte, sey endlich doch gelungen.*) Von der Akropolis stehen noch ziemlich viel Mauern, die sich sehr weit ausgedehnt zu haben scheinen, und an ihrem Ende sind die Spuren eines Theaters sichtbar. Die Reste der Stadtmauer, welche Ptolemäus Philopator baute, dienen jetzt an vielen Orten zur Einfassung der Felder, deren Eingang man durch marmorne Säulenfragmente bezeichnet hat. Unter diesen bemerkten wir einige spiralförmige von eigenthümlicher Bearbeitung. Die zwei Stellen, wo größere Säulen von Granit liegen, bezeichnen vielleicht den Tempel Apollo's und den der Diana, doch

---

*) Man sehe hierüber Theophrastus hist. plantarum lib. I. cap. 15. — Varro de re rustica. — Plin. hist. nat. lib. XII. cap. 1. — Eine der Medaillen stellt die Europa unter dieser Platane sitzend dar, wo sie in einer Anwandlung übler Laune dem Adler boudirend den Rücken kehrt.

sind sie für solche Gebäude immer von geringer Dimension, da keine derselben mehr als zwei Fuß an der Basis im Durchmesser hat. Die große runde Ruine auf dem Hügel mit einer Vertiefung in der Mitte, halte ich, gleich Ihnen, für ein öffentliches Bad; über dem schloßartigen großen Trümmerhaufen auf der andern Seite bietet sich mir aber keine plausible Hypothese dar. Die Natur der Mauern, aller Dörfer-Ueberreste, gleich Brescia, ist der karthagischen ähnlich und auch dieselbe wie in Cnossus, nur daß hier außerdem noch gebrannte Ziegel dabei angewendet sind, was dort nie der Fall ist; auch schien mir der Cement weniger eisenfest, als der in Karthago. Das Stadtthor, dessen Sie erwähnen, ist jetzt fast eingefallen, so wie die Cisternen, in welche man damals noch hinabsteigen konnte, ganz mit Erde angefüllt sind. Man muß bedauern, daß Niemand hier Nachgrabungen anstellte, denn wo Erdbeben zerstörten, ist immer Hoffnung, bei tiefem Graben noch Dinge aufzufinden, welche der Mühe lohnen, obwohl freilich die Venetianer während ihres 500jährigen ruhigen Besitzes nicht wenig weggeschleppt oder anderwärts verbaut haben mögen.

Wir hatten gestern einen Wintertag mit empfindlich kaltem Nordwinde gehabt, der heutige war heiß, wie im August, ohngeachtet sich in der Nacht der Jukta (mons sacer) bis herab mit Schnee überzogen hatte. Schön war der Contrast dieser fernen weißen Wand mit dem Anemonenparterre um uns her, das die ganze Ebne, Felder und Wiesen, bedeckte, und alle möglichen Farbenmischungen dieser Blumenart ausstellte. Stirbt die Anemonenblüthe, so ersetzt sie noch reicher und bunter die der Ranunkeln, welche ich leider nicht mehr sehen werde.

Der liebliche warme Tag war ganz geschaffen für den Besuch des Labyrinth's, wo man sich beim Wiederheraustreten (denn es wirkt wie ein Schwitzbad) so leicht verkältet, und wir beschlossen daher, es noch heute zu besuchen, obgleich die Sonne schon tief stand, aber was verschlug es uns in den dunklen Eingeweiden der Erde, ob es Tag oder Nacht darüber sey?

Ich beklage sehr, mein verehrter Freund, daß ich mich jetzt in völlige Opposition gegen Sie setzen und zugleich die romantische Erwartung andrer Leser im Voraus mit dem Bekenntniß niederschlagen muß, daß das weltberühmte Labyrinth nur zu den Mystifikationen gehört, deren ich schon so viele erlebte! Ohne die Fabel des Theseus und des Minotaurus würde wohl Niemand auf den Gedanken gekommen seyn, davon zu sprechen.

Die alten Schriftsteller kennen dieses Labyrinth nicht, sondern reden immer nur von dem, das sich in Cnossus befand, im kleinen Maßstabe dem ägyptischen nachgeahmt war und schon zu Strabo's Zeiten nicht mehr existirte.

Die älteren Reisenden, wie Belon u. s. w., welche unbefangen die Wahrheit sagten, und nicht auf den Effekt hinarbeiteten, erklären es ganz einfach für einen alten Steinbruch. Tournefort und besonders der ihm folgende Savary sind die Ersten, welche den Nymbus des Fabelhaften darüber zu breiten versuchen. Ich, der sich gern vor dem Augenschein solchen Meinungen anschließt, gehörte zu den Gläubigen, und hatte daher in Kandia sorgsam 7000 Fuß Bindfaden kaufen lassen (eine Ausgabe, die ich Jedem sich zu ersparen rathe) und ging mit gespannter Erwartung und religieuser Sammlung in den erwarteten Wunderbau ein. Ich hatte die Geduld, drei Stunden in der heißen Atmosphäre, welche durch 35 Begleiter und ihre Wachs= kerzen um das Doppelte gesteigert wurde, zu ver= bleiben, ohne Rast alle bekannten Gänge und Säle zu durchstreifen und sowohl da, wo Sie es besonders gewünscht, als auch noch an andern Orten einige un=

bekannte und fast gänzlich verschüttete Gänge so weit
zu verfolgen, als man mit dem Kopfe durch die
Oeffnungen bringen konnte — aber nirgends fand
ich etwas Anderes, als die handgreifliche Ueberzeugung
von der Wahrheit der Ansicht des ehrlichen Belon,
nämlich, daß ich einen Steinbruch vor mir habe, der
später zuweilen als Zufluchtsort für Vertriebene, für
Räuber, für Rebellen u. s. w. gedient haben mag,
wie denn erst ganz kürzlich die Griechen sich ihn zu
Nutze gemacht, und überall Zeichen ihrer Anwesenheit zurückgelassen haben.

Nirgends aber ist eine Spur von künstlicher
Anlegung der Gänge, um den Wanderer irre zu führen, wie es die Idee eines absichtlich gebauten Labyrinths mit sich bringt, anzutreffen, und das Mitnehmen des Bindfadens (den übrigens selbst Tournefort
noch nicht anwendete) eine bloße Plaisanterie, um dem
Theseus nachzuahmen, und so unnöthig, daß wir
selbst meistens keinen Gebrauch davon machten, die
Führer aber nur lachten, wenn man zu ihnen von der
Gefahr sprach, ohne diesen Faden der Ariadne sich
hierher zu wagen. Ich will deshalb nicht behaupten,
daß Einer, der dies sogenannte Labyrinth nicht genau
kennt, sich nicht darin zu verirren, und besonders,
wenn ihm das Licht auslöscht, und der Schrecken be-

täubt, auch darin verhungern könne, aber dasselbe wird in jedem großen Bergwerk der Fall seyn, und die bekannten Steinbrüche bei Mastricht sind in dieser Hinsicht noch viel gefährlicher, weil sie ausgedehnter sind, ohne verschiedener Katakomben natürlicher Höhle u. s. w. zu erwähnen. Der Hauptgang, welcher bis zur Trapeza, dem weitesten und sich am äußersten Ende befindenden Saale führt, ist so wenig schwierig, daß ich, als der Vorderste, ihn bei der Rückkehr ziemlich schnell durchschritt, ohne mich ein einzigesmal zu irren, was auch nichts Wunderbares war, da alle darauf stoßenden Seitengänge entweder viel weniger Breite haben, oder fast rechtwinklich darauf fallen, so daß man, um mich eines trivialen Ausdrucks zu bedienen, nur der Nase nach zu gehen braucht, um auf dem rechten Wege zu verbleiben. Dieser Gang ist einige 1000 Fuß lang, circa 1200 meiner Schritte.

Aber eben so wenig, als ich einen mit Vorbedacht befolgten Plan in dem Ganzen fand, eben so wenig konnte ich irgendwo eine Ausschmückung, noch eine Disposition zur Wohnlichkeit entdecken. Alles beschränkt sich auf zur Stütze der Decke stehen gelassene Pfeiler, und auf Wände, von denen die Steine, die man herausholte, bis auf den Boden, oder auch nur bis zu einem Theil der Höhe derselben reinlich abgearbeitet sind, wie die Alten alle ihre Arbeiten überhaupt sorgsamer als wir zu machen pflegten — ja ich habe mehrere alte Steinbrüche in weit festerem Stein gesehen, wo die ausgeleerten Stellen noch um so zierlicher behauen, geglättet und sogar mit leichten Ornamenten, gleich Spielereien der Arbeiter in müßigen Stunden, versehen waren, so daß ich dort wirklich im ersten Augenblick versucht wurde, sie für Reste in Stein gehauener Tempel oder anderer Werke der Architektur zu halten. Hier aber sind die Wände nicht einmal, oder nur selten, glatt, sondern fast immer die Marken, wie der Stein in ziemlich regelmäßigen Formen zum weiteren Gebrauch abgelöst wurde, ganz deutlich sichtbar. Daß die Decken glätter sind, obgleich auch hier häufig Orte angetroffen werden, wo man mit dem Absprengen aufgehört hat, und folglich ein Theil der Decke eines Saales einige Fuß höher als der andere geblieben ist, z. B. in folgender Art:

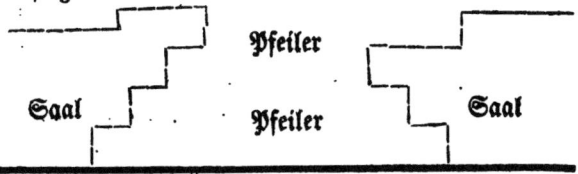

so erklärt sich doch dieser Umstand sehr leicht daraus, daß die Gattung des Steines von der Natur selbst schichtenweis in schmalen hohen Lagen aufgethürmt ist, und daher selbst auch an den Stellen, wo sich große Massen desselben von selbst abgelöst haben und herabgefallen, sie dennoch eine glatte und ebene Decke über sich zurückgelassen haben. Es bedurfte also nur sehr geringer Nachhülfe, um diese Decken meistentheils zu ebenen, das einzige im Labyrinth, was einigermaßen Zierlichkeit und die Absicht, es bewohnbarer zu machen, verräth. Ehe ich nun die Gründe näher beleuchte, welche Tournefort anführt, um die natürlichste Auslegung zu entkräften, die sich doch, meines Erachtens, Jedem, der ohne vorgefaßte Meinung diesen Ort betritt, aufdringen muß, will ich mit wenig Worten ein Bild dessen geben, was wir sahen.

Man tritt zuerst in eine ziemlich geräumige Höhle, in der wir uns, um leichter zu gehen, der meisten unserer Kleidungsstücke entledigten, denn selbst das Hembe wird Einem im Innern noch zu warm. Nachdem man ungefähr 50 Schritte weit über Schutt und Steine geklettert ist, wird die Anhäufung derselben so hoch, und der Gang — obwohl er immer eine Breite von 15—20 Fuß behält — dadurch so niedrig, daß man eine geraume Zeit lang theils sehr gebückt gehen, theils sogar auf Knieen und Händen kriechen muß, was jedoch nicht im Geringsten mit der horriblen Pas=

sage in den Steinbrüchen auf der Insel Paros verglichen werden kann. Nachdem dies überstanden ist, hat der größte Mann überall Platz, bequem aufrecht zu gehen bis auf diejenigen fast ganz verschütteten Gänge, welche nicht mehr bekannt sind, und deren wir mehrere ohne Resultat zu verfolgen suchten. Früher war die Promenade noch angenehmer und leichter als jetzt, da man Schutt und Steine aufgeräumt und an den Seiten aufgeschichtet hatte, was in der Revolution durch die hier hausenden Griechen alles wieder über den Haufen geworfen und umhergestreut worden ist. Die Feuchtigkeit hat den Sandstein, aus dem das Labyrinth durchgängig besteht, in Verbindung mit dem Mangel an frischer Luft an vielen Orten so erweicht, daß man die Finger wie in Lehm hineindrücken kann, bis man auf den noch festen Kern gelangt. An andern Stellen haben sich die unzähligen Inschriften der Reisenden, in denen die Türken nur Zauberformeln und Wahrsagungen, die Moskowiter betreffend, sehen, mit einer weißen Materie angefüllt, die fester als der Stein selbst ist und das Ansehen einer Stickerei auf gelbem Grunde hat. Tournefort schreibt dies einer Vegetation des Steines zu, mir scheint es jedoch aus keiner andern Ursache herzurühren, als derselben, welche alle Stalaktiten hervorbringt.

Der Effekt ist indeß sehr überraschend, und man lies't in dieser auffallenden Form mit doppeltem Interesse Tournefort's eignen Namen, wie den Pocock's mit der Jahreszahl 1639, und mehrere noch weit ältere, die meistentheils mit einem Kreuze bezeichnet sind, z. B.

F ☨ 1550, S ☨ 1440 u. s. w.

Eine andere Merkwürdigkeit, wenn man es so nennen will, sind die Anhäufungen des Unraths unzähliger Fledermäuse, die sich in regelmäßigen schwarzen Pyramiden bis zu vier Fuß Höhe und mehr erheben, während an der Decke darüber die Schlafplätze dieser Thiere, wo sie in Klumpen zusammenzuhängen pflegen, durch die Länge der Zeit einen Eindruck von mehreren Zollen Tiefe, gleich künstlichen Rosetten gebildet haben. Die verschiedenen Räume, wo sich die Gänge erweitern, führen alle sehr hochtrabende Namen, als: Saal des Minotaur, Saal des Theseus, Saal des Festes, Saal des Bades, Saal der Vertheidigung, Saal der Gefahr u. s. w.; doch sehen sich alle ganz ähnlich, und übrigens nichts weniger als Sälen, sondern nur unregelmäßigen, zum Behuf des Steinbruchs gemachten Excavationen gleich. Der sogenannte Badesaal allein enthält einige Stalaktiten, doch sind sie ohne Bedeutung. Hier und nur noch an

einem einzigen andern Orte giebt es etwas Wasser im
Labyrinth, was aber jetzt fast gänzlich ausgetrocknet war,
und wohl nur selten hinlänglich seyn möchte, vielen
Leuten den Durst zu löschen, so daß eine regulaire
Bewohnung dieser Höhlen auch dadurch schon unwahr-
scheinlich gemacht wird. Das vom Eingang entfernteste Gemach hat den Namen Trapeza erhalten, von
einer Art Tisch, der in der Mitte steht, d. h. ein
Steinblock, der da herabgefallen ist und ohngefähr die
Form eines Tisches hat.*) An diesem verhängniß-
vollen Orte begegnete mir wie Ihnen, mein theuer-
ster Freund, ein schweres Unglück, das ich Ihnen nur
mit Zagen mittheile, aber es muß seyn! — Ich hatte
die unselige Idee gefaßt, diesem an Sie gerichteten
Brief einige Zeilen auf der Trapeza selbst hinzu-
zufügen, und zu solchem Behuf ein türkisches Schreib-
zeug und das Briefblatt, wo ich gestern stehen geblieben, mit mir genommen. Da wir keinen Leuchter
hatten, klebte man eine Wachskerze auf den Tisch, bei
deren Schein ich schrieb, Ihr Manuscript und Ihren

---

*) Sie sagen in Ihrem Manuscripte, daß die Gänge rech-
ter Hand im Labyrinth von den hiesigen Leuten die Trapezen
genannt würde. Dies ist aber nicht der Fall, nur der Saal
führt diesen Namen, welcher, wie Sie wissen, im Griechischen
einen Tisch bezeichnet.

Plan des Labyrinths neben mir hingebreitet. Unter=
deß ward ich von Jemand abgerufen, der mir eine
lächerliche Inschrift an der Wand zeigen wollte, wo
Alle, die im Saale sich befanden, eben beschäftigt
waren, theils mit Kohle, theils mit ihren Messern,
theils mit dem Rauch brennender Lichter sich ebenfalls
zu verewigen. Ich stand auf, und besah, was man
mir mitzutheilen beabsichtigte — denken Sie sich aber
meinen Schreck, als ich, zur Trapeza zurückkehrend,
die Kerze umgefallen und sämmtliche Papiere in Flam=
men sehe! Ich und die Herbeigerufenen unterdrückten
zwar das Feuer auf der Stelle, aber — schon war
die Hälfte des Plans Asche, doch Ihr Manuscript
hatte die Flamme nur beleckt, etwas vom weißen
Rande hie und da verbrannt, aber die Schrift selbst
nicht zu zerstören gewagt. Was soll ich noch hinzu=
setzen? Meinen Kummer bezweifeln Sie nicht, die
inständige Bitte, meine Unvorsichtigkeit zu verzeihen,
ist das Einzige, was mir übrig bleibt, denn unge=
schehen kann ich leider nicht machen, was geschah.
Sie müssen jedoch einigen Trost in dem wirklich son=
derbaren Umstande finden, daß Ihre von den Geheim=
nissen des Labyrinths gegebene Kunde, durch die
Fügung einer neidischen Macht, zehn Jahre spä=
ter, gegen alle Berechnungen der Wahrscheinlichkeit,

in diesem selben Labyrinthe in Feuer aufgehen mußte! —

Ganz ohne Gefahr ist der Besuch dieses alten Steinbruchs nicht, zwar keineswegs aus Besorgniß des Verirrens, so lange man einen Führer und Licht hat, und selbst allein, wenn man bekannt darin ist (wie mehrere Einwohner der Insel, z. B. Herr Husmusi, es mehr als zwanzigmal ohne Führer und Faden nach allen Richtungen durchstrichen), aber wohl wegen eines andern bedenklicheren Umstandes. Ganze Lagen der Decke von großem Umfang haben sich an mehreren Stellen schon so weit abgelöst, daß man tief in den Bruch hinein bequem den Arm stecken kann, und glauben sollte, man vermöchte sie selbst mit einiger Anstrengung vollends herabzudrücken. Diese Vermuthung ist auch nicht völlig imaginair, denn einer der Türken, der die Albernheit beging, den Versuch zu machen, erschütterte sichtlich die ganze Decke bis auf 20 Fuß Entfernung zu unsrem nicht geringen Schrecken. Es ist keinem Zweifel unterworfen, daß diese angebrochnen Massen über kurz oder lang fallen müssen, wie denn schon viele Gänge wirklich auf dieselbe Weise ganz impraktikable geworden sind. Bei der Häufigkeit schwacher Erderschütterungen auf der Insel könnte leicht eine solche mit einem Besuch neugieriger Fremden zusammentreffen, und dann möchte wahrscheinlich ihr Loos ein trauriges seyn.

Ich gehe jetzt, meinen Bericht zu schließen, zu einer finalen Würdigung der Gründe über, die man seit Tournefort gegen die Meinung Belons, welche im Wesentlichen auch die meinige ist, angeführt hat.*)

Man sagt, das Labyrinth könne nicht als ein Steinbruch gedient haben

1) weil der weiche Stein, der darin bricht, nicht gut genug zum Bauen sey.

Diese Behauptung ist völlig ungegründet, denn der angeführte Sandstein ist nur zum Theil im Labyrinthe selbst, wo er sich ohne Luft und in beständiger Feuchtigkeit befindet, weich, aber da, wo er ins Freie ausgeht, vollkommen eben so fest und sogar noch härter, als z. B. der Pirnaer Sandstein in Sachsen und der Waldauer in Schlesien, mit denen dort seit Jahrhunderten als Luxusartikel gebaut wird. Aber auch hier ist alles, was man noch von Quadern unter den Ruinen von Gortyna antrifft, wie die mittelalter-

---

*) Belon hat nur insofern offenbar Unrecht, als er lächerlicherweise voraussetzt, nicht nur Gortyna, sondern auch das zehn Stunden entfernte Cnossus sey aus den Steinen des Labyrinths erbaut worden.

liche Kirche am Lethe, durchgängig aus demselben Stein aufgeführt, und Tournefort selbst sagt: Die Berge um Gortyna bestehen sämmtlich aus dem nämlichen Sandstein als das Labyrinth, welchen Widerspruch mit seiner früheren Behauptung: der Stein sey unbrauchbar zum Bauen — er sogar nachher für seine Hypothese benutzen will, indem er

2) den Einwand machte, die Gortyner würden, da sie denselben Stein näher gehabt, ihn gewiß nicht eine halbe Stunde weiter aufgesucht haben.

Dies könnte übrigens nur plausibel erscheinen, wenn sich irgendwo eine wirklich exploitirte nähere Carriere zeigte, wovon jedoch nirgends eine Spur vorhanden ist. Es giebt wenig Städte, die ihre Steine nicht weiter als eine halbe Stunde weit zu holen haben, und viele sind aus Steinbrüchen erbaut worden, die mehr als eine Tagereise davon entfernt lagen. Da es aber über 100 Städte in Kandia gab, und wahrscheinlich in dem fruchtbarsten Theile der Insel sich noch mehrere kleinere in der Nähe der großen Hauptstadt befunden haben mögen, von denen jetzt nichts mehr übrig ist, so kann das Labyrinth auch zum Bau einer solchen benutzt worden seyn, wenn man es durchaus nicht für Gortyna gestatten will.

3) sagt man, das Labyrinth befinde sich an der

Spitze eines hohen Hügels, und einen so unbequemen Platz wähle man nicht zu einem Steinbruche.

Ein solcher Einwand würde einigen Grund haben, wenn die Stadt auf dem Berge stünde, und der Steinbruch sich in der Tiefe befände, aber umgekehrt, wie es ist, sehe ich keine Schwierigkeit, da die Steine von der Höhe in die Tiefe zu schaffen zu jeder Zeit eine leichte Sache war.

4) endlich widerspricht man der Wahrscheinlichkeit eines Steinbruchs, weil der Eingang zum Labyrinth so niedrig sey, daß man keine großen Steine durch ihn habe herausbringen können.

Diese Behauptung grenzt an's Kindische, denn, einmal kann es leicht einen andern, jetzt verfallnen Gang, um aus dem Labyrinthe zu kommen, gegeben haben, zweitens aber ist der besagte Eingang selbst überall, wie schon gemeldet, 15—20 Fuß breit und nur deshalb niedrig, weil er verschüttet ist! Wollte Jemand noch heute die Kosten darauf verwenden, ihn zu reinigen, so würde man mit vier Pferden hindurchfahren können. Nur wenige Stellen giebt es im ganzen Bereich des Labyrinth's, wo der Boden nicht mehr oder weniger verschüttet wäre. Da aber, wo der gewachsene Felsen blos liegt, sieht man heute noch deutlich die Gleise der Hunde, auf denen man die Steine hinausgefahren hat, welche tiefe Marken zugleich einen sehr langen Gebrauch dieser Arbeit voraussetzen.

Ich möchte nun die Gegenfrage aufwerfen: Wenn dies kein Steinbruch war, aus dem die hier gebrochnen Steine zum Bau einer Stadt, Gortyna, oder einer andern dienten, wo ist die ungeheure Masse, die herausgeschafft werden mußte, um so viel Gänge und Säle zu bilden, hingekommen, und warum entdeckt man rund um das Labyrinth auch nicht das mindeste Anzeichen davon?

Nach allem diesen halte ich mich für meine Person vollkommen überzeugt, daß der Versuch dieses sogenannte Labyrinth mit den alten Fabeln der Mythologie in Verbindung zu bringen eine Thorheit ist, und man hier durchaus nichts Anderes vor sich hat, als einen ganz regulairen Steinbruch, der im Laufe der Zeit accidentell zu andern Zwecken benutzt worden seyn mag, vielleicht bei einer solchen Gelegenheit der jetzige Eingang zu leichterer Vertheidigung, absichtlich verschüttet wurde, auch wohl manche der innern Räume zu diesem oder jenem Zwecke etwas anders gestaltet worden seyn mögen, obgleich der Bedarf und die Laune der Steinhauer selbst, alles, was ich gesehen, eben so gut hervorbringen konnten.

Zuletzt bezweifle ich nicht, daß auch die Natur schon zu Höhlungen hier gewissermaßen den Menschen vorgearbeitet hatte, und finde in diesem Umstande grade den Grund, warum man, wegen dadurch erleichterter Mühe, diesen Ort andern, vielleicht etwas näher und bequemer gelegenen, bei der Wahl eines Steinbruchs für Gortyna vorgezogen habe.

Es klingt freilich besser und ist anziehender für die meisten Leser, von Theseus, Ariadne und dem Minotaurus, von mysterieusen Irrgängen, und vielleicht noch unaufgefundenen Wundern und Schätzen zu schwärmen, aber die nackte Wahrheit hat auch ihre Reize, und sollten Sie selbst, Verehrtester, der, wie ich weiß, der Tournefort'schen Partei angehört, unwillig sagen, daß heute meine Laune nicht der Dichtung zugewendet war — so trage ich auch diesen Vorwurf mit Geduld.

Der Effekt des von fern eindringenden Tageslichtes, wenn man die lange und durch Fackeln erleuchtete Dunkelheit verläßt, hat etwas sehr Originelles, dem Mondschein Aehnliches, aber in den ersten Augenblicken des Hinaustretens ins Freie thut Einem die Helle fast so weh, als den Fledermäusen.

Man hat von dem Platze vor dem Labyrinth eine schöne Aussicht auf die reiche Ebne Messara und das lybische Meer mit der Insel Paximadi (Biscuit), die in ihrer barocken Form wirklich einem gateau de Savoye, auf Spiegelglas gestellt, gleicht. Ehe wir unsre Toilette halb geendigt, war es schon dunkel geworden, und es mag einen guten Begriff von der Ruhe der Atmosphäre an diesem schönen Tage geben, wenn ich anführe, daß der uns vorausreitende Garde du corps des Pascha uns den ganzen Weg bis Ambelusa mit einem der übrig gebliebenen Wachslichter vorleuchtete, ohne daß diese fragile Fackel nur Miene gemacht hätte, verlöschen zu wollen.

Den 28

Unser Zweck war erfüllt, wir hatten Gortyna's Merkwürdigkeiten erschöpft, sogar von dem Honig des Ida gegessen, der Jupiter groß gezogen, und wirklich der vortrefflichste ist, den ich je angetroffen; es schien also Zeit, an die Rückreise zu denken, obgleich der Winter wieder Herr geworden war, sich jedoch glücklicherweise nur in kalten Windstößen ohne Regen entlud. Wäre der Himmel klar gewesen, so hätte ich den Ida zu besteigen versucht, obgleich Tournefort jedem Reisenden diese undankbare Mühe abräth, die kein anderes Resultat gewähre, als von seinem Gipfel beide Meere zugleich zu sehen, woher der Berg auch seine Benennung erhielt. Aber ich überzeuge mich gern von dergleichen selbst, auf die kleine Gefahr einer unnützen Ermüdung hin, und halte es überdem nicht für unmöglich, grade auf dem Ida noch unbekannte Ruinen alter Tempel, des Saturnus vielleicht oder des Jupiter, zu finden, die von keinem Reisenden beschrieben wurden, da diese ganze Region wegen ihrer Einsamkeit und ihrem schwierigen Acceß, vielleicht weniger geplündert worden ist, als der Rest der Insel. Die Witterung indeß, welche Alles mit Wolkenschleier verhangen hatte, zwang uns den nächsten Weg nach Kandia zu wählen.

Wir waren kaum einige Stunden geritten, als uns zwei Leute entgegen kamen, die mit dem Oberst zu sprechen wünschten. Es war eine Deputation vom Dorfe Venerato, welche die gestohlnen Kerzen wiederbrachte, die der Delinquent, aus Furcht vor der angedrohten Excommunication, richtig abgeliefert hatte. Da ich sie jetzt nicht mehr brauchte, weihte ich sie der Panagia, sehr erfreut durch dieses Zeichen guter Kirchenpolizei, das mich an eine ähnliche Begebenheit unter den Beduinen erinnerte, wo die Geistlichkeit denselben Dienst leistete.

Nach dieser Rencontre wichen wir von der uns schon bekannten alten Straße ab, und passirten eine kahle wilde Gegend, die noch abschreckender durch die schwarzen Gewitterwolken und den heulenden Sturmwind gemacht wurde, der uns in den tiefen Bergschluchten mit verdoppelter Wuth anfiel. Sie bot uns nur die Abwechselung einer unvermutheten Hasenhetze. Der arme Lampe, der ruhig in seinem warmen Lager hinter einem Felsen verborgen von den grünen Blättern und schwarzen Beeren des Epheu's gedeckt schlief, ward von Susannis aufgestört, und die vier Windhunde, welche uns begleiteten, setzten nach einem kurzen Lauf an der Berglehne, den wir bequem von Anfang bis zu Ende mit ansehen konnten, seinem Leben ein schnelles Ziel. Bald darauf aber änderte sich der Anblick des Landes vollkommen. Bebaute und reichbewaldete Thäler mit Bergbächen und pittoresken darüber hinführenden Bogenbrücken, öffneten sich auf beiden Seiten, mehrere Dörfer zeigten sich an den Abhängen, umgeben von Orangengärten voll hoher Cypressen, auch zahlreiche Weinfelder wurden sichtbar, mit Olivenhainen abwechselnd, zwischen denen wir jetzt auf alten Steinwegen bald hinab bald hinan kletterten, aber nach und nach immer höher kamen, und einen immer weitern Gesichtskreis umfaßten. An einer dieser Stellen machte man uns auf einen zugespitzten Stein aufmerksam, der mit einer türkischen Inschrift versehen war, und darüber eine Oeffnung wie ein Bohrloch hatte. Der Erzählung nach soll ein Pascha vom gegenüberliegenden Dorfe (das über eine halbe Stunde entfernt ist) den Stein, als ein ihm gegebenes Ziel, mit einer Musketenkugel durchschoffen haben. Unser Türke versicherte, an der Wahrheit dieser Begebenheit sey nicht zu zweifeln. So näherten wir uns endlich gegen Abend, nach einem ziemlich fatiguanten Marsche, Agios Miros, das auf der Spitze eines hohen Berges liegt, eine majestätische Aussicht beherrscht und den Ruhm genießt, den besten Wein der Insel zu erbauen. Ich beschloß daher, hier meine Provision für Aegypten einzukaufen, konnte mir jedoch nur sehr mittelmäßigen halben Most von diesem Jahre verschaffen, da die Landleute bei stetem leichten Absatz nie ihre Waare länger als bis zur nächsten Lese liegen lassen, obgleich sie an altem Wein gewiß viel mehr profitiren würden. Auch hier, wie überall, wo ich auf dieser Insel hinkam, schien Wohlhabenheit und ein vertrauensvolles Verhältniß zur Regierung zu herrschen. Der türkische Aga, welcher mich am Eingange des Dorfes empfing, befiehlt über 32 Dörfer, die von Griechen und Türken untermischt bewohnt

sind, und in jedem hat er einen griechischen Unter-
chef, welche Beamte Kapitani benannt werden. Alle,
der Aga, wie die Kapitani, haben nur eine polizei-
liche Autorität, und die Verschmelzung der Religionen unter so vielen gemischten Individuen, ist auch
hier auf dem Lande auf eine Weise gelungen, die,
wenn man sie gegen eine kaum abgelaufene, ganz
den Widerspruch dazu darbietende Vergangenheit hält,
immer neues Staunen erregen muß.

Kreta könnte, so gut wie das übrige Griechen=
land, alle werthvollsten Produkte des Feldbaues, wie
auch den vortrefflichsten Wein in Menge liefern, wenn
nur erst Civilisation und Bevölkerung wieder Zeit
gehabt hätten, sich hinlänglich zu verbreiten. Im
Alterthum und auch unter den Venetianern war es
ein Weinland, und man sieht die antiken Medaillen
der Insel häufig mit einer Guirlande von Ephen und
Trauben umgeben, ja der Nektar der Götter selbst
scheint ganz eigentlich Jupiter's Kretawein gewesen
zu seyn. Tournefort sagt von seiner Zeit: „nach
dem Weine von Kandia mundet kein anderer mehr"
und auch Savary extasirt sich noch über die Delikatesse verschiedner Sorten, „die," wie er ausruft, „vom
Orange bis zum Purpur variiren, und das Auge,
wie den Gaumen entzücken." Dies muß seine Be=

wohner entschuldigen, in dem Ruf starker Trinker zu stehen. Besonders zeichnen sich in dieser Hinsicht die Sfakioten aus, ein kolossaler Schlag Menschen, der die kalten weißen Berge bewohnt, und dennoch Winter und Sommer ohne Strümpfe, in Hembärmeln umhergeht. Herr Kaporal lernte sie und ihre Sitten ziemlich genau bei einer Gelegenheit kennen, wo er im Auftrage des Pascha mit großer Gewandheit einen tödtlichen Streit auf immer schlichtete, der schon 60 Jahre lang zwischen zwei der mächtigsten Parteien dauerte und bereits, nach Art der Maina und Corsika's, mehreren Menschen das Leben gekostet hatte. Sie gestanden ihm dort im traulichen Gespräch, daß wenn der Schnee sie zuweilen im Winter blokirt, und sie ihre Hütten nicht verlassen könnten, ihnen nichts übrig bliebe, als sich die Zeit mit Weintrinken zu vertreiben, wo denn Einer wohl 15—20 Bouteillen täglich auf sich nähme; aber — hatte der Sprecher sogleich hinzugesetzt — wir temperiren dann auch unsern Wein. „Ah, Ihr mischt ihn also mit Wasser?" frug der Oberst. — Mit Wasser! Heilige Jungfrau, nein, das thun nur unsre Weiber, aber wir kochen ihn mit spanischem Pfeffer ab.

Am 29.

war unsre Tagereise so klein, daß ich dem Morgenschlaf nicht zu entsagen brauchte, und da ich von Kandia aus Sorge getragen, mein Bett à la Gropius mitzunehmen, was ich in Kanea thöricht versäumt, so konnte auf dieser Tour wenigstens kein Ungeziefer meine Ruhe stören. Gestärkt und wohlgemuth verschmähte ich für heute das Maulthier, und vertraute mich bis zum Landhause des Seraskiers seinem tanzenden Schimmelhengste an. Hier fand ich fast eine Europäische Landwirthschaft eingerichtet und im Ameublement des Wohnhauses die Vorzüge beider Welttheile vereinigt, ich meine Asiatische Ottomanen und Teppiche (unter den Meubeln so gemeinnützig universell wie die Kartoffel unter den Früchten des Feldes) und Europäische Kamine in jeder Stube.

Der Pascha hatte mir seinen Wagen hieher entgegen geschickt, einen alten englischen Coupé, den man ihm zum Geschenk gemacht, mit vier schönen Pferden bespannt, welche in halb braunen, halb schwarzen, halb gelb, halb weiß beschlagenen, sehr wandelbaren Geschirren, von einem Albanesen vom Bock gefahren wurden. Ueberdem aber rannten — und es war wahrlich sehr nöthig — zwei Laufer neben den Pferden her, um bei schwierigen Passagen hülfreiche Hand zu leisten und

und die wenig eingefahrnen Pferde bändigen zu helfen. Ein Weg war eigentlich nicht vorhanden, es ging aber auch queerfeldein recht leidlich, und in den engen Straßen der Stadt, an deren Budendächer wir einigemal anstreiften, wirklich wunderbar glücklich. Am Brunnen des Platzes, auf dem des Seraskiers Palais steht, begegneten wir einem Derwisch mit spitzer Mütze, dessen ausdrucksvolles Gesicht mir auffiel. Ich äußerte dies dem Oberst, der mir beistimmte. „Die That, welche zu büßen, dieser Mann ein Derwisch geworden ist," fuhr er fort, „gleicht auch nicht der eines gewöhnlichen Menschen, und ist mehr als schaubererregend. Er war Offizier der irregulairen Truppen, besaß eine junge Frau, die ihn anbetete. Als er kurz nach seiner Verheirathung mit ihr, wegen verschiedner wilder Streiche, die er verübt, degradirt und auf einige Jahre aus Kandia exilirt worden war, ohne daß seine Mittel ihm erlaubten seine Frau mit sich zu nehmen, überließ sich diese, seine Füße mit Thränen badend, einer trostlosen Verzweiflung. „Liebst Du mich denn wirklich so sehr," frug er, sie aufrichtend, „daß Du ohne mich nicht leben zu können glaubst — und bist Du überzeugt, nie für einen Andern eine gleiche Leidenschaft zu empfinden?" Das liebende Weib betheuerte es schluchzend. „Wohlan!" sagte er ernst, „ich glaube Dir, aber der Weiber Sinn ist unstet und veränderlich — was ist ihnen ein gebrochener Schwur! Ich will daher Dich und mich auf untrügliche Weise davor sichern, daß Du wenigstens nie wortbrüchig werden sollst." Bei diesen Worten umarmte er sie, drückte einen heißen Kuß auf ihre Lippen, und schoß ihr zugleich eine Kugel durchs Herz! Was sagen Sie zu dieser türkischen Höllenphilosophie? Ich meine, es ist ein Zug, den Lord Byron hätte brauchen können.

———

Den 30.

Da ich gestern mit dem Capitel des Nationellen schloß, muß ich Ihnen heute eine andre, nicht minder originelle Rencontre mittheilen, die mir Asmodi zuführte. In der Stadt umherschlendernd, um die Bazars zu durchstöbern (die in Kandia nur dürftig versehen sind), und nachher eine alte Statue aufzusuchen, deren Tournefort erwähnt, und von der uns eben einer der fremden Consuln naiv gesagt: „Sie habe weder Kopf noch Arme und Beine, doch Alles verriethe, daß sie einen Volksredner darstelle —" stießen wir in einem kaum drei Fuß breiten Gäßlein auf die eben so vollständige als lebendige Statue einer türkischen Frau. Sie war zwar von den schwarzen Augen bis zur Fußspitze tief verschleiert, verstand aber dennoch so viel üppige Reize ahnen, wenn nicht deutlich sehen zu lassen, und warf uns so feurig kokette Blicke zu, daß ich mich noch viel angelegentlicher nach ihr als nach dem Derwisch beim Oberst erkundigte. Dieser erwiederte lachend: „Für einen wißbegierigen Reisenden, wie Sie sind, ist die Begegnung eine wahre bonne fortune, denn die Person, die Sie sahen, ist die famose Kumru — die schmachtende Turteltaube genannt — der weibliche Faublas von Kandia, die alle Ehemänner mit Schrecken erfüllt, und auf die Klagen vieler derselben schon zweimal aus der Stadt exilirt wurde, weil sie alle — Weiber in den Harems verführte. Sie hat den Ruf, daß ihr keine Frau zu widerstehen vermöge, deren Eroberung sich diese moderne Sappho in den Kopf gesetzt. Ihr eigener Mann, der leidenschaftlich in sie verliebt war, ließ sich aus Eifersucht auf so viel Weiber, mit denen er ihre Gunst theilen mußte, von ihr scheiden, und ward später, aus Kummer sie verloren zu haben, närrisch. Noch jetzt läuft er in den Kaffeehäusern mit einer Zither umher, und singt dort sein Leiden in selbst componirten Versen ab. „Ich hörte diese Klagen aus Neugierde einst selbst mit an," setzte Herr Kaporal hinzu, „und wahrlich, es war Poesie darin. — Allah, sang er, Du hast eine Hölle für die Missethäter geschaffen, aber da der Schmerz, den wir Kumru ins Herz gebrannt, gräßlicher ist, als die Qualen der Hölle seyn können, so mußt Du, wenn Du gerecht bist, für Kumru noch einen schrecklichern Ort, als die Hölle selbst erdenken!"

Die erwähnte antike Bildsäule, steht neben der vornehmsten Moschee der Stadt über einem Brunnen, und wurde von der Venetianern aus Gortyna mit vielen andern hierher gebracht, von deren Schicksal man nichts mehr weiß.

Gewiß, es liegt eine hohe Macht in der Kunst! und als ich diesen Torso sah, der ohne Kopf und Beine, nur mit einem halben Arme, dennoch eine so imposante Wirkung hervorbringt, ward mir des guten Consuls Aeußerung ganz verständlich. Von einem herrlich behandelten langen Gewande umflossen, das der linke, ganz davon bedeckte, in die Seite gestemmte Arm gracieus zusammenfaßt, streckt die Figur den rechten gebietend aus, wie man an der noch vorhandenen Hälfte desselben so gut gewahr wird, als sey Arm und Hand noch unbeschädigt. Die Würde und Eleganz dieser Stellung ist so sprechend, daß man allerdings einen gewaltigen Redner darin erkennen kann, auch ohne sein Antlitz zu sehen, noch seine Stimme zu hören. Die Phantasie ersetzt Eins und das Andere ohne Schwierigkeit. Ein seltsamer Umstand ist es aber, daß die hiesigen Muselmänner, welche sonst alle persönlichen Darstellungen, als Idole, mit religieusem Eifer verfolgen, diesem alten Redner alle Freitage Weihrauch anzünden, und ihn gleich einem Heiligen verehren. Sie bilden sich nämlich ein, es sey nur ein in Stein verwandelter Araber, der die Eroberung Kandia's hauptsächlich herbeigeführt habe, jedoch im Triumpfe des Sieges von den Kanonen einer Batterie zerschmettert worden sey. Sein Körper ward, ihrer Versicherung nach, augenblicklich zu Stein, und seitdem betrachten sie ihn als die Leiche eines Marabut. In der That paßt auch sein antikes Gewand, wie sein königlicher Anstand, eben sowohl für einen alten Griechen, als einen Beduinen.

Kandia besitzt mehrere venetianischen Fontaine von interessanter Architektur, und rührend erschienen mir auf einer derselben die lateinischen Worte, welche uns belehren, daß diese Quelle erst in der letzten Periode der Belagerung in bitterster Noth des Wassermangels aufgefunden wurde, wo, wie die Inschrift pathetisch sagt, die Menschen nicht mehr, und nur die Eingeweide der Erde noch Mitleid mit den Einwohnern hatten, um das schon aufgegebene Leben ihnen noch eine kurze Zeit länger zu fristen.

Sehenswerth ist gleichfalls die große Kirche der Venetianer, welche ein Erdbeben erst vor 40 Jahren zerstörte, nachdem sie, anfänglich zum griechischen Gottesdienst übergegangen, zuletzt den Türken als Moschee hatte dienen müssen. Der Styl, in dem sie erbaut wurde, ist ein wunderliches Gemisch italienischer und gothischer Architektur, doch nicht ohne schöne Einzelnheiten, und noch sind viele kostbare Marmorfragmente, einige antike Säulen, mehrere Wappen venetianischer Nobili in Rosso Giallo und Verdo antico, nebst einem Pfeiler erhalten, an dem die Uebelthäter vor dem Hauptportal der Kirche und unter den Wappen der Nobili am Pranger stehen mußten. Im dachlosen Innern sieht man Reste katholischer, griechischer und türkischer Malereien, auch drei verschiedne Kanzeln dieser abweichenden Gläubigen, mit alten, jetzt erst wieder zum Vorschein gekommenen Gräbern vornehmer Leute unter dem Boden, über denen üppig hohes Unkraut wucherte. An der Stelle des ehemaligen Hochaltars lagen eine Unzahl Lunten aufgehäuft, über denen ein schönes Kreuzgewölbe, wie es schien, erst kürzlich eingestürzt war. Die Griechen besitzen nirgends eine Kirche von dieser Größe, und es ist sehr Schade, daß man sie so gänzlich dem Untergang gewidmet hat. Mehemed Ali wollte sie zu einem der Erziehungsinstitute einrichten lassen, deren Ankündigung, wie ich früher berichtet, die letzte Insurrektion veranlaßte, weshalb der Plan unausgeführt blieb.

Von hier begaben wir uns in die Kasernen, das ehemalige, nicht ungeschmückte Quartier der Janitscharen. Obgleich ich absichtlich meinen Besuch nicht angekündigt hatte, fand ich doch eine über alle Erwartung musterhafte Ordnung und Reinlichkeit. Die Waffen waren im besten Stande und tadellos geputzt, Tornister, Patronentaschen ꝛc. in bester Verfassung, Matratzen und Bettdecken sorgfältig aufgeschichtet, an luftiger Stelle. Nach orientalischer Weise hatte außerdem, statt Stühlen, Tischen und Bänken, die hier nicht üblich sind, jeder Mann seinen Teppich, mit einem Rouleau dahinter auf den Boden gebreitet, was eine Art Ottomane rund um die Säle bildete. Ich ließ einen der Tornister auspacken, in dem sich zwei Hemden, eine Leibbinde, Jacke, Beinkleider und Unterhosen, ein Fes und ein paar Schuhe, nebst einem Holzlöffel, Nähzeug und einem Wachstaffetfutteral zur Garantirung des Flintenschlosses, nebst einiger Extramunition bestanden. Toilettenutensilien und das Besteck fehlten, denn die ägyptischen Krieger ohne Kopfhaare und Bart bedürfen keines Kammes, und bis zur Zahn- und Nägelbürste der englischen Soldaten sind sie noch nicht civilisirt. Ein Besteck ist ihnen eben so wenig nöthig, da sie mit den Fingern essen. Ihr Mantel ist von Bernuszeuch, dauerhafter und eben so warm als unser Tuch, und für die selten eintretende Kälte haben sie auch eine Uniform von dem nämlichen wollenen Stoff. Ich wohnte nach dieser Inspektion auch ihrer Mahlzeit bei, die aus einer dicken Bohnensuppe und einer Fleischspeise mit Zwiebeln bestand. Beides war wohlschmeckend, und die Küche so reinlich wie alles Uebrige. Während des Rhamadans erhalten die Soldaten zweimal täglich, oder vielmehr nächtlich, Fleisch, außer dieser Zeit nur am fünften Tage.

Als wir kurz nach Sonnenuntergang zu Hause angelangt waren, und uns eben zu Tische setzen wollten, überraschte uns der Seraskier, ganz allein und ohne alles Gefolge, um, wie er scherzend sagte, meine Gastfreundschaft in Anspruch zu nehmen. Er blieb von 6 bis 11 Uhr bei uns, und schien sich eben so aufrichtig daselbst zu gefallen, als wir enchantirt von seiner Liebenswürdigkeit und heitern Laune waren, ja zuletzt

bat er sich sogar aus, das M.....er Gartenwerk
sehen zu dürfen, von dem ihm Herr Kaporal erzählt,
und ich hatte auf solche Weise die früher nie erwar=
tete Satisfaktion, dies trockne Lehrbuch — einem Tür=
ken zu erklären.

Den 31.

Nachdem ich am Morgen dem Seraskier meine
Abschiedsvisite gemacht, ließ er mich durch den Oberst
Kaporal bitten, als ein Andenken von ihm den ara=
bischen Schimmelhengst und einen prächtigen Säbel
anzunehmen, ein Geschenk von so hohem Werth, daß
ich es, bereits so tief in der Schule des genereusen
Pascha, der mich einen Monat hier fürstlich unterhal=
ten hatte, ablehnen zu müssen glaubte, obgleich ich,
die türkischen Sitten damals zu unvollkommen ken=
nend, jetzt fürchten muß, durch diese Bescheidenheit
vielleicht unwillkührlich angestoßen zu haben.

Der heutige Sylvesterabend ward durch ein Di=
ner und einen Ball bei dem französischen Consul,
Herrn Godebout, gefeiert, zu welchem sich, zu meiner
großen Freude, auch Herr Fabreguettes von Kanea,
leider in Folge des Schiffbruches eines französischen
Kauffartheischiffes, eingefunden hatte. Man tanzte in

dem türkischen Gartensaale, und ich weiß nicht, ob türkische Damen uns auch aus dem constantinopolitanischen Bilde belauschten; aber unter den griechischen Tänzerinnen waren mehrere, denen man gern den Sylvesterkuß auf die rothen Lippen gedrückt haben würde, während sich dicht neben ihnen Carrikaturen producirten, die an das Fabelhafte grenzten: sechzigjährige Damen, welche mit fliegenden Haaren, gleich Roßschweifen umhersprangen; einige, deren Toilette dreimal so viel Raum als ihre eigene Person einnahm; und wiederum andere, die man nur in ein großes Stück Seidenzeuch eingewickelt zu haben schien, ohne dem Schneider ein Macherlohn dafür schuldig geworden zu seyn. Eine Frau, die sich im letzten Stadium guter Hoffnung befand, hielt ihren runden Bauch mit straff darüber gezogenen Kleide, wie einen Muff, fortwährend mit beiden Händen vor sich auf dem Schooße fest, als fürchte sie, die Einlage könne davon laufen — und ein kleines Kind bekam beinahe das böse Wesen vor Entsetzen, als ich es grüßend bei der Hand fassen wollte. Das Ganze war indeß belebt und amüsant, unser Wirth äußerst munter und artig, eine Signora Vittoria von 17 Jahren sehr reizend, und ein allerliebster, halb so alter Knabe, mit dem passenden Namen Amabile, schön und lieblich wie ein Cherub, ward durch seine Naivetät und Grazie der kleine König des Festes.

Ist es nicht ein gutes Omen, mein verehrter Freund, mit so lieblichen Namen, von einem schönen Mädchen und einem holden Kinde getragen, Vittoria und Amabile, sanft in das Jahr 1837 hinüberzugleiten?

Also nichts weiter mehr, als meinen treuesten Glückwunsch für Sie selbst, für Ihre Vittoria, die alle andern übertrifft, und für Ihren Amabile, der, um diese Benennung par excellence zu verdienen, nur nöthig haben wird: seinem Vater zu gleichen.

Ihr

herzlich ergebener

H. N.

Ende.

Bei uns erscheint so eben:

eine äußerst wohlfeile

Original-Ausgabe

von

C. Spindler's Werken

im Subscriptionspreis

48 Kreuzer rhein. oder **12 Groschen**

für den Band vom gleichen Inhalte eines Bandes der bisherigen Ausgabe, also zum vierten Theil des bisherigen Preises,

und

jeder Band mit einem schönen auf seinen Inhalt bezüglichen Stahlstiche geziert auf

56 Kreuzer rhein. oder **14 Groschen.**

Carl Spindler, dem das einstimmigste Urtheil einer vollgültigen Kritik schon längst die Meisterschaft in der erzählenden Dichtung, eine große Gabe der Charakterzeichnung und reiche Phantasie in Erfindung von Situationen zuerkannte, Spindler, der, was Schiller in der dramatischen Poesie, uns Deutschen in der Romanliteratur geworden ist, hat sich durch sein ausgezeichnet glänzendes Talent, durch seine trefflichen Character- und Sittenschilderungen: der Jude, Bastard, Jesuit, Invalide, die Nonne von Gnadenzell, so wie neuerdings Boa Constrictor und der König von Zion, den Dank und die Liebe seiner deutschen Zeitgenossen in eben dem Grade erworben, als er die gerechte Aufmerksamkeit aller übrigen europäischen Nationen auf sich zog, denen er durch Uebertragung zugänglich wurde.

Jedes für das Schöne, Edle und Wahre empfängliche Gemüth, jeder Gebildete will sich an Spindlers Erzählungen erfreuen, und Jedem, der seine Schriften mit reger Erwartung zur Hand nimmt, werden sie die höchste Befriedigung gewähren. Aber das, was sie auszeichnet vor vielen Vortrefflichen, ist eben der Vorzug, daß Niemand sie als eine vorübergehende Lectüre betrachten, sondern Jeder sie gern als Eigenthum besitzen mag, um die freundlichen und ernsten Bilder, die ihn beim ersten Lesen fesselten, und mit Freude und Wehmuth erfüllten, wieder und immer wieder vor die Seele zu führen.

Es war bis daher nicht möglich, den zahlreichen Freunden und Verehrern Spindlers den Besitz seiner Werke durch eine **geschmackvolle** und dabei **wohlfeile** Ausgabe zu erleichtern, daher wir gewiß durch die hiermit angezeigte vielfach gehegten Wünschen entsprechen und uns einer lebhaften Theilnahme versichert halten.

Die Reihe dieser Ausgabe haben wir mit dem **Juden**, dessen 4 Bände nunmehr nur auf **3 fl. 12 kr.** oder **2 Thlr.**, statt wie früher auf **12 fl.** oder **7 Thlr.** zu stehen kommen, begonnen und wir werden monatlich drei weitere Bände ausgeben.

Wenn wir auch nicht für das ungetrennte Ganze, welches ungefähr 40 Bände umfassen wird, so müssen wir doch zur Abnahme der ersten 10 Bände verpflichten, und dabei bemerken, daß spätere Lieferungen ohne die vorausgegangenen, so wie auch einzelne Romane und Erzählungen nicht abgegeben werden und letztere nur von der bisherigen Ausgabe zu unveränderten Preisen zu beziehen sind.

Subscriptionen nehmen alle Buchhandlungen an.

Subscribentensammler erhalten auf
    25 Exemplare 1 Freiexemplar.
    50   *   *   3   *   *
  100   *   *   7   *   *

Stuttgart, im October 1838.

Hallberger'sche Verlagshandlung.